Samson Wertheimer ... 1658-1724, Und Seine Kinder... - Primary Source Edition

David Kaufmann, Samson Wertheimer

Samson Wertheimer,

der Oberhoffactor und Landesrabbiner,

(1658—1724)

und seine Kinder.

Von

Prof. Dr. David Kaufmann.

$\rightarrow\!\!\ast\!\!\ast\!\!\ast\!\!\leftarrow$

Wien,

Friedrich Beck

Augustinerstraße 8.

1888.

Zum siebzigsten Geburtstage

meines Schwiegervaters,

des Herrn Sigmund Gomperz in Budapest,

(4. Juni 1887)

unternommen.

Vorwort.

Man braucht nicht mit den Griechen in die Unterwelt hinab-
zusteigen, um den Strom des Vergessens fluthen zu sehen; wer
seiner Wirkungen inne werden will, hat auf Erden nur drei Geschlechter weit in die Vergangenheit zurückzugehen. Wäre die Schrift
nicht erfunden, die Geschichte eines Zeitalters sänke mit seinen
Enkeln in's Grab; in der vierten Generation ist der Urgroßvater
so gründlich vergessen, als hätte er nie gelebt. Wie Penelope zer-
trennt die Menschheit heute mit eigener Hand, was sie gestern gewebt
hat. Der Geschichtsschreiber aber, der vor die Aufgabe gestellt ist,
dieses Gewebe der Vergangenheit, „der Gottheit lebendiges Kleid",
wieder herzustellen, hat gar oft die Empfindung, als sollte er einen
farbenprächtigen Teppich weben aus den Fasern, in die er zerfallen:
aller Ecken und Enden reißt der Faden, die Zeichnung ist erblindet,
die Farbe ist erloschen.

Aber wie sehr auch die Zeiten selbst der jüngsten, noch nahe
hinter uns liegenden Vergangenheit uns ein Buch mit sieben Siegeln
sind, das Verlangen, hinter ihr Geheimniß zu bringen, den Kampf
mit der Alles bezwingenden Macht des Vergessens aufzunehmen, ist
unaufhaltsam, ein eingeborener Trieb der Menschenbrust. Zwar
arbeitet im Dienste der Vergessenheit das Naturgesetz, im Dienste
der Erinnerung nur der Zufall, aber gleichwohl ringt die Neugier der
Nachgeborenen mit der Verschwiegenheit der Vorfahren nicht aus-
sichtslos und vergeblich um den Hort der Vergangenheit. Den
finsteren Mächten des Verwesens und des Erlöschens wirken die

lichten, erweckenden und belebenden Kräfte des Wissensdurstes und der erhaltenden Erinnerung entgegen; aller redlichen Arbeit im Dienste der Geschichte eignet Etwas von der Unwiderstehlichkeit des Auferstehungsrufs.

Diesen Glauben an die Kraft des Erweckens in aller geschicht= lichen Arbeit vermag ganz besonders die Familiengeschichte zu ver= leihen. Hier steht der Forscher der verheerenden Macht des Ver= gessens gleichsam leibhaftig gegenüber. Die Erwartungen, die er an das Interesse der Nachfahren geknüpft, täuschen ihn, sonst die stärksten aller Bundesgenossen, die Schwächen der Menschen, versagen den Dienst; die Ahnen sind dem Enkel unbekannt, das Erbe der Ver= gangenheit ist geliefert, nicht überliefert. Aber hier ist wirklich einmal stärker als der Tod die Liebe; der unerschrockenen Hingebung im Errathen und Erforschen erschließen sich die Pforten, die den Zugang zum Todtenreiche der Vergangenheit wehren. Verwehte Spuren eröffnen den Weg, verschollene Winke zeigen die Richtung, in der Friedhofsstille wird es lebendig wie von verwehten Tönen, zersprengte Trümmer sammeln sich, auseinandergefallene Glieder finden sich zusammen — die Erde giebt ihre Schatten wieder.

Ich habe nur Zug um Zug die Eindrücke wiedergegeben, welche die Entstehung der Arbeit in mir selber begleitet haben, deren ersten Theil ich hier vorlege. Als ich die Frage in's Auge faßte, ob es etwa möglich wäre, die Geschichte einer jüdischen Familie zu schreiben, da starrte der Blick in's Leere; der freudige Glaube an die belebende Kraft der Geschichtsforschung, die sieghafte Überzeugung, daß es ein Überwinden der Vergessenheit giebt, betrachte ich als die beste Frucht meiner Bemühungen. Was ich auf einem kleinen Raume unter= nommen habe, das muß auf der vollen Ackerbreite der jüdischen Geschichte geleistet werden, die geraume Zeiten hindurch in mehr als Einem Betracht als Familiengeschichte gelten kann. Wenn der Gang, den so manches Geschlecht in ihr genommen hat, wie der Lauf eines Goldfadens in einem Gewebe erkannt und festgehalten sein wird, dann ist gegründetere Aussicht als bisher vorhanden, daß wir das Gewebe der Vergangenheit schauen werden, wie es einst vom „sausenden Webstuhl der Zeit" sich abgelöst hat.

Mein Ziel war die Geschichte der Familie Gomperz. Die Lebensbeschreibung Samson Wertheimers und seiner Kinder, die ich hier gesondert ausgehen lasse, sollte ursprünglich diesem Buche einverleibt werden, da verwandtschaftliche Beziehungen zwischen diesen beiden Familien hinüber= und herübergreifen. Die Fülle des Stoffes, dessen vorher ungeahntes Anschwellen mein süßester Lohn war, drängte zu selbstständiger Bearbeitung. Wohl erwies sich die vielfach verbreitete Behauptung, daß im K. K. Geheimen Haus=, Hof- und Staatsarchiv in Wien ein besonderes Bündel Urkunden über Samson Wertheimer geheim gehütet werde, als Fabel, aber Archivalien und handschriftliche Funde der verschiedensten Art halfen bald das Bild des merkwürdigen Mannes feststellen, den Alle nannten und Keiner kannte. Und dabei fehlte es mir an der sonst ergiebigsten Quelle zur Kennzeichnung der vollen Persönlichkeit, an Briefschaften, deren man doch bei einem Manne, der so sehr im Vordergrunde der Geschichte seiner Glaubensgenossen gestanden, die Fülle erwarten sollte. Aber so viel Stoff zu Wertheimers Lebensgeschichte auch noch an den Tag kommen wird, es kam mir jetzt schon darauf an, den Gewinn zu zeigen, den die jüdische Geschichte aus der Verbindung aufmerksamer Benutzung der Archive und sorgfältiger Durchforschung der Litteratur noch zu erwarten hat.

Sollte es mir vergönnt sein, diese Schrift noch einmal ausgehen zu lassen, bei der Nachfrage, die jüdischem Schriftthum zu Theil wird, eine verwegene Muthmaßung freilich, dann hoffe ich, in das weitmaschige Netz, in das ich Wertheimers Bild in Umrissen eingezeichnet habe, sorgfältigere Schraffen und bestimmtere Töne eintragen zu können.

Ostende, 24. Juli 1888.

David Kaufmann.

Von den Begründern der neuen Wiener jüdischen Gemeinde, die bald nach der Vertreibung der Juden aus Wien gleichsam auf der Lava von 1670 sich anzubauen wagten, hat Keiner seinem Namen eine probehaltigere Unsterblichkeit gesichert, Keiner sich lebendiger im Gedächtnisse seiner Glaubensgenossen zu erhalten vermocht, als Samson Wertheim, genannt Wertheimer oder Wertheimber. Mit dem um fast ein Menschenalter, genau um 28 Jahre älteren Samuel Oppenheim, genannt Oppenheimer oder Oppenheimber aus Heidelberg soll[1]) er 1677 von draußen im Reich, aus Worms nach Wien gekommen sein, um fortan seine Kräfte und Fähigkeiten in den Dienst Österreichs und des Habsburgischen Kaiserhauses zu stellen.

Er scheint Anfangs auf Grund eines Schutzbriefes seiner Familie[2])

---

[1]) Nur mit den Zeugnissen eines gesitteten und ruhigen Betragens, wurden Samuel Oppenheimer und Samson Wertheimer, vermöge Kammerpässen, im Jahre 1677 als Faktoren und Hofjuden auf unbestimmte Jahre angenommen, heißt es ohne Quellenangabe in der Geschichte der Israeliten in Wien „Sulamith" IV, 2, 237.

[2]) In den zwei Abschriften des Wertheimberschen Privilegiums Leopold I. vom 29. August 1703, die das königl. ungarische Landesarchiv unter Benignae Resolutiones — im Folgenden stets mit Ben. Res. bezeichnet — vom 6. Mai 1716 und 9. September 1719 bewahrt, wird in Zahlen und Worten übereinstimmend dieses Schutzprivilegiums vom 1. Juni 1663 gedacht. Nach G. Wolf in „Neuzeit" Jahrgang IV (1864) S. 36, Note, gehört Wertheimer zur Familie Samuels zum Straußen aus Frankfurt am Main. Das Privilegium derselben, das Ferdinand II. zu Regensburg am 13. August 1630 erneuert und erweitert, stammte von Matthias; s. G. Wolf, „Ferdinand II. und die Juden" S. 51 ff.

vom 1. Juni 1663 geduldet worden zu sein. Am Himmel der Wiener Judenschaft war er neben Oppenheimer das kleinere Licht. Wenn dieser erst 1683 in lebhaftere geschäftliche Verbindung mit dem Staate Österreich trat[1]), so rühren Wertheimers selbstständige Beziehungen zu demselben wohl erst von 1686 her[2]), wiewohl beide leicht bereits von Deutschland aus den Behörden durch Lieferungen mögen bekannt gewesen und in Folge derselben sogar nach Wien dürften gezogen worden sein.

Auf Wertheimers Grabstein[3]) ist Sonntag, der 25. Kislew 5445, d. i. der 2. December 1684 als der Tag bezeichnet, an dem er zu dauerndem Aufenthalte Wien zuerst betrat. Mit Recht wird er neben seinem Geburts= und Todestage als der schicksalsvollste seines Lebens hervorgehoben und allein verzeichnet.

Von bescheidenen Anfängen aus scheint Oppenheimer nur all= mählich zu größeren, kühneren Unternehmungen sich erhoben und durch Anknüpfung ausgebreiteter Verbindungen und ein beispielloses Wachsthum seines Credits und Vertrauens sich zu der Bedeutung einer wahren Finanzmacht und eines der ersten deutschen Handlungs= häuser emporgeschwungen zu haben. Am 26. Juli 1687 bezeichnet ihn das damalige Finanzministerium Österreichs, die Hofkammer, noch als einen in Wien sich aufhaltenden Juden[4]), mit dem eine Lieferung auf 300 Ochsen abgeschlossen worden war. Am 4. Februar 1688 bewirbt er sich nach einer Zuschrift der Hofkammer an die ungarische Kammer zu Preßburg um die Münze in dieser Stadt; hier heißt er noch, offenbar ein Beweis seines noch nicht entwickelten

---

[1]) Am 15. September 1709 fordert Kaiser Josef I. die ungarische Kammer auf, alle seit 1683 an Oppenheimer geleisteten Zahlungen zu specificiren (Ben. Res. d. d.).

[2]) Leopold I. gedenkt 1703 der 17 jährigen Dienste Wertheimers.

[3]) In S. G. Sterns Copie heißt es richtig statt הלך des Abbrucks in L. A. Frankl, „Inschriften des alten jüdischen Friedhofes in Wien" Nr. 346, S. 58: ובא לכאן ודיר יום א' כ"ה בסליו תמ"ה ל'.

[4]) Judaeo cuidam hîc existenti, Samueli Oppenhaimber (Ben. Res. d. d.).

Ansehens, ein Jude aus Heidelberg[1]). Aber bald sehen wir ihn in der Noth der Zeiten, die an Österreich herantrat, mächtig die Schwingen entfalten; mit den wachsenden Bedürfnissen der auf zwei Kriegsschauplätzen, am Rhein und in Ungarn, operirenden kaiserlichen Armee wuchs auch sein Unternehmungsgeist, bis er fast alle Lieferungen

---

[1]) Judaeus Haidelbergensis Samuel Oppenhaimber a. a. O. Auch in dem Contract, den die Feld-Proviant-Amts-Administration am 15. April 1689 auf Wagen und Pferde mit ihm abschließt, nennt sie ihn Samuel Oppenheimber Juden von Heydlberg; s. „Feldzüge des Prinzen Eugen von Savoyen", I. Ser., I. Bd. S. 262. Unter seinen Glaubensgenossen scheint er Samuel Heidelberg schlechthin geheißen zu haben. שמואל היידלבורג nennen ihn z. B. Isak Schulhof (s. Kobaks „Jeschurun" 6, 136) und die Zusätze zum deutschen צמח דוד (Frankfurt a. M. 1698), in denen nach J. J. Schudt, „jüdische Merckwürdigkeiten" I, 429 „von dessen ungemein grossen Lob und vornehmen Herkommen ein langes und breites daher gemacht wird." S. Wiener in המגיד V, 38 und „Ben Chananja" VIII, 106. In der 1682 errichteten deutschen Synagoge in Padua, deren Bau er aus seinen Mitteln förderte (s. Ghirondi תולדות גדולי ישראל S. 156), ward ihm ein ewiges Seelengedächtniß gestiftet; er heißt daselbst, wie mir Rabb. Prof. E. Lolli mittheilt: מעה״ח ר׳ שמואל אופינהיים. Bereits vor 1685 trug er als kaiserlicher Factor den Degen und drang dem Rathe von Ulm gegenüber auf schriftliche Bescheide s. Pressel, Geschichte der Juden in Ulm S. 21. Paulus Christiani, der den 21. Psalm auf den Eisenmengerschen Prozeß und die Betheiligung der „glorwürdigsten Königl. Majestät von Preussen" und der ihr entgegenarbeitenden Juden deutet, rechnet den Untergang des jüdischen Hauptvertreters aus den Schlußworten des zehnten Verses heraus, indem der Zahlenwerth von ותאכלם אש = 798 dem von בהם לשמואל היידילבערג gleichkomme; s. Schudt a. a. O. 428. Samuel und seine Söhne Emanuel und Wolf preist bereits 1691 Josef Isachar im Vorwort zu שלשה שריגים (Fürth 1691) als Mäcene: ואפריון נמטי לחקצין המפורסם ערוגת הבושם הנדיב חגדול על נדיבתו יקום כל כושל מקים חזקן ונשוא פנים כש״ת הר״ר שמואל אופנהיים שי׳ ובניו הקצינים המפורסמ׳ נדיבי עם במשעונתם אשר שם האחד המיוחד מוקיר ורחים רבנ פ׳ו כש״ת הר״ר מענדיל גבאי דא״י ודחבורתא קדישׁא יצ״ו ואחיו השני בדומה לו כבוד ישכון בזבולו בעל חבית שלי חחסיד והעניו בכל ענייניו פ׳ו שי׳ וגבאי דא״י כש״ת הר״ר שמעון ואלה שי׳. Im Hause seines Onkels Samuel in Wien approbirte R. David Oppenheim 1691 dieses Buch des nach Palästina auswandernden Rabbiners von Kremsier, 1701 Simeon Wolf Pintschow's כבוד חכבים (Hamburg 1703), wo er Samuel שושנת עמקים חבצלת השרון nennt.

für das Heer in seiner Hand vereinigte, für Proviant, Munition, Montirung und Remontirung der Truppen so recht die Vorsehung Österreichs.

Wertheimer war von Anfang an als stiller oder auch erklärter Theilhaber bei den Lieferungen thätig. Da Oppenheimer und seine Söhne Emanuel und Wolfgang häufig in Geschäften nach dem Reiche verreisen mußten, scheint Wertheimer als Vertreter und Generalbevollmächtigter des Hauses in Wien zurückgelassen und der Regierung gegenüber eingesetzt worden zu sein. In dieser Eigen= schaft [1]) fordert er am 30. August 1689 von der Hofkammer Assistenz gegen die Tyrnauer Contrahenten, die trotz der ihnen vorgestreckten Summen ihren Lieferungsverträgen nicht nachkommen. Es war ein schweres, sorgenvolles und verantwortungsreiches Amt, das Wertheimer da übernahm. Nach oben hin der Armeeleitung gegenüber mit Gut und Blut für die pünktliche Einhaltung der Verträge bürgend, täglich von der Hofkammer, dem Kriegsrath und dem General=Kriegs= Commissariatsamte gedrängt, war er zugleich nach unten hin in steter Abhängigkeit von seinen Lieferanten, gegen die er den Schutz und Zwang der Behörden anzurufen nicht müde wird. Am 14. Oktober 1689 erscheint er für Oppenheimer [2]) als Bittsteller vor der „Hinterlassenen Hofkammer" zu Wien, um durch diese bei der ungarischen Kammer in Preßburg es zu erwirken, daß Mose von Donauwörth und Koppel von Hollitsch, beide zu Preßburg wohnhaft, endlich zur Einhaltung ihrer Verträge verhalten werden, da der Termin zur Ablieferung der von ihnen übernommenen 10,000 Centner Kleienmehl bereits vor vier Monaten verstrichen war; ihr Vertrag mit Oppenheimer war am 27. Januar d. J. geschlossen worden. Ebenso sei dem Lazarus Hörschel [3]) von Pösing, der

---

[1]) Opp. factoris Suae Caesareae Mättis hic Viennae relictus Sub-stitutus et Plenipotentiarius. (Ben. Res. d. d.)

[2]) Simson Wertheimber Judaeus, veluti Samuelis Oppenheimber Factoris et Liferantis Suae Mättis hic Viennae relictus Substitutus .. vigore praefati Sui Principalis (Ben. Res. d. d.).

[3]) „Hirschl dem Juden" wird am 13. Mai 1690 (Ben. Res.) von der Hofkammer die Erlaubniß der Proviantzufuhr nach Belgrad erwirkt und die übliche

ebenfalls mit Oppenheimer in Vertrag stehe, Assistenz gegen seine säumigen und wortbrüchigen Contrahenten zu gewähren. Am 22. Dezember 1689 verlangt er die Rückerstattung des ihm zu Preßburg für 303 Stück Ochsen abgeforderten Aufschlages von 2¼ fl. für

---

Zollfreiheit gesichert. Es ist wohl derselbe Lazarus Hirschl, der mit Simon Michael und Herz Lehmann, wie die Hofkammer am 12. Mai 1703 an die ungarische Kammer unter Beischließung des Originalgesuches schreibt (Ben. Res.), in Preßburg eine „wexelstuben" aufrichten will, u. z. in der Stadt selbst, da sie in der Vorstadt nicht sicher wären. Ungarn, so erklären die Bittsteller, das jetzt den Türken entrissen sei, bedürfe solch eines Geldinstitutes ganz besonders, da es „dannoch so lange Jahre hero der rechten mercantil- und Cambial Correspondenz mit denen in Teutsch- und anderen landen gelegenen vornehmen handlstätten und Plätzen ermangelt hat." Es „würde mehreres gelt in baß landt gezogen", so daß man dann in Ungarn ebenso leicht Capitalien aufbringen könnte als in Breslau, Prag und anderen Orten. Auch würde dann das Geld im Lande durch Wechsel leichter cursiren, „gestalten man jetzt die gröste gefahr außstehen muß, einiges gelt in natura hin- und her zu bringen." Lazarus Hirschl erscheint später als selbstständiger Lieferant, der den Haupttheil der Verpflegung aller kaiserlichen Truppen in Italien, Ungarn und Siebenbürgen für das Kriegsjahr 1709 übernommen; s. „Feldzüge" XI, 44. Auch ist er wohl derselbe Hirschl, der 1708 einen Vorschuß von 88,200 fl. auf die erbländischen Contributionen leistet; s. a. a. O. X, 56 Anm. 3. Zum Münzlieferanten in Breslau war er bereits 1704 ernannt worden. Mit seinem Gesellschafter Simon Michel erhielt er 1705 von Josef I. ein Privilegium für Wien; s. G. Wolf, „Geschichte der Juden in Wien" S. 56 f., 61. Nach S. G. Stern's Copie der Wiener Grabschriften starb der um die Juden Oesterreichs und Ungarns hochverdiente Simon Michael aus Preßburg Montag den 10. April 1719 (דפסח תע״ט). Die Grabschrift der (ersten?) Gattin Lazar Pösings s. „Inschriften" Nr. 586. Nach einer bei Frankl übergangenen Grabschrift starb Lazar Pösing Sonntag den 7. September 1710 (נגהיר ליל ה׳ב אלול התע״ נ nach S. G. Stern's Copie). Sein Vater war wohl jener הירש לאזלש aus Stampfen, der im Verein mit Samuel Oppenheimer den Kriegsgefangenen Isak Schulhof, nachmals Rabbinatsassessor in Prag (s. seine Approbation zu פרח לבנין und Gastfreund, „die Wiener Rabbinen" S. 63), 1686 loskaufte (Jeschurun a. a. O.). Ueber Oppenheimer's Verdienste um die Ofener Gefangenen s. auch J. Maurer, „Cardinal Leopold Graf Kollonitsch" S. 205. — Nach Aufzeichnungen in S. Hocks Nachlasse starb Schulhof am 3. Schebat 493 [= 1733] in Prag. — Vgl. auch [König] „Annalen" 95 Anm. 65.

das Paar, da er diese für den Kriegscommissarius Caraffa [1] „ver=
silbert" und „auch im geringsten kein avantage dabey habe"; die
Gelder brauche er „bey so thanen Rahren Zeiten zu Beförderung
Ihrer Kayl. Maytt. Diensten". Er unterschreibt das Gesuch „Simson
Wertheimber Jud des Oppenheimbers Kayl. factors bestelter".

Die außerordentliche Energie und Lebenskraft des jüdischen
Stammes erscheint in diesen Männern wie in einem Brennpunkte
gesammelt. Nicht leicht kann die Widerstandsfähigkeit überschätzt
werden, die ein Jude in jener Zeit aufwenden mußte, um in einer
öffentlichen Stellung sich zu erhalten und zu behaupten. Zur Ver=
antwortlichkeit nach oben hin, zur Abhängigkeit nach unten gesellten
sich die Plackereien der kleinen Behörden, gegen die denn auch un=
ablässig der Schutz der Hofkammer angerufen werden mußte. Die
oberungarischen Ämter scheinen besonders es nicht haben ertragen zu
können, Juden in kaiserlichen Diensten und im Genusse von Schutz=
privilegien und Zollfreiheiten bei den Mauthen und Dreißigstämtern
frei passiren lassen zu müssen. So beschwert sich am 27. April 1689
die Hofkammer bei der ungarischen Kammer in Preßburg darüber [2],
daß die Freipässe der Oppenheimerischen Bestellten nicht respectirt
und seine Leute in Preßburg molestirt werden. Am 31. Oktober
1691 wird die „Frechheit" des Neusiedler Dreißigstamtes hart ge=
rügt, das bei einer Heulieferung Oppenheimers für die kaiserlichen
Stallungen die Freipässe mißachtet habe, und den Ämtern überhaupt
auf das Strengste verboten, dem zu Nutze und Frommen des Kaisers
thätigen Oppenheimber [3] hinderlich und lästig zu werden. Am
6. November 1691 [4] werden die Steuern zurückverlangt, die von der
Preßburger Stadtmauth dem Samuel Oppenheimer für Victualien
abgefordert worden waren, da diese für das Feldspital der kurfürstlich
sächsischen, nunmehr königl. polnischen Armee geliefert wurden; in der
Folge seien die Freipässe strenge zu respectiren. Am 14. Mai 1692

[1] Vgl. den Auszug aus der Instruction für den General=Kriegscommissär
Feldmarschall von Caraffa vom 19. Juli 1689 „Feldzüge" I, 681 ff.

[2] Ben. Res. d. d.

[3] qui pro commodo et utilitate Caesarea negotia gerit (Ben. Res.).

[4] Ebendas.

befürwortet die Hoffammer ein Gesuch Oppenheimers, auf dem er als „Königl. factor und Jude" [1]) unterschrieben ist: Der Magistrat von Preßburg möge seinem Vetter Wolff Oppenheimber und dessen Leuten, die bei der Proviant= und Munitionslieferung daselbst „ohnumbgänglich" nöthig seien, die an der Donau in der Vorstadt befindlichen Häuser „ohne difficultet" einräumen. Gleichwohl muß noch am 7. November 1695 [2]) die Hoffammer neuerdings für Oppenheimers Leute in Preßburg Schutz verlangen und die un= nachsichtige Bestrafung eines Michael Stainer beantragen, der Wolfgang Oppenheimber beschimpft und geschlagen habe.

Im Lieferungsgeschäfte an der Seite und als Stellvertreter Oppenheimers thätig, scheint Samson Wertheimer an Finanzunter= nehmungen und staatlichen Creditoperationen früh selbstständig theil= genommen zu haben. Seit 1686 mit dem Hofe in geschäftlicher Verbindung und bald wohl auch unmittelbar das Vertrauen Kaiser Leopolds genießend, bleibt er fortan der vielverwendete, stets be= währte Helfer in Finanznöthen, ein verborgeneres, geräuschloses, aber rastlos arbeitendes Rad der österreichischen Staatsmaschine. Durch weltmännische Gewandtheit, scharfe Auffassung und hohe natürliche Begabung ausgezeichnet, durch frühen und häufigen Umgang mit den Großen der Erde in einer für einen Juden jener Tage erstaun= lichen Art gesellschaftlich gebildet und fast staatsmännisch geschult, wurde er zu Missionen herangezogen, die zu ihrer glücklichen Er= füllung alle diese Gaben erforderten. Ein Kaufmann und ein Diplomat, schwang er sich bald zu einem persönlichen Vertrauens= manne der Krone empor. Schon 1692 wird ihm im Verein mit Liepmann Cohen, genannt Leffmann Berens, von Hannover ein Einfluß auf die Errichtung einer neunten Churwürde [3]) für Herzog

---

[1]) Ebendas.

[2]) Ebendas.

[3]) Wiener in Frankels „Monatsschrift für Geschichte und Wissenschaft des Judenthums" XIII, 166. Eine Randglosse in Wieners Handexemplar bemerkt, wie mir Herr Rabbiner Dr. Gronemann in Hannover mittheilt, zu dieser Stelle: „Möglich, daß, wie in der Familie erzählt wird, R. Liepman mit in Wien war, als Otto Grote am 9./19. Dezember 1692 für Ernst August den Kurhut vom

Ernst August von Braunschweig=Lüneburg zugeschrieben. Gern verlängerte der Kaiser am 28. Mai 1695 sein und der Seinen Schutzprivilegium[1]) auf weitere zwanzig Jahre.

Aus jener Zeit mag das Bild[2]) stammen, das der Sitzungs= saal der Wiener jüdischen Gemeinde von ihm bewahrt. Es stellt Wertheimer in seiner Jugend dar. Er hat braunes Haar, ein frisches Aussehen, eine hohe Stirn, große Augen, starke Augen= brauen, volle rothe Lippen, spärlichen Schnurrbart und vollen Kinn= bart, trägt zwei Bäffchen, hält in der einen Hand eine Feder und in der andern einen Brief. Das Bild zeigt einen Mann, in welchem Lebensfrische, Judenthum und Vornehmheit sich vereinigen, und verräth keine Spur von der Abgeschlossenheit des Ghetto und einem gedrückten Wesen. Wer das Bild sieht, empfängt den Eindruck eines Mannes, der seiner Würde, seiner socialen Stellung und seiner einflußreichen Bedeutung sich bewußt ist.

Von den zwei Bedingungen, die damals einem Juden innerhalb seiner Glaubensgenossenschaft Ansehen verliehen: Vermögen und jüdisches Wissen, erfüllte Samuel Oppenheimer in hervorragender Weise nur eine[3]), Samson Wertheimer aber beide. Wenn es den Gedrückten und Verachteten eine wohlthuende Erscheinung war, einen Bruder von der Sonne der kaiserlichen Gnade beglänzt zu sehen,

---

Kaiser empfing. Havemann [„Geschichte der Lande Braunschweig und Lüneburg"] III, 336 erzählt nichts davon." Über Otto Grote vgl. „Allgemeine Deutsche Biographie" 9, 761. Vgl. „Feldzüge" III, 9 ff.

[1]) S. das Privilegium Leopold I. vom 29. August 1703.

[2]) Nach einer Mittheilung L. A. Frankls, die ich ebenso wie die hier wört= lich wiedergegebene Schilderung des Bildes Herrn Dr. Adolf Jellinek verdanke, stammt dasselbe aus dem Besitze eines Verwandten Wertheimers in München.

[3]) Dies geht deutlich genug aus seiner Grabschrift „Inschriften" Nr. 323, — Z. 8 l. nach S. G. Sterns Copie ולמחסה, Z. 11 למדינות, Z. 14—17 fehlt die Hervorhebung des Akrostichons: שמואל אפנהיים, Z. 14 l. ותקונו, וצרת, Z. 15 אללי, Z. 17 יגידו נגדו — aus den sonst keineswegs sparsamen Lobeserhebungen in den Zusätzen zum deutschen צמח דוד und z. B. auch aus den Titulaturen hervor, die ihm Mose b. Menachem aus Prag ויקהל משה (Dessau 1699) f. 5ᵈ und Abraham b. Jehuda b. Nisan בית יהודה (Dessau 1698) in ihren Vorreden zutheilen.

so mußte sie vollends das Bewußtsein entzücken, daß es ein rabbinisch
gelehrter Mann war, der zu so wohlverdienter Höhe emporgestiegen.
Sie hatten keine Ehren anzubieten, keine Auszeichnungen zu verleihen;
aber die einzige Würde, über die sie frei verfügen konnten, scheinen
sie Wertheimer früh übertragen zu haben: die ungarischen Juden
ertheilen ihm das Recht, sich ihren Landesrabbiner [1]) nennen und
schreiben zu dürfen. Seine rabbinische Gelehrsamkeit blieb auch bei
Hofe nicht unbekannt. In dem Hofdekrete [2]) vom 24. Dezember
1696, mit dem ihm ruhige Stättigkeit und freie Übung aller jüdischen
Ceremonieen zugesichert wird, setzt ihn der Kaiser auch zum privilegirten Rabbiner der Juden in seinen Erbkönigreichen und Landen
ein. Bald darauf dürfte ihn auch die Gemeinde Prag [3]) mit ihrem
Titularrabbinate geehrt haben, wozu auch der Titel eines Landesrabbiners von Böhmen hinzukam. Daß sein Ruf selbst bis Palästina
gedrungen, beweist die Verleihung des harmlosen Titels eines Fürsten
des heiligen Landes [4]), der ihm zuweilen beigelegt wird. Die Er=

---

[1]) אב״ד דמדינת הגר heißt er auf der Approbation zu ויקהל משה und am
Schluße des Vorworts zu הרב המופלא ומופלג אב״ד המפורסם מוהר״ר : בית יהודה
שמשון נר״ו אשר איתן מושבו בעיר מלוכה ווינ״א ומצודתו פרוסה על מדינת הגר.

[2]) S. das Privilegium Leopolds vom 29. August 1703.

[3]) Mose b. Menachem aus Prag fügt seinem Titel auf der Approbation zu ויקהל משה
hinzu: ולפ״ק נתקבל לאב״ד דק״ק פראג ומדינת פיהם und bemerkt
in der zweiten Vorrede ib. f. 5[d]: ונגדל כבודו הרמה ונתקבל לאב״ד דק״ק פראג
ומדינ׳ פיהם. Nach den Worten über seiner Approbation zur Alfâsi-Ausgabe
Frankfurt a. M. 1699—1700 war Wertheimer zu bescheiden, die ernste Berufung
anzunehmen: הסכמת הגאון המופלג המפורסם אב״ד ור״מ במדינת הגר ונתקבל
לאב״ד בק״ק פראג ומרוב ענוותנותו לא רצה לקבלו ומקרוב נתקבל לאב״ד ור״מ
בק״ק ווירמש כמהור״ר שמשון נר״ו יועץ ונשוא פנים עליו נאמרה תורה וגדולה
במקום אחד. Vgl. Zipser in „Orient" 7 L.=Bl. 89 und B[aumgarten] in
„Wiener Blätter" 1851 Nr. 42.

[4]) Juda Löb, der Sohn Ahron Teomims nennt ihn im Vorwort zu בגדי
אהרן (Frankfurt a. M. 1710): כ״ש מחור״ר שמשון ווערטהיים נר״ו אב״ד מוויינא
נשיא דארץ א״י. נשיא א״י heißt er auf der Grabschrift seiner Enkelin „Inschriften" Nr. 533 = 697. Auf seinem Grabe (ebendas. Nr. 346 S. 59) erzählt die
Inschrift: ומצודתו פרוסה בקהילת · · · · גם ק״ק חברון וצפת תוב״ב, was in seinem
Seelengedächtnisse wiederholt wird; s. Jellinek, „Worms und Wien" S. 11.

nennung zum Fürsten von Safed sollte Wertheimer in feierlicher Bot=
schaft mitgetheilt werden, der durch die Person des Überbringers, den
an Gelehrsamkeit und Abstammung gleich hervorragenden R. Jsserl
Sohn Meïr's [1]), besonderer Glanz verliehen wurde. Unter den Ge=
meinden im Reich war es die älteste, die seiner Heimathstadt Worms [2]),
die nicht säumte, Wertheimer zu ihrem Ehrenrabbiner zu ernennen.
Auch Krakau [3]), der Stammsitz berühmter Rabbiner, soll ihm die
gleiche Auszeichnung verliehen haben.

Bald erschien die Gelegenheit, bei der sich der Mann und sein
Einfluß erproben sollte; was er bei Hofe galt, was er für seine
Glaubensgemeinschaft bedeutete, ward hier auf einmal offenbar.
Das Jahrhundert sollte für die deutschen Juden nicht zu Ende
gehen, ohne mit Unruhe und Bangen die Gemüther zu erfüllen.
Eben war eine schwere Gefahr von ihnen abgewendet, ein Brand

---

[1]) Dies berichtet der Bruder des Abgesandten, Samuel, Sohn des R. Elja=
kim Goetz, im Vorwort zu seines Vaters רפדוני בתפוחים (Berlin 1712) f. 4 a:
מה ששמעתי מפי אחי הגדול המופלג החכם הכולל חתורני חרב מהו'רר איסרל
נר'ו אחד מחכמי ק'ק צפת תוב'ב כשהיה משולח לק'ק ווין אחר הגאון המפורסם
מהו'רר שמשון מק'ק ווינא שנתקבל לנשיא בק'ק צפת.

[2]) Der Sammler der Responsen Gerson Aschkenasi's betitelt Wertheimer im
Vorworte zu ומהו'רר שמשון ווערטהיים עבודת הגרשוני (Frankfurt a. M. 1699):
אב'ד ור'מ במדינות הגר ומצודתו פרוסה בק'ק פראג ובק'ק ווירמייזא. Wie mich
Herr Elias Ullmann, der sich auch auf das Zeugniß des Herrn Rabbiners
Dr. M. Horovitz und des Herrn Rafael Kirchheim beruft, zu erklären er=
mächtigt, ist entgegen der „Mittheilung des Herrn Aron Fuld" bei L. A. Frankl,
„Inschriften" f. XVII, daß sich Wertheimer „gegen ein Geschenk von 1000 Gulden
um das Rabbinerdiplom von Frankfurt" beworben habe, in Frankfurt a. M.
von einem solchen Briefe oder Gesuche „auch nicht das Mindeste bekannt geworden".
Nur in Polen kam es vor, daß der Rabbiner für seine Wahl der Gemeinde Geld=
geschenke machen mußte; s. Perles, „Geschichte der Juden in Posen" S. 74.

[3]) Juda Perez berichtet dies vor 1712 im Vorwort zu פרח לבנון:
אחד המיוחד ראשון שבקדושה אבן הראשה ה'ה הגאון המפורסם תיקא ונרתיקא
לאורייתא השתדלן הגדול טומד בפרץ מחזיק בדק אשר עיני כל ישראל צופים עליו
דמפלח לבי קיסר יר'ה אב'ד דק'ק פראג וכל מדינוי חוגר ונשיא בגליל עליון צפ'ת
תוב'ב עם גילו' עליות וגולות תחתיות ול'ע נתקבל לאב'ד ור'מ דק'ק קראקא
הבירה.

erstickt worden, der leicht die jüdischen Ansiedelungen in allen deutschen
Gauen hätte einäschern können. Im Stifte Bamberg, in „etlich und
dreißig" Ortschaften des ganzen fränkischen Kreises[1] war 1699
ein zusammengerottetes Gesindel plündernd und sengend in die
Wohnungen der Juden eingebrochen, dem jedoch durch ein Schreiben
des Kaisers an die Kurfürsten und Stände des Reiches rasch Ein=
halt gethan wurde, als eben nach den Juden der Adel an die Reihe
gekommen war. Aber die Gefahr für die Juden, der sie soeben mit
genauer Noth entgangen waren, sollte gleichsam in Permanenz er=
klärt, die Aufreizung in ein System gebracht, der Zündstoff littera=
risch geborgen und verewigt und eine Hochschule für Hetzapostel
aufgerichtet werden, die fortan nur Eine Botschaft kennen und
predigen: Hep, Hep. Johann Andreas Eisenmenger hatte eine
besondere Weihe für das neue Jahrhundert ausersehen; 1700 sollte
von Frankfurt am Main aus „das entdeckte Judenthum" aller Welt
sich offenbaren. 19 Jahre und 193 hebräische Bücher hatte er
angeblich zu dieser Entdeckung gebraucht, auf deren bloße Kunde der
Pfalzgraf vom Rhein, Kurfürst Johann Wilhelm, dem Entdecker die
Professur für orientalische Sprachen „bey dero weitberühmten
Universitaet zu Heydelberg den 18. Jan. an. 1700 gnädigst con=
feriret"[2]. Die Ruhmredigkeit und ungeduldige Bosheit des Autors,
der allerorten in heimtückischer und verrätherischer Absicht mit den
Juden „so vertraulich umgegangen" war[3], um sich gleichsam von
ihnen selber das Holz zu ihrem Scheiterhaufen liefern zu lassen,
hatte die Bedrohten vorzeitig auf das bevorstehende Ereigniß auf=

---

[1] Von dieser Verfolgung berichtet Wagenseil, „Vom Juden=Teutsch"
S. 118 bei Schudt I, 395: „die Juden haben sehr neulich abermahls von einem
zusammen gelauffenen Gesinde in der Stadt Bamberg / uñ der benachbahrten
Landschafft ausstehen müssen." S. Berliner und Hoffmann's „Magazin
für die Wissenschaft des Judenthums" VI, 59 und G. Wolf in Frankel's
„Monatsschrift" XVIII, 379 Anm. 1, 383, 466. Es ist nicht wahrscheinlich, daß
der Fasttag des 29. Nisan in Bamberg (s. Kobak's „Jeschurun" VI, 31 f.) wegen
dieser Verfolgung eingesetzt wurde, da die handschriftliche Notiz, die darüber er=
halten ist (S. 32), älter zu sein scheint.

[2] Schudt I, 437.   [3] Ebendas. 430.

merksam gemacht. Es war eine richtige Witterung, welche die sonst
von Hetz- und Schmähschriften nicht sonderlich berührten Juden von
diesem Buche Unheil befürchten ließ. Die Folge hat es gelehrt,
daß die Anstrengungen, den Deckel dieser Pandorabüchse nieder-
zuhalten, gerechtfertigt waren. Die Lüge, dieser gefährlichste Feind
der Menschheit, war hier doppelt furchtbar aufgetreten, da sie den
Schein wissenschaftlich erforschter Wahrheit und quellenkundiger Gelehrsamkeit erborgte. Die Juden hatten vollen Grund zur Unruhe,
aber sie waren auch richtig berathen, als sie, des privilegirten
Rabbiners sich erinnernd, an Wertheimer sich wendeten, um ihr
geängstetes Herz vor ihm auszuschütten. Am 22. Mai berichteten
ihm die Vorsteher der Frankfurter Gemeinde durch ihren Notar von
dem drohenden Ereigniß, dessen volle Bedeutung ihm auch von
anderen Seiten her klar gemacht wurde.

Es wäre eine müßige Frage, ob die Juden in einer Zeit, da
der Name Preßfreiheit noch nicht dem Wortschatze der deutschen
Sprache angehörte, das Recht hatten, die Confiscation eines sie so
schwer gefährdenden Druckwerkes zu fordern; für sie konnte überhaupt
nur von Gnade die Rede sein. Als Gesammtheit ohne Vertretung,
ohne Mittelpunkt und Führer, kam für sie Alles darauf an, wenigstens
Einzelne zu besitzen, die bei den Mächtigen der Erde sich in Gunst
zu setzen verstanden und bereit waren, ihren Einfluß für ihre weniger
glücklichen Brüder aufzubieten; die Noth der Zeiten schuf den Schtadlan,
den „geschäftigen“, beflissenen, für Jeden und für Alle allezeit ein-
tretenden Fürsprech und Helfer. Stab und Stütze, Berather und
Anwalt, der Mund der Seinen, ward er allmählich wie von selbst
die stillschweigend geduldete und anerkannte Mittelsperson zwischen
den Juden und ihren Beherrschern. Jede Gemeinde, jede Gegend,
jedes Land hatte einen Schtadlan, jeder Theil des zertrümmerten
Ganzen seine Specialvorsehung. Das Recht Aller ward durch das
Vorrecht Einzelner ersetzt, statt des schützenden Gesetzes trat der
persönliche Einfluß weniger Bevorzugter ein. Es ist das welt-
geschichtliche Verdienst dieser Geduldetesten der Geduldeten, dieser
privilegirten Schutz- und Hofjuden, daß sie sich der zurückgesetzten
Stammesgenossen annahmen; die Versuchung, sich zu überheben,

war reichlich vorhanden, wandelten sie doch wie in einer besonderen Atmosphäre inmitten der Ihren. Aber diese Männer, zu denen ihre Brüder, verlangend und hülfesuchend, wie die nachtbedeckte Niederung zu den hellbeglänzten Bergesgipfeln emporblickten, haben in dem Bewußtsein gehandelt, daß sie nur der Frühschein jener Sonne beleuchtete, die Allen gehört und ob auch spät und später über Alle den lichten Tag heraufführen muß. Wie man von Salomon Koreff [1] überliefert, daß er vor dem Statthalter von Böhmen seine vor Erregung nicht zu meisternde Stimme mit den Worten rechtfertigte: „Aus mir schreien zehntausend Seelen", so trug und hob die Schtadlanim die Gemeinschaft, die sie vertraten, und verlieh ihren Worten und Werken erhöhtes Gewicht. Samson Wertheimer mochte seinen Einfluß bei den Behörden wiederholentlich bereits für Einzelne, die er aus schweren Gefahren errettete, und Gemeinden, denen er die Stättigkeit bei der Obrigkeit erwirkte, aufgewendet haben, jetzt erhob er sich zur Höhe des wahren Landschtadlan [2]; „Nahmens der gesammten Judenschaft im Reich" richtet er am 12. Juli 1700 seine „allerunterthänigste Supplication und Bitten" [3] an Kaiser Leopold.

---

1) S. G. Wolf, in „Jahrbuch für die Geschichte der Juden" IV, 169 Anm. 1.

2) שתדלן heißt Wertheimer auf den Grabschriften seiner Söhne „Inschriften" Nr. 462, 467, השתדלן הגדול auf der seines Schwiegersohnes Eskeles Nr. 424. Ebenso rühmt sein Seelengedächtniß: כאשר נשא חן בעיני שרים ועמים עד בלי די חלק מכבודו ותקיפתו ורב עשרו לאחרים בצדקה וגמ״ח בין בגופו בין בממונו שמסר כמה פעמים להציל נפשות מישראל ואצל זו במה שדרה נוגע לכלל השתדלן הגדול. כולו בעניני השתדל[נ]ות שהוציא מכיסו ומכספו לאלפים ולרבבות heißt er auch vor seiner Approbation und in der zweiten Vorrede zu ויקהל משה. Jaïr Bacharach preist ihn vor seiner Approbation zu חות יאיר: וע״י השתדלתו. ביח קיר״ה ימצא חופש כל איש מצוק ומר נפש. Ganz besonders preisen diese seine Verdienste um die Judenheit die Gebete seiner Söhne; s. am Schlusse. Über Schtadlan vgl. Auerbach, „Geschichte der isr. Gemeinde Halberstadt" S. 20 = Brisch, „Geschichte der Juden in Cöln" II, 112 f. und über das bezahlte Gemeindeamt des Schtadlan oder Syndikus in Posen Perles a. a. O. S. 71, 72 Anm. 23.

3) S. „Monatsschrift" a. a. O. S. 380. Das Bittgesuch selbst hat Wiener veröffentlicht „Magazin" a. a. O. S. 59—62.

Das Gesuch weist in knapper, mannhafter Sprache vor Allem auf die „höchstgefährliche Empörung" im fränkischen Kreise hin, die ohne des Kaisers Dazwischentreten „auch zu allgemeinstem Landesverderb noch weiter würde umb sich gegriffen haben", und nennt sodann das bedrohliche Buch, das „in Teutscher Sprache vermuthlich allein zu dem Ende geschrieben sein solle, umb durch deßen Lesung den einfältigen und ohne Dem noch guten Theils vom verwichenen Jahr her noch schwürig und praeoccupirten gemeinen Mann, sonderlich das Landvolk zu Neuer und größerer Verbitterung gegen die Juden anzureitzen und aufzuhetzen"; „wie viel erdichtes Zeug in solchem Buch enthalten sein müße", beweist er ebenso kurz als entscheidend dadurch, daß alle in Europa gedruckten hebräischen Bücher „vorhero erst censurirt werden"; mag selbst des Autors Absicht keine so böse gewesen sein, jedenfalls könne „durch solches Buch und deßen divulgirung leichtlich vollends ein Generalaufstand und Empörung excitirt und veruhrsacht werden"; es sei daher das Buch zu confisciren und die Einsendung aller Exemplare an den Reichshofrath nach Wien [1]) anzuordnen.

War es auch ein Reformirter, gegen den da der Schutz des Kaisers angerufen wurde, so durfte man doch füglich auf die Entscheidung gespannt sein, die auf dieses fast unerhört kühne Verlangen der Juden erfolgen würde. Da erschien, wie um so recht das Ansehen und den Einfluß Wertheimers zu bezeugen, bereits am 21. Juli der kaiserliche Befehl, die Veröffentlichung des Buches einzustellen und Gutachten von Fachmännern darüber einzuholen. Es bedeutete nicht wenig, daß ausdrücklich auch Rabbiner als vertrauenswürdige Richter darüber zu urtheilen ermächtigt wurden. Mit diesem Beschlusse war die Stellung der österreichischen Regierung in dieser Frage entschieden. Weder der Pfalzgraf Johann Wilhelm, noch Preußens erster König Friedrich vermochten die Freigebung des Buches am Hofe zu Wien zu erwirken; die Verhandlungen zogen sich in die Länge, keine der streitenden Parteien erlebte den Ausgang

---

[1]) Vgl. über den Reichshofrath „Feldzüge" I, 37.

des Prozesses [1]), drei Kaiser sanken ins Grab, bevor die Entscheidung erfolgte, die dann auch am Ende nicht von einem Herrscher Österreichs, sondern von dem die Pausen des Interregnums gern benutzenden Reichsvicariat getroffen wurde. Am 19. Mai 1741 wurde das Buch freigegeben; die Eisenmengerischen Erben, die mit ihren Ansprüchen auf Schadenersatz die Juden weiter verfolgten, wurden erst am 7. April 1773 zu Wien dauernd abgewiesen.

Das maßlose Erstaunen über den Erfolg Wertheimers beim Kaiser wird am Schärfsten in den unwilligen Äußerungen König Friedrichs I. erkennbar, der in seinen Briefen an Leopold und später an Josef die Sache zu einem Siege der Juden über die christliche Religion aufbauschen möchte. So schreibt er [2]) am 25. April 1705, daß es „der Christl. Religion fast verkleinerlich seyn würde / wann die Juden so mächtig seyn sollten / daß sie ein zu Vertheidigung derselben / und Widerlegung ihrer Irrthümer verfertigtes Buch / sollten unterdrucken können." „Dahero unschwer zu urtheilen ist", meint er [3]) am

---

[1]) Den Verlauf des Prozesses Eisenmenger in seinen Einzelheiten hat G. Wolf aus den Akten dargestellt „Monatsschrift" XVIII, 378 ff., 425 ff., 465 ff. Die durch Wertheimer veranlaßte Intervention des mit ihm verschwägerten Hof- und Kammeragenten Leffmann Berens, des Schtadlan von Hannover, beim Churfürsten Georg Ludwig beleuchtet Wiener, „Magazin" 6, 48 ff. Ohne Antheil kann auch Samuel Oppenheimer nicht, wie Wolf a. a. O. 380 Anm. 3 und Wiener a. a. O. 52 gegen Graetz, „Geschichte der Juden" X, 308 annehmen, in dieser Frage geblieben sein. Mag er auch draußen im Reich als der damalige Rothschild der Juden bekannter als Wertheimer gewesen und darum von Paulus Christiani (Schudt I, 428) allein genannt worden sein, so wäre er doch ohne alle Betheiligung kaum zu dieser Erwähnung gekommen. Noch nach seinem Tode verlangen Eisenmengers Erben 1705, der König von Preußen möge die Pfändung Wertheimbers und Oppenheimers erwirken, damit sie ihr Geld erhielten; s. Wolf a. a. O. 431. Wertheimers alleinige Intervention beim Kaiser wird jedoch durch Schudt bestätigt. I, 437 heißt es: „da nun sein Werk zu Franckfurt unter der Presse war / erregten die Juden allhier einen Juden zu Wien Simson Wertheimer / daß er bey dem Kayserl. Reichs-Hoff-Rath angegeben wurde / ob enthielte solch Buch viel Falsches / und seye nur dahin angesehen / daß Tumult und Aufruhr wieder die Juden erreget würde."

[2]) Schudt III, 2.   [3]) Ebendas. 5.

19. März 1708, „daß die Juden kräfftige Mittel wissen müssen /
um das zu Vertheidigung der Warheit und Wiederlegung ihrer Irr-
thumen verfertigte Buch unterdrucken zu können / gleichwie aber
solches der Christlichen Religion nachtheilig / und verkleinerlich ist /
sie auch solcher zu spotten / dadurch Gelegenheit nehmen.“ Und
bereits am 15. April wiederholt er [1]), daß „es auch in der Warheit
der Christlichen Religion zum Spott und Hohn gereichet / wann die
Juden in dergleichen Sachen / da ihre Irrthümer und gottloses
Wesen refutiret werden / die Oberhand behalten / und solche solten
können unterdrucken.“ Seine Drohung, wenn „die Juden demnach
mit ihren Kunstgriffen durchdringen solten“, das Buch im Königreich
Preußen nachdrucken zu lassen und Mittel zu erfinden, „des Authoris
Erben auf der Juden Kosten zu nidemnifiren“, hat Friedrich ver-
wirklicht; er hat nemlich 1711 „das Buch auff eigenen Kosten in
Berlin in der Königl. Hof-Buchdruckerey secretissime, gewisser
Staats-Ursachen [2]) halber drucken und auff das Titul-Blatt Königsberg in Preussen setzen lassen.“ „Darbey,“ fügt Schudt I, 427
hinzu, „die Juden sich trösten mögen / daß der erste Abdruck solches
Buches noch in Ketten und Banden auf dem Klapperfeld im Armen-
Hauß zu Franckfurt verschlossen und gefangen liegt.“ So wurde
durch diese königl. preußische Ausgabe um 30 Jahre früher die allezeit volle Futterkrippe freigegeben, aus der so viele unzahme Wieder-
käuer in der Folgezeit ihren Hunger nach Verläumdung der Juden
stillen konnten.

Es war eine bittere Ironie der Geschichte, daß gerade an dem
Tage, da Wertheimers Einfluß seinen höchsten Triumph feierte und
das kaiserliche Patent gegen Eisenmengers Buch die Wahnvorstellung
von der Herrschaft und Übermacht der Juden begründete, ihre Unsicherheit und immer noch gleich gefährdete Lage erschreckend offenbar
wurde; an demselben 21. Juli 1700 übernahm es der Wiener Pöbel,

---

[1]) Schudt III, 7: An den Reichs-Hoffrath Graffen von Oettingen.

[2]) Das. IV, 5. Buch S. 286. Das heißt wohl, wie aus I, 427 hervorgeht,
daß darum Königsberg angegeben wurde, „als wohin das Kayserl. Verbott sich nicht
erstrecket“. S. [König] „Annalen der Juden in den preußischen Staaten“ S. 226.

den Traum von der jüdischen Herrlichkeit gründlich zu zerstören. Ein Zufall sollte gleichsam die Schneeflocke werden, welche die Lawine des seit lange gegen die Juden Wiens angesammelten Neides und Hasses zum Rollen brachte. Man[1]) hatte die Thorheit begangen, eine jener kleinen Neckereien, wie sie eben zum Kleingeld des mittelalterlichen Judenhasses gehörten, das herausfordernde Pochen auf einem Brette[2]), mit dem sich ein Schornsteinfegergeselle dem Oppenheimerschen Hause gegenüber erlustigte, zu verwehren und durch die Rumorwache bestrafen zu lassen. Vergebens hatte Samuel Oppenheimer die Sonne seiner fürstlichen Wohlthätigkeit über Christen[3]) wie Juden scheinen lassen, vergebens waren seine Dienste für Kaiser und Land, vergebens hatte Prinz Eugen ihn als „Retter in der Kriegsnoth"[4]) bezeichnet, vergebens war seine „unbegreifliche Uneigennützigkeit"[5]), ohne die, wie man übertreibend sagte, Österreich und Deutschland heute türkisch wäre, vergebens war er siebzig Jahre alt geworden: in wenigen Stunden war sein Haus geplündert, die Kanzlei erbrochen, der Vorrath der zum Theil unersetzlichen Scripturen zerrissen oder verschleppt, Hab und Gut geraubt, was nicht niet- und nagelfest war, zertrümmert und verwüstet; Oppenheimer und die Seinen retteten mit genauer Noth ihr Leben. Der fortgesetzten

---

1) Nach Schudt I, 352 wäre es Oppenheimer selber gewesen, „welcher den klopffenden Schornstein-Feger durch die herbeygeholte Rumorwacht wolte einsetzen lassen."

2) Schudt I, 351 f.; über des „Bret-Klopffens / so die Juden nicht leiden können / Ursprung" s. ebendas. IV, 5. Buch, S. 239 ff. und II. Register s. v.

3) „Es haben mir selbst", sagt Schudt IV, 4. Buch, S. 209, „Christen und Juden des mehrern bezeugt / daß der alte Samuel Oppenheimer zu Wien / Wann Christliche Passagierer / Studenten und andere Dürfftige sich bei ihm angemeldet / sie niemahl ohne reichliche Beschenckung von sich gelassen habe."

4) S. Wurzbach, „Biographisches Lexicon des Kaiserthums Österreich" XXI, 75.

5) Worte Franz Gräffer's — s. über ihn Wurzbach s. v. — bei J. v. Hofmannsthal, „Samuel Oppenheimer, eine biographische Skizze" (Wien 1849) S. 8. S. G. Wolf, „Vom ersten bis zum zweiten Tempel" S. 160 und Keller's בכורים I, 109 Anm.

Plünderung der übrigen Judenhäuser wehrte nur das entschiedene Eingreifen der Behörden; der Schornsteinfeger und ein Schwert=fegergeselle [1]) wurden zum abschreckenden Beispiel an dem Eisengitter über der Einfahrt des zerstörten Hauses am Bauernmarkte (heute Nr. 1) aufgehenkt. Mit welchem Gefühle mag Oppenheimer die Synagoge [2]) seines ehemaligen Palastes wieder betreten haben, dessen Eingang fortan die Schatten von Hingerichteten umdüsterten! Der angerichtete Schaden bezifferte sich auf mehrere, man sprach von vier Millionen; die Behörden hatten die Hände voll damit zu thun, die nach anderen Städten verschleppte Beute, die Schriften und Briefschaften des großen Handlungshauses [3]) so weit als möglich wieder hereinzubringen. Ein Gesuch Oppenheimers, das die Hof=kammer bereits am 29. Juli 1700 [4]) mit dem Vermerk: periculum in mora an die ungarische Kammer in Preßburg leitet, führt uns unmittelbar in die Bewegung und Erregung jener Tage ein; es lautet:

---

[1]) Ich folge der Darstellung bei Schudt I, 351—353, L. Rink bei Maurer a. a. O. 448, „Sulamith" a. a. O. S. 237 f., [J. Wertheimer] „Die Juden in Österreich" I, 133 gegen G. Wolf, „Geschichte der Juden in Wien" S. 57. Wurzbach a. a. O. läßt zwei Rauchfangkehrer und einen Schwertfeger hingerichtet werden. Diese Plünderung besingt ein handschriftliches lateinisches Gedicht der Hofbibliothek in Wien s. Steinschneider in „Zeitschrift für die Geschichte der Juden in Deutschland" 2, 151.

[2]) Schudt IV, 5. Buch, S. 238 bemerkt von Oppenheimer: „Dieser hat in Wien in seinem Hauß eine gewölbte Synagog / darin alle Tage Morgends und Abends die Seinige / auch alle andere / zu Wien seyende Juden / zum Gebett kommen."

[3]) Vehse, „Gesch. der deutschen Höfe" II, 7 S. 64 macht die edle Be=merkung, man habe „alle Schriften und Handelsbücher — zu des Kaisers nicht geringem Schaden zerrissen, denn er mußte natürlich ersetzen, was der Hofjude aus der Memorie ansetzte, um die Handelsbücher wieder in Gang zu bringen."

[4]) Ben. Res. d. d.; Schudt I, 353 giebt an, es seien „auch einige Brieff=schafften und andere Sachen wieder herbeygebracht worden." Die Kunde dieses Ereignisses hatte sich bald bei den Juden im Reich verbreitet. Mit Beziehung darauf heißt es in der Frankfurter Eingabe an den Kaiser vom 14. November 1701: „nach ausweis der noch kürzlich zu Wien und Bamberg, also sich ganz frisch zugetragenen Exemplen" („Monatsschrift" 18, 429).

Hochlöbl: Kayl: Hoff Camer,
Gnädig Hochgebiettende Herrn Herren,

Demnach ich in Erfahrung gebracht, daß einige, so sich bey iungst Vorbey=
gangener, und an mir und denen Meinigen verübter Plünderung eingefunden
haben, mit einigen geraubten Sachen nacher Preßburg abgefahren seyn sollen;
Wie aber nicht zweifle, es werden sich annoch alldorthen aufhalten, oder dergleichen
noch dahin Khomen;

Gelangt demnach an Ewre Excell: und gnaden mein unterthenigst gehor=
sambstes bitten, die selbe geruhen, die gnädigste Verordnung ergehen zu laßen,
auf daß dergleichen dorth gegenwertige und noch dahin Khomende Spolianten
vor albasigen gericht angehalten und scharff examinirt werden möchten; zu
gnädigster Erhör mich empfehle.

Ewer Excell: und gnaden

Unterthgst ghbster

Samuel Oppenheimber
Königl. Ober factorn undt Hoff Jud.

Oppenheimer hatte für alle Juden und somit auch für Wert=
heimer gebüßt, deßen Thätigkeit und zunehmende Wohlhabenheit
weniger in die Augen fiel. Der alleinige Oberhoffactor war Samuel
Oppenheimer, den der Glanz seiner Stellung, seiner durch die beispiel=
los weitreichenden Unternehmungen gleichsam zählbar offenkundigen
Reichthümer in den Vordergrund der gefährlichen öffentlichen Auf=
merksamkeit rückte; Wertheimers Glück gedieh im Schatten nicht
minder, jedenfalls aber sicherer. Jung, anschlägig, rastlos und welt=
kundig, genießt Wertheimer, noch ohne glänzende Titel, das Vertrauen
des Kaisers vielleicht in noch höherem Grade als sein greiser Vorder=
mann. 1697 werden mit ihm, dem „sächsischen Factor“, wie er noch
heißt, zwei Staatsanlehen [1]) abgeschloßen, eines auf 517,000 Gulden,
sichergestellt auf die Land= und Fürstentagsbewilligungen von Böhmen
und Schlesien, das andere für den Sommersold der Armeen in
Ungarn und im Reich auf 380,000 fl., bedeckt durch den fälligen
Rest der ungarischen Beiträge. An den Lieferungen Oppenheimers
hatte er stillschweigend und offenkundig seinen Theil. Kardinal

----

[1]) S. „Feldzüge“ II, 39.

Kollonits[1]), der schon als Bischof von Wiener Neustadt an der
Vertreibung der Juden aus Wien erfolgreich gearbeitet hatte, ver=
suchte zwar durch „ein Consortium patriotischer Männer" den Juden
die Lieferungen aus den Händen zu nehmen, um dem Staate „min=
destens 450,000 fl. zu ersparen", mußte aber nach wenigen Tagen
„die Unausführbarkeit seines Projectes" eingestehn und so die Un=
entbehrlichkeit der bereits fallen gelassenen jüdischen Lieferanten[2])
bekräftigen. Dafür halfen diese im folgenden Jahre dem Staate
aus der dringendsten Noth. Trotz der Ebbe der Staatskassen, trotz
der ausbleibenden Zahlungen der Erbländer, auf die sie assignirt
waren, trotz der verzweifelten Finanzlage und des fast völlig ge=
schwundenen Credites unternahmen sie 1696 neuerdings die Ver=
pflegung[3]) der kaiserlichen Armee in Ungarn, stille Bundesgenossen
und Förderer der glänzenden Waffenthaten Eugens, denen ein Theil
an dem Erfolge zuzusprechen ist, daß Österreich nach dem Frieden
von Karlowitz am Schlusse des Jahrhunderts von den erschöpfenden
Türkenkriegen, für eine kurze Pause freilich nur, aufathmen konnte.

Wertheimer scheint damals bereits nicht nur dem Kaiser und
der Hofkammer, sondern auch den mächtigeren deutschen Fürsten
finanziell mit Rath und That beigestanden zu haben; Chur=Mainz,
Chur=Trier, Chur=Sachsen, Chur=Pfalz hatten ihm den Titel Ober=
factor verliehen. Ein Zeugniß von der Aufmerksamkeit, die seine Unter=
nehmungen und Verbindungen draußen im Reiche erregt hatten, giebt die
Thatsache eines 1697 von Deutschland aus gegen sein Leben geschmiedeten
Mordplanes[4]), mit dessen Untersuchung die preußischen Behörden ver=
gebens sich beschäftigten. 1699 fürchtet er schon, der Last der von

---

[1]) Ebendas. 41 Anm. 1; vgl. über Kollonits das. S. 45 Anm. 1 und
Maurer a. a. O. 42 f.

[2]) „Oppenheimer," heißt es a. a. O. 41 Anm. 1, „und sein Bundesgenosse,
oft aber auch sein Gegner und Concurrent Wertheimer hatten die Lieferungen
förmlich monopolisirt."

[3]) Ebendas. S. 260.

[4]) Nach Mittheilungen, die ich dem königl. preuß. geheimen Staatsarchive
in Berlin verdanke.

allen Seiten auf ihn eindringenden Geschäfte zu erliegen [1]). „Ich, der ich so viel in Ew. kays. Majestät als andern Hohen Potentaten Diensten mit Geschäften sehr überladen bin", schreibt er am 22. Dezember 1700 in einer Vorstellung an den Kaiser [2]). Seine unablässigen treuen Dienste hatte Leopold bereits dadurch anerkannt, daß er ihm und seinem damals noch jungen Sohne, Wolf Wertheimer, sein Bildniß mit einer Gnadenkette [3]) verlieh. Aber die höchste Auszeichnung lag in den Missionen, die ihm übertragen wurden, den unmittelbaren Äußerungen des kaiserlichen Vertrauens. Am 22. September 1701 [4]) beruft er sich darauf, daß er in Angelegenheiten des Hofes sich vier Monate in Breslau [5]) habe aufhalten müssen, wo ihm zur Prüfung von Eisenmengers Buche keine Zeit geblieben sei. Als Herzog Karl Philipp, später Kurfürst von Pfalz=Neuburg, der Bruder der frommen Kaiserin Eleonore und Schwager Kaiser Leopolds,

---

[1]) Die Approbation zu חות יאיר אשר : unterschreibt er als חרובץ תחת משא מוטרד מכל צד.

[2]) S. „Monatsschrift" 18, 383 f.

[3]) S. das Privilegium Leopolds vom 29. August 1703.

[4]) S. „Monatsschrift" a. a. O. 428.

[5]) Hier hatte Wertheimer einen Agenten, seinen Neffen, den Sohn seiner an Jacob Wimpfen verheiratheten Schwester, Gabriel Jacob, der in den Acten der Breslauer Archive, wie mir mein Freund Dr. M. Brann, Rabbiner in Pleß, mittheilt, stets „der Wertheimische Mandatar" oder „der privil. Wertheimische Bestellte" genannt wird. Dieser gehörte von 1718—1740 zu den Höchstbesteuerten in der dortigen Judenschaft. In einem Schreiben an den Kaiser vom 2. Mai 1699 erheben „die Rathmanne der Stadt Breßlau" Einsprache gegen das in den kais. Rescript vom 7. April c. enthaltene Privilegium freier Niederlassung für Samson Wertheimer und hoffen, daß Sr. May. sie ohne alles Verschulden nicht so harte straffen noch durch dieses ungläubigen Menschen Reception und Immunitäten auf einmal die alten Privilegia cassiren werde (Stadt=Archiv Klose N. N. N. 429). Am [17./10.] 1699 berichten die Ältesten der Breslauer Kaufmannschaft dem Magistrat über die Machinationen des Juden Wertheimer, sich in der Stadt einzuschleichen (Das. 430[1]). Gabriel Jacob mußte nach 1740 Breslau verlassen und ließ sich in Kremsier nieder; er ist der Ur=Urgroßvater Josef Weisse's, Oberrabbiners zu Waag=Neustadtl, dem ich auch diese Mittheilung verdanke.

der seit 1688 „seinen geistlichen Pfründen" entsagt hatte und in er
kaiserlichen Armee während der Türkenkriege zum Generalfeldmarschall
emporgestiegen war, in zweiter Ehe eine polnische Prinzessin heim=
führen sollte, wurden die Verhandlungen wegen der Mitgift[1]) der
Braut Wertheimer übertragen. Am 15. Dezember 1701 fand die
Trauung des Prinzen mit Theresia Katharina Lubomirska in Krakau
statt. Wertheimer hatte sich des ihm gewordenen Auftrags in so
zufriedenstellender Weise entledigt, daß der im Spenden allezeit un=
ermüdliche Kaiser in Gnaden und zum Gedächtniß ihm tausend
Speciesdukaten „verehrte", für die er zur fürstlichen Schmückung
seiner Tafel Silber= und Goldgeschirr sich anschaffen sollte.

Aber bald sollten verantwortungsreichere, aufreibende Aufgaben
diese friedlichen, heiteren Geschäfte ablösen. Eine unheilschwere
Wolke zog am Horizonte Österreichs herauf, der Kampf um die Erb=
folge in Spanien. Nie hat sich ein Staat bedrängter, erschöpfter
in einen großen Krieg gestürzt; Rückstände in der Löhnung, mangel=
hafte Verpflegung veranlaßten unausgesetzte Klagen der Heeresleitung,
die von Officieren, die ihre Kleider verkaufen, von darbenden, halb=
nackten Truppen berichtet; zur Rekrutirung und Remontirung fehlte
es an Geld; leere Versprechungen, Bewilligungen, denen keine Leistungen
folgten, hatten den Kredit in einer Weise erschüttert, daß sich Städte
fanden, die den Garnisonen auch nur die einfache Kost zu leihen sich
weigerten. Wieder waren es Oppenheimer und Wertheimer[2]), die
Rath schafften, die nöthigen Gelder aufbrachten, die Remontirung
und Proviantlieferung übernahmen und so die wichtigsten äußeren
Bedingungen eines erfolgreichen Krieges erfüllen halfen. In dem

---

[1]) S. das Privilegium Leopolds. Über Karl Philipp vgl. „Allgemeine
deutsche Biographie" 15, 331. Irrthümlich heißt es bei G. Wolf, „Geschichte
der Juden in Wien" S. 54, daß „der König von Polen dem Erzherzog Carl
eine Million Dotationsgelder bewilligte."

[2]) „Samuel Oppenheimer," heißt es „Feldzüge" III, 64 Anm. *, „der in
Geldsachen der Regierung damals überaus einflußreiche „Hoffactor und Hofjud",
wie er sich unterschreibt und amtlich betitelt wird, wußte, unterstützt durch einen ge=
wissen Wertheimer, der in den Acten als Schwiegersohn Oppenheimers aufgeführt
erscheint, fast alle Lieferungen an sich zu bringen."

Contracte vom 24. Dezember 1701 wird „dem kaif. Ober-Kriegs-Factor und Juden Samuel Oppenheimer" zugesichert[1]), daß ihm „die verlangten kaiserlichen Freipässe und Promotorial-Schreiben zum freien Einkauf in Böhmen, auch Dänemark, Sachsen, Brandenburg, Salzburg, Lüneburg, Schwaben und Tyrol ausgefertigt werden." Im zweiten Kriegsjahre schließt vollends die Hoskammer mit Oppen-heimer ein Anlehen[2]) auf fünf Millionen Gulden Baargeld ab; von den zehn gleichen Monatsraten von je einer halben Million, in denen es zu entrichten war, wurden je 300,000 Gulden der italienischen Armee und je 200,000 an die Hoskammer ausgezahlt. So tief war der Staatskredit gesunken, daß das Geld nur gegen 12 Prozent und eine Pfandverschreibung von nahezu neun Millionen zu beschaffen war. Gleichwohl droht am 23. Oktober 1702 Eugen, der den Kaiser „continuirlich mit lauter Verdrießlichkeiten zu be-unruhigen" bedauert, mit dem Total-Ruin[3]) der italienischen Armee.

Wertheimer fand in diesem Jahre auch Gelegenheit, den Sohn des Kaisers, den römischen König Josef, der zur Rheinarmee abging und am 27. Juli 1702 im Lager vor Landau erschien, sich zu verpflichten. Er scheint bei der Belagerung dieser Festung, die bereits am 9. Sep-tember, am 85. Tage der Belagerung, dem österreichischen Heere sich ergeben mußte, durch namhafte Geldvorschüsse sich Verdienste er-

---

[1]) Daf. 452. Vgl. auch die Contracte über die Errichtung des Proviant-Fuhrwesens für die Armee in Tyrol vom 31. Jänner 1701 daselbst S. 419 f. und über die Proviant- und Haferlieferung für die in Tyrol und im deutschen Reiche stehenden Truppen vom gleichen Datum S. 420 ff. Die Klagen über die Qualität der gelieferten Zugochsen und des Mehles s. S. 70—71. Eine schärfere Berücksichtigung der finanziellen Lage, der Eile bei der Herbeischaffung der Vor-räthe, der Gewinnsucht der Unterlieferanten, der Unzuverlässigkeit der Bediensteten ist wohl geeignet, das harte Urtheil über „unreelle Geschäftsgebarung", über einen Gewinn von 33—42% und vollends die Darstellung Oppenheimers als „eines gewissenlosen Speculanten" (S. 71) zu berichtigen.

[2]) „Feldzüge" IV, 41. Oppenheimer stellte auch die Pferde (S. 45), das Ochsenfuhrwerk (S. 49) bei und übernahm das gesammte Proviantwesen (S. 57).

[3]) Ebendaf. IV: Militär-Correspondenz Nr. 107, S. 265.

worben zu haben, die ihm der commandirende Kronprinz später als Kaiser gleich nach seinem Regierungsantritte [1]) gedachte.

Bei der Unzuverlässigkeit der Steuereingänge, durch welche diese Anlehen bedeckt zu werden pflegten, waren die Creditoperationen der Unternehmer ein gefährliches und aufreibendes Geschäft. Es war jeden Augenblick zu befürchten, daß die ausbleibenden Zahlungen Stockungen hervorrufen und die übernommenen Verbindlichkeiten nicht würden eingehalten werden können. So hatte Wertheimer von den 250,000, die er 1695, und den 70,000 rheinischen Gulden, die er 1698 dem Kaiser vorgeschossen, 1701 noch Nichts [2]) zurückerhalten. Die Contributionen von 1698, 1699 und 1700 der niederungarischen Comitate, die ihm angewiesen wurden, waren eben nicht eingegangen. Am 3. Juni 1701 erwirkt die Hofkammer ihrem Sekretär Joh. Herbold Füllgraf v. Schöndorff bei der ungarischen Kammer Assistenz zur Eintreibung dieser restirenden Contributionen, deren größten Theil Wertheimer zur Bedeckung dringender Hof= und Kriegsbedürfnisse dem Kaiser von Neuem vorzustrecken sich erboten hatte. [3])

Der Mann, der die Gefahr einer allgemeinen finanziellen Stockung durch das persönliche Vertrauen, das die gesammte Handels= welt ihm entgegenbrachte, stets glücklich zu bannen wußte und die Hofkammer aus ihren ewigen Verlegenheiten rettete, war Samuel Oppenheimer. Auf seinen Schultern ruhte der Kredit Österreichs; wenn er fiel, dann war der Staat bankerott geworden. Seine Söhne scheinen die Unhaltbarkeit der Zustände, die Gefährlichkeit weiterer Unternehmungen erkannt zu haben, allein er blieb un= erschütterlich in seiner Bereitwilligkeit, unerschöpflich vertrauensselig, wie er war. Wolf Oppenheimer war am Anfange des Kriegsjahres 1703 zweimal den Einladungen des Generallieutenants und Befehls=

---

[1]) S. das Privilegium Josefs vom 22. Mai 1705. Im Herbste 1702 hul= digten Josef I. und seiner Gemahlin während der Belagerung von Landau auch die Frankfurter Juden in Heidelberg; s. Horovitz, „Frankfurter Rabbiner" 2 S. 58 f.

[2]) Zu entnehmen aus dem Schreiben der Hofkammer (Ben. Res.) vom 3. Juni 1701.

[3]) S. Ben. Res. d. d.

habers der Rheinarmee, des Markgrafen Ludwig von Baden [1]), aus-
gewichen, der ihn zu neuen Vorschüssen und Munitionslieferungen
bestimmen wollte. Er müsse zuvor die Ermächtigung seines Vaters
einholen, der für seine Geldforderungen und das der Rheinarmee
im Vorjahre gelieferte Pulver und Blei noch keinen Heller erhalten
hatte. Da erfolgte unerwartet am 3. Mai [2]) 1703 der Tod Samuel
Oppenheimers. Die Säule, die mühsam genug den Staatskredit
aufrechterhalten hatte, war geborsten; die lange gefürchtete Stockung
war unausbleiblich. Jetzt zeigte es sich, wie sehr das öffentliche
Vertrauen allein der Person des verstorbenen Oberhoffactors gegolten
hatte; das Falliment des Hauses Oppenheimer war das Falliment
Österreichs. „Sein Tod hatte eine förmliche Handelskrise in
Deutschland und in den Erbländern zur Folge. Die weitverzweigten
Geschäfts- und Handelsverbindungen dieses unternehmenden Mannes
beruhten zum größten Theile auf dem persönlichen Credite, den
die gesammte Geschäftswelt Oppenheimer entgegengebracht.
Wenn man oft in der größten Bedrängniß nirgends mehr die
für den Augenblick dringendsten Mittel zu beschaffen vermochte, so
wußte in der letzten Stunde der Hofjude doch immer durch das
Vertrauen, das er genoß, und seine ungemein weitreichenden Verbindungen neue Hülfsquellen zu erschließen. Wurde er auch mit den
Assignationen der Hofkammer von den einzelnen Ländern oft jahre-
lang herumgezogen, so geduldeten sich doch gerne seine Gläubiger
und Lieferanten; denn sie wußten, daß sie am Ende doch nicht zu
kurz kämen, und daß die unermüdliche Thätigkeit Oppenheimers
ihnen schließlich zur Befriedigung ihrer Ansprüche verhelfen werde.
Bei seinem Tode ergriff nun die ganze Geschäftswelt eine unbeschreib-
liche Panique. Alle Interessenten, in dem Bewußtsein, daß vom
Staate nichts oder nur in den seltensten Fällen etwas zu erhalten

---

[1]) S. „Feldzüge" V, 104. Über Ludwig s. das. II, 222 Anm. 1.

[2]) Nicht „Mitte Mai", wie das. V, 77 angegeben wird. Das Datum
ist durch die Grabschrift Samuels („Inschriften" Nr. 323), wo Donnerstag der
17. Jjar זיז als Sterbetag angegeben wird, gesichert. Am 7. Mai meldet
Eugen bereits das Ereigniß dem Feldzeugmeister Grafen Guido Starhemberg;
s. „Feldzüge" V: Milit. Corresp. S. 60.

sei, suchten jetzt in überstürzter Hast ihre Forderungen an der Ver=
lassenschaftsmasse, deren Verwaltung Oppenheimers Sohn, Emanuel,
übernommen hatte, geltend zu machen, und so wenigstens, was noch
möglich, zu retten. Von einem Fortgange der Geschäfte, von einem Ein=
gehen neuer Contracte und der Einhaltung übernommener Lieferungen
konnte unter solchen Umständen keine Rede sein, und der Bankerott
der Firma Oppenheimer war die erste Consequenz dieser Wirren"[1].
Prinz Eugen ahnte bereits am 7. Mai die Verlegenheit[2], die
Oppenheimers Tod dem Staate bereiten mußte. Der Obrist=Kriegs=
meister Martini[3] schreibt unterm 20. Mai, daß „durch des Oppen=
heimers Tod die Wechsel=Negotia in Wien auch gehemmt werden."
Markgraf Ludwig von Baden[4] erklärt am 15. Juni dem Kaiser
vollends: „des Oppenheimers in der Welt ausgeschriebenes Falli=
ment macht, daß man nirgend vor keinen Heller Geld noch credit
finden kann." In der That legte sich`auch der Kaiser persönlich ins
Mittel. Ein Moratorium[5] für alle Gläubiger Oppenheimers ver=

---

[1] Wörtlich entnommen aus „Feldzüge" V, 77—78.

[2] Ibid. Suppl. S. 60: La mort d'Oppenheim est encore un nouvel
embarras. Tous les marchands sont si mêlés dans cette affaire, qu'ils se
sont déclarés ne pouvoir entrer dans aucun traité, qu'ils n'aient ajusté en
quelque manière les affaires du juif. Ainsi il n'est pas possible de rien
finir auparavant. Emanuel Oppenheimer muß vom Markgrafen Ludwig von
Baden an Eugen besonders empfohlen worden sein, da dieser am 20. Juli 1703
antwortet (das. S. 96): „6to Werde ich zwar in allweg geneigt sein, dem Juden
Oppenheimer meinen Schutz und Protection angedeihen zu lassen, allein
werden auch Euer Liebden von selbst billig erachten, daß man zu Kaisers Dienst
untersuchen müsse, ob, wie und was er noch ferners zu prästiren vermöge, nicht
weniger, wie dabei auch dem Aerario gewirthschaftet werden könne." Von der
Rheinarmee berichtet Eugen dem Kaiser am 29. Mai 1703 (das. 70), daß sie
„im Angesichte des Feindes nackt und bloß, ohne Heller Geld, ohne Proviant,
und zur börigen Defension nicht einmal mit genugsamem Pulver und Blei ver=
sehen ist."

[3] Ebendas. V, 78 Anm. 1.

[4] S. Vehse a. a. O. II, 7 S. 4.

[5] In allen Städten Deutschlands ließ die Kais. Reichs=Hofkanzlei ver=
künden, daß „die Oppenheimer'schen Interessenten, Anticipanten, Creditoren und

hinderte den Fall zahlreicher Geschäftshäuser, eine dringend noth=
wendige Maßregel in der erften Verwirrung. Auch wurde ein be=
sonderes judicium delegatum [1]) unter dem Vorsitze des Grafen
Martinitz eingesetzt, um die angemeldeten Forderungen zu prüfen und
zu liquidiren. Der Staat hatte so die Sache des Oppenheimerschen
Hauses, an dessen Aufrichtung Bankhäuser und Kaufleute des In= und
Auslandes, Fürsten, wie der Herzog Georg Wilhelm von Braunschweig=
Lüneburg [2]) ein vitales Interesse hatten, zu der seinigen gemacht,
so daß Emanuel Oppenheimer [3]) bald wieder für seine Person mit der
Hoffammer Contracte schließen konnte. Wie lange aber die Schlichtung
dieser verworrenen Angelegenheit sich hinzog, selbst nachdem ein Mann
wie Graf Gundacker von Starhemberg [4]) läuternd und aufrichtend in
die Leitung des österreichischen Finanzwesens eingegriffen hatte, zeigt
ein Aktenstück vom 15. September 1709, das im k. ung. Landes=
archiv [5]) aufbewahrt wird. Kaiser Josef I. fordert darin die ungarische
Hoffammer in Preßburg auf, zum Behufe der mit Oppenheimer
endlich abzuschließenden Hauptbilanz alle an Samuel und Emanuel
seit 1683 gemachten Zahlungen aus den in ihrer Verwahrung
stehenden Mitteln und Gefällen genau zu specificiren.

Es mag Samson Wertheimer, der stets in so enger geschäftlicher
Verbindung mit dem Hause Oppenheimer gestanden, schwer geworden

---

welche von diesen hinwieder im Oppenheimer'schen negotio dependiren, sowohl
Christen als Juden, keineswegs übereilt, etwa mit Executionen belegt oder sonst
im Mindesten ex ratione eines Wechselrechtes angefochten oder compellirt" werden
sollten; s. „Feldzüge" V, 79.

[1]) S. Behse a. a. O. S. 5. Vgl. die Geschichte der Aufrichtung des
Oppenheimer'schen Hauses „Feldzüge" VI, 77—78.

[2]) Das. S. 77 Anm. 2.

[3]) Noch im Jahre 1703 schließt Emanuel Oppenheimer einen Contract mit
der Hoffammer „betreffs Lieferung von 15,000 Stück „Musketen-Flinten", das
Stück zu 6 Gulden," „Feldzüge" V, 79. Nach Behse a. a. O. S. 5 „findet
es sich" erst 1706, daß Oppenheimer wieder Lieferungen übernahm.

[4]) S. Arneth, „Prinz Eugen von Savoyen" I, 349; Behse a. a. O. 6
S. 60 f. und 246 f.; „Feldzüge" V, 32 Anm. 1.

[5]) Ben. Res. d. d.

— 28 —

sein, sich durch die Wirbel dieser heftigen und gefährlichen Krise unversehrt hindurchzuretten [1]). Aber wir finden ihn auch in diesem Unglücksjahre aufrecht und rastlos im Dienste seines Kaisers bemüht. So sehen wir ihn die so wichtige Zahlung der Subsidiengelder, die der Kaiser an die Reichsfürsten für die Beistellung von Hülfstruppen zu entrichten hatte, auf seine Rechnung übernehmen, wobei ihm wohl seine Stellung als Hoffactor so vieler deutscher Reichsstände zu Statten kam. An den Kurfürsten von Mainz zahlte er 100,000, an Chur=Trier 150,000 und an Chur=Pfalz 350,000 Gulden [2]). Damals scheint er auch den ungarischen Comitaten [3]), die in den Drangsalen des Aufstandes Franz Rákóczis ihren Zahlungspflichten gegen den Staat nicht nachkommen konnten, mit unermüdlicher Bereit= willigkeit durch Vorschüsse ausgeholfen zu haben. Mit seinem ganzen Vermögen der Gläubiger seines Kaisers, mit Anspannung seines persönlichen Credites sein Bürge, war er außerdem noch unablässig darauf bedacht, neue Pfänder zur Bedeckung der dringendsten Staats= anlehen zu ersinnen. Kaiser Leopold hatte es ihm nicht vergessen, daß er zuerst auf die siebenbürgischen Salinen [4]) hingewiesen und so den Credit von einer halben Million begründet hatte. Sein Vorgehen bei Creditoperationen sowohl als auch bei den Lieferungen aller Art, die er unmittelbar an den Hof abzuführen hatte, muß so tadellos correct, seine Geschäftsgebarung so unbescholten sauber gewesen sein, sein Streben nach Erwerb und Gewinn so sehr in den gebürlichen Grenzen

---

[1]) Vielleicht stammt aus der Zeit des Ausgleichs mit Oppenheimer eine Forderung auf die Rákóczischen fiscalischen Güter, die durch Cession von Emanuel Oppenheimer in den Besitz Wertheimers übergegangen sein muß und von diesem (Ben. Res. vom 27. November 1721, wo jedoch Gesuch und Zuschrift an die ungarische Kammer fehlen) behufs Vormerkung erst 1721 angemeldet wurde. Franz Fürst Rákóczy erklärt am 1. April 1700 dem Kais. Oberfactor Herrn Emanuel Oppenheimer, daß ihm nach „gepflogener ordentlicher Abrechnung.. liquid herauß" 35,275 fl. 5½ Kr. kommen, die er ihm schuldig bleibe.

[2]) S. „Feldzüge" V, 65 Anm. 1.

[3]) Wie aus Wertheimers Gesuch gegen die ungarische Kammer (Ben. Res. 9. Oktober 1721) hervorgeht.

[4]) Vgl. das folgende Privilegium.

der Redlichkeit und Anständigkeit sich gehalten haben, daß die kaiserliche Gunst nur auf eine Gelegenheit gewartet zu haben scheint, ihn
nach Verdienst auszuzeichnen. Die Stellung, die Samuel Oppenheimer
eingenommen hatte, sollte nunmehr er einnehmen; schon am 29. August
1703 ernannte ihn der Kaiser zu seinem Hoffactor, dem weiterer Schutz
auf neue 20 Jahre, d. i. bis Dienstag den 28. Mai 1735, freie Religions-
übung, unbehinderter Verkehr und Aufenthalt im ganzen Reiche, un-
bedingte Freiheit von allen Steuern und Abgaben zugesichert werden.
Das Privilegium¹), das ein sprechendes Zeugniß von der Gunst und
Achtung ablegt, die Wertheimer bei Kaiser Leopold genossen, und
einen wahren Adelsbrief darstellt, lautet von Wort zu Wort also:

Wir Leopold von Gottes Gnaden erwöhlter Römb: Kays: zu allen Zeiten,
mehrer des Reichs, in Germanien, zu Hungarn, Boheimb, Dalmatien, Croatien,
und Sclauonien König, Ertz-Herzog zu Österreich, Herzog zu Burgund, zu Brabant,
zu Steyer, zu Carndten, zu Crain, zu Lutzemburg, zu Würtemberg, Ober, und
nider Schleßien, Fürst zu Schwaben, Marggraff des Heyl: Römb: Reichs zu
Burgau, zu Mähren, Ober und nider Laußnitz, gefürster Graff zu Habspurg, zu
Tyrol, zu Pfürd, zu Kyburg, und zu Görtz, Landgraff in Elzaß, Herr auf der
wündischen Markh, zu Portenaw, und zu Salins. Bekennen offentlich für uns,
unsere Erben, und Nachkomben mit disem Brieff, und Thun kund allermäniglich,
daß wür gbiglich angesehen, die eyffrigen, unuerdrossen, nutzbahr, und erßprießlich
Trew und uninteressirte dienste, welche uns dem Heyl. Romb: Reich, und unsern
durchläuchtigisten Erz Haus Österreich zu des allgemainen weeßens besten, und
sonder behueff unserer Hoff Cammer, und Kays: und Romb: Königl: wie auch
Königl: Pohln: Chur Maintz Sax: Pfaltz: und anderer Fürsten und Stände
des Romb: Reichs respective Ober Factor, Simßon Wertheimber, der in unsern
Erb-Königreich, und Landen sich befündenden Judenschafft Vorgesetzter Rabbiner,
durch Sibenzehen Jahr in unterschidlich, wichtig, und importanten comissionen,
und Verrichtungen so wohl allhier, als anderwerths, wohin er derenthalben ver-
schickt worden, und in sonderheit in vormahligen Türcken, auch Rainlandisch,
französisch, und bey jezt widerumb in Italien, und in Romb: Reich wegen der
Cron Spanien entstandenen schwären Krieg, so wohl zu schleiniger beförderung
deren Milit: operationen, alß zu bezahlung deren zu Unserer Kayser: auch Unser
frdl. geliebten Sohne des Romb: und Hung: Königs, und Ertz Herzog Carls
Lbb: auch übrigen Hoff Statt nothturfft, und sonst sich eraigneten unentpörlich

---

¹) Ben. Res. 9. Sept. 1719 in Abschrift. Vgl. Ben. Res. 28. Nov. 1721.

außlagen, nicht allein mit sehr großen, auf viell Millionen sich beloffen in unser
General Kriegs, und Hoffzahl ambt verschafften paren geld, mittlen, woburch unß
allenthalben, ein nahmhafftes in erspahrung gebracht worden, sondern auch zu
bestreittung unzählig anderer extraordinari Hoff und Kriegs erfordernußen, mit
anticipirung mehrmahliger Nahmhafften geld Sumen, zu 6. pr. Cento, theils auf
eigenen Credit, theils auf unsere fürstenthümber, in unßern Ertzherzogthumb
Schleßien und anderen gefohlen, in Specie aber auf daß Sibenbürg: Saltz
Comercium, welches Er angegeben, und gleich barauff eine Halbe million zu
wegen gebracht, wie nichtweniger mit abführung viller Subsidien, Gelber und
Leistung, ansehentlicher Caution, und sonst in unters[ch]ibliche weeg zu seinem
sonberbahren lob, und unsern gßten gefahlen, so tag, so nachts ungesparten fleißß
allerunterth: geleistet, sambt seinem Sohn, annoch würkl: täglich continuiret,
nichtweniger ins künfftig in solch seinem fleißß und eyffer, zu weitherer beförberung
unserer, und des publici Diensten ferners zu verharren gehorß: erbittig ist, auch
seinen unß bekannten qualitäten, gutten vernunfft, und geschicklichkeit nach, wohl
thun kan, und mag; dannen Hero zu dessen allergßsten erkantnus, haben Wir
ihm Simßon Wertheimber und seinen Sohn Wolff, nicht allein bereits vorhin
eine Kays: gnadenketten, und bildnus, wie zumahlen wegen ber unlängstens zu
Vnsers frd: geliebten Vetters, und Schwagers, des Herzogs Carl zu Pfaltz
Neuburg Lbd. mittelst unserer Hoff Cammer Ihme aufgetragen Comission, und
bey beroselben, burch seine geführte kluge Conduite, zu unsern, und des publici
dienst ausgewürkten Sr. Lbd. aus Pohln zugestandenen Million Dotalgelder,
zur Wohl meritirten gnad umb zu einer gebächtnus ainig silber oder golden
geschirr für sich zu verschaffen, tausend species ducaten allergßst verEhret, sondern
auch ihme Simson Wertheimber zu unsern würkl: Kays. Ober Factorn auß
aigener bewegnus bergestalten resoluirt, und aufgenommen, dass er jederzeit Vnser
Kayß: Oberfactor seyn, sich gegen Vns, und jebermäniglich also nennen, und
schreiben, auch von uns unsern Erben, und Nachkomen, Vnseren, und berselben
Cantzleyen, und sonsten männiglich barfür erkent, gehalten, geehrt, und titulirt
werben solle; Vber dis, und bamit er unser Ober factor Simßon Wertheimber
unsere Kayß: gnaden besto mehr verspühren, auch in denen Ihme obligenden verrichtungen hinführo besto weniger gehindert, und von männiglich in und außer
Lands, an allen orthen, und enden, sambt benen seinigen allerbings ruheig, unangefochten seyn, und bleiben möge, haben wir ihme noch bise sonberbahre gnad
gethan, und nicht allein baß ben ersten Juny Sechzehenhundert, brey und sechzig,
und ben acht und zweynzigsten May Sechzehenhundert, fünff und neünzig gßt
ertheilte Schutz Priuilegium mit allen Clausuln, Articuln, Inhalt, mainung, und
begreiffungen als wan dieselbe von wort zu wort hierin geschrieben stunden allergßst

confirmirt ratificirt, und beſtättet, ſondern auch nach verſtreichung der darin be-
ſtimbten Zeit, noch auf andere zweynzig Jahr, für ihn, und all die ſeinigen nach
ſpecificirter maßen extendirt, erſtreckt, und vermehrt; Thun daß extendiren,
erſtrecken, und vermehren, ſolches alles auß Römb: Kayſer-König, und Lands
fürſtl: machts vollkomenheit, hiemit wißentlich, in Crafft dis Brieffs, alſo, und
dergeſtalt, dß mehr gedacht Vnſer Ober Factor Simßon Wertheimber, welchen
Er wegen, bey denen Siebenzehn Jährigen unß geleiſten trewen dienſten, und
von andern Chur, und fürſten des Reichs gleichfahls zu unſern Kayſ: dienſten
obgehabt, und noch habenden verrichtungen ſehr abſumirten Leibs-Crafften zu
unſern Kayſ: Dienſten, und mit Tragung ſolchen laſts qualificiren und ſuccediren
laßen will, ſambt diſes ſeines Sohns und künfftig etwan habenden weib und
kindern, ſeyn Wertheimbers Tochter Männer, und Enickl, deren Haußgeſind, und
andere, zu ſein, und der ſeinigen dienſte und verrichtungen iedes mahls erforderlichen Perſohnen, beiderley geſchlechts, die beſtimbte Jahr hindurch, welche mit
anno Sibenzehenhundert, und fünffzehn den 28. May, von newen widerumben, auf
andere zweynzig Jahr anfangen, ohne einige gaab und bezahlung, weder Schutz
Toleranzgeld, vermögen, und Kopf Steyer, noch andere, ſo wohl ordinari alß
extraordinari anlagen, es mögen ſelbe nahmen haben, wie ſye wollen gleich er
mit dennen Seinigen bißhero iederzeit befreyet geweſen, in unſern Kayſ: König-
und Lands fürſtl: beſondern Schutz und Schirm ſeyn, allenthalben unßer gelaith,
Sicherheit, und freyung haben, ſo wohl in allhieſig Unſerer Kayſ: Reſidenz Statt
Wienn als anderer orthen, allwo wür ins künfftig uns etwan außer lands in
Heyl: Romb: Reich, oder andern Vnſern Erbkönigreich, und Landen, mit oder
außer Vnſerer Hoff-Statt befünden möchten, mit und ſambt allen ihren Hauß,
und brob genoßen und nothwendigen leuthen, Roßen, Vieh, wägen, und allen
anderen mobilien und Sachen, von wegen unſerer ihnen bereits vorhin auf
20 Jahr ertheilt, und nach deren verſtreichung geduldet werden, unßers Kayſer,
und Lands fürſtl: Schutzes genüßen, zu dem Ende eine behauſung, und Zimmer
zu ihrer Nothturfft, und gelegenheit, allwo es ihnen am ſicher, und bequembſten
anſtähet, umb die billich, und eigene bezahlung in beſtand nehmen, in ſolchen,
oder auch einen über kurtz oder lang nach geſtalt, der Sach überkommenden hoff-
quartier, derentwegen Wir ihme Vnſern Oberfactor bereits untern 24ᵗ Xbr. 1696.
iedoch andern Juden zu keiner conſequenz durch beſonders hoff Decret einiger
maßen verſicherung gegeben, ruheig, und unperturbirt wohnen, frey, und ohne
gefahr, auch ungehindert männiglich Ihre Jüdiſche ceremonien, und Moſaiſche
geſätz, ſo wohl im leben, als ſterbens fählen, ihrem gebrauch und gewohnheit
nach, gleich es in denen Reichs conſtitutionibus, denen Judenſchafften, und ge-
mainden, deren Er Wertheimber, in Vnſern Erb königreich, und landen, von Vns

priuilegirter Rabbiner seyn solle, allenthalben zugelaßen, und von Vns, oder
Vnsern Vorfahrern gdigist erlaubet, auch von disen allhier gepflogen worden,
exercirn, und denen gemäß leben, deßgleichen allen handl, und Wandl, der
zwahr Er Wertheimber, umb iedermänniglich sein uninteressirtes Thun zu zeigen,
bißhero sich niemahlen unternomen, ia so gahr in einige natural lieferung, von
munition, und Prouiant, noch Herbeybringung der zu unserer Hoff-Statt be-
nötigten Cleinodien livreen, fourage und dergleichen Bedörffnüßen, wo bey er
doch, gleich andere, seinen vortheil zimlich hätte suchen können, sich nicht einlaßen
wohlen, nach eigenen belieben Treiben, von niemand daran beschwährt, gehindert,
noch beleidiget, sondern von unßertwegen geduldet werden sollen. Da auch mit
unsern gnädigsten consens Er Wertheimber, oder obbenant, die seinigen bluds be-
freynden, beiderley geschlechts, inn oder nach außgang deren priuilgirten Jahren
von hier, oder sonsten wo selbige, in unsern Erb Königreich, und landen, wohnhafft
seynd, anderwerts, es seye inn oder außer Unsern erstged: Erblanden, zu wohnen
sich begeben wolten, sollen sie keines weegs mit einigerley gaab, oder abzugs geldern,
selbige mögen nahmen haben, wie sie wollen, nichts dauon außgenomen /: Sie
hätten dan Mautbahre Sachen, dauon die Mauth denen Christen gleich zu entrichten :/ weithers aber nicht beschwäert werden; In gleichen bewilligen Wir gdigist,
daß sie aller orthen mit ihren etwan künfftig herbey schaffenden Hoffs, oder andern
Kriegs nothturfften, es seye dan paaren geldern, oder aber einiger lieferung anderer
nothwendigkeiten, Sie und die Ihrige mit Roß, und wägen, ohne Hindernus,
und Jhrrung, gantz unangefochten, zu waßer und land frey passirt, und repassirt,
was aber andere hieher nacher Wienn, oder ins land, zum verhandlen etwan
bringende, und für unß nicht gehörige Sachen betrifft, von solchen so wohl bey
unseren eigenen, als andern priuat, und von uns priuilgirten Mauth und 30gist
ämbtern, die gebühr, iedoch gleich denen Christen, und nicht Höcher entrichtet, auch
ohne iedermännigliches hinderung ihre Hebraeische bücher, die Er Wertheimber,
als Juden Rabbiner nöthig, und er inn- und außer lands führen, und bringen
laßen wird, passirt, und von Jhnen kein mehrers begehrt, und da Sie nichts
Mauthbahres bey sich führeten, bey sothannen Mauth und breysigist ämbtern,
sich niemahls anzumelden, oder bey denen selben dergleichen ordinari, oder extra-
ordinary gewohnheiten zu beowachten gehalten werden sollen. Da auch iemands,
Er seye inn, oder außer unsern Landen, zu ihnen Sprüch, oder forderung, es
möge nahmen haben, wie es imer wolle, zu haben vermaint, derselb allein bey
unßern hoff gericht alhier, wohin Sie Wertheimber, und ihre Leüt gehörig, und
zu antworten schuldig sein Klag mit rechter ordnung anbringen und alda verfahren,
außer deßen aber inn-, und außer unßern ländern, weder mit arrest, Kummer,
repressalien Pfändung wegen ihrer, und der ihrigen, noch vill weniger um b

willen frembber, oder etwan einiger gem'r Statt, oder Jüd: gemaind, alwo sie
etwan ansässig wären, priuat schulden wegen, oder dergleichen unordentlichen
mittlen, weder zu wasser, noch zu Land, Sie oder deren vermögen, und Güttern,
wo und an welchen orth, oder g'ht es sich zu tragen möchte aufgehalten, oder
beschwäert werden; zum fahl aber immitelst, und vor verflüßung der obberührt
priuilegirten frey Jahren, iemand von ihnen Wertheimbern mit Tod abgienge,
so dan diser Schutz, und gnaden brief, mit allen Clausuln und Articuln, gleichfahls auf ihre hinterlaßene Weib und kinder und deren haußgenoßen biß so
thanne Jahr würkl: expirirt, verstanden seyn, dahingegen Sie Wertheimber ihr
alhier von zeit zu zeit bey sich habenden haußgenoßen, und verwandte in ihren
handl und wandl aufrecht, ehrbahr, Trey, und unklagbahr, ohne alle ärgernus
gleich von ihnen die zeit ihres alhier seins von männiglich gerühmet würd, verhalten, und Sye dazu anweisen sollen: gebietten darauf, allen und ieben Unseren
nachgesetzten geist, und weltlichen Obrigkeiten, was Würden Stands, und weesens
die Seyend; Insonderheit aber Burgermaister und Rath unserer Residenz Statt
Wienn, und sonst alle außere orthen wo Wir uns etwo mit Unserer Hoff-Statt
befünden mochten g̃bigst, und ernstlich, und wollen, daß Sye offternant, unsern
Oberfactorn, und Hoff Juden Simson Wertheimber, auch tochter männer, und
Eniklen, mit ihren nothwendigen leüthen freynden, welche Sye, iederweillen bey
ihnen Haben werden, wie auch deren selben weib und Kinder, biß die priuilegirte
Jahr völlig verstrichen, bey disen unsern Kayser, und Lands fürstl: Schutz Patent,
gnad, und freyheiten allerdings ohnangefochten seyn, und bleiben, Sye derselben
ruheig freyen, gebrauchen, nutzen, und genüßen laßen, darwider nicht Tringen,
bekümern, beschwären, und anföchten, noch daß iemands andern zu thun gestatten,
in kein weis noch weg, als lieb einem ieden seye, unsere schwäre ungnad, und
straff, darzu ein poen, nembl: 30 markh löthigen golds zu vermeiden, die ein
ieder, so offt Er freuentlich hier wider Thätte, verfallen seyn solle. daß mainen
Wir ernstl: mit Urkund dises Briefs, besigelt mit Unsern Kayl: anhangenden
Insigl, der geben ist in unserer Kayl: Haubt und residenz Statt Wienn, den
29. Monats tag Augusti in 1703; Unserer Reiche des Romb: im 46, des Hung:
im 49, und des boheimbischen im 47. Jahr. Leopold (L.S.) Julius Fridrich
graff Brucelleni. Ad mandatum Sacræ Caesareæ Majestatis proprium Johan
Ignat. Albrecht v. Albrt:

Aber auch der Thronfolger, der römische König Josef, der schon
bei der ersten Belagerung Landaus auf Wertheimer aufmerksam geworden war, sollte dessen Verwendbarkeit und Bereitwilligkeit noch
bei Lebzeiten des bereits kränkelnden Kaisers Leopold kennen lernen.

Bei den Conferenzen zur Feststellung des Finanzpräliminares und der Armeeerfordernisse des so bedeutungsvollen Kriegsjahres 1704, denen er in Vertretung seines kaiserlichen Vaters präsidirte, hatte Josef Gelegenheit, in die volle Misere der Geldbeschaffung einen Einblick zu gewinnen und die hingebungsvollen Dienste eines redlichen, über so großen persönlichen Credit verfügenden Finanzmannes schätzen zu lernen. Ganz besonders fühlte er sich jedoch Wertheimer für die Vorschüsse verpflichtet, die ihm während der zweiten Belagerung Landaus[1]) wesentliche Erleichterungen gebracht hatten. Als nach der glänzenden Waffenthat Eugens und Marlboroughs bei Höchstädt die rheinischen Festungen den Franzosen entrissen werden sollten, ging nemlich Josef von Neuem zur Rheinarmee, um in eigener Person die Belagerung Landaus zu leiten, die am 23. November 1704 mit der Capitulation des von Laubanie so heldenmüthig vertheidigten Platzes endete.

Es war daher einer der ersten Acte von Josefs kaiserlicher Gnade, nachdem er durch den am 5. Mai 1705 erfolgten Tod Leopolds auf den Thron Österreichs gelangt war, den von seinem Vater geschützten und privilegirten Wertheimer seines Wohlwollens zu versichern und in der von ihm eingenommenen Stellung zu befestigen. Bereits am 22. Mai 1705 unterzeichnete er das Privilegium, das Wertheimer nicht nur die alten Rechte und Freiheiten von Neuem bestätigte und fortgewährte, sondern seine Ehren und Würden noch vermehrte. Er sollte fortan nicht nur des Kaisers, sondern auch der Kaiserin Wilhelmine Amalie[2]) Oberfactor und Hofjude sein. Daß dies Titel waren, die eines gewissen Einflusses und öffentlichen Ansehens nicht entbehrten, zeigt die feierliche Verleihung und Wahrung derselben durch das Diplom[3]), das hier folgen möge:

Wir Joseph .... Bekennen offentlich für Vns, unsere Erben, und Nachkommen, mit diesem brief, und thun kund iedermänniglich, was gestalten unsers nunmehro in Gott ruhenden hochgeehrten und villgeliebtesten Herrn Vatters weyl: Kays. Leopoldi primi Mayt: und Lbden seel: angedenkens, dero gewesten Ober-

---

1) S. das Privilegium Josefs I.
2) Vgl. Arneth a. a. O. I, 340 ff.
3) Ben. Res. vom 28. November 1721 in Abschrift beigeschlossen.

factorn Simson Wertheimber Juden verschidene Priuilegia, und freyheiten in
ansehung höchstgeb: Sr. Kays: Mayt: und Lbbden dem Romb: Reich Vnsern Erb
Königreichen, und ländern, wie auch dem gemeinen weesen, und sonderbahr unsern
Camerali, von dem selben geleisten sehr importanten und nutzbahren Diensten,
durch ein formbliches Diploma ertheilt haben, welches von wort zu wort also
lautet; alhero war eingetragen das vorgehende Priuilegium. Wann nun auch
Vns Er Wertheimber in verschidenen occasionen, sonderbahr aber in dennen von
Vns, als Romb: König verrichteten Feldzügen, und zwaymahliger beläger, und
eroberung der Haubt Vöstung Landaw, nicht weniger gleich bey antrettung Vnserer
Regierung, mit vorschießung nahmhafften geld Summen sehr angenehme, nutz
und importierliche dienst geleistet, solches auch noch ferners zu thun, mittelst seines
habenden großßen Credits, fleißßes und schönen vernunfft in stand, und des aller-
unthßten erbiettens ist; als haben wir nicht allein alle obstehende freyheiten,
Priuilegien, und concessionen, in allen ihren Puncten und Clausuln vollständig
confirmirt, sondern auch ihme Wertheimber zu Vnsern, und Vnserer frawen gemählin Kays: Mayt: und Liebden Oberfactorn, und Hoff Juden gdst resoluirt,
an und auffgenomen, dergestalt, daß er ieberzeit Vnser Kays: Oberfactor seyn,
sich gegen Vns, Vnseren Erben und Nachkomen, unseren, und derenselben Cantzleyen,
auch sonsten iedermänniglich darfür erkent, gehalten, und Titulirt werden solle.
Gebietten demnach, und befehlen allen, und ieden unsern nachgesetzten geist, und
weltlichen obrigkeiten, was würden, Stands, oder Weesens die seynd, in sonderheit
aber burgermeister, und Rath, unserer Residenz Statt Wienn, und sonst aller
anderer orthen, wo Wir uns etwo mit Vnserer Hoff Statt befinden möchten, gdst,
und ernstlich und wollen daß Sie offternanten Vnsern Oberfactorn, und Hoff
Juden Simson Wertheimber, dann seinen Sohn Wolff Wertheimber, auch töchter
männer, und Eincklen, mit ihren nothwendigen Leuthen, und freunden, welche Sye
iederweillen bey ihnen haben werden, wie auch deren selben Weib und Kinder biß
die priuilegirte Jahr völlig verstrichen bey disen Vnsern Kayser und Lands fürstl:
Schutz Patent gnad, und freyheiten, allerdings ohnangefochten seyn, und bleiben,
Sie derselben ruheig freyen, gebrauchen, nutzen, und genüßen laßen, darwider
nicht trängen, bekümern, beschwären, und anföchten, noch daß iemands andern zu
thun gestatten, in kein weyß, noch weeg, als lieb einem Jedem seye Vnsere schwäre
ungnab, und Straff, darzu ein poen, nemblich 30 Mark löthig golds zu vermeiden,
in welche ein jeder, so offt er freyentlich hierwider thätte, verfallen seyn solle: daß
mainen Wir ernstlich, mit Vrkund dises briefs, besigelt mit Vnsern anhangenden
Kays: Jnsigl, der geben ist in Vnserer Kays: Haubt: und Residenz Statt
Wienn, den 22. Monats Tag May, in 1705. Vnserer Reiche des Romb: im
16. des hungar: in 18. und des boheimb: im 1ᵗ Jahr ·/. Josephus (L.S.)

Julius friedrich graff Bucelleni. Ad mandatum Sacrae Caesareae Majestatis proprium. Johann Theodor v. Weißenburg.

Aber es war mehr als Titel und Ehre, was einem Juden jener Zeit durch solch einen kaiserlichen Gnadenact verliehen wurde, es war persönlicher Schutz, Sicherung des Eigenthums. Und diese Schutzbedürftigkeit speciell seiner Wiener Juden sollte Kaiser Josef I. bald kennen lernen! Die Auffindung eines Ermordeten gab Sonntag den 17. Januar 1706 den lange vermißten Anlaß zu neuen Plünderungen; ausgeleerte Cassen, verwüstete Wohnungen zeigten wieder einmal, was man unter der Rache verstand, die an den Juden genommen werden sollte. Es hatten sich dabei [1] „viele Studenten/Handwercks=Pursch/ Laquexen/Hexducken uñ sonst viel Pöbel zusammen rottiret", der mit bewaffneter Macht und erst, nachdem eine Anzahl von Opfern auf dem Platze geblieben war, auseinandergetrieben wurde. Für die Juden hinterließ der neue Tumult neben Schaden und Schrecken auch noch die Verfügung der Regierung, die Zahl der Juden in Wien zu verringern und ihren Eintritt an den Mauthen schärfer zu überwachen. Wie viel Arbeit und neue Verlegenheit mag Wertheimern als dem privilegirten Rabbiner und Fürsprech der Juden aus diesem Vorfalle erwachsen sein!

Wertheimers Verhältniß zur Hofkammer blieb auch nach der Übernahme ihrer Leitung durch den unerbittlich strengen und gerechten Gundacker Grafen Starhemberg unverändert dasselbe. Seine Creditoperationen sollten unter der Regierung Josefs nach Maßgabe seines eigenen bedeutend angewachsenen Vermögens und Vertrauens und der gesteigerten Kriegserfordernisse des Staates noch bedeutend zunehmen; fochten doch bis zum Tode dieses Kaisers Österreichs Armeen stets gleichzeitig auf vier Kriegsschauplätzen. So finden wir ihn 1706 unter den Wiener Bankhäusern [2], die gegen Sicherstellung

---

[1] Den 16. Januar giebt Schudt I, 353 an, dem Zunz, „Die synagogale Poesie des Mittelalters" S. 350, folgt, wo nur „am 6." in am 16. Januar zu berichtigen ist. Wolf, „Geschichte der Juden in Wien" S. 57 ff. giebt richtig Donnerstag den 17. als Datum an.

[2] S. „Feldzüge" VIII, 55 Anm. 1. Über Simon Michel, der damals gleichfalls als Gläubiger des Staates auftritt, s. oben S. 5 Anm.

auf die Contributionen der Länder dem arg bedrängten Staate durch Vorschüsse zu Hülfe kamen. Als 1708 auf den Rath Starhembergs eine neue Anleihe[1]) von 800,000 fl. mit ihm abgeschlossen wurde, befanden sich Assignationen auf die Eingänge dieses Jahres in der Höhe von 324,740 fl. in seinen Händen, die er zurückgab, um „die hierdurch freigewordenen Contributionsbeträge zur Ablösung anderer Schuldposten und Bestreitung von Subsidien" dem Staate an Stelle von Baarzahlung zur Verfügung zu stellen. Seine Sicherstellung bestand in directen Anweisungen auf die Contributionsquoten von Böhmen, Mähren und Schlesien für die Jahre 1709 und 1710. Eine Forderung von 27,875 fl., die er 1708 für die Feldkriegscasse anticipirt hatte, wurde von ihm weiter begeben[2]). Solche Cessionen waren, da von der Hoffammer keine Zahlung zu erlangen war, an der Tagesordnung. Wertheimer half selber manchen drängenden Staatsgläubiger durch Übernahme seiner Forderungen befriedigen. Hatten doch selbst „der Palatinus Hungariae Fürst Esterházy und Hoffammerrath Vorster dem Juden Wertheimer"[3]) ihre Forderungen abgetreten.

Durch seine Stellung als Hoffactor[4]) des Kaisers und der Kaiserin in steter Verbindung mit dem Hofe, scheint Wertheimer schon früh mit dem jüngeren Bruder des Kaisers, Karl, bekannt

---

[1]) „Und zwar zu 1 per mese für Zinsen und Provision" „Feldzüge" X, 55, 56 Anm. 1. Zu gleicher Zeit wurden von Juden an Österreich ferner geliehen 200,000 fl. von Lefmann Bernatz [d. i. Lefmann Berens] und Söhne in Hannover, 88,200 fl. von Hirschl; auch die böhmische Judenschaft erscheint unter den Gläubigern, ebendas. S. 56. Schon im März 1704 wurde von einem Juden aus Triest in Wien „ein Glückshafen errichtet, von dem man sich 100,000 fl. jährlicher Einkünfte versprach", das. VI, 76.

[2]) S. „Feldzüge" XI, 35.

[3]) Ebendas. S. 34.

[4]) Eine aufschlußreiche Schilderung der Agenden und Pflichten eines Hoffactors enthält das Privilegium, durch das Gabriel Fränkels Erben und Consorten von Carl Wilhelm Friedrich Markgrafen zu Brandenburg zu Hoffactoren ernannt werden, bei S. Haenle, „Geschichte der Juden im ehemaligen Fürstenthum Ansbach" S. 235 ff. Vgl. auch G. Wolf, „Josef Wertheimer" S. 18 Anm.

worden zu fein, der als Erzherzog bereits und fpäter feit 1703 als
König Karl III. von Spanien für mannigfache und allezeit bereit=
willig geleiftete Vorfchüffe ihm verpflichtet wurde. Damals ahnte
Niemand, daß Karl diefe Dienfte fo bald als Kaifer von Öfterreich
würde lohnen können. Jofef ftand in feinem 33. Lebensjahre, als er
am 7. April 1711 von den Blattern befallen wurde. Das Entfetzen
über die gefährliche Erkrankung des geliebten Monarchen war all=
gemein. Wertheimer und Emanuel Oppenheimer 1), der Armee=
lieferant, vertheilten in ihrer Beftürzung Taufende von Gulden an
die Armen und felbft an Klöfter 2), um Gebete für die Rettung des
Kaifers zum Himmel emporfenden zu laffen; nach zehn Tagen, am
17. April 1711 hatte die tückifche Krankheit den edelfinnigen Herrfcher
in der Blüthe feines Lebens dahingerafft.

Unter denen, die zur Krönung des aus Spanien zurückberufenen
Kaifers Karl VI. nach Frankfurt am Main am 22. Dezember 1711
herbeigeeilt waren, um ihre Huldigung dem jungen Herrfcher dar=
zubringen, erfchien auch Samfon Wertheimer mit feinem Sohne Wolf.
Karl hatte des auch ihm in Treue ergebenen Hofjuden feines Vaters
und Bruders nicht vergeffen und verlieh ihm fowohl als feinem
Sohne als erftes Gnadenzeichen feiner kaiferlichen Anerkennung eine
goldene Kette. Aber er wollte Frankfurt nicht verlaffen, nicht früher
nach der Krönung feinen Einzug in Wien halten, bevor er Wert=
heimer die Diplome Leopolds und Jofefs beftätigt und ihn zu feinem
und feiner Frau, der Kaiferin Elifabeth Chriftine von Braunfchweig 3),
Hoffactor und Hofjuden eingefetzt hatte. Am 5. Januar 1712 unter=
fchrieb Karl das von feinem Reichshofkanzler Philipp Ludwig Grafen
von Sinzendorf 4) gegengezeichnete Privilegium für Wertheimer, in

---

1) Über Oppenheimers Lieferungen in den Kriegsjahren 1706, 1707 vgl.
„Feldzüge" VIII, 62 f., IX, 55. Für das Truppenmagazin von Preßburg
allein lieferte O. 1707 156,000 Centner Mehl und 100,000 Centner Hafer;
ebendaf.

2) S. Schudt, 4 III. Continuation S. 157; vgl. „Feldzüge" XIII, 16.

3) S. Arneth a. a. O. 2, 182 f., Vehfe a. a. O. II, 6 S. 205 f.

4) Vgl. über ihn Arneth a. a. O. I, 344 f.

welchem deſſen frühere Diplome wiederholt und beſtätigt wurden;
es lautet[1]):

Wir Carl der 6. von Gottes Gnaden erwählter Romb: Kayſer, zu allen
Zeiten, mehrer des Reichs, in Germanien, zu Hispanien, Hungarn, Böheimb,
Dalmatien, Croatien, Sclavonien etc. König Ertzheerzog zu Öſterreich, Herzog
zu Burgund, zu Brabant, zu Steyer zu Carndten, zu Crain, zu Lutzemburg,
zu Wirtemberg, Ober und nider Schleßien, Fürſt zu Schwaben, Marggraff des
Heyl. Romb: Reichs, zu Burgau, zu Mähren, ober und niber Laußnitz, gefürſter
Graff zu Habſpurg zu Tyrol, zu Pfürd, zu Kyburg, und zu Görtz, Landgraff in
Elſaß, Herr auf der wündiſchen Markh, zu Portenaw und zu Salins. Bekennen
offentlich für uns, unſere Erben, und Nachkommen mit diſem brieff, und Thun
kund jedermäniglich, was geſtalten unſers in Gott ruhenden HochgeEhrteſt, und
viell geliebſten Herrn und Vatters, Weyland Kayſers Leopoldi Mayt: und Lbdn
ſeeligſten angedenkens, dero geweſten Ober Factorn Simſon Wertheimber Juden
Verſchiedene Privilegia, und Freyheiten in anſehung höchſt gedacht Sr. Kayſ:
Mayt: und Lbden dem Romb: Reich unſern Erb Königreich und Ländern, wie
auch dem gemeinen Weeſen, und ſonderbahr unſeren Camerali, von demſelben geleiſteten ſehr important und nutzbahren Dienſten, durch ein formbliches Diploma
ertheilt, welche hinnach unſers nunmehro gleichfahls in Gott ruhenden HochgeEhrt
und frdtl: geliebten Herrn Bruders weyland Kayſers Joſephi Mayt: und Lbden
auß ſeinen hierunten angezogenen bewög, Urſachen, nicht allein beſtättiget, ſondern
über daß Ihme Simtzon Wertheimber zu dero und Ihrer frawen gemählin Mayt:
und Liebden Oberfactorn, und Hoff Juden reſoluirt, an und auffgenoͤmen haben,
und lauten ſo ertheilte Priuilegien, und Freyheits Diplomata, von wort zu wort
alſo ..... Wan dan auch Wir allergnädigſt erwogen die angenehm, und nützliche
dienſte, welche vor Jahren, als noch Ertz Hertzog, und hinnach als königen in
Spanien offterholter Simſon Wertheimber, mit paren anticipation, und in andere
weeg mit allem eyffer, und Trey gelaiſtet, ſo thanne allerunterthͤgſte deuotion, auch
gleich bey antritt Vnſerer Kayſ: Regierung, mit und nebſt Seinem Sohn Wolff
Wertheimber gleichfals bergeſtalten bezeuget, und fortgeſetzet, daß von untz Er
und erſagt ſein Sohn, ieder derſelben mit einer beſondern goldenen Ketten, als
einem Merckzeichen Vnſerer ob ſeinen allergehorſten dienſten ſchöpfenden allergͤbſten
vergnügung beſchenkt, und begnadet zu werden, verdienet haben; Als haben Wir
auch nicht allein alle obſtehende freyheiten, Priuilegien, und conceſſionen ihn allen
ihren Puncten, und Clanſuln völlſtandig gͤbgſt confirmirt, ſondern gleichfahls ihme
Wertheimber zu Vnſern, und unſerer frawen gemahlin Kays: Mayt: und Liebden

---

[1]) Ben. Res. vom 9. Sept. 1719 und 2. Nov. 1721.

Ober Factorn, und Hoff Juden gdgft resoluirt, an und auffgenomen, dergestalt,
daß Er ieberzeit Vnser Kays: Ober Factor seyn, sich gegen Vns, und iedermänniglich also nennen und schreiben, auch von uns, unseren Erben, und Nachkomben,
Vnseren, und derenselben Cantzleyen, auch sonsten iedermänniglich darfür erkent,
gehalten, und titulirt werden solle. gebietten demnach, und befehlen, allen und
jeden Vnseren nachgesetzten geist- und weltlichen Obrigkeiten, was würden, Stands,
oder weesens die seynd, insonderheit aber Bürgermaister und Rath Vnserer Residenz
Statt Wienn, und sonst aller anderer Orthen, wo Wir uns etwo mit Vnserer Hoff
Statt befünden möchten, gnädigst, und ernstlich, und wollen daß Sie offternanten
Vnsern Oberfactorn und Hoff Juden Simßon Wertheimber, dann seinen Sohn
Wolff Wertheimber, auch tochter, männer, und Eniklen, mit ihren nothwendigen
leuten, und freynden, welche Sie iederweillen bey ihnen haben werden, wie auch
derenselben Weib und Kinder, bis die priuilegirte Jahr völlig verstrichen, bey
disem unsern Kays: und Lands fürstl: Schutz Patent, gnad, und freyheiten, allerdings unangefochten seyn und bleiben, Sie derselben ruheig freyen, gebrauchen,
nutzen, und genüßen laßen, darwider nicht trüngen, bekümern, beschwären, und
anföchten, noch daß iemands andern zu Thuen gestatten, in kein weiß, noch weeg,
als lieb einem ieden seye, unsere schwäre ungnad, und straff, darzu ein poen,
nemblich 30. Mark löthigen golds zu vermeyden, in welche ein ieder, so offt er
freuentlich hierwider Thätte, verfallen seyn solle, daß mainen Wir ernstlich mit
Vrkund dises brieffs, besigelt mit unsern anhangenden Kays: Insigl, der geben
ist, in unserer, und des Heyl. Reichs Statt Frankfurth am Mayn, den 5t Monats
tag Januarii, in 1712, unserer Reiche des Romb: im 1t des Hispanien im 9t und
des Hungar: und Boheimb gleichfalls im ersten Jahre. Carl (L.S.) Ph. Lud. G.
v. Sinzendorf. Ad mandatum Sacrae Caesareae Majestatis proprium. Johann
Georg v. Buol.

Samson Wertheimers außerordentliche und für einen Juden jener
Zeit wahrhaft unerhört einflußreiche Stellung beim Hofe scheint es
denn auch gewesen zu sein, die Prinz Eugen im Auge hatte, als er
bald nach Karls VI. Regierungsantritt die bei aller Übertreibung
denkwürdigen Worte schrieb [1]): „Wir haben fast täglich Beispiele,
daß ein imponirendes Weib und wäre sie auch nur eine Theater-
heldin, oder ein listiger Schwarzrock, ja selbst der ehrwürdige Bart
eines ränkevollen Juden das Schicksal ganzer Nationen entscheidet."

---

[1]) S. Vehse a. a. O. II, 6 S. 222 f.

Der kaiserliche Oberfactor und Hofjude war übrigens schon zu Josef's I. Lebzeiten mit Eugen in persönliche Beziehung getreten. Er hatte nämlich das von diesem Kaiser Österreichs größtem Helden verliehene Geschenk [1]) von 300,000 fl. auszuzahlen übernommen. Allein die Noth der Zeiten hatte die Erfüllung dieser Verpflichtung verhindert; die Forderung des Prinzen hatte dem Bedürfnisse des Staates weichen müssen. Als Karl VI. am Schlusse seines ersten Regierungsjahres aus einem Vortrage des Grafen Gundacker Starhemberg von dieser immer noch schwebenden Schuld des Kaiserhauses erfuhr, schrieb er eigenhändig auf das Aktenstück: „Und weil die Zeiten leider nicht zulassen, daß auch ich dem Prinzen meine Erkenntlichkeit nach Verlangen bezeigen könnte, so sollen ihm doch noch hunderttausend Gulden zu der früheren Summe zugelegt werden." Von der Ordnung dieser Angelegenheit und der neuen Schenkung wurde Eugen durch ein Dekret vom 1. Mai 1713 verständigt. Aber erst am 15. Oktober 1714, nachdem der Held, der in so viel glänzenden Siegen sein Feldherrngenie hatte leuchten lassen, auch noch mit dem Ruhme staatsmännischer Überlegenheit nach dem Frieden von Rastadt heimgekehrt war, kam der Vertrag zu Stande, in dem Wertheimer sich verpflichtete, ratenweise die volle Summe der durch Karl erhöhten Schenkung an Eugen abzutragen. Am 1. April 1717, kaum dritthalb Jahre nach Errichtung des neuen Vertrages, waren die viermalhunderttausend Gulden vollständig im Besitze Eugen's.

Auf die Höhe der Creditoperationen, die Wertheimer mit dem Aufgebote seines ganzen Vermögens und Vertrauens für Oesterreich ins Werk setzte, konnte sein Sohn Wolf noch 1762 in seinem Testamente sich berufen. So weist er, indem er den Kaiser und die Kaiserin um Schutz und Beistand für seine Erben anfleht, zum Zeugniß für die Verdienste seines Hauses um den Staat darauf hin, „daß im Jahre 1720 nach erfolgtem türkischen Frieden mein seeliger Vater und ich, wegen der in jenem Kriege geliehenen baaren Geldantizipationen unter den in jenem Jahre in vielen Parteien auf

---

[1]) Vgl. Arneth a. a. O. 2 S. 343.

Stadtbanko angewiesen gewesenen fünf und zwanzig Millionen, mit sechs Millionen mitbegriffen gewesen sind". [1]

Hatte Wertheimer bereits unter den Kaisern Leopold und Josef weitreichenden Einflusses und vielbezeugter Gnade sich zu erfreuen gehabt, so war vollends mit dem Regierungsantritte Karl's VI. eine Zeit für ihn angebrochen, in der eine Begünstigung und Auszeichnung die andere ablöste. Die Gesinnung des Hofes leitete auch die höchsten Behörden, die in der Wahrung seiner Rechte und Privilegien dem Schützlinge und Günstlinge des Kaisers thatkräftig zur Seite standen. Bereits am 15. Februar 1712 wird der Kaiserlichen Hof= kammer [2] „zur nachricht und künfftiger obacht, auch fürkehrung" durch die Hofkanzlei von Wertheimers neuestem, bei der Krönung in Frankfurt erhaltenem Diplome sowie von der Bekräftigung seiner früheren Privilegien Mittheilung gemacht. Er konnte denn auch des mächtigen Schutzes dieser Behörde sicher sein, an die er sich jederzeit vertrauensvoll wendete, wenn es galt, eine Verletzung seiner Privi= legien abzuwehren, die völlige Steuer= und Abgabenfreiheit für sich und die Seinen gegen die Anfechtungen der Unterbehörden durch= zuführen. Die Hofkammer schützte ihn auch, wenn er zur Leistung von Auflagen herangezogen wurde, die alle übrigen Juden zu ent= richten hatten. So erklärt sie ihm gegenüber in einem Dekrete vom 24. Juli 1717, gezeichnet Florian Graf v. Walsegg und Graf Gundacker v. Starhemberg [3], „daß sein Wertheimbers freywilliges negotium mit der respectu der übrigen Judenschaft ex officio Vor=

---

[1] Aus dem, wie mir Herr L. E. Wertheimber in Wien mittheilt, von David Ottensosser in Fürth übersetzten, ursprünglich hebräischen Testamente Wolf Wertheimer's (München, Sonntag 17. Elul 5522) im Besitze der Admi= nistration der Wertheimber'schen Familienstiftungen Wien.

[2] Ben. Res. vom 28. November 1721, Beilage B. Die Geschichte der weiteren Transactionen Wertheimers mit der Hofkammer ist erst von einer sorg= fältigen Erforschung der Wiener Archive zu erwarten. Eine besondere Darstellung dieses Gegenstandes auf Grund des vorzüglich im Reichsfinanzarchive in Wien vorhandenen Aktenmaterials wäre ein verdienstlicher Beitrag zur Creditgeschichte Österreichs.

[3] Ben. Res. vom 28. November 1721, Beilage F.

genohmenen tractation keine connexion habe.. annebst auch die besondern Priuilegia, welche Er Kayl: Oberfactor durch die noch in Vorigen Zeiten, in so unterschiedlichen begebenheiten, auch wichtigen verschidl: und mit so vielfältig großen auf vielle millionen sich beloffenen baaren geldts Summen zu des gemeinen Wesenß höchst angelegenen dienst geleiste anticipationes für sich und die seinigen erworben undt überkommen hat, bei der Kögl. Hoff Cammer gar wohl in reflexion gezogen worden sindt." Wertheimer beruft sich noch 1721 bei Gelegenheit einer ihm widerfahrenen Rechtskränkung darauf, daß ihn die Hofkammer[1]) „in eben dergleichen ereigneten casu per decretum gnädig zu manuteniren versichert" habe.

Um die ihm durch die Privilegien von drei Kaisern verliehenen Rechtswohlthaten auch bei seinen engen persönlichen und geschäftlichen Verbindungen mit Ungarn unverkümmert und sicher genießen zu können, wurden am 6. Mai 1716 auf sein Ersuchen diese Diplome auch durch die ungarische Hofkanzlei ihm bekräftigt und allen ihren Unterbehörden amtlich mitgetheilt. Aber Wertheimer sollte bald noch mit einer Würde bekleidet werden, die ihn in die engste Beziehung zu Ungarn brachte. Was ihm vorher aus Verehrung von seinen Glaubensgenossen als bedeutungsloser Ehrentitel war entgegengebracht worden, das wurde jetzt zum ersten Male zum Range einer wohl kaum früher jemals vorhanden gewesenen staatlich anerkannten Würde vom Könige erhoben; am 26. August 1717 ernannte[2]) ihn Karl VI., der dritte von Ungarn, zum ersten ungarischen Landesrabbiner, d. i. zur ersten Instanz in allen jüdischen Streitsachen. Zugleich wurden alle Behörden angewiesen, ihm zur Durchführung seiner Anordnungen und Entscheidungen in allen jüdischen Angelegenheiten die nachdrucksvollste Unterstützung angedeihen zu lassen. Dies ist der wesentliche

---

1) Ebendas. Wertheimer habe nur „bei der universal Bancalität sich geziemend anzugeben". Über diese unter Karl VI. 1714 neu errichtete Finanzbehörde s. Vehse a. a. O. 7, 107. In einem gedruckten Edicte vom 2. März 1716 (Ben. Res. vom 6. Mai 1716) erklärt Karl, die „Lands-Fürstlichen Schutz ex Speciali Privilegio geniessenden Juden" hätten ihre Abgaben „unter dem Nahmen der Legitimations-Arrhae Jährlich bei der Bancalitet" zu erlegen.

2) Ben. Res. vom 28. November 1721 in Abschrift beigeschlossen.

Inhalt der lateinischen Ernennungsurkunde, die den Jurisdictionen und Ämtern im Lande zur Kenntniß gebracht wurde.

Den Preßburger Behörden scheint es freilich trotz all dieser Privilegien und ihrer wiederholten Bestätigung durch die ungarische Hofkanzlei und selbst trotz der neuesten so ungewöhnlich ehrenvollen Ernennung Wertheimers noch schwer geworden zu sein, seine Würden anzuerkennen und seine Freiheiten zu respectiren. In schlechtverhehltem Mißvergnügen ob dieser Auszeichnung versucht am 9. Oktober 1721 die ungarische Kammer Wertheimer zur Zahlung von 200 fl. Toleranzgeld zu verhalten, das vor Zusammentritt des ungarischen Landtags erlegt sein sollte. In dem Schreiben, das diese Forderung aussprach, wurde er mit Weglassung aller seiner Titel nur als Verthaimber Judaeus bezeichnet. Allein Wertheimer war nicht der Mann, der solche Neckereien sich einfach gefallen ließ. Er hatte die Stellung, die er einnahm, mühevoll genug und mehr zum Schutze und Wohle seiner Glaubensgenossen als zur Befriedigung seiner Eitelkeit errungen; eifersüchtig wachte er daher über die Wahrung der ihm zugestandenen Rechte; er stand auf seinem Scheine. In einem Gesuche an die Hofkammer beschwert er sich vor Allem darüber, daß das Schreiben der ungarischen Kammer ihm „nicht immediate, sondern allerst durch einen fürstlichen Beamten zu handen aldasiger Judenschafft, umb mir zu überschükhen, den 20. dieses zu khomen ist." „In die 30 Jahre hero" habe er seine Privilegien „ohne einmahlige Turbirung gantz ruhig genoßen", fürchte aber, „künfftig hin durch etwann einige passionirte gemüther" in seinem Frieden gestört zu werden, da man bei diesem Vorfalle offenbar „gleich aus den von besagter Löbl. Camer an mich gestelte schreiben, A in der Titulatur muthmaßlich scheinen will, Verdrüßlichkeit zu zu fügen angesehen, gestalten bey vorigen 2. mahligen Türkh: alß auch in dem Königreich selbsten gewesten Empörung in höchsten necessitäten denen Löbl: Comitäten baar anticipirt, undt vill hundert Tausend gulden, creditirten geldern von denen selben durch an mich expressen jedesmahl abgeschickten Beambten v. Adel eingelangten ersuchungsschreiben vill beßer gewußt haben." Das heißt zu deutsch, man habe ihn einst in Landesnöthen gar artig zu suchen und mit den ihm gebührenden Titeln geziemend

anzureden verstanden. Die Privilegien können der Kammer um so
weniger unbekannt gewesen sein, als das Decret der löbl. hung.
Canzlei „Ihro löbl. hung. Camer selbsten von Meinem Vättern Isaac
Arnsteiner ¹) zu deroselbst eigenen händen gehörst in loco behändiget
worden. Die Hofkammer geruhe daher, dieser unbefugten auflaag
halber" an die ung. Hofkammer eine Vorstellung zu richten. Am
28. November 1721 wird sein Gesuch mit den Beilagen ²), die
seine Privilegien und Ernennungen in Abschrift enthalten, an die
Kammer nach Preßburg abgeschickt.

Gleichsam ein Minutenbild Wertheimers aus der Zeit seines
höchsten Ansehens ist uns in der Reisebeschreibnng ³) aufbewahrt,
die sein junger Anverwandter, Abraham Lewi aus Horn in Lippe-
Detmold, hinterlassen hat. Neben dem unstillbaren Wandertriebe, der
in der Kindheit schon sich ankündigte, lockte den Siebzehnjährigen
auch der große Ruf seines Wiener Verwandten in die Fremde.
„Ein Anfang zu machen, so lautet in deutscher Umschrift seine eigene
Erklärung, begab mich dessent halber auf die Reise, mit Vornehmen
nacher die kaiserliche Stadt Wien mich zu begeben, um aldar einige
Gunst und Vortheil bei meinem Herrn Vetter den weitberühmten
obersten Hofjud mit Namen R. Samson Wertheim zu erlangen" ⁴).
In Wien, wo Abraham Lewi, wahrscheinlich durch Vermittelung

---

¹) Aron Isak, Sohn des Nathan Arnstein, der seit dem 7. April 1727 selbstständig in Wien privilegirt war (s. Wolf, „Judentaufen in Österreich" S. 192),
verstarb daselbst am 7. Elul 1744; s. „Inschriften" Nr. 389. Seine Frau war
Ella, die Tochter Isak Brilin's, die 1756 starb; ebendas. Nr. 433. Ein Sohn
Isak Arnstein's starb im Kindesalter; ebendas. Nr. 335.

²) Ben. Res. vom 28. November 1721, Beilage A—F. Beilage C und
D, welche die Privilegien vom 6. März 1716 und 26. August 1717 in Abschrift enthalten haben, fehlen hier.

³) S. „Israelitischer Letterbode" X, 148 ff. (herausgeg. von M. Roest).
M. Steinschneider hat bereits im „Serapeum" 1864 S. 99 auf diese jüdisch-
deutsche in hebräischen Buchstaben geschriebene Reisebeschreibung aufmerksam
gemacht.

⁴) „Letterbode" X, 153. Nach S. 157 stammt Lewi's Vater aus Schnai-
tach in Baiern.

Wertheimers, bei dem Kaif. Armeelieferanten Abraham Ulmer[1]) 1719 für kurze Zeit eine Anstellung gefunden, hatte er Gelegenheit, die Macht seines großen Familienangehörigen aus der Nähe zu betrachten. Er entwirft von ihm die folgende Schilderung: „Was anbelangt die Juden in dieser Stadt Wien, sein die reichste von ganz Europa. Die vornehmste seinen: erst der große, achtbare, weitberühmte Herr R. Samson Wertenheim[2]), welchen man bei gemeinen Sprüchwort wegen sein große Reichthum den Judenkaiser heißen. Dieser Wertenheimer hat von denen kaiserlichen Soldaten zehn alle Zeit für sein Thor Wacht halten, wormit er sambt viel andere Freiheiten von den Kaiser begnadigt ist. Dieser Wertheimer hat gar viel Palasten und Gartens in Wien, auch hat er viel Güter und Häuser in Teutschland, gleich zu Frankfurt an Main und zu Worms und in viel mehr Platzen. Auch hat er lassen viel Schulen bauen und viel Geld unter die armen Juden in ganz Europa ausgetheilt, ja selbst bis in Polen hat man von sein Geld ausgetheilt, auch in das heilige Land nach Jeruschalajim, alwor er Herr von das Land[3]) genannt wird; und Rabbiner von Ungarn ist. Dieser ist so reich,

---

[1]) Ebendaf. 175 nennt er Ulmer אברם אולמא „Lieferant von Heu", S. 177: אברם אולמר. Nach S. G. Stern's Copie der Wiener Grabschriften Nr. 281 starb Abraham b. Simeon Ulmer am 15. Abar 1720. Im gleichen Jahre starb sein Sohn Simon; f. „Inschriften" Nr. 338; sein Sohn Isak starb 1740 (Nr. 372). Der Familienname wird sowohl auf diesen drei Inschriften als auf Nr. 539 אולמא geschrieben. Die Frau des im jüdischen Volksmunde fortlebenden R. Akiba Frankfurt war Frumet, die Tochter Simeon Ulmer's (אולמא); f. Horovitz, „Frankfurter Rabbinen" 2 S. 96 Anm. 2. Über diesen Simon Günzburg f. ebendaf. 1 S. 33 Anm. 1. Isserls b. Mose אולמא, des Fürther Vorstehers, Grabschrift f. bei Wolf, Bibl. hebr. IV, 1174, die seines Sohnes Meïr ib. 1192. Juda Mose אולמא, Isserls Schwiegersohn, war der Gönner Mose's b. Menachem aus Prag, f. זרע קודש (Fürth 1696) Ende.

[2]) S. 174: ר׳ שמשון ווערטינהיים. Auch der Herausgeber des Commentars zur Tosifta מגן אברהם (Amsterdam 1732) Abraham b. Mose Jekutiel Kaufmann nennt Wertheimer in der Vorrede: מהור״ר שמשון ווירטנהיים זצ״ל.

[3]) Vgl. oben S. 9 Anm. 4. In der eben genannten Vorrede zu מגן אברהם wird Josef Oppenheim, der Schwiegersohn Wertheimers, witzig bezeichnet: והתנא דבי נשיא א״ר שהי׳ אב״ד דק״ק ווינא עיר מלוכה כלילת יופי.

daß er ein jeder von sein Kinder an kontant Geld zum Heirath hat
gegeben zweimalhunderttausend Gulden holländisch, und seinen der
Kinder sechs Kinder. Er ist alsezund ein alter Mann in die siebenzig
Jahre alt. Er führt sich ein Kleidung gleich ein Polak und hat ein
langen weißen Bart. Er kommt gar oft bei der Kaiser... Fremde
Juden dürfen keine Nacht in Wien bleiben, sonder Erlaub und
schriftlich Beweis von den erstbemeldeten Herren Wertheimber [1])".

Fast unwillkürlich erwacht angesichts der außerordentlichen Stel=
lung des Mannes die Frage, ob Wertheimer Aufzeichnungen aus
seinem an Denkwürdigkeiten so reichen Leben hinterlassen habe. Welch
eine Welt großer und kleiner Züge, kostbarer Erinnerungen zur
Charakteristik der Mächtigen seiner Zeit muß er nicht in den Jahr=
zehnten seiner öffentlichen Wirksamkeit aufgespeichert haben! Was
hätte er, der in einem der bewegtesten Zeitabschnitte der neueren
europäischen Staatengeschichte den bewegenden Mächten nahe gestan=
den, der drei Kaisern und dem größten Theile der deutschen Fürst=
lichkeiten gedient, mit den leitenden Staatsmännern, Feldherrn und

---

[1]) Hier möge auch seine Schilderung Emanuel Oppenheimer's, den
Karl VI. in einem Dekret vom 17. Mai 1715 als „Unser Kaiserlicher Hoff=Jud/
Ober=Factor und jetziger Proviant=Admodiator im Reich" bezeichnet (s. Schudt
a. a. O. 4 II. Cont. S. 161), eine Stelle finden: „Der anderer reiche Jude ist
der Herr R. Mendel Oppenheimer, welcher gleich R. Samson mit zehn
Soldaten bedient wird. Hat auch ein lustig Palas[t] in Wien und noch mehr
Häuser und Garten haußen vor die Stadt, hat auch ein schönen Palas[t] gebauet
in die Stadt Mannheim bei den Rhein. Dieser Oppenheimer ist ein Mann kurz
von Statur, führt keinen Bart, hat auch gar viel Bediente und ist sehr reich. Er
speist alle Tag eine Tafel mit Silbergeschirr vor die armen gleich auch fremden
Juden. Wer nur will, kann hier zur Mahlzeit kommen. Sobald als zwölf Uhr
schlagt, wird die Tafelglock geläutet, so mag kommen, wer nur will, in großen
Saal, hier sein Bediente, die diese Tafel bedienen gleich ihr Herren Tisch. Nach
gethaner Mahlzeit geht ein Jeder, sonder sich zu bedanken, wieder aweg." Man
wird hier an die Beschreibung der fürstlichen Gastfreundschaft erinnert, die in den
Zusätzen zum jüdisch=deutschen צמח דוד (s. oben S. 3 Anm. 1) Samuel Oppen=
heimern, Emanuels Vater, nachgerühmt wird. Daß Emanuel in Frankfurt a. M., wo
er so häufig weilte, kein Haus hatte, erklärt uns Schudt a. a. O. 4 II. Cont.

Großwürdenträgern Österreichs und des Reiches wiederholt in Be=
rührung, ja in nähere Beziehung gekommen war, aus seiner leben=
digen Anschauung und klugen Beobachtung heraus an intimerem ge=
schichtlichen Detail uns überliefern können! Es hat ein starker
Sammelband seiner Aufzeichnungen sich erhalten. Aber es ist ein
stilles Buch, das uns da entgegentritt. Nichts vom Streit der
Könige, vom Glück der Schlachten, von den Helden des Tages, von
der Gunst der Fürsten, von den Geheimnissen der Höfe, von Unter=
nehmungen und Erfolgen. Nicht der Hofjude und Oberfactor, son=
dern der Rabbiner spricht zu uns; seine Memoiren sind — Predigten.
Könige sind hier die Rabbinen, Kämpfer die Geistesheroen der jüdi=
schen Tradition, die Feldherren der Halacha, die Recken der Hagada,
Probleme bietet die heilige Schrift, Räthsel und Widersprüche der
Midrasch, Mysterien die Kabbala, die Waare heißt Thora und ihre
Deutung — Gewinn. Aus diesen stillen Blättern, die den Geschichts=
forschenden enttäuschen, tritt die eigen=, ja einzigartige Persönlichkeit
ihres Urhebers wie sprechend hervor. Was er da in den karg=
bemessenen Augenblicken seiner Muße der Eintragung für werth be=
funden, offenbart uns sein innerstes Wesen, seiner Seele Seligkeit.

S. 29: „Als aber der Wiener Jud Emmanuel Oppenheimer An. 1715 in der
Gasse zur lincken Seithe nach dem Wollgraben zu / wo das alte Tantz-Hauß ge=
wesen / ein ungemein großes und köstliches Hauß von lauter Steinen auffbauen
wolte / zu dessen faveur es ihm an vorschreiben von Wien aus nicht manglete /
ist ihm solches nicht erlaubt worden." Dagegen bezieht sich die Nachricht bei
Schudt ebendas. S. 97 von der doppelten Taxe in Rechtssachen, die Wiener
(„Ben Chananja" 8, 106) auf Samuel Oppenheimer bezieht, auf einen
Frankfurter, wie es in dem Beschlusse heißt: „Oppenheimer Jud zu Frankfurt".
Emanuel rühmt 1709 Mose Meïr Perls im Vorwort zu ספר מגילת. Auf
Elia, den Sohn Emanuel's, als Zeugen für Jonathan Eybeschützers Umgang mit
Löbele Proßnitz in Wien beruft sich Isak, der Sohn R. Meïr's von Eisenstadt,
f. Emben's הקצין ראלי אופנהיים ·בן כבוד הקצין חמנוח ר׳ f. 67a: כדות ביעקב ר׳
ממנדיל מווירנא נר״ו. Aus der Bibliothek von Emanuel's Sohne, Samuel Oppen=
heim, stammte das Manuscript der Novellen Jomtob b. Abraham's zu Chullin,
das R. David Oppenheim 1734 in Prag durch seinen Schüler Elia Pudheiz her=
ausgeben ließ. Hiernach ist Steinschneider, Ztsch. f. G. d. J. i. D. 2, 151
zu berichtigen.

Wir wissen jetzt, was seine Wonne und Erholung, was im Kummer seine Zerstreuung, was seine Begleitung auf seinen Reisen gewesen. Es war, um ein Wort der Rabbinen zu gebrauchen, ein ganz anderer Mühlstein, der auf ihm lastete, ohne sein Thorastudium zu verkümmern, es waren die verantwortungsreichsten Staatsgeschäfte, unter deren Drucke er fortfuhr, im Gesetze zu forschen und das jüdische Schriftthum zu pflegen. Es ist ein fesselndes Bild, sich den vielgewandten Mann zu denken, in dessen Haupte die Sorgen um den Staatscredit und talmudische Probleme wie geschäftige Bienen durcheinanderschwirren, kühnausgreifende Finanzpläne homiletische Gedanken ablösen, der von einem Auftrage seines Kaisers sich an die Erforschung eines göttlichen Gebotes begiebt, von Starhemberg zu Maimuni den Übergang findet und beweglichen Geistes von Simon b. Jochai zu Eugen von Savoyen sich wendet.

Es sind synagogale Vorträge zu verschiedenen Sabbaten und Festen, wie auch einzelne Entwürfe, Bemerkungen und Erklärungen schwieriger Midrasch- und Talmudstellen, die der Sammelband [1])

---

[1]) Die Handschrift, deren Benutzung ich der Liberalität des Herrn Dr. Adolf Jellinek verdanke (f. „Worms und Wien" S. 6 Anm. 5), besteht aus 239 mit Cursivschrift verschiedener Hände zum Theil dicht bedeckten Quartblättern, von denen jedoch fünfzig leere (und zwar 1, 3, 6—7, 17, 20, 26, 28, 31—32, 35—36, 40, 46, 56, 66, 70, 76, 81—84, 104, 111—112, 116—118, 120, 122, 129, 132—133, 154, 167—168, 171—172, 174, 177—178, 186—188, 194, 200, 206, 208, 226, 228) abzurechnen sind. Die ursprünglich losen Bogen wurden später gesammelt, aber offenbar unvollständig vorgefunden, wodurch an einzelnen Stellen der Anfang, an anderen der Schluß einer Abhandlung fehlt. Reste früherer Pagination (z. B. f. 97, 105, 163) beweisen, daß einst mehr vorhanden gewesen sein muß. Bei Gelegenheit der neuen Sammlung wurden diese Aufzeichnungen zum Theil gewaltsam am Faden der Perikopen aufgereiht, die Vorträge über Stellen aus dem Midrasch zu den fünf Rollen denen über den Pentateuch angefügt und zerstreute Erklärungen und Diatriben ans Ende gestellt. Die Inschrift im Pergamentrücken-Schilde des Einbandes in verblaßten Goldbuchstaben: חדושי תנ״ך מממהר״ש ווערטהיים זצללה״ה ist daher wenig zutreffend. Daß Vieles von anderer Hand nach seinen Vorträgen aufgeschrieben wurde, beweist die Überschrift f. 57ᵃ: ב״ח יו׳ א׳ טוב למבי מיני בשמים

uns vorlegt. Wertheimer war es eben mit seinem Ehrenamte ernst.
Wie es ihm am Herzen lag, durch erfolgreiche Creditoperationen die
Zufriedenheit des Kaisers und seiner Räthe zu erwerben, so war er
redlich und voll dabei, durch geistreiche Predigten die kleine Gemeinde
zu entzücken, die in der Synagoge seines Hauses[1] sich versammelte.
Aber er hatte es nicht auf das geistige Kampfspiel, auf den Kitzel
des Scharfsinns allein abgesehen, auch schonungslose Geißelung ein-
gerissener Mißbräuche, ethischer Zorn und strafende Stachelworte
begegnen uns in seinen Reden. Die Culturgeschichte mag es ver-
zeichnen, daß er bereits mit geistvoller Anlehnung an Schrift
und Überlieferung eine Strafrede gegen den Besuch der „Kaffé-

---

ותפללת כל שהוא ששטעתי מפה מפיק מרגליו' אמ' הגאון אב"ד מהר"ר שמשון נרו שבת
ר"ח אייר. Die Bogen stammen aus verschiedenen Jahren, nach den spärlichen
Datirungen, die sich darauf finden, von 1705 bis 1717. Von lebenden Zeitge-
nossen wird darin nur R. Wolf Schiblow angeführt; bei der Behandlung der
Frage, wieso der Bund auf Sinai auch die Generationen der Zukunft verpflichten
konnte אף שהיו שם הנשמות איך ישתעבדו הגופות לקיום התורה והמצות, findet
sich nemlich f. 51a die Randbemerkung: נשאלתי על ככה ממהר"ר וואלף שידלאב.
R. Meir b. Isak Responsen III Vorwort sagt von ihm: הרבני המופלא מהור"ר
וואלף שידלוב ז"ל. Nach Josef Isachar b. Elchanan war Wolf der Sohn des
Landesältesten Aron von Lissa, dessen Vater Isak Kulp als Rabbinatspräses in
Frankfurt a./M. wirkte; Aron war um 1680 Josef's Gönner. Als solchen preist
ihn dieser 1701 in שלשה שריגים, wo er [f. 5b—6b] eine talmudische Erklärung
Wolf's verewigt: ברם זכור אותו איש איש חשוב האלוף המרומם פ"ו הקהלה והמדינ'
מוהר"ר אהרן פרנס זצ"ל מק"ק ליסא במדינות פולין גדול בן הווותיק הרב מוה"רר
יצחק קולפא זצ"ל שהיה ראש וראשון לב"ד הצדק שבק"ק וורנקבו"רט דמיין ...
זכה להיות לו בן ת"ח ממלא מקומו שהוא תכים אף שהוא יניק ח"ה מוה"רר וואלף
שידלוב.

[1] Abraham Lewi berichtet von den Wiener Juden („Letterbode“ 10,
175): „Schuhlen hat jedweder in sein Haus.“ Auf f. 65ᵃ der Vorträge findet
sich denn auch der Vermerk: ער"ה חשון תס"ו בב"ה שלי. Von Wertheimers
Predigten an den Festen scheint auch Mose b. Menachem aus Prag in der zweiten
Vorrede zu משה zu sprechen: ותראנה עיני כמה פעמים אשר הייתי בוירא ויקהל,
בימים הטוראים וראיתי כבודו ושמעתי חכמותיו ורצוני עשות משפט וצדקה,
obzwar diese Äußerung auf die stadtbekannte Klugheit, Weisheit und Rechtschaffenheit Wertheimers bezogen werden kann.

häusel" [1]) entwerfen mußte. Doch ist nach der Weise seiner Zeit auf die Lösung von Schwierigkeiten, die Aufhellung von Dunkelheiten im alten Schriftthum, aus der dann ein ungeahntes neues Licht auf das Bibelwort strömt, sein Hauptaugenmerk gerichtet. Gewöhnlich ist es eine räthselreiche Midraschstelle, von der er sich gleichsam wie von einem Schwungbrette in den Strom der Discussion stürzt. Zur Lösung der einen Schwierigkeit wird aus anderen Stellen eine zweite, dritte und noch mehr aufgeboten, eine Dunkelheit hilft die andere lichten.

Als gefeiertes rabbinisches Oberhaupt pflegte er auch in seinem Gotteshause die Todtenklage beim Heimgange berühmter Rabbiner zu erheben. Eine Probe von dieser Art seiner Beredsamkeit ist uns in der Predigt erhalten, in der er den Tod R. Simcha Kohen's und David b. Israel's [2]), des Rabbiners von Trebitsch in Mähren, des

---

[1]) Der flüchtige Entwurf f. 179ᵃ lautet: תוכחה ‧ דהולכים אין קאפ״ע. הריול היכי דשכיחי הזיקו, ומחדרי׳ אימה [Deut. 32, 25] ויהי דבר ה׳ אלי שנית לאמר, ירמי׳, מה אתה רואה ואומר סיר נפוח אני רואה׳ וכ׳ [Jer. 1, 13] ופי׳ הספרי פנים מאירות (ואני אקנ[י]א[ם] בלא עם, ע״ש (vgl. R. Meïr b. Isak's Responsen II, Nr. 62). Ebendaselbst findet sich ein ausführlicherer Entwurf einer Strafpredigt: תוכחה על לא תקיפו פאת ראשיכם. F. 160ᵃ lesen wir nur die Verse Jes. 54, 13—17 mit Hervorhebung der Worte ח׳׳דש ט׳׳פח ב׳׳אש פ׳׳הם und der Überschrift: [Nikolsburg] נד — תוכחה מ׳ ק׳׳ק נ׳׳ש ישעי׳.

[2]) Die Predigt, die das bekannte Thema von den „Strafen aus Liebe" (יסורין של אהבה) behandelt und Synhedrin f. 101ᵃ — (irrthümlich — צא׳) — zum Ausgangspunkte nimmt: כשחלה ר״א, hat die Überschrift: יו׳ ב׳ ד׳ חשון תצחל׳. דרשתיו על הספיד׳ דגאוני ארץ אבד מהר׳׳ר שמחה כ׳׳ץ ‧ ואב׳׳ד מהדר׳׳ד זצ׳׳ל מק׳׳ק טריבטש. Dank einer Mittheilung des Herrn Rabbiners Dr. Samuel Pollak in Trebitsch an meinen Schwager Dr. J. H. Oppenheim in Brünn kann ich aus dem im Jahre 1732 geschriebenen Memorbuche der Gemeinde Trebitsch das Seelengedächtniß des Mannes, der 41 Jahre daselbst Rabbiner gewesen und im Alter von 90 Jahren im Oktober 1717 verstorben ist, im Wortlaute hierhersetzen: אל מלא רחמים, יושב בגבהי מרומים, המציא מנוחה נכונה, תחת כנפי השכינה, נפש נענה תשביע, מזיו כבודך עליו תופיע, רוח מלפניך יתעטף, מים חזרונים בל ישתוטף, נשמה הטהורה בלר כתמה, כבוד בת מלך תהיה פנימה, נשמת אדונינו מורנו חרב הגאון הגדול זקן ושבע ימים, מורינו ורבינו מהחדר׳ד דוד בן מורט

Schwiegersohnes des hochgefeierten mährischen Landesrabbiners Menachem Krochmal und Schwagers R. Gerson Aschkenasi's, betrauert.

Der Reichthum an Wissen, der sich in seinen synagogalen Reden entfaltet, wäre an sich bereits bemerkenswerth, er wird aber staunenerregend, denkt man an den vielgeschäftigen Banquier, der ihn ausbreitet. Mag auch, wie natürlich, der Grundstock dieser Gelehrsamkeit in der Jugend erworben sein, so verdient doch die Energie

הרב רבי ישראל אשר פעל ועשה לילות כימים, תורה אור העיר השתר לפני כל
יקומים, חבר גזיזא דברדא, עיקר חרים כטורי קרדא, בכל התלמוד עוצם בקיאותו,
לא נמצא תמורתו, ידו בכל משלה, בנסתר ובנגלת, רב פעלים קיבץ וריבץ תלמידים,
תורתו צלחה גם עשתה פרי ויגמול שקדים, זה כבודו האיר עליו ארבעים שנה
ואחת עד לצד״ת למצוא חשבון [= חשון] ניטל יקרינו בן תשעים לשוה שיחתו
ועליהו לא נבל, צנית תפארתינו מאתנו נחבל תבל, ביומו נתן שכרו, ימצא
יגיעתו וסברו, דרך המלך תתהלכנה, ובחדרי טונג תענוגנה, דביר היכלך תביאנה,
אף בשרו לבטח ישכון, בדיו תנחית בנחת תכון, ולא יחם לו, לפניו תתהלך
מפעלו, ויכסהו בבגדים ומחלצות נאים, מעשה צעצועים, זכותו עלינו יגן, להחית
למחסה ולמגן, עד קץ הימין, דוד ינגן בכנור, ויגע אל הצנור, ינוח על משכבו
בשלום, עד כי יבוא חלום, משיח אלקי יעקב, והיה למישור העקוב, ועמדו רגליו
על הר הזיתים, יציצו ויפרחו המתים ונאמר אמן. Am Fuße dieses in großen Quadratbuchstaben geschriebenen Gebetes finden sich in Cursiv die ungenauen Angaben: אל מלא רחמים לאדונינו מורינו ח״ה הגאון חרב המופלא הזקן החסיד
והטהור והקדוש כמוה״רר דוד ז״ל מוויגא, אשר היה אב״ד ור״מ פה קהלתינו
יע״א קרוב לחמשים שנה ונתבקש לישיבה של מעלה בשיבה טובה בן מאה שנה
זכותו יעמד לנו. In einem alten Gemeindebuche unterzeichnet dieser Rabbiner: נאם הקטן דוד מוויין ולע״ע פה ק״ק טריבטש. David b. Israel stammte aus Wien, wie er z. B. auch die Approbationen zu עלה דיונה, ויקהל משה zu (Fürth 1694), zu פרח לבטון (Sulzbach 1707) und מהדורא בתרא של עבודת בורא zu (Berlin 1712) selber unterschreibt: דוד במתור׳׳ר ישראל איסרל[ס] זלה״ה מוויין. In der Approbation zu נחלת שבעה II (Fürth 1712) nennt er sich selbst: חתן הרב הגדול המפורסם מאור הגולה נ״י פ׳׳ה בעל המחבר תשובת צמח צדק. In den Responsen seines Schwiegervaters ist Nr. 86, 91, 92, in denen seines Schwagers R. Gerson Nr. 95 an ihn gerichtet. Vgl. Landshuth, „Onomasticon" 187 und Gastfreund, „Die Wiener Rabbinen" 71 Anm. 37. Sein Vater starb 1740 in Wien („Inschriften" Nr. 124) und ist wohl jener „Israel Isserl, Sohn des Rabi Zacharias von Eisenstadt" den eine Wiener Urkunde von 1626 nennt f. D. Oppenheim in Letteris' „Wiener Mittheilungen" 1855 S. 114.

und Zähigkeit Bewunderung, mit der dieses geistige Capital erhalten
und erhöht wurde. Die heilige Schrift sammt ihren Auslegern, die
Welt des Talmud und seiner Erklärer, Glossatoren und Decisoren,
Responsen und Novellen, die Quellenwerke der Hagada, alter und
jüngerer Midrasch, und das Heer der Prediger, die Grundbücher der
früheren wie der späteren Kabbala [1]), Alles berücksichtigt er, Alles
weiß er mühelos und ohne Zwang aus der Fülle einer an den
Quellen getränkten Gelehrsamkeit heranzuziehen und seinem Zwecke
dienstbar zu machen. Nur selten sehen wir ihn dem Buchstabenspiele [2]),
dem Geschmacke seiner Zeit, huldigen, im Ganzen verräth sich bei ihm
das nüchterne Denken, eine gesunde Richtung, die Fragen stellt die
Logik, die Antworten liefert aus dem allezeit vollen Speicher seines
Wissens der Scharfsinn.

Es sind daher nicht Titel auf Credit oder gar dem Reichthum

---

[1]) F. 114ᵃ bemerkt er allerdings: מדרש פסיקתא, אמר ר׳ יוסי עתיד הקב״ה
להאיר עיני הצדיקי׳ מזיו אורו בשבע אורו׳ שנ׳ שובע שמחות את פניך (Pf. 16, 11)
אל תקרא שובע שמחות אלא שבע שמחות, ע״כ. לכוונת המאמר ודאי יש דברי
הסתר למה דוקא שבע לא פחות ולא יותר, אמנם אין לי עסק בנסתרות,
הנסתרות לה׳ אלקינו, והנגלות לנו ולבנינו עד עולם לא ינתק חוט המשולש.

[2]) So schließt eine besonders gehaltreiche Predigt über Israels Vertrauen
auf seine Erlösung zum Wochenabschnitte בשלח mit folgenden Bemerkungen f. 110ᵇ:
ואפשר דלכך אמר גוי צדיק (Jef. 26, 2) לפי שצריך אדם לומר בכל יום צדיק
[= 90] אמרים וד׳ קדישים ומאה ברכות, וד׳ הנרמזים במלת צדק״ה, וזהו ויבא
גוי צדיק נגד צ׳ אמרים, או ר״ל שאמר גוי צדיק הוא על גאולה עתירה דאי׳
בפר״א [c. 48] ד׳ אותיות שנכפלו בתורה הם יסוד הגאולה, כ״ך בו נגאל
אברהם מאור כשדים שנ׳ ל״ך ל״ך (Gen. 12, 1), מ״ם בו נגאל יצחק מפלשתים
שנ׳ לך מעמנו כי עצמת ממנו [מאד] (daf. 26, 16), נו״ן בו נגאל יעקב מעשו
שנ׳ הצילני נא מיד עשו (daf. 32, 12), פ״ך בו נגאלו אבותינו ממצרים שנ׳
פקד יפקוד וכ׳ (daf. 50, 25), צ״ץ בו עתידי׳ להגאל שנ׳ הנה האיש צמח
שמו ומתחתיו יצמ(ר)ח (Zach. 6, 12), ועפר״ז שמטתי פי׳ הפסוק מכנף הארץ
זמירות שמענו צבי לצדיק (Jef. 24, 16) ר״ל מאותיות מכנף שהם ד׳ אותיות של
מ[נ]צפ״ך זמירות שמענו, שכבר עברו הגאולו׳ שנרמזו בהם, צבי ר״ל צביונו,
לצדי״ק עדיין אנו מצפים, לגאולה העתירה שהוא מצמת צדיק, לד׳א ויבא גוי
צדי״ק דוקא, ע״י שהוא שומר אמוניו מאמין בהקב״ה שיקיים הבטחתו במה שאומר
אמן, ודוק.

und dem Einfluſſe des Mannes huldigende, beſtochene Schmeicheleien[1]), wenn wir ihm, der in der Sphäre des Handels und des Geldmarkts ſich bewegte, die höchſten Ehrennamen verleihen ſehen, die ſonſt die Synagoge nur den Depoſitaren der Tradition, den Heroen ihrer nationalen Gelehrſamkeit vorzubehalten pflegt. Unbedenklich und all= gemein begleitet ſeinen Namen der Titel Gaon[2]), der von den Schul= häuptern Sura's und Pumbabita's ſich herſchreibt. Um ihn ge-

---

[1]) In einer Predigt über das Richteramt in Iſrael und gegen die Käuflich= keit deſſelben wendet er witzig das Wort an f. 202[b]: ושלא יאמרו הבריות דבר תו׳׳רה מער׳׳ת קודת.

[2]) הגאון oder הגאון המפורסם heißt Wertheimer auf den Grabſchriften ſeines Schwiegerſohnes „Inſchriften" Nr. 424, ſeiner Söhne Nr. 462, 467 und ſeiner Enkelin Nr. 533 = 697. הרב הגאון המופלג אלקפתא וריש גלותא nennt ihn das Seelengedächtnißregiſter der Gemeinde Wien; f. „Worms und Wien" S. 10. Kein Geringerer als R. Jaïr Bacharach bezeichnet ihn über der Approbation zu ויקהל משה in חת יאיר a. a. O., Moſe b. Menachem in הגאון המופלג המפורסם als preiſt ihn als: הגאון המפורסם פ׳׳ה ע׳׳י כ׳׳י השתדלן הגדול כ׳׳ש האלוף המרומם ... אר׳׳ רבי עילא׳ [Chullin 59[b]] לא כהל ולא שרק ולא פרכס ויעל חן רבא דעמ׳ מדבריב דאומ׳ ביצינא דנהורא [Kethub. 17[a]], Meïr b. Iſak aus Eiſenſtadt im Vor= wort zu הרב הגאון הקצין והנגיד כבוד מהור׳׳ר שמשון I als: פנים מאירות שמשון und ebenſo ebendaſ. auf dem Titel des Commentars zu זבחים als: הנגיד הגאון הקצין המפורסם מהר׳׳ר שמשון וירנא נר׳׳ו, wie er ihn auch in ſeinen Gut= achten z. B. II Nr. 61: קודש׳ גדולה מה ששמעתי מן הגאון הגדול המפורסם בדורו כבוד nennt und anredet, deſſen Enkel Eleaſar Kallir (f. Zipſer in „Ben Chananja" 8, 60, 83 ff.) im Vorwort zu II: נשיא בא׳׳י תוב׳׳ב אור חדש הרב הגאון הגדול המפורסם ממזרח שמש עד מבואו בתורתו וגדלתו לעד עומדת צדקתו, Juda Löb Teomim im Vorwort zu בגדי אהרן als: הגאון המאור הגדול המפורסם Salman , טור ברקת· אופן אחד באריג בעל כנפים· הכמה ודעת חלק לו ה׳ בכפלים Leipnik im Vorwort zu נחלת יעקב als: מפה קדוש השר הגדול בישראל הגאון und nach ſeinem Tode noch Abraham b. Moſe Jek. Kaufmann im Vorwort zu המאור הגדול המפורסם כערוגות הבושם als: המסה הגאון הרב המאור מגן אברהם und הגדול. Abraham b. Moſes Glogau führt in ſeinem Commentar zum Midraſch ובהיותי בויין mündliche Erklärungen Wertheimer's mit den Worten an: זרע אברהם שמעתי פי׳ המדרש מן הגאון המפורסם מוהר׳׳ר שמשון נר׳׳ו; f. Gaſtfreund a. a. O. 103 und zu Eſther r. g. E. Über die Seltenheit des Titels הגאון in jener Zeit f. [M. Straſchun] המגיד 2 S. 179 Anm. 4.

bührend zu preisen, ging man in die Tage R. Jehuda des Fürsten und R. Aschi's [1]) zurück, seit denen so außerordentliche Vereinigung von Wissen und Reichthum in der jüdischen Gemeinschaft nicht wieder vorgekommen sei.

An ihn und an den rabbinischen Gerichtshof, in dem er, um den Glanz seines Lehrhauses zu heben, und zur gewissenhaften Verwaltung des Landesrabbinates Männer von anerkannter talmudischer Gelehrsamkeit um sich versammelte, ergingen Anfragen von nah und fern, auch aus fremden Ländern. In diesem Gerichtshofe begegnen wir 1710 [2]) Alexander b. Menachem Halewi, Rabbiner in Proßnitz, Chajjim b. David Pisk, Rabbinatspräses in Nikolsburg, und Abraham Epstein, Rabbiner in Rechnitz. Später fungiren, besonders in den Agenden des ungarischen Landesrabbinates als Assessoren und Delegirte neben Wertheimer Jakob Elieser Braunschweig aus Kanitz in Mähren und Simon b. Juda Löb Jalles aus Krakau [3]).

_____

[1]) Jaïr Bacharach schreibt a. a. O.: מימות רב אשר עדין לא נמצא תורה וגדולה : : במקום אחד דוגמתו כי אין חקר ל[חבו]ניתו und im Wiener Seelengedächtniß Wertheimers heißt es von ihm a. a. O.: ומימות רבי ואילך לא נמצא כמותו תורה וגדולה במקום אחד [אחד] חיה בדורו דור ודורשיו דרש טוב לעמו עם ועם מדינה ומדינה. Auch über seiner Approbation zur Alfasiausgabe heißt es: עליו נאמרה תורה וגדולה במקום אחד.

[2]) S. RGA. Isak Seckel Etthausen's, eines Verwandten Wertheimers, שאלה להגאון המפורסם אש"ב מוהר"ש ור"ה מווינא : : בקרב Nr. 27/8 אור נעלם היכלו כולו אומר כבוד אש"ב הגאון אב"ד הישראלי כמוהר"ר שמשון נרד יאיר ויזרח המאיר בחכמתו כל פני המזרח : : ואחרי שידיע ומפורסם כי הוא עמוס תלאות ואפשר שיכבד עליו הטורח בקשתיו לצוות לחרבנים מופלגי דבי מדרשו לעיין בדברי.

[3]) Nach Urkunden des sog. schwarzen Buches in Eisenstadt. מנחם מענדל במוהר"ר אלכסנדר הלוי ז"ל, wohl der Vater des Proßnitzer Rabbiners, unterzeichnet 1694 die Statuten von Kremsier (nach der HS. der שי"א תקנות in der Bibliothek der Landes-Rabbinerschule zu Budapest; vgl. G. Wolf, „die alten Statuten der jüdischen Gemeinden in Mähren" S. 114), מנחם מענדל ב'מ יהודא die von Ung. Brod 1701 (ebendas. und Wolf S. 122). ליב ברידנשווייק ז"ל citirt Samuel Phöbus Cohn לקט שמואל f. 62ª. Über החבר ליב יאלים מקראקא Epstein s. „Ben Chananja" 7, 489 f. Bei dem Vorsteher Simon יאליש in Krakau ist Elieser Lipschütz, Rabbiner von Neuwied, erzogen worden, s. dessen Vorrede zu תשיב ר' אליעזר.

1709 konnte sein langjähriger Sekretär und Vertrauensmann Mose Meïr, Sohn Eleasar Perls' aus Prag [1] von ihm rühmen, daß die Mehrzahl der großen Gemeinden in Israel ihn zu ihrem rabbinischen Oberhaupte ernannt habe.

Und noch einen anderen Höhenmesser rabbinischer Autorität giebt es für jene Zeit, das sind die Approbationen, die Autoren und Herausgeber als Empfehlungsbrief sowohl wie zum Schutze ihres literarischen Eigenthums gegen die Freibeuterei der Nachdrucker von einzelnen hervorragenden talmudischen Größen zu erbitten pflegten. Solche Bittgesuche sind denn auch an Wertheimer in Fülle gelangt, aber er war zu stolz, mit der Flagge seines Namens leichte Waare zu decken, und zu bescheiden, wahrhaft bedeutenden Leistungen gegenüber durch die verlangte Billigung und Anerkennung den Schein anmaßlichen Überlegenthums auf sich zu laden. Nur in spärlichen Ausnahmefällen verstand er sich dazu, eine Approbation zu ertheilen, aber auch dann nur wegen zwingender Veranlassung und nach wiederholtem Drängen. So z. B. kann er dem kabbalakundigen, von R. David Oppenheim und dessen Wiener Verwandten, Samuel dem Hoffactor Allen voran, aufs Thatkräftigste unterstützten R. Mose b. Menachem aus Prag [2] nicht widerstehen, der nach dem großen Brande

---

[1] מגילת ספר (Prag 1710) Vorrede: פאר הגולה נזר ישראל גדול בישראל
שמו הגאון המפורסם השתדלן הגדול נשוא פנים כר' אבתו חאב"ד ברוב קהילות
מדינות ישראל ונתן צבי צביונו בארץ התחים נשיא בצפת עיר הקודש תוב"ב
כמדור"ר שמשון ווערטהיים נר"ו אשר חדירתי נאמן ביתו לחיות עומד ומשמש לפניו
דולה ומשקה מתורתו לאחרים כמה שנים ומשך עלי חוט של חסד מאז ועד עתה.
Perls, einer altangesehenen Prager Familie entstammend, war mit hervorragenden Rabbinern seiner Zeit verwandt, so mit Saadja Jesaja Katzenellenbogen in Meseritz (s. dessen Approbation), mit Gabriel Eskeles in Nikolsburg (f. 9ᵈ), mit Jacob, dem Enkel Feiwel Duschenes', in Prag (f. 12ᵇ); er starb nach S. Hocks Notizen Sonnabend 20. Adar 1 1739. Sein Freund und Leidensgenosse in Nußdorf vor Wien am Purim des furchtbaren Winters 1709, Banet, Sohn Manes Nachob's st. Nisan 1742 (ebendas.).

[2] Auf dem Grabsteine seines 1742 in Prag gestorbenen Sohnes Jakób Josef heißt der Autor des מטה משה Mose Neustadtl (nach S. Hocks Notizen). Die Approbation zu ויקהל משה ist vom 27. Tammus 1695 datirt. Der Hinweis

von Prag in Nikolsburg in Mähren eine zweite Heimat gefunden hatte. Aber auch hier entschuldigt er sein Auftreten in tiefer Demuth, könne man doch füglich fragen: Gehört auch Saul unter die Propheten?[1] Nur unter heftigem Sträuben, wie von unverdienter Ehre bekommen, ist er dazu zu bewegen, dem greisen R. Jaïr Bacharach, wohl weitaus dem gelehrtesten Rabbiner im damaligen Deutschland, dem Onkel seiner Frau, die verlangte Zustimmung zu dessen epochemachenden Responsenwerke[2] zu ertheilen. Ebenso zaghaft und nur unter ausdrücklicher Berufung auf seine Verpflichtung gegen seinen verstorbenen Gastfreund Kalman Kohen approbirt er den Söhnen desselben, Salomon zum Kranich und Abraham zum Falken in Frankfurt am Main, 1699 ihre Ausgabe des Alfâsi[3]. Seltsam contrastirt

---

auf die Stelle im Wochenabschnitte Deut. 3, 8 deutet wohl witzig auf die populäre Darstellung der Kabbala in diesem Buche, die Entreißung dieses transcendentalen (מעבר) Gebietes aus der Hand der zwei Könige Luria und Cordovero. Den Prager Inquisitoren erscheint 1712 das Buch „lasterhaft" und „schändlich", s. „Hebr. Bibl." 6, 36. Gleichwohl wurde es 1799 noch fleißig gelesen, s. Eleasar Fleckeles' אהבת דוד f. 19ᵃ. In seinem זרע קודש nennt sich Mose b. Men. kurzweg Mose Prager. Aus מפראג ist bei Roest I, 872 irrthümlich der Autorname Graf entstanden.

[1] Ebendas. ורהנני ירא לגשת · במקום גדולי' אשר בימיהם לא נראה קשת · כי ציץ נבל אנכי וחציר יבשתי · והנני נרתע לאחורי ופני נגד רבי ואבירי נכבדות ונכנסים נרתעים · שלא יאמרו הגם שאול בנביאים. Ebenso äußert er in der Approbation zu חות יאיר: ויצאתי מגדר השתיקה במקום שיפה מדיבורי ודין הוא שיפטור החשוב את שאינו חשוב לבלתי יאמרו הגם שאול נביאים[ב](ה).

[2] Die Approbation zu חות יאיר datirt vom 15. Schewat 1699. Tag und Jahr bezieht er geistreich auf den Namen und die Bedeutung Bacharachs: ר'ח לאילן אילנא רברבי עץ הדעת ועץ חתיי'ם שנת מהורר'ח לפ'ק, wie denn auch das Ganze von Anspielungen wimmelt, z. B. אמרות ד' טהורות גלוי וידוע שלא לכבודי עשיתי · כידוע oder: למוצאים מצא חיי'ם בכריך ותכ'ל לכל שבאלה לא חפצתי ולא נסיתי · אלא מפני חיבת הקודש חיב'ת יאי'ר פניו אור פני חיים אשר הכל חיב'ב/רן בו · הוא מחותני הגאון המפורסם מרבן קשישאי קשיש פעמן ורימון.

[3] Die Approbation, die vom 29. Sivan 1699 datirt ist und sinnreich auf den Vers im Wochenabschnitte Num. 17, 5 zum Schutz vor Nachdruck hin-

in diesen Briefen die abwehrende aufrichtige Bescheidenheit des Mannes mit der aus seinen Worten mächtig hervorbringenden reich= bezeugten Gelehrsamkeit, die aus dem Vollen schöpft und aus Elementen des gesammten jüdischen Schriftthums sich ihre Sprache zaubert. Immer witzig und anspielungsreich [1]), nähert sich besonders in der Approbation für R. Jaïr Bacharach sein Ausdruck dem vor= züglich durch R. David Oppenheim [2]) zur Blüthe, aber auch zur Überreife gebrachten kaleidoskopartig unruhigen talmudischen Musiv= stile, der wie mit einem Ringelreigen geflügelter und flügellahmer Citate den Leser betäubt; die Sätze sind fertige bekannte und ent= legene Stellen aus dem Talmud, die sich verschränken und verketten, weil das Prädikat des einen im nächsten als Subjekt auftritt, Ringe gleichsam, an denen der Gedanke sich fortgreifend weiterschwingt.

Aber Wertheimer stellte nicht nur seinen Geist und sein Wissen,

---

לתדריך קשט אמרי אמת יהגה חכי · שמיום עמדתי על דעתי דעת beginnt, weift, חלושה · מנעתי ידי מלבא חתום על שום כתבי מליצת למהדרין מן המהדרין · ובפרט · להיות סניף או סעיף למחברי ספרים באיזה הסכמה, כדרך בעל חוברי · לסמיכה סמוך אע"פ שאינו נראה · אך לאפושי גברא דלית בחון צריך · ושם גדול וקטן אחד · ואני בשפלותי שפל ערך אנשים תמיד כמהריש מקום ששתיקותי יפה מדיבורי אך חלק הענין לאחד מעיר ושנים ממשפחה הם משטוני בעבותות האהבה חוץ למקומי וחוץ לזמני ע"י חכרת · ויל קרי בהו · זולתם לא שמעתי לשום מבקש ומרנן אחרי בדבר הזה · אמנם בזכרי ימי קדם בשבתי על סיר הבשר בשרא שמינא (Baba b. 22a) אפתורה דדהבא אצל הקצין פרנס ומנהיג חכם ועמדו בר אורייך כמהור"ר קלמן כ"ץ זכריט לברכה · לא אוכל למנוע את ידי מזרט מבקש מאתי חסכמ' החר' על הדפוס אשר חהלו .Über Kalman Kohen ben älteren f. Brüll, „Jahrbücher" 7, 156 Anm. 3.

[1]) Vgl. am Schluffe der Approbation zu חות יאיר die allerdings auch sonst vorkommende Warnung gegen Nachdruck: כל יתר כנטל דמי דפו'ס דמירובה וידו' להם לבדם ואין לזרים oder zur Alfâsiausgabe im gleichen Sinne: לא דפס"ת אתם · חרמי כהן אין פדיון אלא נירחין לכהן · וכל זמן שהן בבית תבעלים חרי הן כהקדש לכל דבר. Das der füddeutschen Aussprache so natürliche Wortspiel דר"ם ונשלם erscheint in seinen Predigten zweimal als Mnemonikon — דרך הלצה לסימן — f. 97b, 102b, beidemal freilich mit Bleifeder durchstrichen.

[2]) Treffend wie immer bemerkt bereits Asulai von Oppenheim's Stil שם הגדולים s. v.: ולשוט שלשלת גדולה מלשון תלמוד. Vgl. auch Sen. Sachs המגיד 4 S. 30.

sondern auch sein Vermögen und seinen Einfluß in den Dienst des
jüdischen Schriftthums und seiner Pfleger. Als Abraham b. Juda,
Prediger in Nikolsburg, das große Novellenwerk seines Vaters Juda
b. Nisan, für dessen Herausgabe der mährische Landesrabbiner David
Oppenheim seine mächtige Familie in Wien und Hannover zu gewinnen wußte, zum Drucke befördern wollte, war es Samson Wertheimer, dessen ausgiebige Unterstützung das Schicksal des Buches
entschied[1]. Ebenso bewährte er sich, in edlem Wetteifer mit Samuel
Oppenheim und dessen Söhnen, als fürstlicher Mäcen bei der Herausgabe der Responsensammlung[2] R. Jaïr Bacharach's. Wie sehr
ihm das geistige Erbe hervorragender Gelehrter am Herzen lag, das
bewies er, als er die Sammlung und Drucklegung des Nachlasses
R. Gerson Oulif's[3], seines Amtsvorgängers in Wien zur Zeit der
Judenaustreibung, der als Rabbiner von Metz 1693 verstarb, im
Verein mit dem Schüler des großen Meisters, R. David Oppenheim,
auf das Angelegentlichste förderte[4]. In pietätvoller Erinnerung an

---

[1] Zum Schlusse seiner Vorrede zu בית יהודה (Dessau 1698) erklärt der
Sohn des Autors, der in dieser selbst die Verdienste R. David Oppenheims und
seiner Angehörigen um dieses Buch preist: ואריס קולי כסוס׳ר לשגר כוס של
ברכה לחרב המופלא ומופלג אב״ד המפורסם מוהר״ר שמשון נרד אשר איתן
מושבו בעיר מלוכת וויכ׳א · ומצודתו פרוסה על מדינות הגר · המסק׳ יחר׳ בעזרו · יען
אשר גמל אתי טוב והרבה להיטיב ומצוה נקראת על שמו · שהוא הגומר ותן
הראוי לברך עליו על המוגמר · ואגב תשיבתי קובע ברכה לעצמו · שהויל כספו
בהלואת חן תן תן לו הוא וזריעו כל הימים אמן.

[2] Über der Approbation heißt es: וגם עזר לי בכמה מנים בהוצאות הדפוס
פנים מפנים שונים. Der Dank an die Familie Oppenheim steht am Schlusse des
Buches.

[3] Vgl. über R. Gerson Aschkenasi Oulif M. L. Kohn in „Neuzeit“ 4,
455 ff., 466 ff., 501 und Gastfreund a. a. O. S. 59 ff. Das hier S. 66
falsch erschlossene Datum seines Todes giebt das Todtenregister des „heiligen
Vereins“ in Metz genauer an: ביום ה׳ י״א אדר שני תנ׳ג; s. Ab. Cahen in
„Revue des études juives“ 8, 275.

[4] Der Sammler Hirsch b. Chanoch Lewi in Frankfurt erklärt in seiner
den Responsen שו״ת עבודת הגרשוני (Frankfurt 1699) sowohl als auch den
Predigten über den Pentateuch תפארת הגרשוני (Frankfurt 1699) vorgedruckten,
durchgängs auf מה- gereimten Einleitung: זאת ועוד אחרת שהשני מאורות הגדולי

ben aus der Jugendzeit von Worms her ihm bekannten Aron b.
Mose aus der hochberühmten Familie Teomim, den gefeierten Prediger, der am 8. Juli 1690 auf einer Reise von Krakau nach Chmelnik
ermordet [1]) wurde, betrieb er mit seiner ganzen Familie die Drucklegung der handschriftlich zurückgebliebenen, alle Wochenabschnitte des
Pentateuchs behandelnden Predigtsammlung [2]). Als er von den so

הגאונים מופלגים מוה"ר דוד אופנהיים אב"ד ור"מ בק"ק נ"ש ומצודתו פרוסה בק"ק
בריסק דליטא והגלילות ומחור"ר שמשון ווערטהיים אב"ד ור"מ במדינות הגר
ומצודתו פרוסה בק"ק פראג ובק"ק וויירמייזא שניהם שוים בחשיבות במראה
ובקומה · לשמוע בקולם המה החחזיקוני מפי כתבם אלי לסדר ולהגיה הספרים
הנ"ל ולעמוד על משמרתי משמרת הקודש קדשי הקדשים כולו כליל אין בהם
פסולת ומומה. Ein Bruder dieses Sammlers, Namens Mose, starb 1726 als
Vorsteher von Münden. Ich entnehme dem Memorbuche dieser Gemeinde, das die
Merzbacheriana in München bewahrt, den Wortlaut seines Seelengedächtnisses:
יזכור אלהים את נשמת האלוף והתורני פרנס ומנהיג כמוה"רר משה בן הגאון
אב"ד מוהר' חגי חנוך סג"ל זצ"ל עם נשמת אברהם יצחק ויעקב בעבור שכמה
שנים היה מנהיג הקהילה והמדינה בדרכי טובים וישרים וכל ימי' עסק בצרכי
צבור באמונה, ולא מש מתוך אהלו של תורה, וקיים ולמדתם את בניכם וקודם
שהלך למנוחתו נתייסר ביסורים קשים כמו רוב הצדיקים בזכות זה תנצב"ה עם
שאר צדיקים וצדקניות שבג"ע אמן ויגוע ויאסף בשם טוב בקדושה ובטהרה ביו'
ד' שני של פסח, ויקבר למחרתו יו' ה' א' דח"ה ר"י ז ניסן תפ"ו לפ"ק במינדן.
Über Chaggai Chanoch Lewi vgl. „Ben Chananja" 8, 105, 187, 238.

[1]) Vgl. המגיד 2 S. 47 (nach dem Gemeindebuche von Krakau): בש"ק
ב' אב ת"ן חומת ע"י השר סטראוויניק הגאון אב"ד קראקא קדוש ישראל ר' אהרן
תאומים בעהמ"ח ס' מטה אהרן, בדרך בנסעו לועד הגליל בחמעלניק, ולא נתן
להוביל גופתו לקבר ישראל עדי מלאו היהודים את ידו בכסף, ויוליכוהו ויקברוהו
בכבוד גדול בעיר פינטשוב; vgl. J. M. Zunz עיר הצדק S. 132 und Anm. 82.
Daher der Zusatz der Märtyrerformel הי"ד nach seinem Namen (vgl. Zunz, „Zur
Geschichte" S. 334 f.) auf dem Titel und in der Vorrede zu בגדי אהרן. David
Reindorf צמח דוד I verzeichnet Namen und Faktum nur im Index am Schlusse
unter 1690. Seine Grabschrift f. bei Wolf IV, 1203.

[2]) Vgl. das Vorwort des Herausgebers zu בגדי אהרן (Frankfurt a. M.
1710), eines Sohnes des Verfassers, der unter dem Namen Löb Schnapper als
Rabbinatsassessor zu Frankfurt a. M. 1719 verstarb; f. Horovitz a. a. O 2
S. 73 Anm. 7. Eine abweichende Recension dieser Predigten zu Genesis, Exodus
und den zwei ersten Perikopen des Leviticus bewahrt die Bodlejana; f. Neubauer, „Catalogue" Nr. 990.

werthvollen Glossensammlungen Bezalel Aschkenasi's zum babylonischen Talmud erfuhr, wandte er sich an die Rabbiner von Constanti-
nopel mit dem Anerbieten, das Werk auf seine Kosten zu veröffent-
lichen. Mittlerweile hatte aber bereits Jona b. Jakob mit der
Drucklegung eines Theiles desselben in Amsterdam [1]) begonnen.

Aber die Krönung seines Mäcenatenthums stellt die in den Jahren
1721—22 zu Frankfurt am Main vorzüglich aus seinen Mitteln veranstaltete Ausgabe des babylonischen Talmuds dar. Wie er dem Herausgeber R. Jehuda Löb, dem Sohne des seit 1690 bis 1703 in Frankfurt
als Rabbiner wirkenden R. Samuel aus Krakau, nachdem dieser an der
Vollendung seiner Talmudausgabe von Amsterdam 1714—17 durch den
Drucker Michael Gottschalk in Berlin behördlich verhindert worden war,
ein neues Privilegium für Frankfurt am Main [2]) auszuwirken wahrscheinlich mit beflissen gewesen ist, so ermöglichte er im Vereine mit
seinem Schwiegersohne R. Moses Kann [3]) den vollständigen Neudruck

---

[1]) אחר שכבר התחלתי פה בבא מציעא berichtet er 1721:
במלאכת הקודש ובעידנא דעסיק בה בא אלי אגרת מקושטנדינא וידוי כמבשר לאמר
הנה הגאון הגדול המפורסם מופת הדור והדרו כמוהר״ר שמשון ווירטהיירם נר״ו כתב
לרבני גאוני קושטנדינא כי שמע שמועה מזה הסכ׳ ורוצה להדפיס(ה)[ו] מכיסו וממונו
ושמורה בכל ערוכה הטוב כדרכו הרבים בו לזכות. Von dem fertigen Buche sandte
ihm denn auch der Herausgeber ein herrliches Widmungsexemplar auf großem
Papier und in prächtigem Einband, auf dessen Deckel, wie ich, von M. Roest be-
lehrt, auf dem jetzt in der Rosenthaliana zu Amsterdam bewahrten Buche gelesen
habe, in Goldschrift mit goldener Umrahmung die Worte eingeprägt sind:

הגאון הגדול מופת
הדור כמוהר׳ר שמשון
ווירטהיים נר׳ו.

Über Bezalel's Sammlungen vgl. Zunz, „Zur Geschichte“ S. 58 und Jellinek
קונטרס המזכיר S. 15 ff.

[2]) Vgl. Rabbinovicz דקדוקי סופרים VIII. Anhang S. 94 Anm. קלד und
S. 96 ff. Über R. Samuel s. Horovitz 2 S. 56 ff., seine Grabschrift ebendas.
S. 99. Der Name Samson Wertheimers schmückt das Titelblatt eines jeden
Bandes dieser Edition.

[3]) In einem handschriftlichen Protokolle über eine von der Tochter R. Samuel
Krakau's, Mirjam, und ihrem Manne David b. Aron Polak aus Amsterdam gegen
R. Mose Kann erhobene Forderung heißt es, wie mir der Besitzer, Herr Rabbiner

des ganzen Talmuds, einer Ausgabe, die in Folge ihrer mannigfachen inneren Vorzüge die Grundlage[1]) fast aller späteren geworden ist. Der mit ihm verschwägerte Bermann Halberstadt[2]) hatte in den Jahren 1697—99 den Talmud in Frankfurt an der Oder heraus- geben lassen. Der kaiserliche Oberhoffactor war hinter dem polnischen Residenten nicht zurückgeblieben; konnte dieser auf die Talmudedition von Frankfurt an der Oder als seine Schöpfung weisen, so hatte Wertheimer in der neuen von Frankfurt am Main sich ein Denkmal errichtet. Welche Summen ein Mäcenatenthum, in solchem Stile geübt, verschlingen mochte, das sehen wir aus der Thatsache, daß die in 5000 Exemplaren verbreitete, zur Hälfte an arme Gelehrte ver- schenkte Talmudausgabe Berman's 50,000 Reichsthaler zu ihrer Herstellung erforderte. Aber Wertheimer sollte nicht die Freude zu Theil werden, die Ausgabe, zu der er so erheblich beigesteuert hatte, verbreitet zu sehen. Die zweischneidige Waffe der Censur, die er einst gegen Eisenmenger angerufen hatte, wandte sich diesmal gegen ihn selbst. Hatte der Verfolger des Talmud vierzig Jahre unter

---

Dr. M. Horovitz, mittheilt: ומחמת כן כיבשו מן הרב הגאון המפורסם מוה״רר
משה קן ני׳ לפרוע להם מן הש״ס שעדיין מונחים בחדר החתום בחתימת
אדונינו האדיר והחסיד הקיסר יר״ה פה ורנקווירט דמדין יע״א שאף
אמנם לפי דעת הרב מוה״רר משה ני״ו אין לחזוג חנ״ל שום תביעה עד לאחר
פרעון כל הוצאות תביעות והלוואות של הרב מוה״רר משה ני׳ וחמיו הגאון
זצ״ל אשר הוציאו לצורך הש״ס באשר שלהם הקדימה אבל מאחר שלפי דעת
הר״ר דוד חנ״ל נתפרע הרב מוה״רר משה עם חמיו חנ״ל מכל וכל מן הראוי
לפרוע להם חוב׳ שחייב להם הרב מוה״רל [= ליב בן ר׳ שמואל] זצ״ל. Das Protokoll, von Montag dem 22. Nisan 1752 batirt, ist von Israel Schwarzschild und Meir Levi unterschrieben.

¹) S. Rabbinovicz a. a. O. S. 98.

²) S. ebendas. S. 85 ff., Auerbach a. a. O. S. 58 ff. Wertheimer, den die Rabbiner Polens darum angegangen waren, dieses Unternehmen zu er- möglichen, hatte abgelehnt; s. ebendas. S. 59 Anm. 2. Von dieser Ausgabe ließ David Oppenheim ein Exemplar auf Pergament in 24 Bänden abziehen, das die Bodlejana mit seinen übrigen Schätzen bewahrt; s. המגיד 2 S. 26 f., Zunz, „Zur Geschichte" S. 236. Vgl. über Pergamentdrucke Oppenheim's „Hebr. Bibl." 5 S. 79, über Drucke auf blauem Papier Schudt 1, 582; 4 III. Cont. S. 154 f.

Schloß und Riegel in Frankfurt liegen müſſen, ſo ſollte jetzt einmal der Verfolgte, der Talmud in der neuen Ausgabe, ebendaſelbſt über dreißig Jahre wohlverſiegelt in Gewahrſam bleiben, bis er Dank dem Einfluſſe R. Moſe Kann's endlich am 1. Auguſt 1753 freigegeben[1]) wurde.

Nicht minder als das jüdiſche Schriftthum ſelber ehrte und förderte Wertheimer die Pfleger desſelben. Dem Manne, den ſein Beruf den Verkehr mit Fürſten und den Mächtigen der Erde kennen lehrte, gewährte es eine innere Befriedigung, im Gedankenaustauſche mit armen Schriftgelehrten an Feſttagen[2]) ſeine Muße genießen zu können. In ſeinem gaſtlichen Hauſe, in dem die Gnade ſeines Kaiſers mit Gold und Silber die Tafel ſchmückte, verſammelte er dürftige Talmudiſten, zugereiſte Autoren; gelehrte Discuſſionen würzten die Unterhaltung, Geiſt und Wiſſen heiligten das Mahl, ſo recht im Sinne der Alten ein Tiſch vor Gottes Angeſicht (Ez. 41, 22)[3]).

_____

[1]) S. Horovitz 3 S. 17 f. Über Paulus Chriſtiani, den Angeber des Talmud, denſelben, der Eiſenmenger beſungen (ſ. oben S. 3 Anm. 1) vgl. Schudt, 4 II. Cont. S. 232 und über einen anderen P. Chr. ebendaſ. S. 334.

[2]) Vgl. Moſe b. Menachem's zweite Vorrede zu ויקהל משה: אם לא ראיתי לא האמנתי והנה החצר לא הוגד לי ותראנה עיני כמה פעמים אשר הייתי בוירנא בימים הנוראים וראיתי כבודי ושמעתי חכמותיו.

[3]) Schemarja Salman, Sohn des Leipniker Rabbiners Jakob Abraham aus Krakau (geſt. 1699) hat uns in der Vorrede zu נחלת יעקב (Amſterdam 1724; fehlerhaft Lemberg 1862) von einem ſolchen Gelehrtenſympoſion im Hauſe Wertheimer, den er als Vorſteher von Leipnik ums Jahr 1705 in Gemeindeangelegenheiten aufgeſucht hatte, ein flüchtiges Bild aufbewahrt: כד הוינא וזכירנא משלחן גבוה שלו בביתו תרמה זה השלחן אשר לפני ה׳ כמו ט״ו שני׳ עבר הזמן שבאותו פעם הייתי בעסקי קהלה אצל אדונינו הדו״כס יר״ה כל ישראל חירבים לבקש רחמים בעד בה״מ כי הוא כותלם בנין מפואר שהכלל סועדים בו והוא מיטב ומשפיע ע״י השתדלות דבריו הטהורי׳ ועריבי׳ בפני מלכי ארץ מלכו׳ דעראי כמלכות׳ דרקיע חשם יריס הודם ויתן לבבם לטובה··· ··· והן הן הדברים שהקשה כבוד הגאון מ״ו הנ״ל שמצינו מחנה אלהים ח״י אלה כדאמרו חז״ל דכתיב רכב אלהים ר(ב)בותיים אלפי שנאן א״ר שנאן אלא שאינן [cf. duodeviginti] ובעמק המלך איתא׳ מתנה ח׳ חיא צ׳ אלה כמנין מלך דכתיב מלך במשפט יעמוד ובמושב זקנים ההוא שכמה מופלגי תורה הי׳ מסובי׳ בשלחן ההו׳ שלא הגיענו לקרסוליהם לא שמעתי תירוץ מוספק על זה··· וכשאזכה לחגיד לפני כבוד מ״ו הגאון המפורסם הנ״ל או לפני שאר שרי התורה יודו לדברי׳ Wertheimer ſollte die Löſung

Schon aus der ersten Zeit seiner Wirksamkeit haben wir ein Zeug=
niß dafür, wie er seinen Einfluß bei den Behörden zu Gunsten gelehrter
und bedürftiger Glaubensbrüder aufwendete. Als 1691 Josef Isachar
b. Elchanan, Rabbiner in Kremsier zur Auswanderung nach dem
heiligen Lande sich entschloß, war es Wertheimer, der ihm einen
Paß zur Reise durch Steiermark verschaffte, mit dem er nach Be=
nedig gelangte, wo er mit seiner Familie aufs Schiff stieg [1]).

Ein Beispiel seiner Verehrung und Hingebung für berühmte
Talmudmeister bietet sein Freundschaftsverhältniß zu R. Meïr b.
Isak [2]), einer der verehrungswürdigsten rabbinischen Persönlichkeiten
aus der ersten Hälfte des 18. Jahrhunderts, deren Nachruhm in
unverwelklicher Frische noch heute fortblüht. Er scheint bereits auf
seinen Reisen in Polen R. Meïr, der damals Rabbiner von Schidlow
war, kennen und schätzen gelernt zu haben. Von dort berief er ihn
nach Worms, der eigenen Vaterstadt, an die er ihn gern durch Auf=
richtung eines hauptsächlich für ihn und seine Schule geschaffenen Lehr=
hauses dauernd gefesselt hätte. Allein die Kriegswirren um die Wende
des Jahrhunderts vereitelten den freudig gehegten Plan; es war für
R. Meïr nicht länger seines Bleibens in Worms. Aber Wertheimer
hatte die Sorge für den Freund und Schützling nicht aus dem Auge

---

Salman's nicht mehr vernehmen. Der Name von Schemarja's Eltern und der
seines Schwagers Israel lautet nach deren Seelengedächtniß in Leipnik, wie mir
Hr. Josef Münz mittheilt: רבי יעקב אברהם בן מ״ה רפאל ואשתו הרבנית דבורה
בת מ״ה קלונמיס, חתנו הרב רבי ישראל חיים בן מ״ה רצחק הלוי. Vgl. J. M. Zunz
a. a. O. 128.

[1]) Im Vorwort zu שלשה שריגים preist er ihn mit den Worten: וברכתי
תעלה לראש משכיר צדיק כביר גמיר וסביר לבו כפתחו של אולם ודביר ח״ה המאור
הגדול פרי עץ הדר אשרי הדור שהוא בתוכו נ״י ע״ה פ״ה ר״מ ואב״ד כש״ת מוהר״ר
שמשון רב מדינת נר״י שהראני תוקפו וגבורתו והגדיל חסדו האחרון מן הראשון
שהשתדל לי כתב חירות ליסע דרך שטיירמרק ממש ארץ שלא עבר בו איש בזמן
קרוב חנם בלא כסף אפילו בלא פשיטא דספרא והקל מעלי הדרך רחוק מהלך כמה
חדשים שכרו יקבל משוכן תרשישים.

[2]) Über seine noch immer nicht genügend aufgehellten Lebensverhältnisse
f. M. Zipser in „Orient" 8 (1847) LB. 185 ff., 380 ff., 444 ff., 459 ff.
und „Ben Chananja" 7 S. 550 f., 588 ff.

verloren. Dank Wertheimer's beherrschendem Einflusse in den Gemeinden Mährens wählte Proßnitz [1]) R. Meïr zu seinem Rabbiner, dem durch die Fürsprache dieses mächtigen Protektors daselbst eine behagliche und sorgenfreie Stellung bereitet wurde. Er blieb fortan der Freund und Beirath des Wiener Rabbiners und Hoffactors, der in seiner Frömmigkeit und Demuth in keiner Sache allein Richter sein mochte. Als dieser 1708 die im Rákóczischen Aufstande durch die Raubzüge der Kuruczen zersprengte Gemeinde Eisenstadt, deren reichere Bewohner in Wien und Wiener Neustadt als Flüchtlinge sich angesiedelt hatten, wiederherstellen wollte, zog er zu den in seinem Hause [2]) gepflogenen Berathungen und Verhandlungen auch R. Meïr heran,

---

[1]) Meïr b. Isak berichtet selbst im Vorwort zum ersten Theile seiner Responsen: וקרבני לעבודת הקדש חרב הגאון הקצין והנגיד כבוד מהור"ר שמשון ווינא נר"ו דנבחרתי לישב באוהל בית המדרש בק"ק ווירמיידא עם שאר רבני' מופלגי' ובתוכם מחותני הרב המובהק החסיד המפורסם כבוד מוהר"ר מיכאל ז"ל וישבתי שם ימים ועשור וחביבתו עמי ק"ק הנ"ל והחזיקו לי ישיבה חשובה ואף גם שם לא מצאתי מנוח לכף רגלי כי מחמת רעש מלחמות צרפת לא היה ספק ביד הגאון הקצין מהר"ש לבנות בית לשמו ונתקבלתי לקהלה מפוארה ק"ק פרוסטיץ וישבתי כמו עשר שנים ויד הגאון מהר"ש היה עם יד האלופי' הקהל להטיב עמי בכל מילי דמיטב עד שנתקבלתי שנית לק"ק שידלאווצר וגדל חסדם האחרון מן הראשון.

[2]) Nach Aufzeichnungen im Archive der jüdischen Gemeinde zu Eisenstadt vom Jahre 1708, die mir Herr Felix Blau mitgetheilt hat, hätte Wertheimer, der an der Gicht erkrankt war, unter dem Vorsitz R. Meïr's, der damals Rabbiner von Proßnitz war, am 14. Tammus 1708 die Conferenz in Betreff der Neubegründung dieser Gemeinde zu sich nach Wien berufen. Die Verhandlungen der Parteien, der Armen und der Wohlhabenden, sind im Gemeindebuche f. 26 noch erhalten. Die Anmeldungen zum Beitritt sollten vor dem 15. Ab d. J. in Baden, auf dem halben Wege zwischen Wien und Eisenstadt, erfolgen. Das Aktenstück ist unterzeichnet: נאם מאיר בחר' יצחק ז"ל חונה בק"ק פרוסטיץ ויושב באוהל בית המדרש של אדוני מ"ו הגאון המפורסם מוהרש"ש פה ווינא ונאם אלכסנדר במוהר"ר מנחם מענדיל הלוי ז"ל מפרוסטיץ ויושב באוהל של תורה בבה הגדול של ק"ק הגאון מוהרש"ש. Abraham, ben Bruder Alexanders, rühmt Juda Perez מפי אחובי ידידי חרב המופלא והמופלג המחודד והבקי מהור"ר f. 3c: פרח לבנון אברהם בהרב מנחם מענדיל סג"ל מק"ק פרוסטיץ יצא. R. Meïr wird nach dieser seiner ersten Gemeinde zuweilen Proßnitz genannt. David Grünhut theilt im

deſſen Weisheit und rabbiniſcher Autorität es im Verein mit Wertheimer auch gelang, die Widerſtrebenden zur Rückkehr in ihre Heimath oder zur Übernahme dauernder Beitragspflicht gegen die verarmte Gemeinde zu bewegen. Die Wohlhabendeu, die ſich zur Heimkehr entſchließen mochten, hatten ſich bis zu einem gewiſſen Termine bei R. Meïr zu melden; nach demſelben verfielen ihre Liegenſchaften in Eiſenſtadt an die Gemeinde, der ſie noch obendrein zu einer lebenslänglichen Beiſteuer ſich verflichten mußten. Aber erſt Ende 1717 [1]) ſollte der Neubegründer der Gemeinde, nachdem er ein Jahrzehnt in Proßnitz und nochmals in Schidlow Rabbiner geweſen, das rabbiniſche Lehramt in ihr übernehmen. Bis auf eine kurze, durch Furcht vor Angeberei veranlaßte Unterbrechung [2]) blieb er fortan bis zu ſeinem

---

Namen ſeines Neffen Moſe Rapp eine Frage R. Meïr's mit, die dieſer in der Klauſe von Worms aufgeworfen ſ. מגדול דוד Ende f. 3ª; er nennt R. Meïr: הרב החסיד המופלא ה״ה כמהור״ר מאיר אב״ד מפרוסטיץ נרו. So überliefert auch Sabbatai Cohen aus Tiftin in ſeinem Sammelbuche מנחת כהן Fürth 1741 Manches: בשם הגאון מהורר מאיר פרויסטיץ אבד מקק איזין שטאט.

[1]) צר״ה טבת תע״ח ſoll er ſeinen Einzug in Eiſenſtadt gehalten haben.

[2]) Nach Eiſenſtädter Überlieferungen ſoll er eines Freitags Morgens Anfangs 1722 (שבט תפ״ב) plötzlich verſchwunden ſein, um erſt 1725 zurückzukehren. Am darauf folgenden Sabbat ſoll er denn auch von fürſtlichen Grenadieren, die zu ſeiner Verhaftung erſchienen waren, in ſeiner Wohnung geſucht worden ſein. Die Veranlaſſung dieſer geheimnißvollen Flucht pflegte R. Moſes Perls, Rabbiner von Eiſenſtadt, wie mir ſein Schüler, Herr Rabbinatspräſes S. L. Brill in Budapeſt, mittheilt, folgendermaßen zu erzählen: In der benachbarten Ortſchaft Zinkendorf war die Kirche beraubt worden. Die von dieſem Diebſtahl herrührenden Gegenſtände hatten fünf Perſonen gekauft, die über dieſem Handel in Streit geriethen. Spät in der Nacht uneinig heimkehrend, bemerkten ſie in der Wohnung des noch im Studium vertieften Rabbiners Licht. Bereit zu ſchlichten und auszugleichen, wie er war, entſchied er, trotz der ungewohnten Stunde, in tiefſter Ahnungsloſigkeit über die Herkunft des Streitobjects, die ihm vorgetragene Rechtsſache. Des Morgens, als die Nachricht von dem Raube ſich verbreitet hatte, erklärte der Nachtwächter, er habe fünf Männer zu verdächtiger nachtſchlafender Zeit aus der Wohnung des Rabbiners treten ſehen. Sofort noch rechtzeitig vom Vorſteher der Gemeinde gewarnt, der den unbeſcholtenen Rabbiner den Rohheiten und Gefahren einer Unterſuchung, wie ſie damals üblich war, entziehen wollte,

am 7. Juni 1744 erfolgten Tode[1]) und über sein Grab hinaus das unbegrenzt verehrte Oberhaupt der Gemeinde Eisenstadt, dessen Namen er in seine eigene Unsterblichkeit aufgenommen hat. Wertheimer bediente sich seiner, als er officiell die Geschäfte des ungarischen Landesrabbinates zu verwalten hatte, als eines obersten Forums in der Entscheidung rabbinischer Fragen[2]).

Wie um seine Zugehörigkeit zu der durch seine Hülfe neu aufgerichteten Gemeinde auch äußerlich zu bekunden, erbaute er in Eisen-

---

floh R. Meïr und soll bis zur Austragung dieses Handels angeblich in Proßnitz sich aufgehalten haben. Sein Sohn R. Jsak blieb in Eisenstadt unbehelligt, wie denn auch weder die Familie noch die Gemeinde wegen des flüchtigen Rabbiners Etwas zu leiden hatte. Die Dauer seiner Entfernung scheint jedoch von der Überlieferung übertrieben worden zu sein; auch giebt er selber an, sich nach Polen geflüchtet zu haben; s. „Orient" 8, 187. Das Andenken an jene traurigen Vorgänge erhält in Eisenstadt noch das folgende Gebet, das jeden Montag und Donnerstag vor יהי רצון מלפני אבינו שבשמים, שתעקר: gesprochen wird אחינו כל בית ישראל ותשרש את כל שרש פורה ראש ולענה בישראל, ולא יהי׳ פורץ ברחובותינו הם המוסרים והמזיקים את ישראל בלשונם והמחרסים מעמדי ומצבי הקהלות ומצירים את אחיהם להתגולל עליהם ולהפילם, הקב״ה יציל את ישראל מידם והחוטאים ופושעים האלה יכרית מארץ זכרם, ויבדילם ה׳ לרעה מכל שבטי ישראל, ולא יהי׳ להם חלק מאלוקי ישראל, ולא יהי׳ להם לא נין ונכד ושאר בישראל רק ימחה שמם מתחת השמים — ועמך ישראל הנקריים מחטא הזה ושומרים את פיהם ולשונם ופורשים את עצמם מן הרשעים האלה ומרחיקים אותם, מעינה אלוקי קדם שמרם שלא יצא מהם פורץ וחוטא עד סוף כל הדורות ויזכו לראות בנחמות ישראל ובתשועתם ונאמר אמן.

[1]) Auf seinem Grabstein sind nur die Worte zu lesen: פה נטמן הרב הגדול כמהור״ר מאיר זצ״ל אב״ד ק״ק א״ש והמדינה מת ונקבר ביום א׳ כ״ז סיון תק״ד לפ״ק. Vgl. „Orient" 8, 185.

[2]) Vgl. פנים מאירות II Nr. 68—72 in Betreff eines von einem getauften Soldaten in der Festung Komorn für seine abwesende Frau bewilligten und bestellten Scheidebriefes und des Nachspieles dieser Angelegenheit. Der durch den Marschbefehl seiner Truppe nach Neapel zur Eile gedrängte Soldat Namens Ferdinand Brodacky, als Jude Simson b. Mose Rokednitz genannt, gehörte zum Regimente Feldmarschall Guido Graf Starhemberg (גווירטה שטטרין בארג). Dieses 1618 errichtete Regiment wurde 1809 als Infanterie-Regiment Nr. 13 aufgelöst; s. „Feldzüge" 10 S. 517.

5*

stadt, wo neben anderen Verwandten auch eine Schwester Wert=
heimers gewohnt haben soll[1]), ein herrliches Haus[2]) mit einer wohl=
ausgestatteten Synagoge, die noch heute, nachdem das Haus so oft
den Besitzer gewechselt hat, den Namen: „R. Samsons Schule"
führt. Wer in dieses Haus oder in den Hof desselben, so erzählt
die Überlieferung, schutzsuchend sich flüchtete, durfte nicht weiter ver=
folgt werden; darauf deutet auch die alte Benennung: „Freihaus."
Die Gemeinde scheint dem so vielverdienten Gründer ihren Dank
dadurch ausgedrückt zu haben, daß sie ihm die höchste Würde, die
sie zu ertheilen hatte, das Ehrenrabbinat[3]) verlieh.

Wie die Vorliebe für das jüdische Schriftthum und dessen
Pfleger seinem am heimischen Wissen genährten Geiste entstammt,
so kennzeichnet die Fürsorge für das Leben und Gedeihen der Ge=
meinden und Institutionen seiner Glaubensgenossenschaft sein frommes
Herz. Es ist eine Wohlthätigkeit größten Stiles, die wir ihn üben
sehen, ein gemeinsamer Zug übrigens bei den Reichen seiner Zeit,
denen noch jenes Pfahlbürgerthum fremd ist, das nur die Sorge
für die engste Nähe kennt. Noch lebt das Andenken an diese seine
Fernen und Nahen gleich bewährte Hülfsbereitschaft unvergessen in
zahlreichen Gemeinden verschiedener Länder.

In Wertheim in Baden, wohin der Name seiner Familie zurück=

---

[1]) Nach Mittheilungen des Herrn Wilhelm v. Frankfurter in Wien, eines
Ur=Urgroßneffen Wertheimers, an Herrn Emanuel Baumgarten war Kele Wert=
heimer an Leopold Markbreiter in Eisenstadt verheirathet.

[2]) Dieses zum Theil auf dem Boden der jüdischen, zum Theil auf dem der
christlichen Gemeinde Eisenstadt stehende, noch heute zu den ansehnlichsten Bauten
in Stadt und Bezirk zählende Haus Nr. 31, jetzt im Besitze des Herrn Adolf
Wolf, — dessen Gattin, Frau Minna geb. Gomperz, ist eine Ur= Ur= Ur= Ur=
Enkelin Samson Wertheimer's — soll der Erbauer nur einmal besichtigt haben,
ohne jedoch darin zu übernachten. Das rituelle Bad, das darin war, ist heute
aufgelassen. In der Synagoge wurde bis vor 12 Jahren täglich, wird jetzt
jedoch nur an Festen Gottesdienst verrichtet. Vgl. L. Löw in Busch, „Jahrbuch
für Israeliten" V, 103.

[3]) In Wertheimers Grabschrift a. a. O. Nr. 346 ist zu lesen: אב״ד פה
ומצודתו פרוסה בקהילת אייזנשטט und S. 59: ק״ק ווירא וק״ק אייזנשטט וכל מדינות הגר
וכל מדינות הגר.

leitet, verkündet ein Denkstein [1] auf dem jüdischen Gottesacker, daß er 1714 zur Erweiterung und Ummauerung desselben, sowie zur Herstellung der schadhaft gewordenen Grabsteine allein die Kosten getragen habe.

In Ungarn, wo er von jeher und besonders seit seiner Ernennung zum Landesrabbiner Verbindungen hatte, soll er die Gründung einer großen Anzahl von jüdischen Gemeinden an der steyerischen Grenze [2] bewirkt und gefördert haben, wobei seine Beziehungen zum ungarischen Hochadel ihm nicht wenig mögen zu Statten gekommen sein.

---

[1] Die Inschrift, (s. „Neuzeit" 28 S. 150) lautet:

(Anspielung auf
Jud. 13, 5 = יתר)

חצר שמשון לפ‍ק

(Sota 10ᵃ) בכתו מעין דוגמא של מעלה

יתירה שעלי׳ עומד ומטיב אין טוב

אלא שיר ושבח להגאון המפורסם

דמיפלח דבי׳ קירה חרב מוהרר

שמשון מווינא נשיא בא"י וכל

מדינת הגר בר׳ קטורת הוא פיזר חון רב

להוסיף על בית העלמי׳ ולהקיף חומה

חדשה ולתקן המצבות השבורות

שנת מהרה יבא משיח ויגאלינו.

[2] „Er verschaffte," heißt es, ohne Quellenangabe freilich, bei L. A. Frankl, „Inschriften" S. XVIII, „denen, die seit 1671 — l. 1670 — aus Wien verbannt waren, und zerstreut in ungarischen Dörfern lebten, die Bewilligung, sich in Gemeinden zu versammeln. Es entstanden so im Oedenburger-, Szalader [l. Zalaer]- und Eisenburger-Comitat, entlang der steyerischen Gränze an 40 Gemeinden, welche Begünstigung ihm durch seine vertraute Beziehung zum Obersthofmeister des Kaisers Leopold I., dem Grafen Bathiany, zu Theil wurde. Die Muttergemeinde war Rechnitz." Gemeint ist Graf Adam II. Batthyány, der Banus von Croatien, der ebenso wie seine Wittwe, die Gräfin Batthyány-Strattmann, „die schöne Lorel", die Freundin Eugens von Savoyen (s. Vehse a. a. O. 6, 250 ff.), den Juden von Rechnitz sich freundlich erwies; s. „Ben Chananja" 7, 349 f., 354. Nach Hormayr's „Taschenbuch" 4 (1823) S. 297 warb er zum kaiserlichen Obermundschenk ernannt; einen Obersthofmeister dieses Namens gab es nicht. Ebenfalls ohne Quelle bemerkt Zipser a. a. O. 353: „Herr Samson Wertheimer hat sich in der That nicht blos in der hiesigen [Rechnitz], sondern in noch vielen anderen ungarischen Gemeinden durch die Errichtung, oder doch wegen geleisteter Beihilfe

In der Synagoge zu Rechniz verkündet noch heute eine Inschrift von der Höhe der Wölbung über der heiligen Lade die Verdienste, die er um die Neuerbauung[1] dieses Gotteshauses im Jahre 1718 sich erworben hat. Die feierlichen Worte[2] zu seinem Preise liefern ein

zur Aufführung von Tempeln ein ewiges Denkmal errichtet." Auch mit der Restaurirung der Synagoge in meiner Vaterstadt Kojetein in Mähren wird Wertheimers Name in Verbindung gebracht; s. N. Brüll ebendas. 5 S. 318 f., 320.

[1] Die angeblich vom Grafen Adam Batthyány unterschriebene Quittung d. d. Wien den 27. April 1702 beweist nicht, wie „Ben Chananja" 7, 353 angenommen wird, daß die Synagoge in Rechniz bereits damals erbaut war, sondern nur, daß Wertheimer die auf der alten Synagoge haftende „Dienstbarkeit" durch die Summe von 500 Gulden abgelöst und so schon früher der Gemeinde als Wohlthäter sich erwiesen hat. Sowohl die nach S. 352 ehemals in der Wölbung vorhandene Angabe der Jahreszahl 1718 (תעח) als die Inschrift zu Ehren Wertheimers sprechen zu deutlich für dies Gründungs- oder Neuerbauungs-jahr der Synagoge, als daß 1718 nur eine „neue Ausbesserung oder Ausmalung" (S. 353) derselben sollte stattgefunden haben.

[2] Die Inschrift der Synagoge, die der Begründer nach der Ortsüberlieferung an manchen Festtagen besuchte, war ehedem rechts von der heiligen Lade auf einer Tafel angebracht und ist erst in neuerer Zeit oberhalb auf die Wölbung übertragen worden, wo sie auf zwei Feldern in schöner Schrift deutlich zu lesen ist. Bei dieser Gelegenheit mögen die Fehler und irrigen Schreibungen mancher Bibelworte darin entstanden sein. Den Wortlaut derselben verdanke ich Herrn Dr. M. Ehrlich, Rabbiner in Rechniz.

ובתחברון גליל גליון ותחתון	עדינו לשמיא נטלת ולחיי
כביד שמו תפארתו מֹהֹרֹרֹ	עלמא שבחת והדרת אשר [Dan. 4,31]
שמשון במוֹה יוסף יוזל	הקים כיום גבר די נדידו
ווערטהיירס זצל	ושכלתנו ותכמת כחכמת
וייהו דברני אלו קרובים לֹיֹי	אלהין תשתכחת ברֹ להאיר [ebend. 5,11]
אלהינו שיעמדהו בריא אולם	בית התפלה בית הגדול
שנים רבות יחיידהו ויעלהו	והתירא אשר בנה מכספו
על במתי עב ההצלחות	וחונו שֹ הֹ, הֹלֹת לֹפֹג
וממנו תצא תורה	הגאון מופת הדור
עד בא דבר יֹיֹ	אבֹד המדינה
מירושלים אמן.	ובשאר ארצות
	נשיא ישראל
	ונשיא בצפת תבֹבֹ

Bild von der Verehrung, in der Wertheimer unter seinen Glaubensgenossen nah und fern gestanden hat: Zum Himmel hebe ich meine
Augen und rühme und verherrliche den Ewiglebenden, dieweil er
heute einen Mann hat erstehen lassen, in dem Erleuchtung, Einsicht
und Weisheit gleich der Weisheit eines göttlichen Wesens zu finden
ist, um dieses Bethaus zu erhellen, dies herrliche und ehrwürdige
Haus, das er aus seinen Mitteln erbaut im Jahre 5478, er, der
Gaon, das Wunder der Zeit, Rabbiner in Ungarn und in anderen
Ländern, der Fürst Israels, Fürst von Zefat und Hebron, des
oberen wie des unteren Kreises, Samson Sohn Josef Josel's Wertheim. Mögen unsere Worte zu unserem Gotte Zugang finden, auf
daß er ihn erhalte stark an Kraft lange Jahre hindurch, ihn leben
und zur Wolkenhöhe alles Glückes gelangen lasse und die Thora von
ihm ausgehe, bis Gottes Wort von Jerusalem kommt, Amen.

Wertheimer vergaß in der neuen Heimath des Reiches nicht,
aus dem er gekommen war. Die fromme Stiftung, die er durch
Errichtung einer Talmudschule seiner Vaterstadt Worms zuzuwenden
in Folge der Wirren des spanischen Successionskrieges verhindert

---

Zipser hatte „Ben Chananja" 7 S. 353 ein Recht, vorsichtig zu sagen, daß die
Erbauung des Tempels zu Rechnitz „wie ich glaube, auch auf dessen Grabsteine auf dem jüdischen Friedhofe zu Wien bezeichnet steht." L. A. Frankl
nimmt nemlich in seiner Übersetzung dieser Grabschrift Nr. 346 die daselbst spurlos
fehlenden Worte auf: „Rabbi Simson ist's auch, der im Jahre 5478 (1718)
eine sehr schöne Sinagoge in Rechnitz (in Ungarn) erbauen ließ;" s. „Zur Geschichte der Juden in Wien" (Wien 1847) S. 18. Ich kann heute das Räthsel
erklären. Frankl hat nemlich eine Anmerkung S. G. Stern's, die dieser als ge-
borener Rechnitzer in seiner 1844 angefertigten Copie der Rossauer Epitaphien
(העתק שמות שוכני עפר השוכנים בחצר מות הישן אשר הוא בעיר ויען במגרש ראסיא)
anbrachte, als Text aufgefaßt. Da diese Copie durch die Güte des Wiener Vorstandes, dank der Vermittelung meines Freundes, des Herrn Emanuel Baumgarten, mir jetzt vorliegt, will ich S. G. Stern's durchstrichene Worte zum
Beweise hierhersetzen: הוא ר׳ שמשון אשר בנה בקהל רעכניטץ בשנת חת בח״כנ
מהודר בני לתלפיות מכספו כפי אשר נראה שם כתוב לזכרון לדור אחרון על
הכותל וגם השתדל להם חירות מהשוררה שם נוסף על החירות שחי׳ להם וכתבי
הקדומים היו ת״י ועודם מונחים פה וויגא רק לא נוד׳ איה.

worden war, sollte Frankfurt am Main zufallen. Geschäftliche und herzliche Beziehungen knüpften ihn an diese Stadt. Die Frankfurter jüdischen Residenten in Wien, Süßkind Stern und Emanuel Drach[1]), hatten sich seiner Freundschaft und seiner kräftigen Unterstützung bei der Regierung zu erfreuen. Frankfurt war aber für ihn auch der Wohnort einer trefflichen Tochter und eines hochberühmten Schwiegersohnes. Diesen mag er vorzüglich im Auge gehabt haben, als er das Lehrhaus, genannt die Klaus, errichtete. Wie Bärman Lewi in Halberstadt 1703 eine Klause erbaute, damit die deutschen Juden, wie er es dem großen Kurfürsten gegenüber begründete, nicht länger gezwungen seien, ihre Kinder nach Metz, Prag und nach Polen auf die Talmudschulen zu schicken[2]), so wollte Wertheimer Frankfurt am Main, der alten Heimstädte talmudischer Gelehrsamkeit in Deutschland, den Besitz eines wohlausgestatteten unabhängigen und ständigen Lehrhauses sichern, in dem um bekannte Meister wißbegierige Jünger sich schaaren sollten. Wohl über ein halbes Jahrhundert verlieh dieser Anstalt Glanz und Bedeutung der Schwiegersohn Wertheimers, der ebenso talmudisch gelehrte als weltmännisch gebildete R. Mose Kann[3]). Zu den Männern, die als Schuloberhaupt diesem Hause vorgestanden

---

[1]) Vgl. Horovitz a. a. O. 2 S. 89 N. 1.

[2]) Vgl. E. Lehmann, „Berend Lehmann" S. 30. Die Geschichte dieser Klaus in Halberstadt und die Namen der ersten an ihr wirkenden Gelehrten s. bei Auerbach a. a. O. S. 61 f.

[3]) Mose Kann wird sowohl in seinem Seelengedächtnisse (Horovitz a. a. O. 3 S. 89) als auf seinem Grabstein (ebendas. 93) bezeichnet als: אבֿד קלויז פֿה . אבֿד׳ דמדינת דרמשטט ודקלויז פה oder ובמדינת דרמשטט. Ebenso heißt es von ihm ebendaselbst mit Bezug auf seine oft bewährte einflußreiche Intervention bei den Behörden: יועץ ונשוא פנים וחכם חרשים · · וחד׳ לו יד ושם בחצר מלכים ושרים. Meïr b. Eljakim Goetz preist ihn als seinen Wohlthäter im Vorwort zu den RGA. ומצאתי חן בעיני הרב הגדול המפורסם הקצין: אבן השהם החגיד הטפסר מהור״ר משה ק״ן אב״ד דקלויז דק״ק פ״פ ומדינת דרמשטט וכל סביבותיה. Eleasar Kallir nennt ihn im Vorwort zu II: אור חדש הרב הגאון הגדול המפורסם בכל הגולה · בתורה וגדולה · כמוהר״ר משה קן מפפ״דמ ז״ל שהיה אבד בקלויז שם · ובק״ק דארמשטאט והמדינה שחיה תהמא דבֿי נשיאה · · · כמוהר״ר שמשון ור״ה מוירנא זצל׳׳חה.

haben, gehört auch der durch talmudische Gelehrsamkeit wie seine volks=
thümliche Beredsamkeit gleich ausgezeichnete R. Jakob[1]), Sohn R. Te=
weles, genannt nach seinem Vaterhause „zum schwarzen Hermann."

Es waren die Traditionen seines Elternhauses, die Wert=
heimer fortsetzte. Er, dessen Familienname in hohe Jahrhunderte
hinaufreicht und auf die badische Gemeinde Wertheim[2]) zurückgeht,

---

[1]) Vgl. Horovitz a. a. O. 4 S. 34 f. R. Jakob starb nicht 1788, wie
es irrthümlich auf der Grabschrift S. 98 heißt, vielmehr ist in dem Abbruck der=
selben תקמ"ח in תקמ"ה zu berichtigen; s. auch S. 35 R. 1. Das richtige
Datum liefert auch sein Seelengedächtniß, dessen Wortlaut mir Herr Rabbiner
Dr. M. Horovitz nach den zwei gleichlautenden Memorbüchern der Gemeinde
Frankfurt am Main mitgetheilt hat: יזכור אלקים את נשמת הגה"ג המפורסים כ"י
מאור הגולה הראש ב"ד ואב"ד דקלויז כמהור"ר אברהם יצחק ר יעקב בן כמר
ישראל דוד טעבלי שמש זצ"ל אשר הדה כל ימיו חרד לדבר ד' ויתאמץ בעבדתו,
הגה יומם ולילה בדתו ויט שכמו לסבול עול תורתו עוד הגדיל עצת והפליא תושיה
למד ולמד וקיוים תני ומתני שטרין דרבנן נפישין תלמוד בבלי וירושלמי ספרא
ספרי וכולא תלמודא מילין מעליותא מתאמרין מני בבי מדרשא · · · · ויעקב הלך
לדרכו דרך עץ החיים בחצות ליל ו' עש"ק ד' ניסן תקמ"ח לפ"ק ונקבר ביומו
[ביום ר' l.] בבכי ואנקה צעקה וזעקה על דאי שופרא דבלה בארקא וקראו לפניו
חי חסיד חר עניו בנן של קדושים חכם חרשים נזר החכמים צדיק תמים תבל
על השמ"ש הגדול וחבל על דאבדין ולא משתכחין ונספד בהספר גדול מחני
שני גדולי הדור ה"ה הגאון אב"ד והר"ר כ"י לנצת וזדית נקרא בפי כל אדם
חדרין מהור"ר יעקב שמש צום שווארצן הערמאן ודירתו היתה כעת בקלויז
של המפורסם מהו' שמשון ווערטהיים זצ"ל. Aus dieser letzten Angabe
des Frankfurter Memorbuches stammt die Mittheilung Carmoly's in „Ben
Chananja" 7 S. 1029 Anm. 6. David Diespeck פרדס דוד f. 235ᵇ rühmt von
R. Jacob in der Trauerrede auf seinen Tod: הרב המזבחא ראש ב"ד ואב"ד בבמ'
רעיר הגדולה ק"ק פ"פ דמריין הגאון כמהור"ר יעקב שמש זצ"ל חבל על שמש גדול
שאבד שכל ימי חרבין תורה וישיבה בק"ק חנ"ל. 1763 war er von Wolf
Wertheimer auf sechs Jahre als Klausrabbiner eingesetzt worden und obwohl in
der Familie Männer waren, die vermöge ihrer Verwandtschaft mehr Anspruch auf
diese Stelle hatten, wurde er 1770 von den Administratoren der Wertheimer=
stiftung „zur Ehre seiner Gelehrsamkeit und seines edlen Charakters" auf drei
weitere Jahre und so wohl stets von Neuem bis an sein Ende in der Klause be=
lassen (Nach dem Stiftungs=Transact von 1770).

[2]) Bereits in der angeblich aus dem Jahre 1320 stammenden Einladung der

bankt die Elemente seiner späteren Entwickelung, die Grundlagen seiner Größe seiner Heimath und seiner Erziehung. In Worms, wo er Sonntag den 13. Schewat 5418, d. i. am 17. Januar 1658 geboren [1]) wurde, war wie kaum sonst an einem Orte Gelegenheit geboten, Cultur und jüdisches Wissen zugleich sich anzueignen. In dieser durch ihr Alter wie durch ihre Geschichte ehrwürdigen Gemeinde der deutschen Judenheit war seinem frommen und rabbinisch gelehrten vortrefflichen Vater bereits als Vorsteher eine Führerrolle zugefallen; Josef Joslin [2]) Wertheimer war bis in sein hohes Greisen-

---

Wiener frommen Brüderschaft (?) begegnen wir dem Namen יוסף בן שמעון וירטוס, der Wertheim zu lesen sein dürfte; s. G. Wolf in „Hebräische Bibliographie" 6 S. 118. Hirz Wertheim war der bekannte Patricier von Padua, dessen für die heilige Lade gespendeten Vorhang Juda Minz — so nach M. Wiener in „Magazin" I S. 81 Anm. 3 — aufzuhängen verbot, weil sein Wappen, ein Hirsch, in Reliefstickerei mit Edelsteinen darauf angebracht war; s. Josef Karo's Responsen אבקת רוכל Nr. 65 und Jellinek in „Neuzeit" 1862 S. 602. Den Namen Wertheim führte auch die Frankfurter Familie Helen; s. Horovitz 2 S. 25, 41 und „Jüdische Ärzte" S. 12—13. Von Abraham Helen berichtet Schudt II, 36. Cap. S. 339: „Anno 1675, den 10. Jul. starb allhier Doct. Abraham Helenius, ein Jüdischer Artzt / deß Doct. Abraham Wallich's Schwieger Vatter / insgemein von seinem Vatterland der Wertheimer genannt / im 104. Jahr seines Alters." Eine Verwandtschaft Wertheimers, der zuweilen auch וירטהיים aus Wertheim genannt wird, ist freilich nicht nachzuweisen.

[1]) S. „Inschriften" Nr. 336 S. 58.

[2]) Von ihm heißt es, wie mir Herr Rabbiner Dr. A. Stein in Worms mittheilt, im Memorbuche dieser Gemeinde: יזכור אלהים את נשמת הזקן פרנס ומנהיג מ"ה רבי יוסף יוזלן בן החבר ר' יצחק ווירטהיימר ז"ל בעבור שטרח בצרכי הקהלה ועסק בצרכי צבור באמונה גם השכים והעריב לבית התפלה ועסק בכל יום בתורה ובתפלה והיה בעל מדות ומעשים טובים וגם נתנו בניו עבורו עשרה זהובים לחקדש בשכר זה תהא נשמתו צרורה בצרור החיים עם שאר צדיקים שבגן עדן אמן; f. קובץ על יד III S. 25. 1699 lebte er noch, wie die Approbation seines Sohnes תורת יאיר zeigt, wo Samson unterschreibt: שמעון בן האלוף זקן ונשוא פנים כמוהר"ר יוזלן שלי"ט. Im Memorbuch von Worms findet sich auch das Seelengedächtniß des Vorstehers Liepmann Wertheim הפרנס והמנהיג כמר ליפמן אליעזר דוד בן הר"ר מאיר הכהן und seiner Frau יוזלן בת ר' שמעון ebend. 26; als Ahronide kann dieser jedoch

alter ein Mitglied des Vorstandscollegiums von Worms. Das Ansehen der Familie wie die früh erkannte außerordentliche Bedeutung Samsons beweist die eheliche Verbindung mit der fast gleichalterigen Frumet Veronica, der Tochter Isak Brilin's[1]), des Rabbiners von Mannheim, der jungen Wittwe Nathan's, eines früh verstorbenen nahen Verwandten Samuel[2]) Oppenheim's aus Heidelberg. Bereits der Großvater Frumets, Sußmann, Rabbiner von Fulda, der Schüler R. Jacob Günzburg's von Friedburg, hatte sich einen klangvollen Namen unter den Rabbinern der deutschen Judenheit erworben. Sein Sohn Isak, zuerst Rabbiner in Hammelburg, ward nach der Vertreibung seiner Gemeinde 1671 zum Rabbiner von Mannheim erwählt. Hier erfreute er sich der Auszeichnung des persönlichen Umganges mit Karl Ludwig[3]), dem gelehrten, weisen

---

kein Verwandter Wertheimers gewesen sein. Josefs Leichenstein ist in Worms nicht mehr aufzufinden gewesen. Welch hohes Alter Joslin erreicht haben müsse, zeigt die Angabe auf Samsons Grabschrift: בח׳׳ישיש מהר׳׳ר יוסף ייזלן, בן הישיש הקצין כ׳׳ה יוסף ייזלן: und בן הישיש תזקן הר׳׳ר יוסף ייזלן. Über die Verheerungen der Feuersbrunst von 1689 in Worms s. RGA. אבן התשם 66.

[1]) Ihren Geburtstag, 22. Schewat 5419, d. i. den 15. Februar 1659, und ihren Todestag 21. Nissan 5475 = 18. April 1715 giebt ihr Leichenstein an; s. „Inschriften" Nr. 329. Die Schlußworte ח׳׳ח אשתו [ה]ראשונה sind wohl später hinzugekommen. Isak Brilins Schwester Sarlan war R. Jaïr Bacharachs Gattin; s. L. Lewysohn נפשות צדיקים „60 Epitaphien" Nr. 39 S. 75. Über Asriel b. Isak Brilin s. Horovitz 2, 44 Anm. 3, 45 Anm. 3.

[2]) Wenn nach den Akten in Wien Wertheimer Oppenheimers Schwiegersohn genannt wird (s. „Feldzüge" 3 S. 64 und oben S. 22 Anm. 2), so bezieht sich diese Angabe wohl auf Wolf, Samsons Sohn. R. Jaïr Bacharach war mit der Familie Oppenheim auch sonst verwandt und verschwägert. Er nennt Samuel am Schlusse von חות יאיר: למחותני, ebenso David Oppenheim, wie auch dieser ihm מחותני anredet s. חית יאיר f. 249ᵃ. Seine einzige Tochter Dobrusch war an Salomon Oppenheim verheirathet; s. Lewysohn a. a. O. Nr. 42—43. Moses Oppenheim in Heidelberg, bei dem R. Jaïr nach der Zerstörung der Gemeinde Worms sich aufhielt, wird von ihm מחותני genannt, Resp. Nr. 134 (s. „Magazin" I S. 83). Vgl. über R. Jaïr Zunz, „Monatstage" S. 1.

[3]) R. Jaïr Bacharach hat ein denkwürdiges Gespräch R. Isaks mit Karl

und bulbsamen Kurfürsten und Wiederhersteller der Pfalz, der Spinoza
nach Heidelberg berufen wollte. Stolzer noch als die Verbindung
mit dem allmächtigen, weitaus bedeutendsten jüdischen Handlungs-
hause Deutschlands wird darum Wertheimer die Verwandtschaft mit
diesen hervorragenden Gelehrten und mit dem hochgefeierten R. Jaïr
Bacharach gemacht haben, dessen Neffe er wurde.

Als Wertheimer Sonntag den 25. Kislew 5445, d. i. 2. Dezember 1684[1] seine neue Heimath Wien betrat, folgten ihm bereits
seine Frau und mehrere Kinder im zartesten Alter dahin nach.
Neben der Sorge um die Nächsten war der Erhebung und Beglückung aller seiner Angehörigen unausgesetzt sein Denken gewidmet;
er ward bald die Vorsehung seiner Familie, zu der er mit besonderem
Stolze die Verwandten seiner Frau zählte. Diese hatte in Bamberg
einen Bruder[2], den Gemeindevorsteher Mose Brilin. Als eine Tochter

---

Ludwig, den er in Folge seiner gelehrten Studien mit Recht המופלג בחכמה nennt,
in seinem 136. RGA. aufbewahrt. Auf R. Sußmann, seinen Schwiegervater,
und dessen Sohn, R. Isak, beruft sich Bacharach auch in methobologischen Fragen
RGA. 123 f. 116b. Über R. Sußmann s. den Fortsetzer des צמח דוד (Frankfurt a. M. 1692) f. 46b. Über Karl Ludwig s. ADB. 19, 485 ff. Sußmann
approbirt 1658 als Rabbiner von Fulda Zebi Cohen's נחלת צבי (Ven. 1661):
הקטן חעלוב אליעזר זוסמן בן לא"א יצחק זלה"ה בר"יל"ן und heißt über der
Approbation: חרב חזקן כמוה"רר זוסמן יצ"ו. 1659 approbiren dasselbe Buch
Sußmanns Bruder Asriel, der Rabbiner von Heidingsfeld im Würzburgischen,
und sein Sohn Isak, יצחק בן לא"א הגאון הגדיל חנל מהורר אליעזר זוסמן שליט
בריולין פה ק"ק המלבורג בחפוזן. Noch in Hammelburg approbirt Isak des (nach
S. Hock's Notizen) 1685 (ער"ח סיון תמ"ה) in Prag verstorbenen Samuel b.
Moses Heida's Commentar zu תנא דבי אליהו Prag 1676—77. Sußmann
בריל, wohl in Schwabach, wird als Mäcen gepriesen von Model Fränkel im
Vorwort zu אספקלריא המאירה.

[1] Da Isak Nathan Oppenheimer 1739 im Alter von 60 Jahren [= בגבלה]
verstarb und Wolf Wertheimer 1703 bereits eine Stütze seines Vaters und von
Kaiser Leopold wegen seiner Leistungen ausgezeichnet wurde, so dürfte die Verehelichung Samsons um 1680 stattgefunden haben.

[2] Er erscheint 1688 auf der Approbation des Rabbinates und der
Vorsteher von Bamberg hinter עבודת בורא ed. I. Ich erkenne ihn auch in dem

desselben einem Sohne der ungewöhnlich kundigen, frommen und darum hochberühmten Glückel aus Hameln, die in ihren Memoiren selber darüber berichtet, als Gattin angetraut werden sollte, nahm Wertheimer den jungen Bräutigam nach Wien in sein Haus, wo er ihm mehrere Jahre nach der Sitte der Zeit einen Lehrer hielt. Auch Glückel wollte er dauernd nach Wien bringen, wo ihr in seinem vornehmen Hause zwei besondere Gemächer eingeräumt werden sollten. Schon hatte er ihr zur Reise von Hamburg nach Wien einen kaiserlichen Freipaß erwirkt, als dieser Plan aufgegeben werden mußte [1]).

Sein Neffe Gabriel Jacob Wimpfen war sein Bevollmächtigter in Breslau, der in der Eigenschaft als Wertheim'scher Mandatar sich rasch zu Ansehen und Vermögen erhob. Seinen Vetter und Schwager Isak Arnstein [2]) verwendete er in seinen Diensten, in denen sich dieser bald zu selbstständiger Bedeutung und finanzieller Macht emporschwang. Ebenso dürften seine Schwäger in Eisenstadt [3]) den segensreichen Einfluß seiner Verwandtschaft an sich erfahren haben.

---

im Gemeindebuche von Bamberg cob. 115 der Merzbacheriana Mittwoch 27. Tebeth 1685 unterzeichneten: משה ברילין. Dienstag 2. Tebeth 1733 unterzeichnet daselbst: מאיר בן הרר וואלף ברילין, Montag 19. Ijar 1743: מאיר בן מוהרר שמעון משה ברילין, Mittwoch 22. Ab 1757 und Dienstag 3. Tammus 1760: יוסף בלא"א מוהר"ר שמעון וואלף ברילין.

[1]) Nach Glückels Memoiren Buch V in cob. 91 der Merzbacheriana.

[2]) S. oben S. 45 Anm. 1. Arnstein kann erst nach 1723 Wertheimer's Schwager geworden sein. Seine erste Frau, Jütel, die Tochter des Ascher Anschel Kaudersaus Prag, starb nemlich nach ihrer bei L. A. Frankl ausgefallenen Grabschrift (in S. G. Stern's Copie Nr. 152) Freitag den 27. Kislew 5484. In dem Decret des Hofmarschalls Joh. Grafen von Brandiß an Wolf Wertheimer vom 10. November 1725 (Archiv der k. k. Statthalterei in Brünn J 127) heißt Isak Arnstein Wolf's Schwager, d. h. Onkel.

[3]) Asriel b. Isak Brilin war nach einem Aktenstücke des schwarzen Buches in Eisenstadt von Montag 14. Tammus 1708 aus Eisenstadt nach Wien über- siedelt. Wolf Wertheimers Decret lautete auch für Israel Brüll, seinen Kassier, mit Weib und drei kleinen Kindern, wie auch für Wolf Nassau mit Weib und

Durch die Verheirathung der sechs Kinder, die ihm an der Seite seiner Frau glücklich heranwachsen zu sehen vergönnt war, gelang es ihm, das Ansehen seines Hauses in Folge der weise geknüpften Verbindungen mit den mächtigsten und gelehrtesten Familien Österreichs und Deutschlands in sicherem Wachsthum noch allgemach zu steigern. Der Segen des Himmels ruhte sichtlich auf seinem Familienglück; es war der allezeit nährende Boden, aus dem der von den fast aufreibenden Sorgen seines verantwortlichen Berufes erschöpfte Mann stets erneute Kraft schöpfen konnte.

Sein Stiefsohn Isak Nathan Oppenheimer, den seine Mutter als junges Kind in die neue Ehe brachte, erwuchs zu einem angesehenen Mitgliede der Wiener jüdischen Gemeinde [1]); er wurde der

---

zwei Kindern. Brüll, Wolf's Vetter, und Nassau wohnten in Wolf's Häusern unter dem Schutze seines Privilegiums s. Wolf's „Judentaufen" S. 192.

[1]) Juda Löb Teomim im Vorworte zu בגדי אהרן bezeichnet 1710 Isak Oppenheimer ausdrücklich als Stiefsohn Wertheimers: ובנו חורגו האלוף הקצין המרומם איש ישר וכשר כהר"ר איצק אופנהיים יצ"ו. Als Mäcen lernen wir ihn nicht nur hier kennen, auch auf seinem Grabsteine („Inschriften" Nr. 367) wird von ihm gerühmt: דרחים ורחיל ומוקיר רבנן. Besonders aber preist ihn Jechiel b. Pinchas Auerbach auf der Rückseite des Titelblattes zu הלכה ברורה וברכות יעלה על ראש משביר הוא הקצין השר והמפאיר: (Wilmersdorf 1717): והנדיב אשר שמו נודע בין הנדיבים המפורסם[מי]ם כ"ש כהר"ר איצק אופנהיימר נר"ו שהודיל זהבו וכספו מכיסם לסריע' בסריע שריש בו ממש והחזיק ידו בכל כחו להביא לבית הדפוס הספר הל"ז להוציא לאורו זו תורה und ebenso am Schlusse seiner Vorrede: קדוש יאמרו לו איש הישר בעיני האלקים ואדם הקצין המפאורסם והנדיב כהר"ר יצחק אופנהיימר מווינא אשר כל ימיו מעשיו לש"ש ומספיק ת"ח לומדים מופלגים רבנים ומכובדים. Ihn und seine Gattin verherrlicht auch Juda Perez am Schlusse seiner Vorrede zu פרח לבנון: הקצין האלוף נדיב נדיבות יושה צדקות עם כל בשר ורוחו וכמידתו חטוב לחם גומל מטיל מלאי לכיסם של ת"ח ת"ח השר והמפאסר הן גביר דגמיר וסביר כמה"ר איצק אופנהיים נר"ו ואשתו הגבירת המעטירה צניעה ומשכלת אשת חיל עטרת בעלה נכבדות מדובר בה ה"ה מרת שינדיל מנשים באוהל תבורך בת המנוח הקצין המפאורסם כמה"רר אלעזר פרזונג ז"ל מווין. Als Stiefsohn Wertheimers genoß er den Schutz seines Privilegiums; s. G. Wolf, „Judentaufen" S. 192. 1736 wohnte er und die Familie seines Sohnes Nathan im Greiner'schen Hause auf dem alten Bauernmarkt; s. ebendas.

Schwiegerfohn des reichen und als Armeelieferant bekannten Lazar Pösing und dadurch der Schwager Hirz Darmstadts[1]). Sein Sohn war der nachmalige Landrabbiner von Hildesheim und Peine, Hirsch

---

Daß er zu den reichsten Juden Wiens zählte, beweist die Thatsache, daß die Regierung bei dem Zwangsanlehen von 1727 ihm eine Summe von 100,000 fl. auferlegte, die er willig leistete; f. G. Wolf, „Zur Geschichte der Juden in Wien" S. 15. Irrthümlich schreibt Wolf, „Geschichte der Juden in Wien" S. 64: „Nathan Oppenheimer, Wertheimer's Stieffohn." Nathan war ein Sohn Jsaks, der mit ihm in einem Hause wohnte; 1735 verlor er in zwei Monaten zwei Knaben; f. „Inschriften" Nr. 683 und 684. Jsak Nathan Oppenheimer starb Mittwoch den 14. Oktober 1739; ebendaf. Nr. 367.

[1]) Die Grabschrift (Nr. 378) feiner Donnerstag den 29. August 1741 verstorbenen Gattin Schönbel möge hier als Beweis dafür eine Stelle finden, wie noch schlimmer als von der Zeit an den „Inschriften des alten jüdischen Fried- hofes in Wien" in der Ausgabe gefündigt wurde. Fühllos für die Schönheiten dieses kleinen Kunstwerks, hat man das doppelte Akrostichon an den Anfängen der Halbverfe wie mit einem Schwamme weggewischt, so daß ich es erst neu ent- decken mußte:

שמעו בסלע קינה   יושבי חלד האזינה

נהי בכל פינה   הלויי הספדא ברינה

לה בנות ישראל בכינה

בת נדיב רם ומעלה   אשת חיל עטרת בעלה

לבת וידה לרוחה פתוח   אל עני הביטה ונכה רוח

אילת אהבים ויעלת חן   ידיה נשאה לחוקר ובחן

זממה סעדה לתמוך בכישור   צותא להולכים בדרך מישור

רחשה בלב קרוע ופריימה   קולה נתנה ופניה קדימה

פרשה כפיה ותמכה בפלך   אמריח רכים לעשיר והלך

ידה ביד בעלה בקדישור   פשוטה להחזיק עני ולתשור

זכר רב טובה גביעה   נהי קינים והגה נריעה

וי הוי ואביר במליל   הוי יום ר"ז לחדש אלול

נתנה ריחה וטעמה נמר   יום חמישי מעינה מרמר

גמר אומר לדור אחרון   למת דמעה ויושבת חרון   תנצבה.

E. G. Stern ist, wie ich mich überzeugt habe, an dieser Vernachläffigung un- schuldig. Seine Copie zeigt das Akrostichon und die Verse deutlich.

Oppenheim[1]), der sich mit einer Tochter (Gnendel), der Halbschwester seines Vaters, Tolze Wertheimer, vereh. Oppenheim vermählte.

Wolf, der erstgeborene Sohn Samson Wertheimers, in jungen Jahren bereits die Stütze des Vaters, war nicht nur in Unternehmungen und Würden, sondern auch in Gesinnung und Wohlthun sein Nachfolger. Er war Hoffactor und bei allen Finanzoperationen des Staates hülfreich thätig[2]). Durch seine Verehelichung mit Lea[3]), der edlen und hochgepriesenen Tochter des Oberhoffactors Emanuel Oppenheim wurde die verwandtschaftliche Verknüpfung der zwei ersten jüdischen Familien Wiens eine vollkommene.

Unter allen Kindern Wertheimers hat dieser Sohn, Simon Wolf, die Wandelbarkeit des menschlichen Geschickes am Ergreifendsten er-

---

[1]) Vgl. M. Wiener in „Magazin" I S. 83 und David Oppenheim ebendas. S. 62. Einen Schwiegersohn Isak's, Josef b. Aron, lernen wir als Mäcen Jechiel Auerbach's kennen; s. הלכה ברורה a. a. O. Isak's Tochter Edel war an Simon Jacob, den Sohn Wolf Oppenheims, in Hannover verheirathet; s. Wiener in „Magazin" I, 84.

[2]) Zum Anlehen von 1727 sollte Wolf 100,000 fl. beitragen. Er wies jedoch darauf hin, daß er 600,000 fl. beim Kurfürsten von Baiern und an das Bancalpräsidium einen Vorschuß von 120,000 fl. geleistet habe; s. G. Wolf, „Zur Geschichte der Juden in Wien" S. 14. Die Commission bestand jedoch auf ihrer Forderung, da er „besondere Vorrechte genieße und in einem großen Hause wohne". Über seine Wohnung in der obern Bräunerstraße s. Wolf, „Judentaufen" S. 192. 1731 war das Aerar ihm noch 27,000 fl. schuldig, die u. A. auch von ihm zum Baue der geheimen Haus-, Hof- und Staatskanzlei aufgenommen worden waren; s. Wolf, „Geschichte der k. k. Archive in Wien" S. 23. Der greise 1758 verstorbene Samuel b. Isak aus Meseritsch war Vorbeter in seiner Haussynagoge s. „Inschriften" Nr. 446.

[3]) Ihre in S. G. Stern's Copie erhaltene (Nr. 72), bei Frankl übergangene Grabschrift preist die unvergleichlichen Vorzüge der seltenen Frau. Sie starb bereits am 17. Tischri 1742. Da Lea eine Mitgift von 90,000 fl. erhalten und im Geschäfte ihres Gatten 44,000 fl. hinzu erworben hatte, so betrug der Zehent von der Hälfte ihres Vermögens, den sie durch Testament vom 2. Dezember 1738 zu einer Familienstiftung bestimmte, 6700 fl. (Testament Wolf Wertheimer's).

fahren. Er ist gleichsam der typische Vertreter jener Classe armer
Reicher, unglücklicher Glücklicher, die ihrer Zeit bewiesen, wie die
vielbeneideten weitausgreifenden Creditgeschäfte mit Höfen und Staaten
nicht immer eine Quelle der Bereicherung waren, sondern gar oft
den Ruin des Vermögens zur Folge hatten und mit der Erschütterung
des Credites, der Ehre und des Gemüthes bezahlt werden mußten.
Bereits 1722, beim Leben seines Vaters, stellte er seine nach den
Begriffen der Zeit fürstlichen Reichthümer in den Dienst des Münchener
churfürstlich bayerischen Hofes. Allein schon 1724 wurden die
Zahlungstermine ihm nicht eingehalten, die Rückstände wurden immer
größer, bis man endlich in Folge der Ungunst der Zeiten selbst die
Zinsen nicht mehr bezahlte und die Haltbarkeit der ganzen Schuld frag-
lich wurde. So an der Lebensader seiner Finanzkraft unterbunden,
konnte Wertheimer die eigenen Gläubiger nicht mehr befriedigen und
sah 1733 sich gezwungen, seine „Handlung zu sistiren" und in einem
zu Wien aufgestellten Status seine Lage offen zu entdecken. Wir
sehen ihn jetzt fast alle Zeit in München zubringen, um seinen rechtmäßigen Forderungen, so gut es gieng, Anerkennung und Berücksichtigung zu erwirken, aber die Lage schien immer trostloser werden
zu wollen. Von der 1725 aus dem Erbe des Vaters von den
Geschwistern errichteten frommen Stiftung von 150,000 Gulden kann
er nur die Hälfte der Zinsen zur Vertheilung bringen, von der in
seinen Händen befindlichen Stiftung von 22000 Gulden für die
deutschen Juden in Palästina seit 1733 gar keine Zinsen zahlen.
Diesen fortgesetzten Störungen der Gewissensruhe, dieser Kette von
Kränkungen an Gut und Ehre machte der Entschluß Maximilian III.
Josef's, die Forderungen Wertheimers endlich zu liquidiren, ein er-
lösendes Ende. Die Ehre war gerettet, das Vertrauen seiner
Gläubiger gerechtfertigt; nach der wohl Jahrzehnte lang erduldeten
Unsicherheit war jedes Zugeständniß Gewinn. In seinem Testamente vom 17. Elul 5522 (1762) erklärt Wertheimer: „So ist auch
bekannt, daß von meiner an den frommen Churfürsten und die
löbliche Landschaft in München liquiden großen Forderung im Jahr
der Welt 5513 (1753), bei der mit der churfürstlichen aufgestellten
Schuldenkommission geschehenen Attestirung, mir von derselben ein

unerhörter, hoechſt ſchädlicher Abbruch geſchehen iſt, und ich leider
nach ihrem Willen habe bequemen müſſen, weil ich ſonſt lebenslang
zu keinem Ende hätte gelangen können.“ Über drei und ein halb
Millionen beziffert ſich die Verkürzung durch Capital= und Zinſen=
verluſte bei dieſer Liquidation. Aber ſelbſt dieſer Ausgleich war
nur ſeine perſönliche Errungenſchaft, die Ratification des Liquidations=
ſchemas vom 1. Auguſt 1754 durch den Kurfürſten nur in Betracht
ſeiner „dem bayeriſchen Hofe geleiſteten Treue und unintereſſirten
Dienſte“ erfolgt. Er bittet darum ſeine Gläubiger zu bedenken, wie
er ſeit 1724 ſich „zu ihrem Vortheile aufgeopfert habe, und Tag
und Nacht keine Ruhe hatte, um nur von dem Kurfürſten ein
Liquidum zu erhalten, und Jedem beſt moeglichſt zu dem Seinigen
zu verhelfen. Und obſchon dieſes Liquidum ſowohl für alle meine
Creditoren als auch für mich ſelbſt, wie gemeldet, leider höchſt ſchaedlich
erfolgt iſt: ſo werden gleichwohl alle Billiggeſinnten erkennen müſſen,
daß alle meine Creditoren dieſe liquidirte Summe von gedachtem
Hofe nie hätten erhalten können, wenn es nicht durch mich zu Stande
gekommen wäre.“ In dem Jubel ſeines Herzens, die Armen nicht
fürder verkürzen zu müſſen, befiehlt er zur Deckung des erlittenen
Ausfalles ſeinen Kindern, den fünften Theil ſeines nach Befriedigung
aller Gläubiger verbleibenden Vermögens einer frommen Stiftung
zuzuwenden und den deutſchen Armen Paläſtinas die 22000 Gulden
unverkürzt abzuzahlen, ob er gleich nach dem Vertrag vom 12. Kislew
5520 (1759) der Gemeinde Frankfurt am Main ihre dazu geſpendeten
10,000 Gulden zurückerſtattet habe. Nach dem Rathe Salomo’s
(Sprüche 23, 4): Mühe dich nicht ab, reich zu werden, laß ab von
deiner Vernunft warnt er ſie, in Verantwortlichkeiten über ihr Ver=
mögen und vollends mit großen Herren ſich einzulaſſen. „Nehmt
Euch“, ruft er, „nur von mir ſelbſt ein Beiſpiel, wie viele Müh=
ſeligkeiten und Leiden mir zugekommen ſind, daß ich faſt den größten
Theil meines Lebens auf einem fremden Platze und unter fremden
Leuten zugebracht habe, und ohne Gottes unendliche Gnade ich dies
Alles nicht hätte ertragen können“ [1]). Durch das älteſte und das

---

[1]) Dieſes Teſtament iſt in München Sonntag den 17. Elul 5522 von

jüngſte ſeiner zehn Kinder war er mit der angeſehenen Familie Salomo Cleve's, d. i. Gomperz in Fürth verſchwägert; Iſaac Wert= heimer war an Cäcilie, Fradel an Elias Gomperz verheirathet. Mit den Erben Salomo's war Wolf durch deren Antheil an dieſen ſeinen Geſchäften mit dem Kurfürſten in einen Proceß[1]) verwickelt.

Gleich dem Vater blieb er ſein Lebelang ein Mäcen und Förderer jüdiſcher Gelehrten[2]). In ſeinem Hauſe hat R. Jonathan Eybeſchützer längere Zeit hindurch Unterkunft gefunden[3]), wie auch andere Ge= lehrte von Namen als ſeine Schützlinge bekannt ſind[4]). Den Armen des heiligen Landes war ſeine thatkräftige Fürſorge beſonders zu= gewandt. Aus den durch ſeine Bemühungen zur Unterſtützung der

---

Koppel, Sohn des ſel. R. Gumpel aus Fürth und Elchanan, Sohn des ſel. R. Löw aus Worms als Zeugen unterſchrieben worden.

1) Vgl. R. Ezechiel Landau's RGA. נודע ביהודה ed. I ח״מ Nr. 30, J. S. Etthauſen's RGA. אור נעלם Nr. 39 ff. und S. Tauſſig, Geſchichte der Juden in Bayern S. 66.

2) Jona b. Jakob, der Herausgeber von Bezalel's שטה מקובצת zu בבא rühmt im Vorwort Wolf und ſeinen Schwiegervater: מדכרין ומברכין מציעא ראשי אלפי ישראל המה הגבירים אשר מעולם אנשי השם ה״ה הקצין המפורסם השתדלן הגדול פרנס ומנהיג כ״ש כהר״ר מענדיל אופנהיים נר״ו וחתנו התורני הקצין המפורסם פ״ו כהר״ר וואלף ווערטהיים נר״ו.

3) Dies bezeugt Iſak, der Sohn ſeines Lehrers R. Meïr von Eiſenſtadt (ſ. Jakob Embens עדות ביעקב f. 65b I. Z.): בהיותי בווינא בבית הקצין ר' וואלף. Vgl. f. 55a [75a]. In Wien war ויירטהיים המפורסם והירא את דבר ה' Eybeſchütz auch im Hauſe Mayer Hirſchels (ſ. Wolf, „Judentaufen" S. 193), wo er nach demſelben Zeugniſſe ſeinen Umgang mit Löbele Proßnitz fortſetzte, ebendaſ. f. 67a: שלקח את רץ ליבלי מפרוסטיץ לבית הקצין ר' מאיר פירזונג והירה והדבר מפורסם לכל קציני וויגא · · והבנים und [f. 75b]: אתו עמו לצרך ד' חדשים רץ ליב מפרוסטיץ לבית הקצין ר' מאיר פירזונג. Über den angeblichen Schutz R. Jonathan's durch Eugen von Savoyen ſ. Beer in Frankels „Monats= ſchrift" 7, 390.

4) Über Zechiel Michel Glogau ſ. Gaſtfreund a. a. O. S. 98 Anm. 57; Auerbach a. a. O. 62, 76. David b. Juda Sondel aus Skol unterſchreibt ſich als Wertheimers Hausrabbiner יושב אוהל בבית הקצין III, 43: פנים מאירות המפורסם הר״ר וואלף ווירטהיים נר״ו.

armen Judenschaft von Jerusalem, Hebron und Saphet gesammelten
Geldern ist durch den Stiftsbrief vom 8. August 1808 von Kaiser
Franz I. die hierosolymitanische Stiftung [1]) errichtet worden.

Seine Handelsverbindungen verbreiteten seinen Ruf auch draußen
im Reich. Am 4. Januar 1745 finden wir ihn als einen der vier
Notabeln, die über Maßregeln zur Abwendung der von Maria
Theresia über die Juden Böhmens verhängten Austreibung berathen,
in Augsburg[2]). 1765 starb er auf einer Reise in München. Als
er nach Kriegshaber zur Beerdigung überführt wurde, schlossen auf
dem Wege die jüdischen Gemeinden von Gunzenhausen, Pfer(ster)[see]
und Steppach [3]) dem Leichenzuge sich an, um dem verdienten und
berühmten Manne die letzten Ehren zu erweisen.

Bei der beschränkten Zahl durch Reichthum und gesellschaftliche
Stellung hervorragender jüdischer Familien war es in jener Zeit
nur natürlich, daß diese sich mit einander verschwägerten. War
Samson Wertheimer durch die Ehe seines Sohnes Wolf mit Lea
Oppenheimer mit dieser angesehenen Familie in noch engere Ver-
bindung getreten, so knüpften ihn vollends durch die 1719 [4]) erfolgte

---

[1]) S. v. Savageri, „Chron.-gesch. Sammlung aller bestehenden Stif-
tungen, Institute der k. k. österr. Monarchie" (Brünn 1832) I, 434 ff. Das
Kapital war 1808 zur Höhe von 53,657.30 fl. ö. W. angewachsen. Der
Stiftsbrief verordnet, daß aus der Mitte der Wiener Judenschaft „2 Curatoren
für diese Stiftung aufgestellt werden sollen, wovon jedesmal einer aus der
Werth.'schen Familie u. z. aus dem Grunde sein soll, weil schon die ersten Kolla-
toren zu ihrem Vorfahren das Zutrauen hatten und wollen wir für dermalen den
David W.er, priv. Großhändler und den Banquier Hrn. Freih. Nathan Arnstein
zu Kuratoren dieser Stiftung normirt haben."

[2]) Wertheimer war gerade zufällig in Augsburg; בצירוף הקצין המפורסם
כ"ה ר' וואלף ווירטהיים יצ"ו מוויינה שהוא באקראי כאן; s. Frankel-Grätz,
„Monatsschrift" 34 S. 56. Er unterschreibt den Brief der Notabeln nach Venedig:
הקטן שמעון וואלף בן אב"ד המפורסם כמהור"ר שמשון ווירטהיים; ebend. S. 57.

[3]) Vgl. E. Carmoly in „Ben Chananja" 7 S. 1030.

[4]) Nach einer Familientradition soll die Mitgift 100,000 Thaler betragen
haben, s. Wiener in „Illustr. Monatshefte für die gesammten Interessen des
Judenthums" I (1865), 388.

Verheirathung seines zweiten Sohnes Löb mit Serchen Lehmann, der Tochter Bärmann Halberstadts, dessen berühmter Bruder Herz Darmstadt [1] in Wien wohnte und als Schwager Isak Nathan Oppenheimer's an dieser neuen Verbindung einen Theil haben mochte, Bande der Verwandtschaft an die zwei einflußreichsten jüdischen Häuser des Reiches, an Behrend Lehmann, den polnischen Residenten, und den mit diesem verschwägerten hannöverischen Kammeragenten Leffmann Behrens. Die drei mächtigsten Schtablanim ihrer Zeit waren da durch ihre Kinder eng aneinandergeschlossen worden. Der Schwiegervater Löb Wertheimers genoß besonders ein wahrhaft fürstliches Ansehen. Er, der 1697 für August den Starken Quedlinburg an Brandenburg verkauft und in diesem Jahre sowie 1703 an den Verhandlungen desselben über den Thron Polens theilgenommen [2] haben soll, war zugleich der providentielle Schirmer und Wohlthäter seiner Glaubensgenossen, der mit hochherziger Freigiebigkeit Wohlthaten aussäete nah und fern. Polen, wohin ihn seine Geschäfte führten, zumal Krakau [3]), genoß nicht minder die Früchte seines Edelsinns als seine deutsche Heimath und sein Wohnort Halberstadt. Aber alle seine Verdienste konnten das schwarze Verhängniß,

---

[1]) Der gefeierte Mäcen hatte das Unglück, seine Kinder früh zu verlieren. 1727 starben ihm zwei Knaben („Inschriften" Nr. 348—9), 1731 ein Mädchen (Nr. 352), 1739 ein zweites (Nr. 363), 1748 ein Knabe (Nr. 400), 1749 eine 18jährige Tochter (Nr. 406). Er war wohl der Schwager von Marx und Meyer Hirschl, Herz Lehmann; s. Wolf, „Judentaufen" S. 192. Die Angabe bei Auerbach S. 57 Anm. 1, daß er 1746 gestorben, ist unrichtig, da er 1749 noch mit יצ"ו angeführt wird. Seine Gattin Mirel, die Tochter Lazar Pösings, starb nach S. G. Stern's Copie der Wiener Grabschriften Nr. 307 am 23. Tebeth, d. i. am 29. Dezember 1733 — statt ג' יום ב' l. —.

[2]) Vgl. E. Lehmann a. a. O. S. 17 f., Auerbach a. a. O. S. 46.

[3]) Auerbach ist die alte Krakauer Aufzeichnung unbekannt geblieben, die הרב חפו"מ הגביר ר' יששכר בערמאן ב"ר 2 S. 42 mitgetheilt wird: יהודא לימא סג"ל מהאלבערשטאט פעל צדקות אין ספורות והציל נפשות רבות מישראל בהשתדלותו אצל מלכות פולין וחזיל זהב מכיסו להדפסת הש"ס וכבד מדונו לומדי תורת ה' והעמיד להם בתי מדרש וגם בנה ביהכ"נ בקראקא על הוצאותיו. Vgl. oben S. 60 Anm. 1.

das in den Sternen geschrieben stand, von seinem Hause nicht ab=
wenden. Er hatte seine zweite Tochter, Lea, an Isak Behrens, den
Sohn Leffmann's in Hannover [1]), gleich dem Vater Oberhoffactor,
verheirathet. Die finanzielle Katastrophe, die 1721 über diesen Isak
und seinen Bruder Gumpert hereinbrach, riß auch Bärmann und seine
Familie in die Wirbel ihrer leidenreichen Folgen. Wer heute im
Lichte einer freieren Zeit dem Laufe des an grausamer Härte und
Torturen ohne Maß so reichen Prozesses [2]) folgt, in den die hannö=

---

[1]) Über Liepmann Cohen, der sich deutsch Leffmann Behrens schrieb, vgl.
M. Wiener in Frankel-Grätz' „Monatsschrift" 13, 161 ff., המגיד 18 S. 149,
„Magazin" I S. 12, 27 und VI S. 59 ff., dessen Arbeiten sämmtlich E. Leh=
mann a. a. O. unbekannt geblieben zu sein scheinen. Im Archiv der k. k. Statt=
halterei in Brünn (J 115) ist ein Rescript Kaiser Josef I vom 27. März 1711
vorhanden, worin dieser den Landeshauptmann anweist, einen großen Rest der
dem Churfürstl. Hannöverschen Hofagenten Leffmann Berentz auf Mähren assig=
nirten Gelder aus dem Znaimer Kreise per Executionem einzubringen s. oben
S. 37 Anm. 1. Aus Glückel Hameln's Memoiren lernen wir Liepmann als
ihren Schwager kennen. Er war auch ein Vetter Jost Liebmanns nnd seines
Bruders, des Berliner Rabbiners Wolf, des Verfassers von נחלת בנימין;
s. Landshuth תולדות אנשי השם S. 2 f. In der Approbation zu
רפדוני בתפוחים (Berlin 1712) nennt sein Schwiegersohn, R. David
Oppenheim, dessen Haus: בבית וועד להחכמים פרנס הדור חמי המפורסם הר״ר
ליפמן מזרע דאהרן, ebenso in der zu חות יאיר. S. auch Mose b. Menachem's
זרע קודש Vorrede. Ein Sohn Liepmann's starb 1697 auf der Heimreise von
Nikolsburg in Dessau, wie Abraham b. Juda b. Nisan im Vorwort zu בית יהודה
berichtet. Ein anderer Sohn Hirz war der Mäcen Mose Meïr Perls' s. dessen
מגילת ספר. Da Moses Jacob nach einer handschriftlichen Randbemerkung
Wiener's zu „Monatsschrift" 13 S. 162 Z. 4 v. u. bereits 1660 vom Herzog
Wilhelm von Celle Schutz auf acht Jahre für Lüneburg erhält, so wird Liepmann
wohl vor 1630 geboren sein. Die Söhne dieses Moses Jacob, Mordechai
Gumpel und Isak, sind die Mäcene, die den Druck der Responsen Elia b. Samuel's
aus Lublin יד אליה (Amsterdam 1711—12) ermöglichten.

[2]) Die Geschichte seiner Leiden sowie der seines Bruders Gumpert hat Isak
Behrens selber 1738 in einer Familienmegilla zum ewigen Gedächtniß aufgezeichnet,
von der die Rosenthaliana in Amsterdam eine Handschrift bewahrt (s. Roest,
„Catalog" 2 S. 1171). J. M. Jost hat sie aus dem jüdisch-deutschen Urtexte

verifchen Oberhoffactoren und deren Familien verwickelt wurden,
dem ift zu Muthe, als wäre er aus der Enge und der Nacht der
Katakomben zum Tage emporgeftiegen. Nur mit lautfchlagendem
Herzen kann man felbft heute noch die in ihrer Schlichtheit den
Athem beklemmende Erzählung der Folterungen lefen, denen die
Söhne des um das Fürftenhaus Hannovers fo verdienten Leffmann
Behrens wiederholt ausgefeßt wurden. Löb Wertheimer [1]) blieb
nicht verfchont; die Verfolgungen der in ihren Forderungen, als
gälte es, eine Familienverfchwörung zu bekämpfen, wie blind drein-
fahrenden deutfchen Gerichte haben auch ihn ereilt, aber die öfter-
reichifchen Behörden fcheinen ihm kräftigen Schuß geleiftet zu haben.
Hoffactor und reichbegütert wie fein Bruder, blieb er von den

---

ins Hochdeutfche übertragen; f. „Jahrbuch für die Gefchichte der Israeliten" 2,
41—82. Namensberichtigungen aus den Acten des Prozeffes lieferte M. Wiener,
„Monatsfchrift" 13 S. 173 Anm. 7, Datencorrekturen L. Cohen in „Jüdifches
Litteraturblatt" 1887 S. 61. Cod. 334 Hamburg, den Steinfchneider,
„Catalog der hebräifchen Handfchriften in der Stadtbibliothek zu Hamburg"
S. 162 mit der Familie Gumpert Behrens in Hannover in Beziehung bringt,
bedarf noch der Unterfuchung.

[1]) Während der Verhaftung Ifak Behrens' muß Löb mit feiner Frau in
Hannover zu Befuche gewefen fein. Gleich zu Anfange der Megilla (bei Joft
S. 53) theilt Ifak mit, daß er bei der Abreife aus Hannover am 31. März
1721 an feinen Schwager Löb Wertheim und an deffen Frau Sarchen Grüße
mit einer Entfchuldigung gefchickt habe, daß er von ihnen keinen Abfchied genommen habe. Aus der Erbfchaft Bärmann Halberftadts waren Löb zwei
Wechfelbriefe zu je 10,000 Reichsthalern und noch mehrere andere Obligationen
zugefallen, weshalb der Curator auch gegen ihn die Klage anftrengte; f. „Monatsfchrift" 13 S. 181 Anm. 8. Wieners Erwartung, daß fich noch aus in Wien
vorhandenen Acten vielleicht erfehen laffe, „wie das kaiferliche Gericht gegen den
Hoffactor entfchieden hat" (ebendaf.), fcheint unerfüllbar. Im k. k. Haus-, Hof-
und Staatsarchiv in Wien finden fich nur noch, wie mir mein Freund Prof. Dr.
D. H. Müller mittheilt, unter Decisa lit. B fasc. 264 drei Stücke aus den
Jahren 1728 und 1729 in Sachen Behrend Lehmann gegen die Brüder Gumpert
und Ifaak Behrens in puncto cessi capitalis. Über die Mitleidenfchaft Bärmann's
bei diefem Prozeß f. Auerbach S. 82, 84.

finanziellen Erschütterungen, von denen dieser Prozeß begleitet war,
unberührt. Für das weitreichende Ansehen, in dem auch er gestanden
haben muß, spricht die 1745 erfolgte Heirath seiner Tochter Mirjam,
die Elia, dem Sohne des hochberühmten Bendit Gomperz, nach Nymwegen folgte. Durch diese edle, aber unglückliche Tochter wurde
Wertheimer der Stammvater eines ausgebreiteten Zweiges der
Familie Gomperz. Er starb Samstag den 12. Februar 1763 in
Wien, wo sein Grabmal[1] noch erhalten ist; seine Gattin folgte ihm
noch im selben Jahre am 10. Dezember nach.

Wenn die Söhne[2] durch ihre Frauen die Macht und den
Einfluß des Wertheimerischen Hauses mehrten, so hoben die Töchter
durch ihre Männer seinen Ruhm und sein Ansehen; das aufgehende
Licht Jonathan Eybeschützers war dem Scharfblicke Wertheimers nicht
entgangen, aber die phänomenalen Geistesgaben des jungen Mannes
vermochten ihn gleichwohl nicht dazu, wie er es anfänglich beabsich-
tigt haben soll, ihn zu seinem ersten Schwiegersohne[3] auszuersehen.
Seine Wahl fiel vielmehr auf Bernard Eskeles, den von Seiten

---

[1] S. „Inschriften" Nr. 467; Serchen's Grabschrift s. ebendas. Nr. 480.

[2] Irrthümlich behauptet G. Wolf, „Joseph Wertheimer" S. 24: „Doch
hat sich dessen [Samson W.'s] Familie nicht hier [Wien] fortgepflanzt; einige
seiner Söhne sind wieder ins Reich hinausgezogen."

[3] Wie mir Herr Rabbiner S. L. Brill im Namen R. Meïr Perls' mittheilt, soll Eybeschützer die Gunst Wertheimers durch den folgenden Umstand ver-
scherzt haben: Dieser hatte seinen Freund R. Meïr b. Isak eigenst zu dem Zwecke
nach Wien berufen, den genialen Jüngling, der einst sein Schüler gewesen war,
genauer anzusehen und zu prüfen. Am Sabbat Nachmittag gab der gefeierte
Talmudmeister eine seiner scharfsinnigsten Distinctionen einer halachischen Materie
[Chilluk] zum Besten. Kurz nach Sabbatausgang erschien Eybeschütz mit einem
Papier, auf dem er genau dasselbe längst selbstständig aufgezeichnet haben wollte;
er hatte aber nur soeben rasch aus seinem verblüffend starken Gedächtnisse das
Gehörte niedergeschrieben und durch Asche der Schrift den Schein des Alters ge-
geben. Das scherzhafte Kunststück erregte Wertheimers Mißfallen; so durfte sein
Schwiegersohn nicht handeln. Vgl. M. Ehrentheil, „Jüdische Charakter-
bilder" 1 S. 3. Einen Brief R. Berusch's an R. David Oppenheim in Sachen
Eybeschützer's vom Jahre 1725 s. Frankl-Grätz' „Monatsschrift" 36, 208.

seines Vaters wie seiner Mutter durch eine stolze Reihe hochberühmter Ahnen ausgezeichneten Sohn des Metzer Rabbiners Gabriel Eskeles[1]), eines Urgroßneffen des hohen R. Löw von Prag.

Um der Hochzeitsfeier seines Sohnes anzuwohnen, erbat sich der ob seiner Frömmigkeit und Gelehrsamkeit in seiner Gemeinde allgemein verehrte R. Gabriel einen Urlaub für ein volles Jahr[2]). Wohl 1706 zog er mit seiner Gattin, dem Bräutigam und dessen damals noch lebendem Bruder Löb nach Wien. Ein Hochzeitsfest wurde da gefeiert, wie es dem fürstlichen Ansehen und Reichthume[3]) des Schwiegervaters entsprach, so herrlich, daß man sagte, es sei

---

[1]) Die Ahnenfolge Gabriel's bis zu Sinai b. Bezalel, den Bruder R. Liwa's j. משה משה vor משה אהרן R. Mose's aus Przemysl = הנשר IV (1864) S. 115 und 116 [irrth. 204]. Die Genealogie seiner Gattin Esther enthält ihre Grabschrift; s. M. Warnheim קבוצת חכמים S. 118. Vgl. auch den Leichenstein R. Berusch's, ihres Sohnes, „Inschriften" Nr. 424 S. 78, wo מנה בן מנה של קודש כסיל (Bechoroth f. 5[a]) auf die adelige Abstammung anspielt. Über die Amtsthätigkeit Gabriel's in Metz s. „Revue des études juives" 8 S. 258 ff., in Nikolsburg Gastfreund a. a. O. 67. Meïr b. Isak nennt er: מחותני; s. פנים מאירות I Nr. 42. 1710 starb ihm in jungen Jahren sein Sohn Juda Löb in Frankfurt a. M.; s. Horovitz a. a. O. 2 S. 99 = Wolf, „Bibl. hebr." IV, 1217.

[2]) Ich entnehme alle diese Angaben dem Schlusse des 7. Buches in den Memoiren Glückel Hameln's. Hierdurch lichtet sich das Dunkel über das Interregnum im Rabbinate von Metz, das Cahen „Revue" 8, 260 f. nicht aufzuhellen vermochte. Da Broda von der Regierung am 30. September 1709 bestätigt wurde und Glückel Hameln angiebt, daß aus dem Einen Jahre Urlaub gegen drei wurden, so dürfte Eskeles' Abreise 1706 erfolgt sein. Ich mache darauf aufmerksam, daß die jüdischen Landtage in Mähren, die sonst von 3 zu 3 oder 4 Jahren abgehalten wurden, nach den Protokollen zwischen der Versammlung von Ungarisch-Brod 1701, der David Oppenheim präsidirt, und der von Butschowitz 1709, die bereits Eskeles leitet, eine Lücke klafft, offenbar in Folge der Vacanz des Landesrabbinates.

[3]) Glückel Hameln meldet ausdrücklich, daß die Mitgift sammt den Geschenken über 30,000 Gulden betragen habe, wodurch die Anekdote von der durch 70,000 Gulden aufgewogenen Einäugigkeit (ע״ין תחת ע״ין) von Eskeles' Braut (s. „Inschriften" XVIII) als unwahr entfällt.

dergleichen unter Juden überhaupt noch nicht vorgekommen. Aber
Wertheimer scheint auch an dem Vater seines Schwiegersohnes ganz
besonderes Gefallen gefunden und zur Annahme des damals unbesetzten
mährischen Landesrabbinates ihn bestimmt zu haben. Gereizt von der
ihm angebotenen Ehrenstelle, seiner alten Gemeinde anhänglich und verpflichtet, gerieth Eskeles vor eine Wahl, in der er sich schwer ent-
scheiden konnte. Da fällte das Schicksal statt seiner die Entscheidung.
Der Urlaub war verstrichen, daheim das Gerücht laut geworden, er
wolle Metz aufgeben und für immer verlassen, vergebens übernahm
es der greise und angesehene, mit ihm verschwägerte R. Aron
Worms [1]), die Gemeinde zu vertrösten und hinzuhalten, der Unmuth
und die Ungeduld der des Hirten entbehrenden Heerde waren nicht
mehr zu zügeln, man schritt zu einer neuen Wahl, die der Gewählte,
R. Abraham Broda [2]) aus Prag, anzunehmen nicht zögerte. Umsonst
schickte Eskeles seinen Sohn nach Metz, zu spät ging er endlich selbst
dahin, es waren an die drei Jahre vergangen, seitdem er die Gemeinde verlassen und hingehalten, die Parteiungen und Kämpfe
kamen durch sein Erscheinen auf dem Schauplatze zu verschärftem
Ausbruche, aber die neue Wahl war nicht umzustoßen; er hatte aufgehört, Rabbiner von Metz zu sein. Das Schwanken hatte ein
Ende, das mährische Landesrabbinat hatte einen würdigen neuen
Vertreter gefunden. R. Gabriel verließ Metz, um sich in Nikolsburg, wo er im Hause Salomon Teutsch's wohnte, dauernd niederzulassen.

Dieses sein Amt übernahm nach R. Gabriel's Tode 1718 sein
Sohn Berend, ohne jedoch seinen Wohnsitz in Wien, an das ihn seine
Geschäfte knüpften, darum aufzugeben. Nur zu vorübergehendem
Aufenthalte pflegte er nach Nikolsburg zu kommen, wo er im Hause
seines Verwandten und Geschäftsfreundes Markbreit Wohnung

---

[1]) Vgl. „Revue" 8, 267 ff. Als Rabbiner von Mannheim approbirte er
1688 Akiba Bär's עבודת הבורא ed. I.

[2]) Vgl. „Revue" 8, 261 ff., Horovitz a. a. O. 2 S. 79 ff. Broda war der
Schüler R. Isak Landau's, genannt חריף, in Krakau (vgl. J. M. Zunz a. a. O.
127 ff.); s. die Vorrede Schemarja Salman's aus Leipnik zu נזהר יעקב. Daß

nahm. Es war nicht ohne Beispiel, daß der Landesrabbiner nicht in Mähren domicilirt war, sondern nur zu zeitweiligem Aufenthalte dahin kam. So hatte bereits R. David Oppenheim[1]) nur sein Ab=steigequartier in Nikolsburg, wo er einige Male im Jahre in Landes=angelegenheiten sich aufhielt. Auch hatte Kaiser Karl VI. bereits am 14. Juli 1719 Samson Wertheimer ein Decret verliehen, „womit Er nicht allein bei den ihm ertheilten Privilegien gnädigst manutenirt, sondern auch sein Tochtermann als Mährischer Land=Rabbiner zu dessen und seiner Bedienten hin und wieder reyß im Land, ab=sonderlich aber in unser K. Stadt Brünn ohne einig prätendirenden Leib=Zoll subsistiren zu können, mit einem absonderlichen Paß ver=sehen möchte.“ Gleichwohl erwuchsen aus diesem scheinbar doppelten Domicil für Eskeles allerhand Schwierigkeiten und Vexationen, die ihm vornehmlich der Brünner Magistrat unermüdlich bereitete. So oft er mit den 6 Landesältesten im Berathung öffentlicher Ange=legenheiten, zur Aufbringung und Verrechnung des Toleranzgeldes in Brünn zusammenkommen wollte, wurden er und seine Bedienten „turbirt“, der Verdacht, daß er in Mähren Handel treibe, gegen ihn erhoben, Leibzoll von ihm gefordert, der Eintritt nur beim Judenthore gestattet, kurz Alles angewendet, was ihm den Aufent=halt in der Stadt verleiden konnte. Aber Eskeles stand auf seinem Scheine, seine Subsistenz=, Passir=, Repassir= und Actionsfreiheit war in den Privilegien der Wertheimer'schen Familie gewährleistet,

---

B. nicht 1703, wie Cahen meint, nach Metz gieng, beweist schon der Umstand, daß er Ende 1705 noch Rabbiner in Prag war, — dort starb ihm nach S. Hock's Notizen am 1. Tage Succoth 5466 ein Mädchen, Namens Chajja — und dort 13. Nisan 1708 noch ראשית בכורים (Frankfurt a. M. 1708) durch seinen Secretär approbiren ließ.

[1]) Aus der Antwort der Landesältesten auf die Frage der Landeshaupt=mannschaft in Betreff des Domicils der mährischen Landesrabbiner (J 127). Ahron Markbreit, der Schwiegersohn des Vorstehers Salman R. Koppels, wohl der reichste Kaufmann Nikolsburgs, in dessen Handlung sein Vettersohn Abraham Levi 1719 bis zum Brande ein halbes Jahr bedienstet war (s. „Letterbode“ 10, 163), war wohl ein Verwandter Wertheimer's s. oben S. 68 Anm. 1. Eskeles hatte, wie die Landesältesten angeben, einen Credit von 5000 Gulden.

er forderte ausdrücklich, „bei allen Thören" in Brünn eintreten zu
dürfen. Vergebens berief sich der Magistrat darauf, daß das Aus-
treibungsmandat des Königs Ladislaus 1454 die Stadt von allen
Juden befreit habe, am 26. Juni 1739 ward Eskeles ein kaiserlicher Generalpaß ausgestellt und am 16. August 1740 der Landeshauptmann von Karl VI. angewiesen, daß dem Landrabbiner Berend
Gabriel Eskeles gleich seinem verstorbenen Schwiegervater Simson
Wertheimer, wenn er in rebus officii herein kommet, keine Hinderung
gemacht, sondern aller Schutz ohne Leibzoll-Abforderung geleistet
werde [1]).

Am 10. September 1725 verlieh ihm Kaiser Karl VI. auch die
Würde des durch den Tod seines Schwiegervaters erledigten ungarischen
Landesrabbinats. Die Ernennungsurkunde [2]), die Wertheimers hervor-

---

[1]) Diese Darstellung ruht auf den Akten im Archiv der k. k. mährischen
Statthalterei J 120, 127, 161, nach Mittheilungen meines Schwagers Dr. J.
H. Oppenheim, dessen unermüdlicher Hingebung ich alle Aufschlüsse aus den
Brünner Archivalien verdanke.

[2]) Das im Deckel eines Buches der ungarischen Akademie zu Budapest aufge-
fundene Diplom, das durch das Messer des Buchbinders arg verstümmelt wurde, hat
P. Hunfalvy in „Új magyar muzeum" VI (1856) 2 S. 51—53 veröffentlicht;
im Archiv der Akademie ist es heute nicht mehr aufzufinden. Bei C. von Wurzbach,
„Biographisches Lexicon" IV, 80, dessen Angaben über diese Urkunde zu berichtigen
sind, heißt Wertheimer S a m i e l. Der auf die Ernennung Eskeles' bezügliche Passus
lautet: habentes Considerationem ad nominis famam, et in rebus Mosaicis
sufficientem capacitatem Bernhardi Gabrielis Eskeles judaeorum in Mar-
chionatu nostro Moraviae existentium Supremi Rabbini, Eundem Bernardum
Gabrielem Eskeles tamquam suprafati Simsonis condam Wertheimber Gene-
rum in Supremum universorum in praedicto Regno nostro Hungariae
existentium judaeorum Rabbi — — dum et nominandum, ac simul benigne
annuendum esse duximus in omnibus illis juribus, praerogativis et Autho-
ritate, quibus praedecessor et socer ipsius usus est — — — nardus Gabriel
Eskeles per omnem vitam suam uti et gaudere, Causasque et contro-
versias Judaeorum ad invicem habitas, universosque inter eosdem emer-
suros Discord — — — — cicae et politicae Judaeorum in facie loci com-
ponere et sopire, taliterque Negotiationem quoque eorumdem et Creditum
procurare ac stabilire, in eumque Statum, ut tam Aerario nostro, quam —

ragende Verdienste um den österreichischen Staat betont, bemerkt aus=
drücklich, daß neben der Dankbarkeit für den dahingeschiedenen Oberhof=
factor auch die Rücksicht auf den großen Ruf und die rabbinische
Gelehrsamkeit des mährischen Landesrabbiners Bernard Eskeles die
kaiserliche Wahl bestimmt habe. Gleich seinem Schwiegervater hielt
er einen rabbinischen Gerichtshof zu Wien, der unter seinem Vorsitze
mit der Leitung der ungarisch=jüdischen Landesangelegenheiten
betraut war[1]). Zu dem Ruhme, den er durch seinen glänzenden
Scharfsinn in jungen Jahren als Rabbiner zahlreicher Ge=
meinden[2]) begründet hatte, gesellte er später durch die Macht
seines Einflusses bei Hofe und seines ansehnlichen Reichthums auch
die Ehrentitel eines Schirmers und Wohlthäters seiner Glaubens=
genossen, über die er unter der Regierung Maria Theresia's in
Böhmen namenlose Leiden und in Mähren schwere Gefahren herein=
brechen sah[3]). Er starb in Wien am 2. März 1753, kaum vier

---

sub quorum protectione degunt — — inos proventus et Census exactius
praestare possint, redigere debeat et teneatur. In den Acten des schwarzen
Buches der Eisenstädter Gemeinde findet sich bereits 1725 eine Entscheidung von
Eskeles mit der Unterschrift:

ופסק זה יאושר ויקוים ככל תוקף ועוז יצא מאתי פה

ק״ק א״ש יום א׳ כ״ז תמוז תפה לפ״ק

נאם הק׳ ישׁשכר בער מקראקא פקק׳ נש ומדינת מעהרן ופקק אש

ומדינת הגר ומצפ׳ על קק ומדינת מגענצא יע״א.

[1]) Vgl. z. B. im schwarzen Buche von Eisenstadt die Entscheidung vom
1. Adar 1728.

[2]) Vgl. die Aufzählung: Kremsier, Proßnitz und Mainz, „Inschriften"
Nr. 424 S. 79. Juda Selig aus Glogau citirt ihn קול יהודה (Fürth 1769)
f. 27ª, den Vater Gabriel f. 7ª, 11ª, 12ª, 13ᵈ.

[3]) Vgl. Grätz, „Geschichte der Juden" X S. 392, 394. Auf seinem
Grabstein heißt es daher: עד די כורסוריה רמא והגבהה למעלה על כל מדינות
מעהרין ומדינות הגר ושם ניקר בשמו ובמעשיו ובמקומו שהיה עומד בצד
הפרצה בהיכל המלך ושרים לעשות סוגה בשושנים שלא יפרצו בהן פרצות.
Der Reichthum des Mannes ist u. A. auch durch die Thatsache erkennbar, daß er,
der Landrabbiner von Ungarn und Mähren, zur Anleihe von 1727 40,000 fl.
zahlen sollte; s. Wolf, „Zur Geschichte der Juden in Wien" S. 15. Die Raten

Jahre nach seiner erften Gattin Eva[1]) (geft. Sonntag den 31. Auguft 1749).

Seine zweite Tochter Sara verheirathete Wertheimer an Mofe, zur Kann oder fchlechtweg Kann genannt, nach Frankfurt am Main. Diefer durch tiefgründige rabbinifche Gelehrfamkeit wie durch feine Sitte, durch Abftammung und Wohlhabenheit ausgezeichnete Mann, der alle deutfchen Gemeinden mit feinem Ruhme erfüllte, begnügte fich damit, das Rabbinat von Darmftadt zu verwalten und in der Klaufe feines Schwiegervaters lehrend und leitend feine ftille, aber von hohen Erfolgen begleitete Wirkfamkeit zu entfalten. Aus der Beglückung, die es feiner Gattin gewährte, ihn Schüler um fich fchaaren, jüdifches Wiffen verbreiten zu fehen, können wir auf die fromme, fefte und fchlichte Erziehung fchließen, die Wertheimer feinen Töchtern angedeihen ließ. Durch die edle Gaftlichkeit, die wiffens-freundliche Gefinnung und einnehmende Leutfeligkeit Mofe's und Sara's wurde das Haus Kann der Sammelpunkt der bildungsbe-fliffenen Kreife, ein Herd der Gefittung und Cultur unter den Frank-furter Juden. Einer der früheften Sproffer, die den jungen Morgen

der Summe, welche die böhmifchen Juden der Regierung für Wiedergewährung ihrer Privilegien zu borgen fich verpflichteten, follte Eskeles auszuzahlen; f. G. Wolf, „Judentaufen" S. 34. Vgl. über Eskeles N. Brüll in S. Szántó's „Wiener Jahrbuch für Israeliten" 5628 S. 204 ff., „die alten Statuten der jüdifchen Gemeinden in Mähren" ed. G. Wolf S. VII, 138 § 8, 146 und „Neuzeit" 6, 103.

[1]) S. „Infchriften" Nr. 690. Bernhard Eskeles, der große Finanzmann, der Beirath Jofef II. und Franz I., war, wie fein Name zeigt, ein nachgeborener Sohn des Landesrabbiners, was den Biographen entgangen ift; f. z. B. Wurzbach IV, 79, „Allg. Deutfch. Biogr." s. v. B. v. Eskeles war ein Sohn aus der zweiten Ehe feines Vaters, der auch ein Mädchen entftammte, das fechs Wochen vor dem Tode R. Berufch's ftarb; f. „Infchriften" Nr. 691. Vgl. Carmoly in „Ben Chananja" 5, 13. 1752 werden als Kinder B. G. Eskeles' angegeben: Efther und Lea; f. „Neuzeit" 6, 31. Der Adelung B. v. Eskeles' gedenkt 1798 J. E. Landau ליושראל חק II, 42ᵇ. Über feine in den jüdifchen Gemeinden Mähren's noch fegensreich fortwirkende Stiftung f. M. Wiener in „Illuft. Monatshefte" I, 387—94 und M. H. Friedländer, „Kore Hadboroth" S. 27 ff.

der Aufklärung in der deutschen Judenheit verkündet haben, Dr. Anselm Worms [1]), gleich gelehrt in Medicin und Philosophie wie im jüdischen Schriftthum, widmet seinen hebräischen Schlüssel der Algebra in einer lateinischen Dedicationsepistel dem hochsinnigen Klausrabbiner, nicht ohne seiner trefflichen Gattin dankbar zu gedenken. Aber es war ein kurzes Glück, das diesen auserlesenen Menschen beschieden war. Montag Abend, am 17. Juli 1724 [2]) starb Sara, wohl auf einer Reise nach den Heilquellen Böhmens in Eger; auf dem jüdischen Friedhofe zu Königswart wurde sie zur ewigen Ruhe bestattet. Ihrem greisen Vater scheint ob der Nachricht von ihrem frühen Tode das Herz gebrochen zu sein; er hat nicht drei Wochen lang sein geliebtes Kind überlebt.

Die glänzendste Verbindung blieb Wertheimer für seine dritte Tochter, Tolza, aufbehalten; sie wurde die Gattin Josef's, des einzigen Sohnes R. David Oppenheim's. Der Abkömmling eines der ältesten, wahrhaft adeligen jüdischen Geschlechter, der Neffe Samuel

---

[1]) Vgl. Horovitz 3 S. 62 ff., „Jüdische Ärzte" S. 35 ff.

[2]) S. Horovitz 3 S. 16 Anm. 3. Nach Auerbach S. 48 soll Moses Kann 1707 beim Begräbniß Mirjam's, der Frau Bärmann Halberstadts, als Schwiegersohn zugegen gewesen sein. Dies scheint nach Horovitz ebendas. Anm. 2 sich nicht zu bestätigen. Das Frankfurter Memorbuch rühmt, wie mir Herr Rabbiner Dr. M. Horovitz mittheilt, von Sara Wertheimer-Kann: יזכור אלקים את
נשמת האשה הרבנית הצנועה והחסידה מרת שאר‘לה בת הגאון המפורסם ומהולל
בתשבחות אב‘‘ד ור‘‘מ כש‘‘ת מהו‘ שמשון וורטהיים נר‘‘י אשה כשרה בנשים
צדקניות שבדור, דורה ראו ושמחו מה זו עושה צדקה בכל עת אשר לה קיותה
נפשה נפש חפצה למען צדקה לחגדיל תורה ולהאדירה ולמשמע אוזן תאוה
נפשה לשמע מדוני מילי מעליירתא דאתמר בי מדרשא ואיידי דאתא חביב עליה
מצוה בשעתה ואורח בזמנה בא יבא ברנה זו תפלה שגורה בפיה ורגיל על
לשונה באימה ובזיראה יראת ד‘ היא תתהלל בהלל הגדול לפי גדלה לפי רוב
העניים ורוב ענוה יתירה ..... הלכה לעולמה עלמא דקשוט אור ליום ג‘
כ‘ו תמוז תפ‘‘ד בעיר איגר ונקברת בשם טוב בו ביום בק‘‘ק קונגסווארט ונקראת
בקריאתה זה הלולה בפי כל הרבנית מרת שרלה בת ד‘‘ אשת חרב הגדול מהו‘‘ר
משה קן נרו‘ אב‘‘ד ור‘‘מ דב‘‘ת ומדינת דרמשטט יע‘‘א. Der Hofjude Zacharias Fränkel in Fürth (s. Haenle S. 87, 146) war, wie R. Eleasar Kalir im Vorwort zu אור חדש II überliefert, Kann's Schwiegersohn.

Oppenheimer's, der Schwiegersohn des hannöverischen Oberhoffactors Liepmann Cohen, der Schwager des allverehrten Rabbiners Jacob Backofen (Reischer) [1], der Schwiegervater des so berühmten Ahnen entsprossenen R. Chajjim Jona Teomim=Fränkel [2]), Rabbiners

---

[1]) In der Approbation zu Mose Zakut's קול הרמ"ז nennt Reischer David Oppenheim גיסי. Über Jacob Backofen s. „Revue des études juives" 8 S. 271 ff., wo jedoch S. 272 sein Todestag mit Zunz, „Monatstage" S. 5 als der 28. Januar 1733 zu berichtigen ist. Zunz macht ihn ebendas. zum „Schwieger= sohn David Oppenheimer's". Vgl. S. Hock in K. Lieben's „Gal-Ed" S. 52. Sein Sohn Josef, der Verfasser von גבעת עולם cod. Oxford 626—9, starb nach S. Hocks Notizen als Rabbinatsassessor von Prag (שבת תצא) 1731. Seine Tochter Gütel war an den Primator von Prag Abraham b. Israel Duschenes= Hurwitz, den Enkel R. Feiwel's, (s. „Gal-Ed" Nr. 102) verheirathet. Nach ihrem Tode (שבט תצ"ח) stiftete ihr Gatte 1738 zu ihrem Andenken einen Vorhang für die Altneuschule. Abraham starb im Elul 1758. Er überlebte seinen 1752 verstorbenen Sohn Simeon, den Schwiegersohn des Mainzer Rabbiners Mose Brandeis (nach S. Hock's Notizen). Juda Loeb b. Isachar Baer Oppenheim, Rabbiner in Pfersee und Schwaben (s. „Magazin" 1, 62) war ein Schwestersohn Oppenheims s. R. Samuel Helmans Approbation zu den RGA R. Isak b. Sa= muel Levi's (Neuwied 1736). David Grünhut מגדיל דוד f. 20ᵇ nennt R. Wolf Hecht als Lehrer O.'s. Bei O.'s Onkel Hirz Wal in Frankfurt a. M. traf im Sommer 1689 Jaïr Bacharach mit ihm zusammen s. חות יאיר Nr. 166 Anf.

[2]) Es war die kundige Tochter Oppenheim's, Sara, die Fränkel zur Frau hatte; s. El. Flekeles בתי המפורסמת מ' שרה אשת II f. 47: תשובה מאהבה הרב הגאון מוה' חיים יונה זצלל"ה; vgl. Brann in „Jubelschrift zum 70. Geburtstage des Prof. Dr. H. Grätz" S. 237 Anm. 3; Brüll, „Jahrbücher" 7, 186; s. auch פרח לבנון f. 21ᵈ, קול יהודה f. 18ᵃ. Eine zweite Tochter war an Phöbus (פייבש), Sohn Selig Cohen's aus Hannover, verheirathet; ihn nennt Eljakim Götz als seinen Mäcen bei der Herausgabe von מגיני שלמה (Amster= dam 1715). Ein anderer Schwiegersohn Oppenheims war Michael b. Aron Oppenheim, Rabbiner von Friedburg und Offenbach; siehe „Magazin" I, 83. Dieser war der Urururgroßvater David Oppenheim's, des zu früh heimgegangenen vielbeklagten Vaters meines Schwagers Dr. J. H. Oppenheim in Brünn (ebendas. S. 63). Michaels Bruder Hirz war der Stammvater der Familie Meyerbeer, s. Landshuth תולדות אנשי השם S. 9 und 11 Anm. 4.

von Breslau, war David Oppenheim der Licht und Ruhm aus-
strahlende Mittelpunkt eines ebenso mächtigen als ausgezeichneten
Kreises. Ebenso groß wie die ererbte war die persönliche Bedeutung
des Mannes. Ihm genügte es nicht, das gedruckt vorliegende Schriftthum zu beherrschen, als ein besonders vom Glück begünstigter Sammler
vertiefte er sich auch in dessen handschriftliche Schätze, die er zu der
weltberühmten Bibliothek vereinigte, welche heute den Glanz Oxfords
bildet. Aber seine edle Sammelleidenschaft ließ ihm Mittel genug, sich
als Fürst im Wohlthun und als Mäcen ohne Gleichen zu bewähren.
Er hatte bereits längst das mährische mit dem böhmischen Landes-
rabbinate vertauscht, als sein Sohn, halb ein Jüngling, das Rabbinat der Gemeinde Holleschau [1]) in Mähren übernahm. Aber

---

1) Samuel aus Krakau, der Herausgeber von קול תרמ״ז, nennt ihn vor
1719 im Vorwort: ה״ח האברך אב בחכמה ורך בשנים · מלא תורה ומצות
כרימונים · ה״ח הרב המאור הגדול · כבודו יתנשא ויתגדל · נ״י פ״ה כ״ה כ״ש
המפורסם כמוהר״ר יוסף אופנהיים נר״ו · לעד יזרח אורו · אב״ד ור״מ דק״ק
[l. מעטרין] העליסויא והגלילות (ו)במדינת פרהם. Juda Perez a. a. O. rühmt
sein Mäcenatenthum: להרב הגדול מופלא ומופלג בתורה ובשבע מידות שמנו חכמים
לצדיקים רודף אחר המצות אוהב התורה ולומדיה ה״ה אב״ד ור״מ דק״ק העלשויא
הרב הגדול מהר״ר: מגיני שלמה; ebenso Eljakim Götz im Vorwort zu כמוהר״ר יוסף
יוסף חתן הגאון הגדול המפורסם מוה״דר שמשון מק״ק ווין יוס״ף ה׳ עליו ברכה
בלי ברכה. Jacob b. Joel Tiktin aus Brisk, der mehr als zehn Jahre in seinem
Hause verpflegt wurde und bei der Herausgabe des שארית יעקב (Altona 1727)
sich seines Mäcenatenthums erfreute, preist ihn im Vorworte: יוסף איש אשר ה׳
עמו ומצליח בכל אשר לו יפה תואר חכמת תורתו האיר פניו ויפה מראה נחמד
בעיני אלהים ואדם מצא חן ושכל טוב ומטיב לכל ח״ה הרב הגדול הקצין והנדיב
על נדיבת יקום כבוד שמו כמה״דר יוסף נרו שמ״ץ/פ לק״ק העלשויא. Vgl. auch
den Dank des Jecheskel b. Pinchas für die Unterstützung bei der Herausgabe des
Nachlasses seines Vaters und seines Schwiegervaters Israel Juda Loeb b. Jakob
Purjes im Vorwort zu ברית שלום (Frankfurt a. M. 1718). Der einzige Sohn
Josefs, dem Vater gleich von ausnehmender Schönheit, starb als Kind wohl 1712
durch einen Sturz aus dem Wagen auf einer Badereise nach Karlsbad. Er war
wider den Willen des an dem Kinde hängenden Großvaters R. David auf das
Zureden Nechemja Chajun's und angeblich im Glauben an die Kraft eines von
diesem gefertigten Amuletes mitgenommen worden; s. R. Naftali Kohen's Be-

bereits 1721 begegnen wir Josef Oppenheim als kaiserlichem Factor in Hannover, in dem Unglücksjahre seiner Familie, das auch ihn zwang, in dem Prozesse Stellung zu nehmen, der die Schwäger seines Vaters, Isak und Gumpert Behrens, zu Boden schmetterte. Gleich seinem Vater war auch er ein Mäcen der jüdischen Litteratur[1]. Er starb vor der Zeit am 21. Juli 1739 zu Hannover[2], kaum drei Jahre nach seinem Vater.

Die jüngste Tochter Wertheimers, Hanna, war an Seligmann Berend Kohn, genannt Sallomon, Vorsteher in Hamburg, offenbar aus der Familie des hannöverischen Kammeragenten Leffmann Behrens, verheirathet. An einen Sohn dieses Seligmann Sallomon, Isak[3],

---

richt bei Emden תורת הקנאות ed. Lemberg S. 69. Zipser im „Orient" 8 L. B. S. 382 und Gastfreund a. a. O. S. 80 machen irrthümlich den Vater Josefs, David Oppenheim, zu Wertheimers Schwiegersohn. Die Bilder Josefs und seiner Eltern David und Gnendel Oppenheim sind in Hannover vorhanden; s. M. Wiener in „Magazin" I, 83. Die Synagoge von Hildesheim bewahrt kostbare, von Elkana Naumburg, dem berühmten Goldsticker, angefertigte Paramente, die Josef und Tolza Oppenheim der Gemeinde schenkten. Tolza gehörte das Exemplar des deutschen Zemach David in der Oppenheim'schen Bibliothek 836 Qu., in dem von ihres Gatten Familie so Rühmliches zu lesen steht (s. oben S. 3 Anm.); s. Zeitschr. f. d. G. d. J. i. D. 2, 151, 1. In Holleschau, wo ein Brand im Anfang dieses Jahrhunderts, wie mir Herr Rabbiner M. Pollak mittheilt, das Gemeindearchiv in Asche legte, hat sich keine Erinnerung an Josef erhalten. Nicht einmal das mit dem Jahre 1660 beginnende Memorbuch nennt seinen Namen. Den Irrthum, als ob es einen Sohn David Oppenheim's, Namens Hirschel, gegeben hätte (s. Zunz, „Zur Geschichte" S. 237), widerlegt M. Wiener, „Magazin" I S. 27 f.

[1] Vgl. z. B. Meïr b. Isak's Commentar zu Sebachim פנים מאירות I, den Josef auf seine Kosten drucken ließ. Abraham b. Mose Jek. Kaufmann preist ihn im Vorworte zu מגן אברהם (Amsterdam 1732).

[2] S. M. Wiener in „Magazin" I, 28, 83; „Monatsschrift" 13, 170.

[3] S. Zunz, „Zur Geschichte" S. 237. Wiener, „Monatsschrift" a. a. O. sagt: „in den Besitz eines gewissen Isaac ben Seligmann in Hamburg, der mit der Familie Oppenheimer verwandt war." Wohl durch Josef Oppenheim empfohlen, fand Jacob b. Joël Aufnahme und Unterstützung im Hause Juda Seligman

scheint nach Josef Oppenheim's, seines Oheims, Tode die damals bereits auf 150,000 Reichsthaler geschätzte, in Wahrheit unschätzbare Sammlung David Oppenheim's übergegangen zu sein. Hanna starb am 5. Februar 1738 und ward in Altona beigesetzt, wo noch ihr Grabstein steht.[1]

Der zweiten Ehe Samson Wertheimer's mit Magdalena (Merle), der Tochter Löb Berlin's, die „ein bekanntes gescheutes Weib" genannt wird[2]), entsproß ein Knabe, der beim Tode seines Vaters sechs Jahre alt war. In welchen Verhältnissen das „Waisenkind" zurückblieb, beweisen die 50,000 fl., die bei der Anleihe von 1727

Cohens in Hamburg, den er im Vorwort zu שארית יעקב verherrlicht: האלוף המרוםם הראש והקצין האברך אב בחכמה ורך בשנים רבא בר רבא המוכתר בג' כתרים כתר תורה וכתר כהונה וכתר מלכו' מאן מלכי דרבנן וכתר שמו הטוב נשמע למרחוק עלה על גביהן ה"ה כבוד שמו כמהר"ר יהודה זעליגמן הכהן ברא כהנא דאבוה.

[1]) Ich verdanke die Copie dieser Grabschrift Nr. 3249 Herrn J. S. Wittkower in Altona:

פה

נגנזה קרית חנ"ה עליזה

כלילא דוורדא שלא בעונתה

אשה חכמה וצנועה וחסידה

אשת חיל יראת ה' היא תתהלל

ובצדקתה תמיד ידה מכיסה לא זזה

מרת חנה מרים בת מזה בן

מזה הגאון אב"ד הקצין

המפורסם מהר'רר שמשון

ווערטהיים מוויין אשת הרבני

הקצין המפורסם פ'ו'

מהר'רר זליגמן כהן נפטר'

ונקברה יום ד' ט'ו שבט

תצ"ח   לפ"ק

ת' נ' צ' ב' ה'

[2]) S. G. Wolf, „Zur Geschichte der Juden in Wien" S. 14. Bei Wolf, „Geschichte der Juden in Wien" S. 65 heißt es irrthümlich: „die minderjährigen Söhne Wertheimer's hatten fl. 50,000 zu geben;" über seinen Hausstand im Jahre 1754 s. „Neuzeit" 6, 80 s.

von der Vormundschaft gezahlt werden sollten. Noch beim Leben des Vaters wurde er, kaum sechs Jahre alt, mit der ihm gleichalterigen[1] Veronica, der Tochter Wolf Wertheimer's, nach der in vornehmen Familien zu jener Zeit herrschenden Sitte „baldigst verlobt." Josef Josel Wertheimber, der Namensträger seines Großvaters, starb 1761[2] in der Blüthe seines Mannesalters in Wien, wo er durch talmudisches Wissen, Reichthum und Wohlthun eine angesehene Stellung erreicht hatte. Seine Frau überlebte ihn um 20 Jahre[3].

Beruhigt und voll gehobenen Dankgefühls gegen eine gnadenreiche Vorsehung konnte Samson Wertheimer das väterliche Auge auf seinen Kindern in der Runde weilen lassen. Die schlichte, ernste, ganz und voll im Judenthum wurzelnde Erziehung hatte reiche und herrliche Früchte gezeitigt. Familienglück, Reichthum und Ansehen, eine durch Freude am Wissen und fortbauende Gelehrsamkeit allezeit ausgefüllte und erheiterte Muße, alle Quellen des Lebensgenusses waren vorhanden, nur die, welche alle speist und erhält, versagte, die Gesundheit, die leibliche Stärke. Wertheimer war vor der Zeit

---

[1] Wolf Wertheimer gab der ersten nach dem Tode seiner Mutter, also nach 1715 geborenen Tochter deren Namen Frumet.

[2] S. „Inschriften" Nr. 462. Aus S. G. Stern's Copie Nr. 42 ist vor dem Epitaph das fehlende פ"ט zu ergänzen, in Z. 3 הקצין in קצין und S. 87 Z. 1 מופרס׳ in מפורס׳ zu verbessern.

[3] Ebendas. Nr. 699. פ"ט fehlt in dem Abdruck, in dem auch das Akrostichon שרה פרומט וערטהיים verwischt ist. Die Wittwe hatte den Schmerz, zwei Töchter, Eva Sara, die Frau Isak Preßburg's (ebendas. Nr. 697), und Merle, die Frau Josel's, des Sohnes Samuel Wertheim's, kurz nacheinander zu verlieren; kaum ein halbes Jahr darauf folgte sie ihnen im Tode. In der Grabschrift Merle's, die trotz der Wiederholung (ebendas. 534 und 698) im Druck um ihr Akrostichon gekommen ist, ist nach S. G. Stern's Copie Nr. 56 zu lesen:

מים ע זים רבים לא יכילו   בת עין חשך ולא אור יחילו
חתור ני תקימו ונס חרימו וצמי׳ הקדילו   מהררי קדם מראש צורים בקול יליל
יזל מים ותדמע עלי משפט מסלו   וח לוי נתפך אשכלותי לא הבשילו
מערלי בת חתורני מהרר״י ריזל [= יוסף ריזל] וח

Es ergiebt sich somit:

[= ווערטהיים].

gealtert. Anstrengende Reisen, unablässige Sorgen haben ihn ge=
brochen. In den vom Hause aus festen Bau seines Körpers hatte
früh der heimliche Zerstörer, die Gicht, sich eingenistet. Schon
Kaiser Leopold sprach von seinen absumirten Leibeskräften. Sein
Bart war weiß geworden, lange bevor er in die Sechziger trat.

Wer die Stellung der Juden unter Karl VI. nach den vielen
Verordnungen und Beschränkungen[1] beurtheilt, die er gegen sie
unermüdlich erließ, der müßte annehmen, daß die letzten Lebensjahre
Wertheimers tief verdüstert waren. Allein der Stachelzaun quälender
Vorschriften war für die Juden zugleich ein Schutz. Die wiederholt
angedrohten Ausweisungen beruhigten den gehässigen Pöbel und
dienten zugleich mehr als Steuerschraube, die erniedrigenden Erlässe
waren gleichsam Ventile, durch welche die in den Kreisen des Spieß=
bürgerthums bedenklich gegen die Juden sich steigernde Spannung
gemildert wurde. Es war ein fauler Friede freilich, eine Duldung
auf Zeit, von der selbst den Besten und Verdientesten gegenüber
nicht etwa die Ausnahme ewiger, erblicher Stättigkeit bewilligt wurde,
aber man hatte die Mittel, die Opfer zu bringen, die begehrt wur=
den, auf die es eigentlich abgesehen war. Auch wäre es ungerecht,
die zahlreichen freundlichen und wohlgesinnten Verfügungen zu über=
sehen, denen Karl VI. bei verschiedenen Gelegenheiten zu Gunsten
der Juden seine Zustimmung lieh. Man wird billig annehmen
dürfen, daß ein Mann wie Wertheimer durch sein bloßes Dasein
einen wohlthätigen Einfluß auf die seine Glaubensgenossen betreffenden
Entschließungen des ihm so gnädig zugethanen Monarchen geübt
haben werde; er hat es aber auch unzweifelhaft an thatkräftigem
Eintreten für seine bedrohten Brüder nicht fehlen lassen. Es ist
sicherlich kein Zufall, daß das härteste und unwürdigste Judengesetz,
zu dem Karl VI. sich verstand, das von den Familien, richtiger das
von der Entziehung des natürlichsten Menschenrechtes, des Anspruches
auf Gründung einer Familie, wonach nur der erstgeborene Sohn

---

[1] Vgl. G. Wolf, „Judentaufen" S. 28 ff., „Geschichte der Juden in
Wien" S. 62 ff.

eines Juden heirathen durfte, erst zwei Jahre nach Wertheimer's Tode, am 25. September 1726 ¹) erlassen wurde.

Eine der letzten Bemühungen Wertheimers im Dienste seiner Glaubensbrüder galt den Juden Nikolsburgs. Donnerstag den 10. August 1719 hatte eine Feuersbrunst, die im Hause Meïr Teutsch's ausbrach, die blühende Gemeinde in Asche gelegt ²). In einem Zeitraum von zwei Stunden waren ungefähr siebenhundert jüdische Häuser niedergebrannt; ein einziges war in der allgemeinen Zerstörung stehen geblieben. Der Gottesacker ward die Herberge der obdachlosen Gemeinde; Grabhügel waren ihre Kopfkissen in der dem Unglückstage folgenden schauerlichen Nacht. Wieder einmal zeigten sich die Folgen der fürchterlichen Enge, in welche die jüdischen Wohnungen zusammengepfercht waren; der Mangel an einem freien geschützten Platze, auf den man Hab und Gut und Leben hätte retten können, hatte die Noth und Verzweiflung der eingeäscherten Gemeinde aufs Höchste gesteigert. Da vernahm Wertheimer, daß Tribunalrath von Walldorf in Brünn einen ihm gehörigen freien Platz in der Nähe des jüdischen Friedhofes in Nikolsburg verkaufen wolle. Sofort trat er mit dem Besitzer in Unterhandlung und bat in einem Gesuche am 30. Juni 1721 Kaiser Karl VI. um Ertheilung des allergnädigsten Consenses, diesen vor der Stadt öde liegenden Garten ex causa boni publici kaufen zu dürfen. Es war wirklich das Gemeinwohl, in dessen Interesse er auftrat. Er wies darauf hin, wie diese Enge in Epidemieen oder, wie er sagte, bei der leidigen „contagion" auch für die Christen sich gefährlich erweise und mehr noch bei Feuersbrünsten schaden müsse, wo, wie sich erst jüngst gezeigt habe, die ganze Gemeinde Nikolsburg dadurch ruinirt wurde. Er

---

¹) S. die Bestimmungen dieses Gesetzes, einer Neuauflage der bereits von Pharao allerdings allgemeiner getroffenen Maßregel bei G. Wolf, „Judentaufen" S. 34.

²) Über diese Katastrophe hat Abraham Levi als Augenzeuge berichtet s. „Letterbode" 10 S. 165 f. Damals verbrannte auch die große Büchersammlung des Isachar Bär b. Perez, des Schwiegersohnes David Michel Stettins s. Vorwort zu בית ישראל Berlin 1726.

konnte sich darauf berufen, wie in Frankfurt am Main und Wien
eben darum der Ankauf freier Gründe ihm bewilligt worden war
oder, wie es in dem Gesuche heißt: „gestalten eben auch desgleichen
zu Frankfurt a. M. Ungeacht dem, von so vielen Seculen von Röm.
Kaysern habenden Privilegien und deren Stättigkeit, daß außer der
Judengassen die geringste Grundstückchen von dessen Christ. territoriis
zu erkaufen auf einig erdenkl. weiß nicht zugelassen worden, noch
werden, dennoch gleich wie die vidim. Abschrifft zeiget, von Euren
Keys. Maht. auf allunterthäst. gehofsten Vortrag des hochl. Reichshoff
Raths, allen andern Juden aber ohne Consequenz, vor mich aller=
gnädigst resolviret, auch von dem albasig löbl. Magistrat in die
würckl. possession der alldassig bürgerl. Stadts=Ordnung nach sogleich
gesetzt worden bin, nicht weniger in dero Kgl. Haubt= und Residenz
Stadt Wien röne maines freyen Hoff Quartieres auf des graff
Rappach=Hauses auf der Cämereysteg (?) mittelst dero hochlöbl. hoff
Kriegsrath alleruntrthgst beschihenen Vortrag beschihen ist". Der
Rath der Stadt Nikolsburg war Gründen unzugänglich. Der freie
Platz sei mit Weingärten verbunden, was dem Prior Unzukömmlich=
keiten bereiten würde, auch hätten die Juden einmal bereits solch
einen Raum verbaut und würden es jetzt wieder thun. Vergeblich
wurden vom Landeshauptmann ein Landescommissär mit einer Com=
mission nach Nikolsburg entsendet, der Eifer der Behörden war
gegenstandslos geworden; man hatte Walldorf so lange zugesetzt, er
möge „aus christlicher caritas" den Platz der Stadt verkaufen, bis
er den Grund, für den ihm Wertheimer 2500 fl. geboten hatte, um
1700 fl. abtrat [1]).

Für sich und seine Familie suchte Wertheimer nur Schutz und
Sicherung der erworbenen Rechte. Da ein Privilegium für länger
als 20 Jahre, wie es scheint, von einem Juden nicht zu erreichen
war, so beschränkte er sich darauf, über die Durchführung der ihm
zugestandenen Vergünstigungen zu wachen und seine Freiheiten den

---

[1]) Die Akten über dieses Gesuch Wertheimers, das an den Landeshauptmann von Mähren zur Äußerung geschickt wurde, haben sich im Archiv der k. k.
Statthalterei in Brünn unter J 101 erhalten.

Behörden in Erinnerung zu bringen. Am 28. November 1721 schärft Karl VI. den ungarischen Ämtern die Privilegien und die durch seine Ernennung zum ungarischen Landesrabbiner erhaltenen Befugnisse Wertheimers nachdrücklichst durch das folgende Rescript von Neuem ein[1]):

Carolus Sextus Divinâ favente clementiâ electus Romanorum Imperator semper Augustus, ac Germaniae, Hispaniarum, Hungariae, Bohemiaeque Rex;

Spectabilis, ac Magnifici, et Egregii Fideles Nobis dilecti; Posteaquàm adhuc in anno millesimo septingentesimo duodecimo sub initium mox susceptae nostrae in Romanorum Imperatorem Inaugurationis ad demissam Caesarei, et Serenissimarum Imperatricis, et Dominae nostrae Conthoralis clarissimae: item et Dominae Amaliae Wilhelminae Imperatricis Viduae, prouti etiam Regii Polonico-Saxonici: nec non Reverendissimorum, ac Serenissimorum Moguntini, Trevirensis, et Comitis Palatini Rheni Sacri, Romani Imperij Principum Electorum, aliorumque Ducum, Landgraviorum, compluriumque Statuum Imperialium respectivè Supremi Factoris, Judaeorumque in haereditarijs Regnis et Ditionibus nostris commorantium Archi-Rabbini Simsonis Wertheimber Instantiam binas Eidem Simsoni Wertheimber à Sacratissimis quondam Imperatoribus, et Regibus Hungariae Leopoldo Primo Genitore, nec non Josepho Fratre, et Praedecessoribus pientissimae memoriae nostris desideratissimis priores quidem sub dato vigesimae nonae Mensis Augusti Anni millesimi septingentesimi tertij, posteriores verò sub dato vigesimae secundae Maij Anni millesimi septingentesimi quinti concessas et extradatas Privilegiales literas, mediantibus quibus idem memoratus Simson Wertheimber ex rationibus, et motivis ibidem uberius depromptis in Supremum Factorem Aulicum promotus, Idemque, ac Ejusdem Filius Wolfgangus alijque legitimi Ipsius Descendentes, prout et Agnati, et Cognati Ejusdem ab omni pensione Tricesimae, Telonij, Nauli, de rebus nempè, et mercibus, quae non ad quaestum in: vel educuntur, item arrestis, repressalijs, et alijs quibusvis itinerarijs, ac domesticis ne fors causandis impedimentis immunitatibus, exemptus, et liber usque ad Annum Decretorium millesimum septingentesimum trigesimum quintum pronunciatus exstiterat, benignè confirmaverimus, Eundem-

---

[1]) Die Urkunde ist im k. ungar. Landesarchiv im Original vorhanden unter Ben. Res. d. d.

que Simsonem Wertheimber non modò in nostrum, sed et praememoratae Serenissimae Dominae Conthoralis nostrae Factorem Aulicum cum prae- rogativis, ac immunitatibus in praecitatis literis Privilegialibus expressis, et insertis, juxta benignissimum desuper elargitum, hicceque in paribus acclusum Diploma Caesareo-Regium constituerimus: Ipsumque Simsonem Wertheimber, ita et dictum Filium Suum Wolfgangum, caeterosque Cognatos, et homines suos praesertim in suscipiendis servitium nostrum Caesareo-Regium, et bonum publicum concernentibus itineribus, à Cujusvis Tricesimae, Nauli, et Telonij pensione /: exceptis tamen, uti praemissum est, Mercimonijs per Eundem, ac Eosdem quaestûs gratiâ in: vel edu- cendis, adeoque taxabilibus :/ usque ad praenotatum annum decretorium millesimum septingentesimum trigesimum quintum immunes, exemptos, et liberos pronunciaverimus: Insuperque praerepetitum Simsonem Wertheimer tenore alterius Diplomatis, sub vigesima Sexta Mensis Augusti anni mil- lesimi, septingentesimi decimi septimi hic aequè in paribus annexi pro Archi- sive superiori Judaeorum Rabbino, et in Causa Judaei contra Judaeum prima Instantia clementer declaraverimus.

Proindeque Fidelitatibus vestris id ipsum benigne insinuantes clementer committimus, ac demandamus, quatenùs praelibata bina hicce in paribus acclusa Diplomata tam respectu Privilegiorum, quàm etiam ipsi Simsoni Wertheimer collati Superioris inter Judaeos Iudicatûs officij, indeque Eidem competentis praerogativae, et titulaturae non modò ad notam sumere, verùm etiam id ipsum tam Camerali Administrationi Scepusiensi, quam etiam Inspectioni Budensi, aliisque officialibus, signanter autem omnibus, et singulis Vobis subordinatis Tricesimatoribus, Teloniatoribus, prout et Provisoribus, in quantum illos attinet, pro debita observatione notificare velint, ac debeant; Executurae in eo benignam mentem, ac voluntatem nostram;

Dabamus in Civitate nostra Viennae die vigesimâ octavâ Novembris, Annô millesimô septingentesimô vigesimô primô, Regnorum Nostrorum Romani undecimô, Hispaniarum decimô nonô, Hungarici verò et Bohemici etiam undecimo

Carolus.

Joa: Franc Comes â Dietrichstain.

Ad Mandatum Sac.ae Caes.ae et Catho- licae, Hungaricaeque Regiae Mattis proprium.

Joannes Jacobus Comes â Lowenburg

Sein Glück und die Gnade seines Kaisers blieben ihm treu bis an sein Ende und gingen selbst noch auf seine Söhne und Nachkommen über. Beruhigt kann noch 1762 sein Sohn Wolf sein eigenes Testament dem Schutz der österreichischen Majestäten mit der Begründung empfehlen, „nachdem mein Vater, der seelige Rabbiner, dem allerhöchsten Hause Oestreich fünfzig Jahre lang gar viel erspießliche Dienste sowohl in Kriegs- als in Friedenszeiten, durch seinen Credit, wie das in unseren Haenden habende kaiserliche Privilegium klar verlautet, allerunterthänigst geleistet hat." Alles in Allem genommen, war Samson Wertheimer glücklicher als alle diejenigen unter seinen Glaubensgenossen, welche vor ihm und neben ihm die Gunst der Fürsten genossen und den Schutz der Juden gleichsam in Erbpacht genommen haben. Des edlen Mardochai Meisel [1]) Testament wurde nach seinem Tode 1601, ob er auch Regierungsrath gewesen und ein kaiserliches Insiegel geführt haben soll, umgestoßen; all seine Verdienste vermochten seine Reichthümer nicht vor der Confiscation zu schützen. Der von Ferdinand II. geadelte Jakob Basschewi von Treuenberg [2]) mußte von Prag, wo sein Kaiser ihn erhoben und durch die Schenkung ansehnlicher Häuser ausgezeichnet hatte, um 1630 nach Gitschin sich zurückziehen. Dem Tode Samuel Oppenheimer's folgte die schwere finanzielle Katastrophe seines Hauses, die eine Zeit lang, ob sie auch glücklich vorüberging, sein Andenken schwärzte; 1721 hat seine Wittwe Wien verlassen müssen [3]); das Privilegium exspirirte, die Duldung hatte ein Ende. Der hannöverische Oberhoffactor Liepmann Cohen schien das Glück seiner Familie mit ins Grab genommen zu haben; sein Ansehen, sein Einfluß, alle Dankbarkeit war vergessen, da sie seine Söhne von namenlosen Peinigungen hätten retten sollen. Bärmann Levi in Halberstadt sah noch mit eigenen Augen den

---

[1]) Vgl. S. Hock in „Gal-Ed" S. 18.

[2]) Ebendas. S. 27.

[3]) S. Carmoly in „Ben Chananja" 7 S. 1031. Wolf Oppenheimer, Samuel's jüngerer Sohn, war bereits vor 1711 nach Hannover gezogen, wo er eine Enkelin Liepmann Cohen's geheirathet hatte; s. Wiener in „Magazin" I S. 82.

Glücksstern seines Hauses erbleichen; sein ältester Sohn, Lehmann Berend in Dresden, gerieth in Concurs.[1]) Ganz zu geschweigen der Wandelbarkeit in den Schicksalen der Hofjuden, die in der Gunst kleinerer deutscher Fürsten sich sonnten und weder der Stellung noch dem Charakter nach mit Wertheimer in Einem Athem genannt zu werden verdienen; wie Mücken, die in das Licht fallen, um das sie wirbeln, so endeten diese Eintagswesen, von derselben Laune vernichtet, die ihnen einen kurzen Glanz verliehen hatte. War doch Elkan Fränkel[2]), der Allmächtige des Ansbacher Hofes, auf Befehl des Markgrafen Carl Wilhelm Friedrich am 2. November 1712 öffentlich von Scharfrichtersknechten gestäupt und auf dem Schinderskarren nach der Wülzburg geschleppt worden. Langsamer, aber noch schrecklicher war am selben Hofe Isaac Nathan's[3]) Sturz und Ende.

Ob es Wertheimer aber gleich erspart blieb, den Wechsel menschlicher Geschicke, die Hinfälligkeit des Glückes an sich und den Seinen kennen zu lernen, er rechnete mit diesen Mächten, wie kein Weiser sie außer Augen läßt. Vor seinem in die Zukunft dringenden Blicke erschien das Bild seiner Familie, wie sie ausgebreitet, verzweigt und veräftelt in immer neuen Stammhäusern zu fast undurchdringlicher Dichte anwuchs, wie man wohl vom Urwald sagt, daß Äste sich darin zu Boden senken und als neue Stämme in die Höhe schießen. Es war sein letzter Gedanke, dem er nur mehr noch mündlich im Kreise der Seinen Ausdruck leihen konnte, dem aber erst seine Kinder die Form gaben, eine Stiftung aufzurichten, die Abkömmlingen seines Hauses bis ins zehnte Geschlecht in bedrückter Lage aufzuhelfen berufen sein sollte. Aber als die Seinen betrachtete er auch die frommen Werke, die er im Leben geübt hatte und die er auch nach seinem Tode fortgeübt sehen mochte. Daher wurden die Klaus in Frankfurt am Main, der Jugendunterricht in Hamburg, in Eisenstadt und Nikolsburg, dem einstigen Stammsitz des mährischen Landesrabbinats,

---

1) S. E. Lehmann a. a. O. S. 66.

2) S. Haenle, „Geschichte der Juden im ehemaligen Fürstenthume Ansbach" S. 81 ff.

3) Ebendas. S. 92 ff.

in diesem seinem letzten Willen ausdrücklich als ewige Legatare bedacht[1]).

In den Grundzügen dürfte der Plan einer solchen Stiftung ihm längst vorgeschwebt haben. In dem Testamentsentwurfe von 1717[2]), der den Adel seiner Seele und sein weises Herz besonders kennzeichnet, sind für das Familienlegat bereits 50,000 Gulden angesetzt. Das Vermögen, so verordnete er damals, Dienstag den 16. Ijar 477 vor Hahneskrähen, in schwerer Krankheit, soll untheilbar bleiben, nur die Zinsen erhalten die Erben nach ihren Antheilen. Josel, den Sohn seines Alters, bestimmte er dem Studium des Talmuds und der Gottesgelehrtheit. „Es ist mein ausdrücklicher Wunsch und Wille, gültig übrigens für alle meine Kinder, daß weder auf Geld noch auf Schönheit, Ehren und Größe Rücksicht genommen werde, er heirathe vielmehr die Tochter eines in Israel angesehenen hochgeehrten Gelehrten." Ein armes Mädchen solcher Abkunft soll 25—30,000 Gulden rheinisch aus seiner Hinterlassenschaft als Ehrenaussteuer erhalten. Fünfzig Gelehrte und ihre Familien sollten nach den Bestimmungen seines letzten Willens ihre Versorgung finden. Wolf ernennt er zum Testamentsvollstrecker. Und ob auch dieses Testament nicht rechtskräftig wurde, die Grundgedanken gelangten zur Ausführung, dank der beispiellosen Hingebung seiner Kinder und Enkel, die den Willen des edlen Stifters wie ein heiliges Vermächtniß hüteten und aus allen Gefahren als lebendig fortwirkende That zu retten verstanden.

---

[1]) Vgl. v. Savageri a. a. O. 437 ff.; G. Wolf, „Josef Wertheimer" S. 337 ff. Wenn der Dispositionsaufsatz vom 1. September 1724 herrührt, so kann dies, da Wertheimer am 6. August starb, nur bedeuten, daß die mündlichen Verfügungen des Erblassers nach seinem Tode an diesem Tage aufgezeichnet wurden. Eine Geschichte dieser Stiftung die von den Schwankungen der österreichischen Staatspapiere so hart betroffen wurde, verdiente eine Monographie, zu der die Materialien aus den Akten der „Administration der Wertheimberschen Familienstiftungen" sich ergeben müssen.

[2]) Die Einsicht in die im Archiv des k. k. Landesgerichtes in Wien bewahrte Übersetzung dieses Entwurfes verdanke ich Herrn Oberrabbiner Josef Weiße.

Als durch die Liquidirung der am bayerischen Hofe ins Wanken
gerathenen Forderung Wolf Wertheimers das fast verloren geglaubte
Stiftungskapital von 150,000 Gulden zu neuem Leben erwachte [1]),
versammelten sich im Winter 1769 auf 1770 die Enkel Samson
Wertheimers, Samuel, der Sohn Wolfs, Isaak, der Sohn Mose

---

[1]) „Dem gemäß, so heißt es in der Übersetzung dieses ursprünglich hebräisch
abgefaßten Transacts, blieb gedachtes Kapital vom Jahre der Welt 5485 (1725)
an, in der Hand meines Vaters und unseres Onkels, des seligen Herrn Wolf
Wertheim stehen. Durch Veränderungen der Schicksale, die sich in der Zwischenzeit
zutrugen, traf die strafende Hand Gottes das Vermögen desselben, wie allgemein
bekannt. Der größte Theil des Reichthums, mit welchem ihn Gott früherhin be-
gnadigte, war nämlich in den Händen Seiner Churfürstlichen Durchlaucht von
Bayern, welche nebst vielen andern Summen die erlauchten so hochseligen Aeltern
und Vorältern Seiner Durchlaucht ihm schuldeten. Durch schlechte Zeiten und
Kriegsjahre verlor dann gedachte Schuld ihre Haltbarkeit, und dieser Biedermann
mußte zufolge dessen die übernommenen Belastungen fallen lassen, und ohne seine
Schuld selbst fallen. Mein mehrerwähnter Vater und unser Onkel gab sich alle
erdenkliche Mühe genanntes Kapital aufrecht zu erhalten und die Zinsen nach
Möglichkeit zu vertheilen, so lange die Verbindlichkeit für das Kapital auf ihm
lastete. Indessen konnten damals die Zinsen nicht auf sechs Prozent jährlich gebracht werden, und überdies war auch für das Kapital zu fürchten, da dieser
üble Zustand über dreißig Jahre fortdauerte. Endlich schauete der Ewige, der
die Herzen der Regenten lenkt, allgnädig vom himmlischen Wohnsitze herab, und
erregte den Geist Seiner Durchlaucht, unseres frommen Herrn Churfürsten von
Bayern, daß Höchstderselbe — dessen Herrlichkeit und Thron mögen ewig blühen! —
den flehentlichen Bitten meines Vaters und unseres Onkels gnädiges Gehör lieh
demselben alle Schulden, welche von den erlauchten Aeltern und Vorältern Seiner
Durchlaucht herrührten, zu zahlen. Sodann erfüllte derselbe seine Verbindlichkeit
mit aller Kraft und richtete dadurch Viele aus dem Staube empor, wie allgemein
bekannt, daß ihm sein Guthaben bezahlt wurde, worunter auch das gedachte ewige
Kapital von hundert und fünfzig Tausend Gulden begriffen ist, nämlich in neuen
churfürstlichen Papieren, die Hälfte von 1764 prima Jänner an bis Mai 1779,
zu vier Prozent Zinsen jährlich, und die andere Hälfte fängt prima Juli 1779
an und endigt März 1787 unverzinslich." Dieser Stiftungsvertrag ist von Mose,
Sohn R. Henoch Berlin's und Elieser Leser, Sohn R. Seligman's als Zeugen
unterschrieben.

Kann's, Isaak, der Sohn Seligman Cohen's, und David, der Sohn
Josel Wertheim's, in München, um nach zwei Monate langen Berathungen die Stiftung durch den Vertrag von Sonntag den
16. Schebat 5530 von Neuem aufzurichten. Zu diesem Kapital
kam durch die Erben Wolf Wertheimers als Ersatz der von ihm
unbezahlt gebliebenen Zinsen noch die Summe von 44,000 Gulden
hinzu, indem sie 38,000 Gulden baar und ein Haus im Werthe von
6000 Gulden der Stiftung übergaben. [1])

Das ehrenvolle Andenken, das Wertheimer beim österreichischen
Kaiserhause bewahrt blieb, offenbart der allezeit bereitwillige und
kräftige Schutz, der seiner Stiftung geleistet wurde. Die Nieder-
schrift seiner darauf bezüglichen letztwilligen Verfügungen wurde beim
Hofmarschallamte niedergelegt; noch Kaiser Franz nahm sich der Neu-
aufrichtung dieser Stiftung an, die heute noch durch ihre Wohlthaten
nah und fern, bei Gemeinden und Einzelnen, die sie bedenkt, den
Namen des großen Stifters lebendig und gesegnet erhält.

Im Unglücks- und Trauermonat der jüdischen Geschichte, am
17. Ab, den 6. August 1724 schloß in dem Eckhause der Kärtner-
straße an der Bastei zu Wien [2]) nach langem schweren Leiden Samson
Wertheimer, 66 Jahre alt, für immer seine Augen. Selbst seinem
Denkmale auf dem alten jüdischen Friedhofe in der Rossau zu Wien
hat die Zeit sich gnädig erwiesen. Blank und glänzend wie sein
Name hat der Marmor seines Grabmals sich erhalten, kein Buchstabe seiner Grabschrift ist erloschen, wie der Vollwerth seiner Persön-

---

1) Dies geht aus dem Rechtsbescheide R. Jakob Katzenellenbogens, Oberrabbiners von Oettingen, von Sonntag 17. Ab 5540 (1780) hervor, der dem
Testamente Wolf Wertheimers vom 17. Elul 5522 im Besitze der Administration
der Wertheimer'schen Familienstiftungen nach der Übersetzung David Ottensossers
beigeschlossen ist.

2) S. „Neuzeit" 4 S. 36. Ein Fragment aus einer Trauerrede über Wertheimer, die von ihm selber herrührende Auslegung der Stelle: כל תלמיד חכם שאין
שארית יעקב bо רעה נבלה טובה חימנו hat Jakob b. Joël aus Brisk in seinem
שמעתי בב"ה בהספדא של פטירת הגאון הגדול המפורסם מהדיר f. 30 b erhalten:
שמשון מוזין וכדי שידוי' שפתותיו דובבות בקבר דרש משמו ג"כ פר' המדרש הנ"ל.

lichkeit durch die Zeiten geht. Das Bild eines Eimers[1]), das im
Relief die Stirne seines Leichensteins zu seinen Häupten schmückt,

---

[1]) S. G. Stern bemerkt in seiner Copie der „Inschriften" Nr. 346 unter
Nr. 38: — s. Nr. 462 — לפעמים נקרא גם בשם (יעקב) כאשר נראה לקמן
וזה חשם בא לו בלי ספק בעת חלוי כנהוג להוסיף שם אחר מצורתך לשמו אשר
לו מיום המילה. וצורת תבנית דלי להורות על חדש שבט שנולד בו .Sollte
David Oppenheim die Grabschrift Wertheimers verfaßt haben? Jedenfalls ist es
sein Stil, in dem sie gehalten ist. Eine Pergamentabschrift der von Wertheimer's
Söhnen im Trauerjahr gesprochenen Gebete ist mit David Oppenheim's Sammlung in die Bodlejana gelangt; s. Neubauer, „Catalogue" Nr. 1203. Dank
der Freundschaft Adolf Neubauers kann ich die auch geschichtlich nutzbaren
Stücke ihrem vollen Wortlaute nach hier folgen lassen.

אל חדרים אשא בכי נהי וקינה · להאיר שופרא דבלי בארעא קא בכינא · פטירת
אמ״ר הרב הגדול המפורסם מר שמשון ווערטהיים אבד מוויננא · שהלך לעולמו יום
א׳ ר״ז מנחם פרח למניינא.

ש משון הגביר בגבורה של תורה יתהלל המתהלל ועל זאת כל חסיד יתפלל · אור
כי מצפון תפתח הרעה בגנותי גנח וילולי יליל · חערה למות נפשו ואת עצומים
יחלק שלל:

מ שמן בשרו ירזה כבשר מזבח שלמים יורם · רוח נכאה תיבש גרם · ואם
יפול עץ בדרום · מקום שיפול שם יעמוד לדין לפני יושב מרום:

ש מש בגבעון דום · תהו ובהו וחושך על פני תהום · שבת משיש לביט בדי
וקציר וקור וחום · אוי כי פנה יום:

ו יקרא שמשון ויאמר חזקני נא אך הפעם · אזן מלין יבחן וחיך אוכל יטעם ·
ואקח לי שני מקלות חובלים ונעם · חבי כמעט רגע עד יעבור הזעם:

נ חשבו המאורות שנבראו משושת ימי בראשית · כי נגזר מהבוריא עולמות בל
חשית [,] בֶן הָצֵיֹת] · יום בכי ומבוכה ואין בשורה מצאית · ביום החדא יוסר
תפארת חעכסים והמחלצות:

ו יאמר שמשון אחודה נא חידה · מהאוכל יצא מאכל לרמה ותולעה בלי מדה ·
וממתוק יצא מר מר״ח הנאמר בשמשון וילפת שני עמודי התוך בעמידה · מי
החכם ויבן את זאת ויגידה:

ו ילכוד שמשון שלש מאות שו״אלים בדבר הלכה · אשרי עין ראתה כל אלה
שמורה וערוכה · בזכות זה ינצל מדינו של גיהנם ומעמק הבכה · אולי חמת
מלך של עולם שככה:

ע ת לספור ולבכות חב׳כי בחודש החמישי · בת עמי חגרי שק ובאפר התפלשי ·
כאין עינים וכתור מת קיר אגשׁשׁר · אוי כי נפלה עטרת ראשי:

ר אש וראשון הי׳ לרוזנים רוזנים תאזינו אמרתי · יום ליום יביע אומר אזכרה
יום מותי · למה מבטן אזי יצאתי · ויבא רגז לא שלותי ולא שקטתי ולא נחתי:

ſoll, auf den Monat, in dem er geboren warb, anſpielend, das
Zeichen des Waſſermanns bedeuten. Uns will es heute wie ſein

ט וב יום המות מיום הולדו · גם כי ירבת שנים וימים ימי חלדו · ואם יכלה
הבשר בקברו ויתקיים שלדו · בעפר יתעולל קרט ושקי יתפור עלי גלדו :

ח בינו וראו אם יש מכאוב כמכאובי · רכב ישראל ופרשיו אבד אבי · אוי
ואבוי ביום ובלילה על משכבי · אשרי המחכה ליום ההוא יהי · ה' לעטרת צבי :

ר ום א' לא טו"ב למנחם · יצאה נשמתו בשנת פדת לציון תרחם · בן ששים
ושש שנה הי' לצאתו מרחם · חמול וחוס נא על הרעה תנחם :

י דעו כל הגוים בקול מר וצוחה · פזר נתן לאביונים וצדקה לעניים למשיבת
נפש נאנחה · צדקה תציל נפשו ורוחו מחיבוט הקבר ועומק שוחה · ומי ישע
ישאבון והצרה משכחה :

מ רום שלח אש בעצמותי · בכו עמי כי רבות אנחותי · מי ינחם אהלי ומי
מקים רריעותי · ואל שדי יאמר די לצרותי · אמן :

תחנה זו יאמרו בניו ערב ובקר אחר תפלתם להעלות נשמתו · ויהי · מצער
ראשיתו והמבריט סוף דבר בקדמותו · יזכור לעולם בריתו :

מדי שבת בשבתו · יזכירו נשמתו :

אל מלא רחמים רחם נא והמציא מנוחה · והסר כל תוגה צער יגון ואנחה ·
נשמת מו' הרב הגדול המפורסם אבד ור"מ מהורר שמשון בן מוהרר יוסף אשר
הי' לנו לעינים כשמש זרחה · חקרבת נשמתו תערב לפניך כקרבן עולה ומנחה :

ש משון חגבור בגבורה של תורה · להחזיק לומדים בבתי מדרשים וראשי ישיבות
גולה פזורה · ללמוד וללמד עם בני עניים מקרא ומשנה וגמרא · ולחדד בני ישיבה
בפלפול ובסברא :

מ רבה צדקה לעניים ופיזור נתן לאביונים · ליחידים ורבים נערים וזקנים
בני איתנים · הפותח שער לקבל תפלות ותחנונים · יעלה נשמתו בנשמת מלאי
מצות כרימונים :

ש תדלן ופרקליטם אשר הי' לפני מלכים ושרים · ומדוכא ביסורים קשים ומרים ·
הבורא רוח ויוצר חרים · יעלה נשמתו מעלה מעלה בעל כנפי נשרים :

· יקרא שמשון ויאמר זכרני וחזקני אך הפעם לידידים · לעשות צדקה וחסד לעם
השרידים · הנותן תורתו בקולות וברקים ולפידים · יעלה נשמתו בקהל חסידים :

נ צחו האראלים את המצוקים · ואחזו את השריון בין הדביקים · השוכן
בשמי שחקים · יעלה נשמתו בין נשמת הצדיקים :

ז כר צ דיק ל ברכה בכל תפוצות ישראל · וכמה קהלות אשר פדה משבר
והציל מחרב וממרעב בצדקתו כהררי אל · בזכותו נזכה לבנין אריאל · ובא לציון
גואל · אמן :

אחר הלמוד משמורת יאמרו תפלה זו בכוונה :

יהי רצון מלפניך שוכן מרום שוכן שחקים שמעלה נשמ(תו)[ות] הצדיקים שתתרם על
נפש רוח ונשמה של מו' מהורר שמשון בן מוהרר יוסף להעלות בישיבה עליונה .

Behälter erscheinen, aus dem Segen und Wohlthun strömte, ein Bild des Mannes, der selber ein Gefäß der göttlichen Gnade war.

לחיות מטיחתו בכבוד חמלה וחנינה · ותזכור את תורתו ומעשיו הטובים שהי׳
מקרב רחוקים וקרובים · ועשה מצות וצדקות בישראל פיזר נתן לאביונים · וחלק
כבוד לזקנים · והעמיד כמה בתי מדרשים · להחזיק לומדי תורה וראשי ישיבות
בנן של קדושים · ללמוד וללמד עם בני עניים ולחדד בני ישיבה בהלכה · אשרי
לו ככה · וכמה מאות ואלפים נפשות אשר חי׳ זו ומפרנס בימי רעב והציל מחרב
ומשבר וכילהו איתו בי׳ · וכמה קהלות אשר השתדל עבורם לפני מלכים ושרים ·
לחיות להם קיום לדור דורים · ואם ח״ו נכשל באיזה חטא · כי אין צדיק בארץ
אשר יעשה טוב ולא יחטא · הלא יסורים מכפרים שהי׳ מדוכא ביסורים קשים
ומרים · ומיחה ממרקת · וזכות הלימוד שלמדתי חיים יצילוהו מדין של גיהנם ·
אב הרחמן רחם על נשמתו על לחקל מעליו דינו · תכופר חטאו ויסיר עונו · שגנו
וחדינו · בזכות צדקת פזרינו · ומצותיו שעשה בגופו ובממונו · לב חכם ליטיב ·
האכיל תלמידי חכמים על שולחני · עובד ה׳ בכוחו ואונו · במאדו וחונו · לפני
בעל הרחמים ימצא חינו · ולא יגרע מצדיק עינו · ולא יהי׳ חמת תנינים ייט ·
ולא ישלוט רמה ותולעה בגופו ובשרו ותהדרי בטנו · ולמודינו יקובל לרצון לשובן
במעוני · לבנות ביתו כבתחילה ולכונן מקדשו על מכונו · והראינו בבנינו · ונשמחו
בתקונו · אמן:

In einem Memorbuche der Merzbacheriana cod. 61 fand ich Wertheimers Seelengedächtniß in folgender Fassung:
יזכור אלהים נשמת הגאון המפורסם מהור״ר שמשון · שהיה נשיא בא״י
ואב״ד וריש מתיבתא במדינות אונגרין והדיצל כמה נפשות מישראל וחספיק
מלמדים לבני עניים וחספיק וחמספיק כמה ישיבות ועסק בג״ח כל ימיו והלביש ערומים
וביטל כמה גזירות קשות ועסק בתורה לילות וימים בשכר זה.

Druck von W. Drugulin in Leipzig.

Druck von W. Drugulin in Leipzig.

URKUNDLICHES

AUS DEM LEBEN

SAMSON WERTHEIMERS

VON

PROF. DR. DAVID KAUFMANN.

WIEN.

BEI CARL KONEGEN.

1892.

[Zur Geschichte jüdischer
Familien . II .]

URKUNDLICHES

AUS DEM LEBEN

SAMSON WERTHEIMERS

VON

PROF. DR. DAVID KAUFMANN.

———

WIEN.

BEI CARL KONEGEN.

1892.

Inhalt.

Anhang.

Die Familie Samson Wertheimers und seine Beziehungen zu Worms.

An einer besonders hervorragenden Stelle des jüdischen Friedhofs zu Worms, in der Nähe der Gräber R. Meïrs von Rothenburg, des R. Elia Loanz und R. Jaïr Chajjim Bacharachs[1]), erhebt sich eine Gruppe von Grabsteinen, auffallend durch ihre Mächtigkeit, aber bis vor Kurzem stumm, verschlossen, namenlos. Als im Mai 1889 das hundertjährige Moos, das ihnen den Mund verschloss, entfernt wurde und die Steine wieder zu reden begannen, da waren auf einmal die so lange vermissten Gräber der Familie Wertheimer in Worms gefunden[2]).

Der älteste Stein dieser Gruppe deckt das Grab der Stammmutter des Geschlechtes, der Dienstag am 16. September 1659 verstorbenen Jütlein, Tochter Samsons, ersten Gattin Liepmann Cohen Wertheims[3]). Der Ehe ihrer Tochter mit Isak Wertheim entspross Josef Josel, der Vater Samson Wertheimers, und sein Bruder Samson, der sich in der Stadt Marktbreit in Unterfranken niederliess, wo er als Wohlthäter der Gemeinde, als langjähriger Vorsteher und Begründer ihres Gotteshauses ein unvergängliches Andenken sich gestiftet hat[4]).

---

[1]) L. Lewysohn. נפשות צדיקים Nr. 21, 32, 38.

[2]) Die Copieen der im Anhang I. mitgetheilten fünf Epitaphien verdanke ich der hingebenden Unterstützung und Sachkenntniss des Herrn Moses Mannheimer in Worms.

[3]) Nach dem Memorbuche von Worms, s. קבץ על יד III, 26. Das Memorbuch von Wertheim ist nicht mehr vorhanden. Es soll, nach einer Mittheilung des Herrn G. Thalmann daselbst, von ruchloser Hand mit einem Stein beschwert in den Main versenkt worden sein.

[4]) Nach den im Anhang II. mitgetheilten Aufzeichnungen des Memorbuches von Marktbreit, das mir Dank der Bereitwilligkeit des Gemeindevorstandes zur Benützung vorgelegen hat.

Dieser Samson blieb nicht der einzige Vertreter der Familie Wertheimer in Marktbreit. Ihm folgte dahin seine Gattin Krönle, die Tochter Josef Josels und Schwester Samson Wertheimers in Wien, der so der Schwager seines Onkels wurde. Hierher kam aber auch eine zweite Tochter Josef Josels, die am Vorabend des Mittwoch den 14. Juni 1735 als Gattin Isak Eisik b. Davids zu Marktbreit verstorbene und zu Rödelsee begrabene Mindel, die durch ihre Frömmigkeit und in der Unterstützung der Armen und Talmudbeflissenen die Traditionen ihres Elternhauses pflegte und fortsetzte. Den Schwestern folgte ein Bruder, der als Landesältester der Schwarzenbergischen Judenschaft Freitag den 11. Januar 1743 in gesegnetem Alter sein neben guten Werken auch dem Talmudstudium gewidmetes Leben beschloss.

Wenn wir so in Marktbreit drei Kinder Josef Wertheimers in angesehener Stellung wirken sehen, so scheint in Worms an seiner Seite nur Ein Sohn, Meïr oder, wie er deutsch seinen Namen unterschrieb, Mayer Wertheimer zurückgeblieben zu sein. Er hat aber die Treue für seine Heimathsgemeinde nicht durch seine Sesshaftigkeit allein, sondern auch durch redliche Bemühungen in ihrem Dienste bewiesen, als Vorsteher an ihrer Spitze gewirkt und reich begütert, wie er war, auch durch Wohlthun sich verdient gemacht. Unter Schuldurkunden der Gemeinde vom 6. Oktober 1718 und 1. Juli 1721, die er als Vorsteher unterschrieb, hat sein Namenszug sich noch erhalten. Die Bezeichnung „zum stehnernen Haus", die er in seiner Unterschrift seinem Namen hinzufügt, ist von dem massiven steinernen Baue hergenommen, der noch heute in der armseligen Umgebung von meist aus Fachwerk aufgeführten Häusern durch die schöne Architektur der Façade wie die Wölbungen der Innenräume auffällt[1]). Einen Monat vor seinem grossen Bruder, der mit seinem Lichte auch ihn erhellte, ist er Freitag den 7. Juli 1724 tiefbetrauert heimgegangen und auf dem Ehrenplatze seiner Familie beigesetzt worden. Seine Gattin Fru-

---

[1]) Nach Mittheilungen des Herrn Julius Goldschmidt in Worms, dessen gütiger Vermittlung ich auch die Einsicht in die aufschlussreichen Archivalien der Gemeinde Worms verdanke.

met, die Tochter Meïr Igersheims, ist ihm Sonnabend am
10. April 1728 im Tode gefolgt. Eine vortreffliche Tochter,
Dolzele, war in der Blüthe der Jugend, im 18. Lebensjahre,
Dienstag den 15. Mai 1714 den Eltern vorangegangen.

Neben der natürlichen Anhänglichkeit an den Geburts-
ort fesselten also Samson Wertheimer die Kindes- und Ge-
schwisterliebe an seine Heimath Worms. In Verehrung für
den ausgezeichneten Vater hatte er um die Wende des Jahrhunderts, etwa 1700, ein Lehrhaus daselbst errichten wollen,
das sein Freund, R. Meïr aus Schydlowce[1]), mit dem Ruhme
seines Scharfsinnes und seiner rabbinischen Gelehrsamkeit
hätte zieren sollen; der Ausbruch des spanischen Erbfolge-
krieges hatte diese Absicht vereitelt. Aber die Liebe und
Opferwilligkeit für Worms, die durch den greisen Vater an
der Spitze der Gemeinde genährt und gesteigert wurde, fand
andere Wege ihrer Bethätigung. Es hat sich ein einziger
Brief Wertheimers an den Vater erhalten, der ihn uns auf
der Höhe seines Ansehens und seiner Wirksamkeit, aber
auch inmitten seiner freundschaftlichen Beziehungen zu
Worms zeigt. Der nothdürftig zu neuem Leben erwachten,
nach der Einäscherung durch die Franzosen vom 31. Mai
1689 und nach zehnjährigem Exil wieder angesiedelten Gemeinde[2]) drohte in Folge einer unerschwinglichen Auflage
die Execution. Ohne die eigentliche Behörde der Juden, den
Fürsten von Dalburg[3]) und den Bischof, zu befragen, zog der
Rath die Gemeinde zu Leistungen heran, zu denen sie im
Sinne ihrer Privilegien und Verträge nicht verpflichtet war,
wie zur Zahlung der an den Landgrafen von Darmstadt
jährlich zu entrichtenden tausend Reichsthaler Soldatengel-

----

[1]) Kaufmann, Samson Wertheimer 65 n. 1. Aus der zweiten
Amtsperiode R. Meïrs zu Schydlowce datirt die für seine stille Neigung
zur Kabbala charakteristische Approbation zu Benjamin b. Jehuda Loeb
Cohen's aus Krotoschin אמתחת בנימין (Willhermsdorf 1716), die er
zu Fürth יום ה' ראש חודש טבת תע״ו auf der Durchreise ausstellte.

[2]) F. Soldan, die Zerstörung der Stadt Worms im Jahre 1689
p. 27 ff., Lewysohn in Frankel's Monatsschrift 7, 363 ff. und in Kobak's Jeschurum 4, 99 ff.

[3]) Schudt, Jüdische Merckwürdigkeiten I, 403. Zeitschrift f. d.
G. d. J. i. D. I, 280.

der. Durch die Last des Grundzinses und der Schatzungen geschwächt, ohne Bodenbesitz und Handwerk in ihrem Vermögensstande von Tag zu Tag sinkend, sah sich die Gemeinde vom Wegzuge ihrer Mitglieder und dem sicheren Ruin bedroht. Ein Rechtsbeistand, der ihre Sache gegen die Stadt hätte führen wollen, war in Worms nicht mehr zu finden. Ihre Proteste wurden verhöhnt; die Ohnmacht verwundete noch der Spott. Wertheimers Verwendung war die letzte Hoffnung, an die man wie verzweifelt sich klammerte. Da man nicht sicher war, ob die Briefe ihn in Wien treffen würden, da er damals häufig in Breslau sich aufhalten musste, wurden dieselben doppelt, nach beiden Städten zugleich ausgefertigt. Wertheimer möge eine demüthige und bewegliche lateinische Supplik ausarbeiten lassen, in der die Noth und Bedrückung der Gemeinde gebührlich zum Ausdruck gebracht werden soll. An die 2000 Jahre seien die Juden in Worms ansässig und sollen jetzt, da sie eben während dieser Kriegsläufte „die Lust ihrer Augen zugesetzt" hätten, mittellos und entblösst aus der Stadt laufen müssen. Unmöglich begehre der Kaiser, dass Jemand über seine Kraft belastet werde. Wertheimer hatte damals ein sorgenschweres Haupt; es galt die Geldbeschaffung für Einen, dem Niemand borgen mochte, für Oesterreich, das aber jetzt dringender als jemals Geld brauchte, von dem auf drei Kriegsschauplätzen das Glück seiner Waffen abhieng. Täglich ward er jetzt an den Hof berufen; weilte der Kaiser auf seinen Schlössern in der Nähe Wiens, in Laxenburg oder in Guntramsdorf, so musste Wertheimer auch dahin ihm folgen. Um 10 Uhr Nachts, schreibt er Dienstag am 2. Mai 1702 dem Vater, sei er soeben von Laxenburg zurückgekehrt, aber der Posttag ist vor der Thüre, den er jetzt so selten einhalten kann, er will dem Vater und der Gemeinde noch vor dem Wochenfeste die Beruhigung geben, dass er Alles aufgeboten, um das drohende Unheil abzuwenden, weltliche und geistliche Behörden um ihren wirksamen Schutz angegangen und daher der frohesten Zuversicht sein könne. Er hatte den Reichshofrath für die Sache gewonnen und den ihm befreundeten Erzbischof von Breslau, der zugleich Bischof von Worms war, Franz Ludwig, den Schwager Kaiser Leopolds, den Hoch- und Deutschmeister des deutschen Ritterordens[1]), dazu vermocht, wegen Einstellung der Execution an die Regierung nach Worms zu schreiben. Neben Grüssen für seinen Bruder Mayer und den Gemeindevorstand hat er aber dem Vater auch noch eine Freudenbotschaft zu bringen: R. Meïr Schydlowce, der Dank seinem Einflusse zum Rabbiner der mährischen Gemeinde Prossnitz gewählt worden war, hat vor wenigen Tagen, Ende April 1702 mit seiner ganzen Familie unter auszeichnenden Ehren dort seinen Einzug gehalten[2]).

Noch ein Denkmal der freundschaftlichen Beziehungen Wertheimers zu seiner Heimathgemeinde, das in seinen Trümmern noch die Innigkeit offenbart, die einst darin gewaltet hat, ist in der Einladung erhalten, die Wertheimer zur Hochzeit seiner Tochter Tolza mit Josef, dem Sohne R. David Oppenheims in Prag, an das Rabbinat und den Vorstand von Worms Sonntag am 14. August 1707 ergehen lässt. Es war ein Ehrentag der Gemeinde Worms, da die Kinder seiner zwei zur Zeit berühmtesten Söhne, R. Samson Wertheimers und R. David Oppenheimer's, ihren Ehebund schliessen sollten. Die Freude und Genugthuung über diese so stolze Verbindung seines Hauses leuchtet noch aus dem zerstörten Briefe, der sich vor Allem an den damals als Rabbiner von Worms wirkenden R. Naphtali Hirsch aus Spitz in Niederösterreich richtet[1]).

Josef Josel Wertheimer war es vom Schicksal vergönnt, seinen Sohn Samson die Sonnenhöhe des Glückes erklimmen und darauf verweilen zu sehen. Aber die Demuth, die ihm eingeboren war, verliess den durch ebenso seltene wie tiefe Fröm-

---

[1]) v. Eltister in Allgemeine Deutsche Biographie 7, 307 f.

[2]) Anhang III. Unter den mir vorliegenden Archivalien der Gemeinde Worms habe ich noch drei Conceptsentwürfe von Briefen an Wertheimer gefunden, auf denen meine Darstellung ruht. Nur Einer ist datirt und trägt die Ueberschrift: העתק מכתב שנכתב לאדוני מ״ו אב״ד מהורי״ר שמשון לוין ביו׳ ו׳ י״ט חשון תס״ג, die beiden andern sind undatirt und unvollständig. Von Wertheimer heisst es hier: ומ״ו חכם כמלאך אלקי׳ ידע בחכמתו מה לעשׂו.

[3]) Anhang IV.

migkeit ausgezeichneten Mann im Leben wie im Tode nicht. Gelehrt und rastlos im Gesetze, das seines Lebens Inhalt und Wonne war, forschend und sinnend, von seiner Gemeinde verehrt und bewundert, nahm er gleichwohl vor seinem Heimgange mit seinen letzten Worten seiner Umgebung das eidliche Versprechen ab, dass keine Trauerrede über ihn gehalten werden solle. 87 Jahre alt ward er Dienstag am 2. Mai 1713 in die Nähe der Edlen eingesammelt, die ihm im Leben und im Lernen Vorbild und Richtschnur waren. Mit Recht rühmt als höchstes Lob von ihm seine Grabschrift, dass er alle Genüsse dieser Welt verschmäht und dem Erzvater gleich den Stein zum Kopfkissen sich erschen habe, dass darum aber auch sein Grab eine Andachtsstätte für die Nachfahren geworden sei, an der um Abwendung jeglichen Wehgeschicks zum Himmel gefleht werde.

Der angebliche Mordanschlag auf Wertheimer, eine Episode aus der Geschichte Oesterreichs und Brandenburgs.

Wie an schwülen Tagen nicht immer Gewitter sich bilden, sondern oft gerade die heftigsten Spannungen des Luftkreises bei heiterem Himmel unbemerkt sich ausgleichen, so sind in der jüdischen Geschichte nicht immer diejenigen Gefahren die schwersten gewesen, die zum Bewusstsein kamen und die Gemüther ängstigten, sondern meist die, welche ohne Entladungsschlag über den Köpfen derer dahinzogen, die ihre Opfer hätten werden sollen. Die Geschichte solch einer gleichsam gebundenen Gefahr, die leicht in den verhängnissvollsten Wirkungen sich hätte äussern können, knüpft sich an die Namen Samson Wertheimers und Samuel Oppenheimers, die man am Ausgange des 17. Jahrhunderts in Oesterreich wie draussen im Reich als die beiden Brennpunkte alles jüdischen Interesses zu betrachten sich gewöhnt hatte.

Kaum ein halbes Menschenalter, nachdem Kaiser Leopold

unter der geistlichen Assistenz des Kardinals Kollonitsch[1]
die Juden aus Wien vertrieben hatte, waren sie, zuvörderst
eine kleine Wormser Kolonie, durch Samuel Oppenheimer
dahin zurückgeführt worden. Auf diesem heissen und wan-
kenden Boden entfaltete der rührige und zäh ausdauernde
Mann im Dienste des Kaisers und seiner Armeen eine Thätigkeit, die Aller Augen auf sich lenken musste und ganz
dazu angethan war, die Vorstellungen seiner ohnehin vom Neide
bereits als fabelhaft ausgerufenen Reichthümer ins Unge-
messene zu steigern. Was Keinem möglich war, er brachte
es zu Stande; woran alle verzweifelten, das gelang seiner
Kraft und Beharrlichkeit spielend und ständig. Wie im Besitz
einer Wünschelruthe, entdeckte er goldführende Schichten,
grub er Quellen des Kredites, wo Andere das Ende und die
Erschöpfung schreckte. Auf allen Strassen in Ungarn und im
Reich, gegen Türken und Franzosen, sah man seine Wagen
den Kaiserlichen den Proviant zuführen; dass Oesterreichs
glorreichen Feldherrn, dass Ludwig von Baden und Eugen
von Savoyen der zum Siegen aufgehobene Arm nicht entsank,
das war zum Theil sein Werk. Was alle Verschreibungen
des Staates nicht vermochten, das wirkte seine Unterschrift,
alle Handelsplätze, alle Börsen Europas standen seinen Wechseln offen; der Kredit und mit ihm die Kriegführung und
das Waffenglück Oesterreichs ruhte nicht zum Wenigsten auf
dem Vertrauen, das der Name Samuel Oppenheimers genoss.
Die Geldsummen, die durch ihn allein ins Rollen kamen,
die Proviant- und Munitionsvorräthe, die durch ihn aufgeboten und ihren Bestimmungsorten zugeführt wurden, geben
uns das Bild einer Energie und Arbeitsamkeit, die mit dem
höchsten Staunen erfüllen müssen. Die Grösse dieser Leistungen wächst noch durch die Erwägung, dass der Weg, auf
dem sie zu Stande kamen, von den grossen Gefahren und
Schwierigkeiten abgesehen, auch noch durch Hecken klein-
licher Plackereien und das Dorngestrüpp jämmerlicher Feind-
seligkeiten hindurchführte. Gleichwohl betrug schon in den
zwei Jahren von Ende 1692 bis Anfangs 1694, da Kardinal

---

[1] Kaufmann, die letzte Vertreibung der Juden aus Wien und
Niederösterreich S. 126.

Kollonitsch die Oberinspection der Hofkammer leitete, die
Schuldenlast, die Oppenheimer, um den Staat aus seiner
Nothlage zu retten, auf sich lud, mehrere Millionen[1]. Einem
Gemeinwesen ohne centralisirte Finanzverwaltung dienend,
das so noch einem jener niederorganisirten Geschöpfe ohne
Magen glich, in dem die Glieder sich selbstständig ernähren,
mit Anweisungen auf Stände- und Landtagsverwilligungen
hingehalten, die gern verweigert wurden[2], war er mit einer
Forderung von wiederholt angewiesenen, aber noch immer
unbezahlten vier Millionen in das Jahr 1697 eingetreten[3].
Damals bereits schrieb Fürst Ferdinand Schwarzenberg in
sein Tagebuch[4]: „Man hat auch diesen guten Juden zum
öfftern gemahnt, dass wenn er zu tief mit der Kammer sich
einliesse, er leichtlich stecken bleiben würde“.

Diese ausgebreitete und ausserordentliche Kraftent-
faltung, die allerdings in zahlreichen Gnadenbezeigungen des
Kaisers ihre Anerkennung fand und schon dadurch allein,
dass sie geduldet wurde, ihre Nothwendigkeit und Berech-
tigung bewies, speicherte aber auch allgemach gegen Oppenheimer eine Summe von Missvergnügen, Neid und übler
Nachrede auf, die nur darauf lauerte, ihn zu verderben. War
diese Vielgeschäftigkeit eines Juden, seine Allgegenwart und
Unentbehrlichkeit schon herausfordernd genug, so galt vollends
sein Gewinn in den Augen der Feinde als Raub, seine Bereicherung als Verbrechen. Dazu kam noch das Gehässige,
das dem Verpflegsgeschäfte vom Hause aus anhaftet, der tief
eingerissene Erbschaden der Lieferungen, die Bestechlichkeit,
die am Allerwenigsten der Jude zu besiegen unternehmen
konnte, den man durch auf Geld berechnete Quälereien und
Ungerechtigkeiten erst recht zu brandschatzen sich ordentlich
verschwören durfte. Aber die Fäulniss und Verrottung war
vorhanden, und wenn auch die Behörden als mit einer That-

---

[1] Joseph Maurer, Cardinal Leopold Graf Kollonitsch S. 332 —
341. Schon diese keineswegs erschöpfenden Angaben Maurer's ergeben
eine Summe von 2,733.600 Gulden als Forderungen Oppenheimers.

[2] E. v. Ottenthal in Mittheilungen des Instituts für oesterrei-
chische Geschichtsforschung XI, 89 ff.; H. J. Bidermann, Geschichte
der österreichischen Gesammt-Staats-Idee 1526—1804 I, 39 ff.

[3] Maurer 355.

[4] Ib. und S. 528 n. 39.

sache mit ihr rechneten, so war es doch so leicht, die Schuld
daran dem Juden aufzuladen und gegen den, der gezwungen
war, in den Sumpf zu steigen, den Anwurf zu erheben, dass
er das Wasser getrübt habe.

Am Ungeduldigsten und Unduldsamsten verfolgte Oppenheimers Wirken Kardinal Kollonitsch, der auch als
Erzbischof von Gran und Primas von Ungarn nicht aufgehört hatte, sein Licht in der Finanzleitung Oesterreichs
leuchten zu lassen. Aber es war dem Manne nicht bei-
zukommen; Sauberkeit in der Geschäftsführung, die Sorge
dafür, dass man ihm Nichts anhaben konnte, war selbst,
wenn nicht schon die Redlichkeit ihn dazu getrieben haben
sollte, ein Gebot der Klugheit, eine Pflicht der Selbster-
haltung, zumal in einer so hervorragend öffentlichen Thätigkeit, unter den Augen von tausend lauernden Feinden
mit hassgeschärftem Gesicht. Vergebens suchte daher Kollonitsch, ihn aus dem Sattel zu heben; es war nicht Oppenheimers Schuld, dass er nicht zu umgehen war. Wie eine
Erlösung aus verzweifelter Noth musste es die Hofkammer
begrüssen, als es Anfangs 1697 sich darum handelte, die Ver-
proviantirungsverträge für die Kriegsschauplätze in Ungarn
und am Rhein zu schliessen, da der Kaiserstaat den letzten
Schlag gegen den Erbfeind zu führen hatte, dass Oppenheimer sich bereit fand, die Abschlüsse zu unternehmen
und mit der unbedeutenden Anzahlung von 100,000 Gulden
sich zu begnügen. Wohl hatte Kollonitsch sich zu der Ge-
genaction aufgerafft, ein geistliches Consortium aufzustellen,
und in der Conferenz vom 8. März 1697 den Vorschlag gemacht, wenigstens die Lieferung für die Rheinarmee einem
der geistlichen Reichsstände, dem Bischof von Würzburg,
im Verein mit den Prälaten von Weingarten und St. Blasien
zu übertragen, was er auch durchsetzte, aber schon fünf
Tage, nachdem man den Vertrag mit Oppenheimer aufgehoben
hatte, musste Kollonitsch das Projekt, bei dem angeblich für
den Staat so viel zu gewinnen war, als unausführbar zurückziehen[1]). Die Uebergabe der Proviantirung in Ungarn

---

[1]) Maurer 355 berichtet von 300,000, um welche die geistlichen Lieferungen billiger sein sollten. Feldzüge des Prinzen Eugen von Savoyen I. Ser. II. Band 41 n. 1 wird der Gewinn sogar auf 450,000 fl. beziffert.

an Oppenheimer hatte der Hofkriegsrath in seinem Referate vom 22. Februar 1697 dem Kaiser bereits mit der Begründung empfohlen, dass die Hofkammer „selbe zu bestreiten versichert, wenn Euer Majestät sich auf ihr eingereichtes allerunterthänigstes Referat, in welchem dieselbe die Rationes weitläufig angeführt, Allergnädigst resolviren wollen, dass solche dem Juden überlassen werde; ausser dessen aber wusste sie nicht zu versprechen, wie sie mit baaren Mitteln hiezu würde aufkommen können"[1].

Von einem Monopol Oppenheimers kann der Wahrheit gemäss aber schon darum keine Rede sein, weil, abgesehen von den Reichen und Städten, von den geistlichen und weltlichen Ständen und Körperschaften, von den Adeligen und Bürgerlichen, von den Kirchenfürsten und Officieren, an die Oesterreich Gelder schuldig war, auch jüdische Concurrenten auftraten, bei denen Anlehen aufgenommen und Lieferungen bestellt wurden. Zum höchsten Ansehen unter ihnen war der an Oppenheimers Seite zur Selbstständigkeit gediehene Samson Wertheimer emporgestiegen, dessen in Reichthum und Gelehrsamkeit gleich tief gewurzelte Autorität in seiner Glaubensgemeinschaft durch die Gnade seines Kaisers noch befestigt und erhöht wurde. Ursprünglich als Verwandter und Bestellter Oppenheimers in seinen Geschäften thätig, war er allgemach zur Unabhängigkeit und zu Unternehmungen auf eigene Rechnung und Gefahr fortgeschritten und in der Sonne der Hofgunst zur Entfaltung aller seiner Gaben und zu mächtigem Einflusse gelangt. In dem Voranschlage der Bedeckung des Baargeld-Erfordernisses für die Armeen in Ungarn und am Rhein während der Feldzüge von 1697 erscheint daher bereits ein Staatsanlehen von 517,000 fl., abgeschlossen mit Wertheimer, und ein zweites für die Sommergebühr der beiden Armeen in der Höhe von 380,000 Gulden[2].

Während so an der Donau Oppenheimer und Wertheimer, ihre Gönner verpflichtend, ihre Feinde entwaffnend, Jeder an seinem Theile sann und sorgte und in stetigem ge-

[1] Feldzüge, ib. 405.
[2] Feldzüge ib. 39.

deihlichen Wachsthum immer inniger mit der neuen Heimath verwuchsen, brachte das geschäftige Gehirn eines ruch-
losen Müssiggängers fern am Rhein an der Westgrenze des
Reiches die beiden Namen in eine Verbindung, die leicht
den Untergang Beider, aber auch den Ruin ihrer Glaubensbrüder weit und breit hätte herbeiführen können. Nikolaus
Peter von Edelack[1]), genannt Peters, ein wahres Ueberlebsel
aus den schlimmsten Tagen des dreissigjährigen Krieges, so
hiess der Brave, nein, der Bravo, der nach einer Reihe klein-
bürgerlicher Schlechtigkeiten, die nur die Gerichte beschäftigten, durch die Erfindung des Mordanschlages Samuel Oppenheimers gegen Samson Wertheimers zum Range eines
geschichtlich gebrandmarkten Schurken sich erhob. Ein
Werber und Soldatenhändler, ein Parasit des Krieges, der
den Weibern die Heirath, den Wirthen die Zeche schuldig
blieb, von Handwerk savoyischer Oberst, von Beruf Wechselfälscher, hatte er, nachdem er auf so viel Schauplätzen mit
Betrügereien sich bedeckt hatte, Wesel zu seinem Hauptquartier ausersehen, von wo er seine Streifzüge in deutschen
und anderen Landen unternehmen konnte. Im Land von
Cleve, Cöln, Frankfurt, Berlin und in Savoyen hatte er
Frauen beschwatzt und Männer betrogen; von seinen Thaten wusste wenig die Kriegsgeschichte, um so mehr aber
der Wirth in den drei Linden zu Sachsenhausen oder der
in der Windmühle zu Fürth zu erzählen. Diesen hatte er
durch falsche Wechsel um 4000 Reichsthaler prellen wollen
und nachmals mit 150 Mann an Zahlungsstatt abgefunden,
die der Wirth an den Herzog von Würtemberg verkauft
haben soll. Auf dem Marsche nach Savoyen hatte er im Lande
des Kurfürsten von Mainz sich Garden mitgeben und in
allen Herbergen „sich herrlich tractiren lassen", statt zu be-

---

[1]) Diese Darstellung ruht auf dem im Repositorium 49 unter der
Signatur R 6 im Königl. Preuss. Geheimen Staatsarchive zu Berlin erhaltenen Urkundenmaterial, das mir Dank der hohen Liberalität der
Verwaltung in Abschriften und erschöpfenden Auszügen vorliegt. Im
k. u. k. Haus-, Hof- und Staats-Archive zu Wien hat die von der Direktion
freundlichst veranlasste Durchforschung der Correspondenz zwischen
den Höfen von Wien und Berlin aus den Jahren 1697, 1698, 1699 für
meine Zwecke keinerlei Ergebniss zu Tage gefördert.

zahlen mit der Vertröstung flunkernd, dass „wenn die Guardes würden zurück komen, alles bezahlt werden sollte." Nach der Aussage zweier Zeugen, von denen der eine als Lieutenant, der andere als Fähnrich unter ihm gestanden, bei dem Verhör zu Cleve vom 6. Dezember 1697, habe er viele Leute als Officiere angenommen, von denselben viel Geld empfangen, als man aber in Savoyen ankam, denselben die Muskete auflegen wollen, „umb den Hertzog von Savoyen und die Officiers zu betrügen", überhaupt „überall wo v. Edelack hinkommen, habe er die Leute betrogen". Zuletzt war er durch einen Haftbefehl des brandenburgischen Kurfürsten Friedrich III. von Cöln (an der Spree) den 29. März 1695 in Wesel gefangen gesetzt worden, da Siegfried Keller im Auftrage des Leipziger Banquiers David Fleischer die Anzeige gegen ihn erstattet hatte, dass er gegen falschen Wechsel 2000 Reichsthaler Fleischer entwendet habe. Als sein Versuch, durch Flucht sich der Haft zu entziehen, gescheitert war, wusste die gekränkte Unschuld alle Behörden bis hinauf zum Kurfürsten in Bewegung zu setzen; der Schadenersatz, den er für die Unterbrechung seiner Geschäfte im Dienste des Herzogs Victor Amadeus von Savoyen ansprach, bezifferte sich auf 50,000 Thaler. Nach endlosen Appellationen Kellers und Gegenvorstellungen Edelacks, nach einem ermüdenden Schriftenwechsel von Bürgermeister, Schöffen und Rath der Stadt Wesel mit dem Kurfürsten und der clevischen Regierung wurde Edelack, für dessen Freilassung der Herzog von Savoyen sich in zwei Briefen verwendete, enthaftet; eine gütliche Vergleichung mit Keller, der auf seinem Rechte bestand, hatte selbst der Oberpräsident Eberhard Freiherr von Danckelmann[1]) nicht zu Stande bringen können. In einem Bittgesuche vom 30./20. Januar 1696 an Friedrich III. hat Edelack bereits den Muth zu erklären, dass „der brandenburgische Churfürst die Hauptsache wegen des bezüchtigten Wechsels an ihm selbst abgethan und seine Unschuld der ganzen Welt vor Augen liege."

Dank dem Passeport des Herzogs Victor Amadeus[2]),

---

[1]) S. Isaacsohn, Geschichte des preussischen Beamtenthums II. 247 f.

[2]) Feldzüge I, 67; Arneth, Prinz Eugen von Savoyen I, 86 ff.

des übel berufenen Vetters Eugens von Savoyen, und dem von
Niemand controlirten Titel eines savoyischen Obersten, Dank auch
dem Schutze des preussisch-brandenburgischen Generallieutenants Friedrich v. Heyden[1]), den Kurfürst Friedrich III. jüngst
erst am 5. Juli 1695 zum General der Infanterie erhoben
hatte, fing Edelack sich wieder mit der verblüffenden Unbefangenheit zu bewegen an, die der Abenteuerer nöthig hat,
um Vergangenes abzuschütteln und neuen Unternehmungen
sich zuzuwenden. In dieser Verfassung scheint er die frucht-
bare Bekanntschaft des Vorstehers der clevischen Judenschaft Ruben Elias Gomperz gemacht zu haben, der durch
die landesbekannte Gunst des grossen Kurfürsten gegen
seinen Vater und seine ganze Familie, wie durch Reichthum
und ausgebreitete Geschäftsverbindungen in seinem Wohn-
orte Wesel in hohem Ansehen stand. R. E. Gomperz war
früher auch mit Lieferungen „im Reich und am Rhein" für
die Armeen des Kurfürsten Friedrich August II. von Sachsen, des Obercommandanten der kaiserlichen Heere in Ungarn, betraut gewesen. Da seine Forderungen nicht bezahlt
wurden und obendrein noch 25,000 Gulden, die er bei dem
Banquier David Fleischer in Leipzig stehen hatte, auf Angeben des beim Kurfürsten allvermögenden Hofjuden Berend
Lehmann[2]) in Halberstadt eingezogen worden waren, sah
er sich genöthigt, auf den Rath des Feldmarschalls von
Schöning, der ihm nur einen Christen und besonders refor-
mirte Officiere zur Eintreibung dieser Schulden empfohlen
hatte, um eine geeignete Persönlichkeit sich umzusehen[3]).
Diese schien sich ihm in Edelack darzubieten, der rasch dabei war, sich 200 Thaler zur Reise nach Dresden oder Leipzig gegen Schein auszahlen zu lassen. Als er aber, statt seiner Vertragspflicht zu folgen, sich nach Berlin begab, musste
Gomperz seine Sache selbst in die Hand nehmen und Ende
1696 sich in Wien an den Kurfürsten selber wenden, von
dessen Armeeleitung erst seine Wahl zum König von Polen
am 27. Juni 1697 den Kaiser und Oesterreich erlöste. Kaum

[1]) Allgemeine Deutsche Biographie XII. 350 f.
[2]) Kaufmann, Samson Wertheimer 85.
[3]) Nach dem undatirten Species facti unter den Akten [Nr. 60].

war Gomperz nach Wesel zurückgekehrt, als Edelack sich
wieder einstellte, als ob Nichts zwischen ihnen vorgefallen wäre ;
die Unterhandlungen, zu denen er sich neuerdings erbot, wurden
abgelehnt, die 200 Thaler Reisegeld bekam er jedoch erlassen.

Aber diese sollten keineswegs der alleinige Preis
dieser Beziehung bleiben. Durch den Verkehr im Hause des
mit Ruben Eliäs verfeindeten Jakob Gomperz in Wesel hatte
Edelack von diesem, von seinem Sohne Salomo und seinem
Schwiegersohne über die geschäftlichen Verbindungen Rubens
mit Wien und über die Rolle, die am Hofe daselbst Samuel
Oppenheimer und Samson Wertheimer bei der Negotiirung
der Staatsanlehen und im Lieferungsgeschäfte zugefallen
war, Aufschlüsse erhalten, die seinen Neid aufregten und
seine schlimmsten Anschläge heraufbeschworen. Vielleicht
war Ruben Elias in Folge seiner Beziehungen zu dem nahen
Holland bei dem Abschlusse des österreichischen Quecksilber-
anlehens[1]) von 1695 durch Samuel Oppenheimer, der es
vermittelt haben dürfte, herangezogen und auch sonst von
ihm vielfach verwendet worden. Ein Sohn seines damals
noch in Lippstadt ansässigen Bruders Benedict, nachmals
Vertrauensmannes der Generalstaaten und eines der angesehensten Finanzmänner Hollands zu Nymwegen, war überdies als Buchhalter im Hause Samuel Oppenheimers in Wien
thätig. An Nachrichten aus Wien war kein Mangel. So fand
auch die Kunde von den Bestrebungen des Kardinals Kollonitsch, den Juden aus dem Felde zu schlagen, ihren Weg
nach Wesel. Die jüdischen Kannegiesser, die vor den Ohren
Edelacks diese Vorgänge besprachen, werden schwerlich ge-
ahnt haben, was in seiner Seele dabei vorgieng, in der die
Nebel der bösen Absichten immer mehr zum Kerne eines
teuflischen Verbrechens sich verdichteten. Zuletzt war im
Frühling 1697 durch Briefe aus Wien auch noch bekannt
geworden, wie Kollonitsch dem Juden die Lieferungen aus
den Händen hatte winden wollen ; das geistliche Consortium,
das er aufstellte, hatte sich freilich auf dem Wege bis Wesel
in den Juden Wertheimer verwandelt, der dem Kardinal
hinter dem Rücken stünde. Genug, es war Edelack klar,

---

[1]) v Mensi. die Finanzen Oesterreichs 343.

dass Oppenheimer und Wertheimer zwei Concurrenten seien
und dass der am Wiener Hofe allmächtige Kollonitsch den
Oppenheimer um jeden Preis verderben wolle. Gomperz war
zuletzt in Wien und auch mit ihm in Unterhandlung gewesen.
Das musste hinreichen, um Gomperz als denjenigen zu be-
zeichnen, der im Auftrage Oppenheimers Edelack dazu ge-
dungen hatte, Wertheimer aus dem Wege zu räumen. Vor
einem preussischen Gerichte in Wesel, wo er zuständig
war, die Anzeige zu erstatten, das konnte ihm freilich nicht
in den Sinn kommen; hier kannte man ihn und auch Gomperz zu gut, als dass seine Erfindung nicht an ihrer Plump-
heit hätte zu Grunde gehen müssen. Aber am Hofe zu Wien
wird vielleicht damit Glück zu machen sein und Kardinal
Kollonitsch glauben wollen, was seinen Absichten so unerwartet und doch wie gerufen zu Statten kommt. Edelacks
Marschroute war gegeben; das Ziel hiess Wien.

Aber der Jude sollte zuvor auch noch den Strick bezahlen,
der ihm gedreht wurde. Vom Generallieutenant von Heyden,
unter dem er im letzten Jahre noch die kleine Campagne in
Brabant mitgemacht hatte, wusste er sich am 3. und 5. Mai
1697 Wechsel im Betrage von 3000 Thalern zu verschaffen,
die er sich von Ruben Elias Gomperz bezahlen liess. Als die
Wechsel in Folge eines betrügerischen Streiches Edelacks,
indem er nämlich die Wechsel contramandirte, d. h. an v.
Heyden die Weisung ergehen liess, den Betrag, wenn sie
an ihn zurückgelangen, nicht zu bezahlen, unter Protest des
Generallieutenants an Gomperz zurückkamen und Edelack
präsentirt wurden, machte er sich, nachdem er sie gewaltsam an sich genommen, damit auf und davon. Während
Gomperz sich an v. Heyden hielt und bei den Gerichten die
Bezahlung seiner Wechsel mit Kosten und Schaden forderte
und auch nahe daran war, sie durchzusetzen, da die Clevische
Regierung am 25. Juni und 2. Juli 1697 an v. Heyden den
Zahlungsauftrag ergehen liess, betrieb Edelack mit den er-
haltenen Reisemitteln die Vorbereitungen zu seiner Wiener
Expedition.

Ohne die Spur eines Beweises für den angeblichen
Mordanschlag in Händen, schuf er vor Allem ein Substrat

seiner Verläumdungen, indem er sie zu Papier brachte. Das
böse Gewissen verräth sich hier nur darin, dass er den Rath
zu diesen Aufzeichnungen von den Juden Jakob und Salomon Gomperz empfangen zu haben erklärt. Bei der Abfas-
sung dieses Tagebuches oder Protokolles seiner Anwerbung
als Meuchelmörder hatte er sich gleichsam juristischen Beistandes in der Person seines Spiessgesellen Schmidt versichert. Dieser, in Berlin zu Hause, hatte unter dem Generallieutenant v. Heyden als Auditeur gestanden und in der
letzten Campagne, die er allerdings nur von der Herberge
zu Wesel aus, genannt „die Weinberg", zu beobachten vor-
gezogen, den Titel Commissar[1]) schlechthin oder Kriegs-
commissar sich zu verschaffen gewusst. Mit raschem Blicke
begriff er sofort, wie aus dem Einfalle Edelacks eine frucht-
bare Erfindung von politischer Tragweite sich machen liesse,
und beschloss denn auch alsbald, als Gesandter dieser Affaire
sich in Wien zu etabliren. Mit seiner Hülfe ward in Wesel das
Protokoll zu Stande gebracht, an das dann noch in Wien
die letzte Hand gelegt worden sein dürfte. Ein Creditive v.
Heydens an Kollonitsch lieferte Edelack die Zündschnur in
die Hand zu der Mine, die in Wesel gegraben worden war.

Konnte das Zeugniss eines Menschen Glauben wecken,
den man nach seiner eigenen Darstellung so sehr als für
jede Schandthat feil gekannt haben muss, dass man zum
Meuchelmörder ihn zu dingen sich vermass? Zudem war
trotz aller Kniffigkeit, mit der das Protokoll angelegt wurde,
die Unwahrscheinlichkeit und das Gepräge der Lüge so
wenig zu vermeiden, dass wir noch heute diese Kennzeichen
der Mache blosszulegen im Stande sind[2]). Es gab da vor
Allem eine Klippe zu umschiffen, an der alle Erfindung
Schiffbruch leiden musste. Der Wechsel Edelacks in Gomperz'
Händen war am 8. Oktober 1696 ausgestellt; die Reise nach
Wien erfolgte erst nach dem 15. Juni 1697. Das war ein
sonderbares Assassinium, mit dem sein Vermittler sich neun
Monate trug, und ein noch seltsamerer Vermittler, der für

---

[1]) Jacobsohn a. a. o. II, 159 ff.

[2]) Vgl. den Auszug aus dem 63 Seiten umfassenden, nach Tagen
eingerichteten Protokoll im Anhang V.

das Handgeld eines so heiklen Handels sich von seinem
Banditen einen Wechsel auf 8 Wochen ausstellen lässt.
Gomperz will einen Meuchelmörder dingen und weiss nicht,
wo dieser sich aufhält. Edelack soll auf ein unklares Gerede
mit seinem Schwager blindlings nach Dresden Gomperz nachkommen. Wirklich holt er sich einen Tag, nachdem er von
Brabant heimgekehrt, bei Frau Gomperz die Angabe und reist —
nach Berlin. Ein halbes Jahr ist es von dem Handel stille, denn
erst am 10. März 1697 kehrt Edelack nach Wesel zurück, um
Gomperz nach seinem Vorhaben zu fragen. Um diese Lücke aus-
zufüllen, erfindet er eine fruchtlose Correspondenz, die er nach
Wien mit Gomperz unterhalten haben will. Zum Ueberfluss stehen
die Spiessgesellen noch untereinander in Widerspruch. Nach
einer späteren Relation Schmidts soll nämlich der Mordplan,
für den nach Edelack Gomperz schon im August oder September 1696 thätig ist, wo er mit Edelacks Schwager zu un-
terhandeln beginnt, erst bei Gomperz' Anwesenheit in Wien,
also im Dezember 1696 mit Oppenheimer verabredet worden
sein. Gomperz soll so kopflos sein, zweck- und nutzlos Monate hindurch sich Edelack ohne Garantie ans Messer zu
liefern, und Unterhandlungen mit ihm pflegen, bei denen
weder Opfer noch Auftraggeber mit Namen genannt werden,
die Edelack längst schon von Anderen erfahren haben will.
In dem krampfhaften Bestreben, durch Thatsachen sich als
eingeweiht hinzustellen, zieht Edelack auch Dinge herbei,
die Nichts mit der Sache zu thun haben. Er hat von der
Perlenschnur mit dem grossen Stein erfahren, die später aus
dem Besitze Jost Liebmann's[1], des bekannten Hofjuden von
Berlin, durch R. E. Gomperz in das Eigenthum des Kurfürsten Friedrich III. übergieng. Diese Schnur soll Gomperz,
der angeblich eben noch Bedenken trug, wieder sich in
Wien zu zeigen, Veranlassung geben, mit Edelack nach
Wien zu reisen, um dem Kaiser den Schatz anzubieten. Er,
der als Oppenheimers Mordagent auftritt und ihn nie anders
als seinen Prinzipal nennt, soll auf einmal einen Pass von
Oppenheimer zur Reise nach Wien brauchen, „als wenn er
ein Bedienter von ihm wäre".

[1] Kaufmann, die letzte Vertreibung 217 n. 1.

Wenn man schon so im Thatsächlichen diesem Lügen-
gespinnste nicht eben Feinheit nachrühmen kann, so wird
die Erfindung an den Personen, an die sie ihr Gewebe an-
knüpft, vollends zu Schanden. Von allen Juden in Oesterreich
und im Reich, gegen die ein Mordanschlag von jüdischer
Seite, an sich schon unglaublich genug, glaubhaft erscheinen
sollte, war Samson Wertheimer der Ungeeigneteste. Der Ruf
seiner Frömmigkeit und aussergewöhnlichen talmudischen
Gelehrsamkeit hatte neben der Dankbarkeit für seine Verdienste um seine Glaubensgenossen seine Person mit einer
Verehrung und Unverletzlichkeit umgeben, die fast ohne
Beispiel dastand; die angesehensten Gemeinden der Judenheit wetteiferten schon damals, die höchsten Ehren, über die
sie zu verfügen hatten, ihm zu Theil werden zu lassen[1]. Das
war der Mann, von dem der fromme und in Ehrfurcht vor
dem rabbinischen Wissen erzogene Ruben Elias Gomperz am
10. April 1697 zu Edelack gesagt haben soll, dass er längst
unter den Juden „condemnirt und verbannt" worden sei und
bereits erwürgt worden wäre, wenn sie ihre weltliche Ge-
richtsbarkeit noch besässen. Und vollends Samuel Oppenheimer als Urheber eines Meuchelmords an seinem Verwandten
und Heimathsgenossen, an dem Landesrabbiner von Böhmen
und von Ungarn! Dazu war er ein Greis geworden, ergraut
in Frömmigkeit und Unterstützung jüdischer Gelehrsamkeit,
ein Fürst im Wohlthun, ein Förderer, ein Retter, die Vorsehung seiner Glaubensgenossen, zu dem ihre Armen und
Verfolgten strömten, der ihre Gefangenen auslöste, ihnen
Gotteshäuser und fromme Werke stiften half, um jetzt von
sich sagen zu lassen, dass er mit dem Morde seines verehr-
testen und ehrfurchtgebietendsten Glaubensbruders sein Gewissen beladen habe! Zweiundsiebzig Exemplare der zwölf
Folianten des babylonischen Talmuds liess er an Schüler und
Gelehrte vertheilen, als er über die Schwelle seines 72. Le-
bensjahres trat[2]. In der Hand das Buch mit dem Ausweise
über seine Wohlthaten und die Verwendung des Zehenten

---

[1] Kaufmann, Samson Wertheimer 9 f.
[2] קונטרס ווירמייזא Worms und Wien ed. Jellinek 10.

von seinem Erwerbe, mit diesem allein unentreissbaren seiner
Besitzthümer, ohne jeden anderen Schmuck, so liess er sich
abbilden, als in seinem Todesjahre 1703 die Meisterhand
Pieters van den Berghe zu Amsterdam seine Züge festhielt
und mit preisenden Worten in Kupfer stach[1]). So recht das
Bild eines Menschen, der um schnöden Geldes willen ein
seiner Glaubensgemeinde heiliges Leben aus dem Wege räumen
zu lassen den Auftrag giebt.

Gleichwohl fand Edelack Glauben. Hatte er auch wie
ein stümpernder Dichter durch allerhand Unwahrscheinlich-
keiten seine Fabel entstellt, so war doch in Einem die Local-
farbe des Wiener Hofes getroffen: das Assassinium gieng da
in Schwang. Gegen unbequeme Nebenbuhler waren Gift und
Dolch[2]) hier an der Tagesordnung, wahre Hausmittel der
Gesellschaft. Warum sollten diese Errungenschaften der mo-
dernen Gesittung nicht auch die Juden ergriffen haben? Als

---

[1]) Das Bild im Besitze meines Schwagers Dr. J. H. Oppenheim
in Brünn trägt oben im Bogen die Ueberschrift: ונשיא למטה בני שמעון
שמואל צדקת ה' עושה עם ישראל und darunter die vier folgenden Zeilen:

הוא המשביר הגדול זקן ונשוא פנים נדיב סמורסם אב

לאביונים עושה צדקה בכל עת הרו̇ שמואל אופנהיים

בֿהמנוח הרו̇ שמעון וואלף יצ̇ו מעיר המלוכה ווינא

בצדק נחזה פניו פה ק̇ק אסטטילורדם בשנת תס̇ג לפֿק.

Pvd Berge Delineavit et Fecit Amstelodami.

Auf dem Buche, das Oppenheimer in der Linken hält, prangen die
Worte: פנקם צדקה ומעשר. Ueber Pieter van den Berghe, den Amster-
damer Zeichner und Kupferstecher, vgl. Nagler, Künstlerlexicon s. v.
Ein Lichtbild in Worten entwirft um 1697 von Samuel Oppenheimer
und den Seinen der Prager Kabbalist Mose b. Menachem Graf im zweiten
Vorwort seines ישרי לב הישרים בלבותם והמועילים (Dessau 1698): ויקהל משה
והמשפיעים שפע קודש לכל ישראל בפרט ללומדי תורה, ומספיקים כמה בתי
מדרשות בק̇ק נ̇ש ובק̇ק פרנקפורט ובכמה קהלות כי לסחיה שלח אותם
אלקי' לפני כל הגולה לשום לנו שארית בארץ ולהחיו' עם רב ולהיו' לנו
לפליטה גדולה ה̇ה הראש והקצין השתדלן המפורסם וא̇צ ראי' אשר שמו נודע
מרחקים' עושה מצות וחקים' גומל חסד לקרובים ולרחוקים' ומציל נפשו לקוחים'
ומציל עם ה' בגלות המר הזה מכמה נרושין והרפתקאות אצל המלכי' ויועציו
שריו וה' שלחו לנו לעזר מעט בגלות כמו רבי וחכמי דורות' כי̇ש המנושא
שלטת הגבורי' כהר̇ר שמואל בן האלוף הראש והקצין פרני' ומנהיג כי̇ש כהר̇ר
שמעון אופנהיים זצ̇ל ·· וכל הנלוים אליו בניו וחתניו.

[2]) S. z. B. Vehse, Geschichte des östreichischen Hofs und Adels VI.
1—12.

solch ein empfindlich störender Widerpart Oppenheimers muss aber Wertheimer in Hofkreisen um so eher damals gegolten haben, als es bekannt wurde, zu welch hoher jährlich an ihn zu zahlender Summe Oppenheimer sich verstehen musste, um ihn von der Mitbewerbung im Lieferungsgeschäfte zurückzuhalten. Des tiefsten Eindrucks auf Kollonitsch und mittelbar auf den Kaiser waren vollends jene wohl erst in Wien aufgesetzten Lichter in Edelacks Protokolle sicher, die einen Einblick in den Abgrund von Dreistigkeit und Ambition eröffneten, welcher Oppenheimer und seine Leute unter sich und im Stillen angeblich sich anmassten. Obwohl für jeden Ruhigdenkenden die Ungeheuerlichkeit, ja der Wahnwitz mit Händen zu greifen ist, der darin liegt, einem Juden jener Tage den Ehrgeiz anzudichten, er habe Hofkammerpräsident werden wollen und einen Ausländer und Juden wie R. E. Gomperz zum Trésorier général, das ist wohl zum Hofzahlmeister zu machen gehofft, so war die freche Erfindung Kollonitsch doch so willkommen, als hätte die Seele des von ihm verfolgten Oppenheimer selbst sich darin enthüllt. Die Vorstellungen, die das Schriftstück von der Art erweckte, wie man in Oppenheimers Kreise seinen Einfluss auf den Kaiser darstellte und die besten Regimenter an Meuchelmörder durch ihn verleihen liess, waren so widerwärtig und herausfordernd, dass gläubig entgegenkommende Gemüther unfehlbar Erbitterung und Empörung gegen das ahnungslose Opfer dieser Verläumdungen erfassen musste.

Als Edelack im Juli 1697 mit dem Creditive von Heydens bei Kollonitsch sich einführte, konnte er an der Aufnahme, die ihm zu Theil wurde, sofort erkennen, dass diese teuflische Erfindung die glücklichste Action seines Lebens bedeute und dass er damit an den Mann gekommen war, an den er fortan ausschliesslich sich zu halten habe. Wohl soll ihm auch Wertheimer, der kaum einen Augenblick an die Lüge geglaubt haben oder ernstlich davon beunruhigt gewesen sein dürfte, beim Obersthofmeister des Kaisers, dem Fürsten Ferdinand Dietrichstein, Zutritt verschafft haben, allein Kollonitsch blieb vom ersten Augenblick an, man möchte sagen, der Generalpächter dieser Erfindung, der sofort

entschlossen war, ihre äussersten Consequenzen zu ziehen und
die Durchführung aller dazu gehörigen Massregeln selbst in
die Hand zu nehmen. Kollonitsch, dem Ohr und Herz des
Kaisers offen stand, brauchte ihm nur das Weseler Protokoll
vorzulegen, um freie Hand und Generalvollmacht für die
Untersuchung zu erhalten, die jetzt zu führen war. Der nach
eigener Versicherung zum Meuchelmörder gedungene Denunciant erfuhr die Auszeichnung, dem engeren Verkehr des
Erzbischofs von Gran und Primas von Ungarn und seiner
Tafel beigezogen zu werden. Alsbald erschien auch Schmidt
auf dem Schauplatze, um gleicher Ehren gewürdigt zu werden.

Eine einzige Schwierigkeit stellte sich von vornherein
dem Gange der Untersuchung entgegen, das war die preussische Unterthanenschaft des Hauptbeschuldigten, des Ruben
Elias Gomperz, auf dessen Geständniss oder zum Mindesten
ordentliches Verhör nicht verzichtet werden konnte. Die
Auslieferung konnte nach staatsrechtlichen Begriffen nicht
gefordert werden, eine Untersuchung durch die kurfürstlich
brandenburgische Regierung verhiess kein Ergebniss. So begnügte man sich vorläufig damit, die Festnehmung des angeblichen Vermittlers in Wesel durchzusetzen. In einem von
Eberhard v. Danckelmann gezeichneten Schreiben an Kaiser
Leopold aus Königsberg vom 6. August/27. Juli 1697 wird
der Empfang einer kaiserlichen Zuschrift bestätigt und die
Ausführung der darin begehrten Vorkehrung zu Wesel ver-
heissen. Wirklich wird bereits am 11./1. August Ruben Elias
Gomperz, ohne dass ihm die Ursache seiner Gefangennehmung
mitgetheilt worden wäre, in die Citadelle von Wesel gesperrt,
sein Comptoir mit den Geschäftsbüchern und Briefschaften
versiegelt und so der erste Schlag in der Reihe der Gewaltthaten, die nun folgen sollten, gegen den Frieden, die Ehre
und das Leben einer Familie geführt, die, der Gnade ihres
Fürsten und des Schutzes seiner Behörden gewohnt, ahnungs-
und fassungslos diesem Ueberfall sich preisgegeben sah. An
den Credit eines der ersten Handelshäuser in clevischen
Landen war plötzlich die Axt gelegt worden, über einer weitverzweigten, seit den Tagen des grossen Kurfürsten viel-
begünstigten Familie das Gespenst des Ruins aufgestiegen. In

der Verzweiflung riefen sie eilends die Fürsprache Ernst
Augusts, des Kurfürsten von Braunschweig-Lüneburg an,
von der man sich die sicherste Wirkung auf seinen Schwiegersohn, den brandenburgischen Kurfürsten, versprochen haben
mochte. Eine Tochter des Elias Gomperz in Emmerich war
Jakob, dem Sohne des hannöverischen Kammeragenten Liepmann Cohen, genannt Leffmann Berend, nach Hannover
als Gattin gefolgt, wo sie bereits 1697 durch den Tod
ihres hochgerühmten in der Blüthe seiner Tage dahingerafften
Mannes[1]) verwittwet war. Sie und später auch ihr Sohn
konnten, gestützt auf die Verdienste Liepmann Cohens[2]) um
ihren Kurfürsten und seinen Hof, seiner Verwendung getrost
entgegensehen. Am 1. Sept. ergieng denn auch an den Kurfürsten Friedrich III. von Brandenburg das Intercessionsschreiben, dessen Fassung von warmer Theilnahme eingegeben ist:
1. Sept. 1697.

Unsere freundliche Dienste, und was wir mehr liebes und
gutes vermögen zuvor, Durchlauchtigster Fürst, Freundlichvielgeliebter
Herr Vatter-Sohn und Gevatter.

Ewwer Ld. wird dero Gefälligkeit nach ab der Copeylichen
Anlage konnen vorgetragen werden, weßgestalt Unseres gewesenen
Hoff- und Schutz-Juden Jacob Berens nachgelassene Wittib bey
Uns demühtigst nachgesuchet, wir wolten geruhen, bey Ew. Ld. dahin
zu intercediren, daß besagter Wittiben Bruder Roban Gumberts,
welcher zu Wesel, alwo er wohnhaft, auff Jhrer Kayl. M. an Ew.
Ld. geschehene requisition in dortige Citadelle in arrest gebracht
worden, gegen caution wieder loßgelaßen werden mögte. Nun ist
Uns zwar die Ursache unbekand, umb derentwillen dieser arrest
über besagten Juden verhenget worden. Wir unternehmen auch im
geringsten nicht, Ew. Ld. in dero hohem obrigkeitlichem Ambte vor-
zugreiffen. Dieweil iedoch er, der Jude Gumberts selber sowoll als
seine Anverwante, dem Vernehmen nach, in Ew. Ld. Clevischen
Landen genugsahmb gesessen seyn, und wir nicht vermuhten, daß die
Beschuldigung ein so großes betreffe, daß nicht eine caution dagegen
angenommen werden möge; Supplicantin auch vorgestellet, daß

---

[1]) Nach dem Memorbuche von Hannover starb Mose Jakob b.
Elieser Liepmann Cohen am Sonnabend den 26. שבתי 1697.

[2]) Kaufmann, Samson Wertheimer 7 n 3.

seine arrestirung, wan selbige länger dauern solte, ihr, Supplicantin und ist besagten Anverwandten obwoll unschulbig in ihrem
Handel und Credit sehr nachtheilig mit fallen würde; So geben
Ew. Lb. wir zu erwegen freund=vetterlich anheim, ob Sie nicht
vermeinen, daß auf diese Umbstände zu reflectiren, und daß in
deren betracht, salvo processu gegen annehmung der anbiethenden
Caution den arrestireten Juden wieder auf freyen Fuß zu stellen
thunlich auch der Billigkeit gemäß sey, gestalten denn Euwer Lb.
die sache dahin bestens zu recommendiren wir Uns bey obiger
Beschaffenheit nicht entlegen mögen in der sichern Hoffnung, Ew.
Lb. werden Uns darunter nicht verdenken, sondern vielmehr dieses
Unser Vorwort bey Jhro in solche consideration, wie es Ew. Lb.
weltbekanter hoher aequanimitet mit sich bringet, kommen zu lassen
belieben, als warumb Ew. Lb. wir hirmit freund=vetterlich ersuchen
und deroselben zu allen angenehmen Diensten stets gefliffen verbleiben.
Hannover den 1. Septemb. 1697.

Von Gottes Gnaden Ernst Augusts, Herzog zu Braunschweig
und Lüneburg, des Heil. Röm. Reichs Churfürst, Bischoff zu Osnabruck
Euwer Lbb.

> dienstwilliger treuer Vetter
> Vater und Gevatter
> Ernst Augusts Churfürst
> G. Hattorff.

Chur Brandenburg.

Aber schon am 8. September ergieng aus Cöln (an der
Spree) Eberhard von Danckelmanns Bescheid an den Kurfürsten zu Braunschweig-Lüneburg, Gomperz könne aus der
kaiserlicherseits requirirten Haft nicht entlassen werden, vielmehr sei abzuwarten, bis vom Hofe zu Wien die Aktion gegen
ihn eingeleitet würde.

Das Vorspiel von Wesel sollte den Vernichtungsschlag
gegen Oppenheimer nur einleiten. Man hatte in Wien nur
auf die amtliche Anzeige von der Verhaftung des R. E.
Gomperz zu Wesel gewartet, um dann gleichmässig gegen
Oppenheimer vorzugehen. Am 19. September wurden der alte
und der junge Oppenheimer, d. i. Samuel und sein Sohn
Emanuel, mit den zwei Buchhaltern des Hauses gefangen
genommen und zugleich die ganze Buchhaltung und Geschäfts-

correspondenz mit Beschlag belegt. Wenn jemals Samuel
seine sogenannte Macht zu Kopfe gestiegen sein und in seiner
Seele der Gedanke Raum gefunden haben sollte, dass er denn
doch über alle seine Glaubensgenossen sich erhoben habe
und im Bewusstsein seiner Unentbehrlichkeit sich geschützt
wähnen dürfe, dann war der Moment, da er von seiner Höhe
in die Tiefe der Schutz- und Rechtlosigkeit seiner Glaubensbrüder zurückgeschleudert wurde, eine Busse von einer Härte
und Furchtbarkeit, die er nicht verdient hatte. Mit Sturmes-
eile fuhr die Kunde dieses Ereignisses durch die deutschen
Lande, Unsicherheit und Entsetzen verbreitend, wie ein
Räthsel angestarrt, an dem nur Eines sicher stand, dass es
eine schwere Handelskrise heraufzuführen geeignet war. Wir
können noch in den Aufzeichnungen einer mitten im Ge-
schäftsleben jener Tage stehenden Frau, der Glückel Hameln[1]),
gleichsam die Wellenringe der Bewegung ablesen, die in
Folge dieses Wiener Vorfalles durch ganz Deutschland bis
nach Hamburg hin aufgeregt wurden. Ihr Sohn Natan Hameln, der mit Oppenheimer in starker Wechselverbindung
und jetzt knapp vor der Leipziger Messe durch das Ausbleiben
der sonst so unfehlbar pünktlich eintreffenden Oppenheimerischen Rimessen fast in Verzweiflung gerieth, war sicher nur
Einer von den Vielen, die durch die plötzliche Stockung des
grössten Wiener Handlungshauses ins Schwanken kamen.
Aber was bedeutete die Zerrüttung einzelner Existenzen,
wenn man der Folgen nicht achtete, die diese Massregel für
den Staat nach sich ziehen musste! Am 11. September, acht
Tage vorher also, war die Schlacht von Zenta geschlagen
worden, von der der Adlerblick und der Feuergeist Eugens
von Savoyen unmittelbar zur vollständigen Befreiung Ungarns
von dem Erbfeinde und zur dauernden Wiedergewinnung des
Landes für den Kaiser überzugehen mit Recht hoffen durfte.
Da sperrte man an der Schwelle der Jahreszeit, in der die
Proviantirung der Truppen mit ganz besonderen Schwierigkeiten verbunden war, wie zur Vorfeier der Zentaer Schlacht,
die am 21. September ganz Wien bejubeln sollte, den Mann
ein, der die Verantwortung für die Verpflegung der Armee

---

[1]) Cod. 91 der Merzbacheriana in München IV g. E. f. 148 b.

in Ungarn auf seine Schultern genommen hatte. Statt jede
Kraft in den Dienst der grossen Sache zu stellen und dem
Feldherrn bei der Verfolgung und vollen Ausnützung seines
Sieges zu helfen, um, wie Eugen am 27. September an den
Kaiser schrieb[1]), „der ganzen Christenheit die erseufzende
Ruhe und den geliebten Frieden zu manuteniren", betrieb
man Edelacks Denunciationen wie eine oberste Staatsangele-
genheit, jubelte Kollonitsch über die Gefangensetzung Oppen-
heimers wie über ein zweites Zenta, das ihm für den
Kaiser im Frieden davonzutragen geglückt war. Bereits am
21. September, wie um das glücklich Begonnene schleunigst
zu glorreichem Abschlusse zu führen, ergieng von Kaiser-
Ebersdorf aus das nachfolgende kaiserliche Schreiben an den
brandenburgischen Kurfürsten:

[Eberstorf, d. 21. 7 bris 1697. Imperator petit daß der Jude
Gomperts zur confrontation extradirt werden mögte.]

Durchleuchtig Hochgeborner, Lieber Oheimb und Churfürst.
Daß die den 7. des Monaths, und Jahrs datirte Nachricht einge-
loffen, daß der Ruben Elias Gombert Jud wegen eines von demselben ex mandato des hiesigen Oppenheimer, wider den Juden
Wertheimer, wie vorkohme, bestelten assassinij zu Wesel in ver-
haft genohmen,: habe ich den 19ten jetzt laufenden monaths die
gleichmäßige arrestirung des alten und jungen Oppenheimers, zweyer
Buchhalter, und die versicherung der Jüdischen Buchhaltey, und
schrifften gnädigst anbefohlen, welches dan auch eodem die in allen
volzogen worden. Weilen aber unumbgänglich scheinen will, daß man
zu einer genugsahmen prob des delicti, et ad processum legaliter
instruendum, die Oppenheimer, und ihre Leuth mit bemelten Gombert confrontir; Als ersuche Euer Lbd. hiemit freundt: oheimblich,
und gnädigst, Sie wollen bewilligen, und verfügen, daß man mehr-
gedachten Gombert zu vorberührten ennte wohl verwachtet, so bald
immer möglich, hieher auf Wien gegen diese meine Versicherung
schicke, daß Ew. Lbd. derselbe, wan er mit denen andern dahier
constituirt sein wird, zur Bestrafung nach Wesel, oder wohin Sie
ihn Gomberten, zu haben verlangen mögten, unfählbar zurückgeführt
werden solle; versehe mich dero weithern Willfährigkeit, und ver-

---

[1]) Feldzüge II, 171 und Supplement-Heft p. 78.

bleibe derselben mit beharlich Oheimblich willen, Kayl. Hulb, und allen guten vorderist wohl beygethan.

Geben Eberstorff, den 21. Septembris 1697.

Euer Lbden

freundwilliger Oheimb

Leopold.

Allein die Dinge nahmen doch nicht den stürmischen Verlauf, den Kollonitsch triumphirend erwartet hatte. Die Ungeheuerlichkeit der Verhaftung Oppenheimers liess sich nicht lange beschönigen, noch weniger fortsetzen, seine Gönner und Freunde am Hofe werden den Kaiser bestimmt haben, diese keineswegs im Interesse des Staates erfolgte Massregel ehestens aufzuheben, so dass bereits am 5. Oktober eine Caution Oppenheimers „mit Hand und Petschaft", gegen Verlust seiner Güter jeder Zeit einem nothwendig erscheinenden Verhöre sich stellen zu wollen, angenommen und die Enthaftung angeordnet werden musste. Auch am kurfürstlichen Hofe schien man nicht gewillt, die Auslieferung des zu Wesel in Gewahrsam gehaltenen Gomperz so ohne Weiteres aus eitel Willfährigkeit zu gestatten. Statt den zu Inquirirenden sofort nach Wien zu stellen, ergieng am 18./8. Oktober durch den wirklichen Geheimrath Johann Friedrich von Rhetius oder Rhetz von Potsdam aus die Antwort an den Kaiser, dass man zuvor Aufschluss über das Gomperz zur Last gelegte Verbrechen verlangen müsse. Die Unschuld des Verfolgten war in einem unmittelbar an den Kurfürsten Friedrich III. gerichteten Bittgesuche der Ehefrau des R. E. Gomperz vom 8. Okt./28. Sept. mit solcher Unbefangenheit dargelegt worden, wie sie nur das Bewusstsein des gekränken Rechtes eingiebt. Sie bat nicht nur um die Freilassung ihres Mannes gegen Caution, sondern auch um Verhaftung und Bestrafung Edelacks in Wien und um Ersatz des ihrem Hause zugefügten Schadens.

Schon war am 19. Oktober ein Erlass des brandenburgischen Kurfürsten von Cöln aus in diesem Sinne erfolgt, Gomperz gegen fidejussorische Caution aus der Haft zu Wesel mit der Verpflichtung zu entlassen, einer Confrontation mit Oppenheimer sich jederzeit unterziehen zu wollen, als die Gegenbemühungen von Wien aus die kurze Enthaftung vereitelten. Vergebens hatte Ruben Elias Gomperz, für den auch sein Bruder Salomo am 4. November zu Cleve durch amtliche Erklärung als Bürgen sich verhaftete, in Wesel am 1. November eine Bürgschaft dafür ausgestellt, dass er dem brandenburgischen Kurfürsten stets zum Verhöre sich stellen werde, er ahnte nicht, dass ein kaiserlisches wohl ausgestattetes und diesmal auch die Schuld des Angeklagten darlegendes Schreiben unterwegs oder im Werke sei. Das Eintreffen dieses kaiserlichen Briefes vom 27. November aus Wien veränderte die Sachlage vollkommen. Hier war Edelacks Vorgehen so dargestellt, als hätte er, nur um dem Plane Oppenheimers auf den Grund zu kommen, scheinbar, jedoch unter Vorwissen seiner Obrigkeit, mit Gomperz sich eingelassen und den Gang der Verhandlungen von Tag zu Tag in ein Protokoll eingetragen, dessen von Wien den 25./15. September datirte Abschrift dem Kurfürsten zugleich mitgeschickt wurde. Bei Oppenheimer sei auch ein Brief eines anderen Gomperz an Emanuel Oppenheimer mit Beschlag belegt worden, in dem es heisse, er solle Geld machen und sich vorsehen, der Gomperz zu Wesel sei in Arrest. „Eine ſtarke praesumption" des vorgehabten Meuchelmords bilde es ferner, „daß Oppenheimer jährlich m/36 fl. zu geben sich obligirt, darvon er sich etwa hoc modo befreyen wollen. Das Komplott solle im vorigen Jahre, da die Oppenheimer verwandt hier gewesen", gemacht worden sein. Der Inhalt dieses Protokolles sei es nun, um dessentwillen „Gomperz zu constituiren und da er läugnen wollte mit Edelack zu confrontieren sein" werde. Aber die Thatsache, dass Oppenheimer gleichwohl aus der Haft entlassen worden war, musste in dem Briefe zugestanden werden, so wenig sie geeignet war, den Glauben an den Ernst, mit dem Edelacks Denunciationen in Wien behandelt wurden, zu befestigen. Kollonitsch half nach, so viel er konnte. Am 11./1. December schrieb er dem Generallieutenant von Heyden[1]), dass er die Zahlung der 3000 Reichsthaler holländisch, zu der ihn die clevischen Gerichte verhalten wollten, verweigere, da Edelack sie als Sicherheit

---

[1]) Nach einer undatirten Relation Schmidts [Nr. 60].

und Angeld auf die bedungenen 10,000 Reichsthaler seines Lohnes an sich genommen und daher auch die Wechsel mit Recht vernichtet habe. Am 21. December schrieb er nach Berlin, um die Auslieferungsfrage endlich zu einem gedeihlichen Abschlusse zu führen.

21. December 1697.

[Eigenhändiges Mundum.]

WohlEdlgebohrner

Hochgeehrter Herr. Weillen ich vernomben dz der H. glikhlich angelangt, wie mich H. obrist wachtmaister berichtet, und weillen Ihro May. dienst und die Justitz mit sich bringet, wie auch Ihro Churf. Dhl. dienst und interesse daran gelegen, und die billigkheit erforderdt das der Jud Gumbert von Wesel hiehero ehest gebracht werde, wie dan bestwegen Ihro Kay. May. nicht allein schon 2mahl solchen begehrt und begehren laßen sowohl durch ein Handbrieff und aigen Curier, alß auch auf begehren die Causam und angebenen verbrechen, und Extract des prothocols überschikhet, ja auch dabey versprochen, nach dem examine und confrontirung nicht allein Ihro Churfürstl. Dhl. widerumb disen Juden einzuhändigen und überlifern sambt allen interesse so daraus entspringen könte in Ihro Churf. Dhl. landen und bottmeßigkheit so ist doch nichtsdestoweniger dise begehrte liferung oder erfolglaßung des Judens biß dato nicht geschehen noch erfolget, ja auch die andwort zurükhständig von Ihro Churfürstl. Dhl. an Ihro Kay. May. geblieben, und ich mir nicht einbilden kann, wo es hafftet in deme Ihro Kay. May. weder juden noch Christen dißfahlß kein unrecht verlangen zu thun laßen, aber doch denen sachen ein endt machen wollen, damit wer recht hat, recht gegeben, und dem unrechten unrecht. bitte derohalben dem H. unbeschwehrt wiewohlen unbekandter maßen H. geheimben Rath Fucks mit gelegenheit zu hinterbringen in meinen namben (welcher, wie ich glaube, mein bluets verwandter, weillen mein großmuetter ein Fuckßin von Fucksberg gewesen) ob er zu beförderung Ihro Kay. May. und Churfürstl. Dhl. diensten und der Justitz gemäß nicht allein der andwort, sondern auch der liferung und erfolglaßung des Judens verhilfflich sein wolle, welches nicht allein der billigkheit gemäß, sondern auch den gemeinen wesen beederſeits daran gelegen. erwarte eheſt ein anbwort, unb bin unb verbleibe

Meines hochgeehrten H. Comissari

Wienn den 21 Xbris 697

dienſtwilliger

Leopolb Cardl von

Kolloniz.

Auch aus einem anderen undatirt und ohne jede Angabe über Schreiber und Empfänger erhaltenen französischen Briefe lässt sich die unablässige Mühe erkennen, die Kollonitsch sich gab, um dem Brandenburgischen Hofe den Glauben beizubringen, wie viel dem Kaiser an der Auslieferung des R. E. Gomperz gelegen sei und welche ungeahnt reiche Ernte bei dieser Sache für den Kurfürsten heraussehe.

[Copie.]

I'aÿ reçu diverses lettres de Son Eminence le Cardinal de Collenits, par lesquelles il marque la satisfaction que Sa Majesté Imperiale prend de la denontiation que le Major Edelac a faite sur les affaires des Juifs. on m'en veut meme savoir bon grè, comme il plaira a Votre Exell. de voir par la copie cÿ iointe. Mais ie sais d'ailleurs que la cour Imperiale a conçu du chagrin, de ce que sa Majesté Imperiale n'a pû obtenir iusqu' icÿ, l'envoÿ du Juif d'icÿ a Vienne, pour être confronté avec celuÿ que l'on dit être le grand mobile de beaucoup de crimes ènormes. Oy m'asseure encore que la Cour Imperiale a extremement a coeur, d'être asseuré de pouvoir conter dans cette affaire, comme en toutte autre, sur le favorable appuÿ de votre Excell. Je ne doute nullement que votre Excll. ne soit dèia bien informé de tout cecÿ, mais la sinceritè et le zele que i'aÿ pour votre service, m'engage d'écrire ce mot de lettre sur ce suiet. Et comme ie suis encore persuadé, qu'il ÿ a une tres riche moisson a faire, et qu'il en resultera des avantages a S. S. E. notre maitre, au dela de ce que l'on en pourra peut-etre se figurer, et en particulier aussi pour Votre Ecll. c'est encore dans cette vüe que ie me donne l'honneur de vous le mander. Je souhaite fort d'avoir l'honneur d'entretenir votre

Excell. de bouche sur cette matiere. et i'attends ses ordres
a dessus. J'aioute encore ce mot mot avec la permission de
Votre Excell. ne seroit-il pas convenable d'avoir la complai-
sance pour sa Majesté Imperiale d'envoyer incessamment le
Juif d'icy a Vienne pour la confrontation, apres les lettres
reiterées de l'empeureur sur ce suiet. Je m'emancipe sans doute
trop, mais c'est un coeur entierement devoüé a votre service qui m'entraine. Je suis etc.

Die Einwirkung blieb nicht aus. In einem Erlasse
Friedrich III. vom 2. Jan. 1698./23. Dec. 1697 aus Cöln mit
der Gegenzeichnung des wirklichen Geheimrathes Paul von
Fuchs ward bereits die Clevische Regierung angewiesen
Gomperz von Neuem festnehmen und für die Auslieferung nach
Wien bereit halten zu lassen. In seinem Schreiben vom 11.
Januar liess der Kurfürst durch Paul v. Fuchs den Kaiser
von dieser Massregel und seiner ferneren Bereitwilligkeit
verständigen.

1./11. Januar 1698.   An den Römischen Kayser.

„Wegen des Juden Ruben Elias Gumperts,
und wird dem Kayser anheimgestellet, ob Er
denselben extradirt haben wolle."

Concept, gez. Fuchs.

Secret.

Allerdurchlauchtigster p.

Eurer Kayf. Mt. gdsts. Schreiben sub dato des 27. Nov.
jungsthin ist Mir woll behändiget worden, und habe Ich mit ge-
ziemenden respect daraus ersehen, was dieselbe wegen des von
Mir zu Wesell vergleiteten Juden Ruben Eliae Gumperts in po.
vorgehabten Assassinii ferner von Mir verlangen wollen. Gleichwie Ich Mich nun schuldig erkenne, Eurer Kayf. Mt. Verlangen
in allen Begebenheiten, so viel möglich ein genügen zu thun, auch
alles was an Mir ist beyzutragen, damit man auf den grund eines
so abscheulichen Verbrechens, welches, ob es woll nicht zum effect
gebracht, dennoch eine ernste exemplarische straffe meritiret, kommen
möge, So habe Ich sobald angeregtes Eurer Kayf. Mt. Schreiben
Mir zugekommen, die anstalt gemachet, und, wie Eure Kayf. Mt.
aus dem Copeylichem Beyschlus Jhro allergdst. vortragen zu laßen
geruhen wollen, Meiner Clevischen Regirung befehl gegeben daß
Sie obermelten Juden Gumperts, welcher sonst gegen gnugsame

caution des vorhin Ihm angelegten Arrests erlaßen gewesen, un=
verzügl. wieder in hafft bringen soll, wie außer zweifell auch nun=
mehr bereits geschehen seyn wird. Ich bin auch bereit gedachten Ju=
den Eurer Kayſ. Mt. nacher Wien abfolgen zu laßen, wan dieselbe,
wie Sie sich dazu vorhin bereits gdſt. anerbotten, Mir zuforderst
die gdſte Versicherung geben wollen daß solches der über die in
Meinen Landen vergleitete Juden Mir zustehenden Bottmeßigkeit
unnachtheilig seyn, der Jude Gumperts auch, wan die confrontation zwischen Ihm und dem Major Edellack geschehen wider nach
Meinen Landen zurückgeliefert werden soll, ohne Ihn vorhehr zur
tortur zu bringen oder sonst etwas peinliches wider Ihn vorzuneh=
men, gestalt Ich den nicht ermanglen werde, wen Eurer Kayſ. Mt.
gefällig seyn wird, Mir von demjenigen, was auf besagten Juden
gebracht werden mögte, ferner communication thuen zu laßen, Ihn
deshalb mit einer solchen Straffe zu belegen und dasjenige weiter
gegen Ihn zu statuiren, was das Recht mit sich bringet. Ich er=
warte hieruber Eurer Kayſ. Mt. gdſte resolution, deroselben an=
heimb stellend, ob Sie indeſſen zu abhohlung ermeltes Juden nötige
anstalt machen zu laßen geruhen wollen, der Ich jeder zeit mit
schuldiger devotion bin und bleibe p. Colln d. 1./11. jan. 1698.
vt.

P. v. Fuchs.

Aber es war die Arbeit Kollonitschens und das Schreiben
des Kaisers vom 27. November nicht allein, was die plötzliche Wendung in den Entschliessungen des Berliner Hofes
herbeigeführt hatte.

Kurz vor diesem Ereignisse, als die zögernde, scheinbar entgegenkommende, in Wahrheit aber nicht von der
Stelle rückende Haltung des brandenburgischen Kurfürsten
und seiner Räthe Kollonitsch ungeduldig und bedenklich zu
machen anfieng, begab sich sein Vertrauensmann Schmidt
auf die Reise, um die Auslieferungsangelegenheit am Berliner Hofe persönlich zu betreiben, zugleich aber auch in
Wesel für die Beglaubigung Edelacks und seiner Verläumdungen thätig zu sein. Dem Kurfürsten sollte vor Allem die
Ueberzeugung von dem wirklich versuchten Mordanschlage

beigebracht, das Interesse aber an der Ermittelung des Verbrechens durch Aussichten eingegeben werden, die ihm für sein Entgegenkommen vom kaiserlichen Hofe zu eröffnen wären. So würde bei der Confiscation des Oppenheimerschen Vermögens, durch die Kollonitsch den Finanzen Oesterreichs aufzuhelfen gedachte, der dritte Theil an Brandenburg fallen. Am Meisten aber war bei Friedrich III. durch die Zusage zu erreichen, dass der Kaiser für seine bei dieser grossen Staatsaction zu leistende Hülfe jetzt eher geneigt sein werde, in die Abtretung des Schwiebuser Kreises an den brandenburgischen Kurfürsten zu willigen. Kollonitsch muss für genügende Vollmachten seines Abgesandten Schmidt gesorgt haben, wenn es diesem gelang, am Berliner Hofe gehört und selbst weitgehenden Vertrauens gewürdigt zu werden.

Wie heilig ernst es ihm um den Vortheil seines Fürsten und Landes dabei zu thun war, hatte der Wackere damit bewiesen, dass er ehedem bei der Familie Gomperz, besonders bei dem ebenso begüterten als angesehenen Banquier Jakob Gomperz in Cleve einen Versuch machte, sich zur Niederschlagung des Prozesses durch Geld anwerben zu lassen. Damals wollte er für „ein Stück Geld" sich nach Wien begeben, um den Peters, wie er Edelack nannte, durch Androhung einer Aufdeckung seiner ihm wohlbekannten Schelmenstücke ängstlich zu machen und seinen Verläumdungen den Boden zu entziehen. Jetzt warb er ordentlich Zeugen für die Lüge, indem er mit dreister Sicherheit die Einzelheiten des Mordanschlages so oft den Leuten vorerzählte, bis es ihnen vorkam, dass sie längst darein eingeweiht worden wären. Er war auf dem besten Wege, Schule zu stiften und durch die verblüffende Art seines Auftretens der Legende, für die er reiste, eine Gemeinde von Gläubigen zu erwerben. Am Hofe von Berlin, im Schoosse des Geheimraths war es ihm gelungen, in der Person des Feldmarschalls und Ministers, Hans Albrecht Grafen von Barfus[1]), einen einflussreichen Anhänger der von Kollonitsch so eifrig befürworteten Sache zu gewinnen. Dieser hatte sich, wie es R. E. Gomperz nachmals in seinem Schreiben an die Geheimen Räthe vom

---

[1]) Jacobsohn II, 288 f.; Allg. Deutsche Biographie II., 60 ff.

4. Juni 1703 bezeichnete, durch „chimerique oblata", das sind eben jene von Schmidt im Auftrage des Primas Kollonitsch vorgespiegelten Luftschlösser und angeblich bedeutenden preussischen Staatsinteressen verblenden und zu ganz besonderer Strenge in der Verfolgung des unglücklichen, eben erst mit Noth der Haft entlassenen Gomperz hinreissen lassen. Barfus hatte sich noch dazu eben damals in der Gunst des Kurfürsten so mächtig erhoben, dass ihm die führende Rolle am Hofe zufiel. Im December 1697 war Eberhard von Danckelmann, der Erzieher, Freund und Rathgeber Friedrichs III. gestürzt worden[1]); es hatte ganz den Anschein, als ob Barfus, der ihm sein Entlassungsschreiben einhändigte, auch sein Erbe antreten sollte. Wirklich öffneten sich ihm auch alle Schleusen der fürstlichen Gnade; er ward zum Oberkriegspräsidenten ernannt und an die Spitze der Untersuchungscommission gestellt, die gegen Danckelmann entsendet wurde.

Aber die Aussicht auf die Wiedergewinnung des Schwiebuser Kreises musste nicht nur diesen für den Augenblick mächtigsten Günstling Friedrichs III., sondern auch die übrigen Mitglieder des Geheimen Rathes, Paul v. Fuchs vor Allen für Kollonitschens Pläne einnehmen. Wie ein Alpdruck lastete die Erinnerung an die unglückseligen an dieses Gebiet geknüpften Vorgänge auf dem Gemüthe des Kurfürsten und seiner Räthe. Friedrich III. hatte als Kurprinz am 28. Februar a. St. 1686 mündlich und durch einen schriftlichen Revers Oesterreich gegenüber sich verpflichtet, den Schwiebuser Kreis, dessen Abtretung seinen grossen Vater zum Anschluss an den Kaiser und zum feierlichen Verzichte auf alle seine schlesischen Ansprüche bewegen sollte, gleich nach seinem Regierungsantritte wieder zurückzugeben[2]). Als darauf am 22. März der grosse Kurfürst den Allianzvertrag mit dem Kaiser gegen das Zugeständniss des Schwiebuser Kreises schloss, ahnte er nicht, dass eine armselige Staatsweisheit

---

[1]) Erdmannsdörfer in Allg. Deutsche Biographie 4, 720 ff.; L. v. Ranke, zwölf Bücher preussischer Geschichte Bd. I. 431 ff.

[2]) J. G. Droysen, Geschichte der preussischen Politik III, 3. 817 ff.; v. Ranke a. a. O. 421 ff.; Th. Hirsch in Allg. Deutsche Biogr. 8, 170 ff; A. Přibram, Oesterreich und Brandenburg 1685—1686 p, 65 ff.

im geheimen Einvernehmen mit seinem Sohne sich ein Spiel mit ihm erlaubte und mit Einer Hand bereits die Zurücknahme dessen sich gesichert hatte, was sie ihm mit der anderen zu gewähren schien. Kaum hatte er die Augen geschlossen, als sein Nachfolger von Wien aus an den unliebsamen, aber nicht aus der Welt zu schaffenden Revers erinnert wurde. Nach langen und in allem Wesentlichen fruchtlosen Verhandlungen musste das 24 Quadratmeilen umfassende Ländchen, nachdem es kaum ein Jahrzehnt in brandenburgischem Besitze gewesen war, 1695 wieder an Oesterreich zurückgegeben werden[1]). Wer ihm dazu behülflich sein konnte, diese demüthigende Thatsache rückgängig zu machen, durfte somit von vornherein entgegenkommender Zustimmung beim Kurfürsten sicher sein.

So hatte sich unversehens an die Person des unglücklichen Ruben Elias Gomperz die Staatskunst und das im strengsten Sinne persönliche Interesse seines Landesherrn anzuknüpfen begonnen; der gleichgültige jüdische Kaufmann von Wesel war zu seinem Verderben plötzlich der wichtige Einsatz geworden, durch den man die so lange vergebens bekämpfte Zähigkeit des Kaisers in der Verweigerung der brandenburgischen Ansprüche zu brechen hoffen durfte. Seine Freiheit, deren er sich kaum zu erfreuen angefangen, hatte darum am Längsten gedauert. Eben hatte er mit der Ordnung seiner Schriften, mit der Wiederaufnahme seiner seit fast vier Monaten in Stocken gerathenen Handelscorrespondenz begonnen, als man ihn bei einem Gange ausser Hause aufhob und unter der militärischen Bewachung eines Unterofficiers mit vier Soldaten in seiner Wohnung zu Wesel gefangen hielt. Schon am 2. Jan. 1698 / 23. Dec. 1697 war vom Kurfürsten an die Clevische Regierung der folgende Befehl ergangen.

23. Dec. 1697. / 2. Jan. 1698.

An die Clevische Regirung.

„Wegen Verarrestirung des Juden Gumperts und deßen abfolgung nach Wien."

---

1) v. Ranke a. a. O. 423; C. Grünhagen, Geschichte Schlesiens II, 369.

Concept, gez. Fuchs.

Secret.

Friderich der III. Ch. p.

Nachdem Ihro Kayſ. Mt. abermahl gahr inſtändig von Uns begehrt, daß Wir Ihro den Juden zu Wesel Ruben Elias Gumperts abfolgen laßen mögten, hochſtgedachte Ihro Kayſ. Mt. auch Uns dabey verſchiedene Dinge, deren bemelter Jude beſchuldiget wird, communiciren laßen, welche gewis woll meritiren daß Er deshalb mit gewiſſen Leuten zu Wien confrontiret werde, Als haben Wir Uns auch dazu resolvirt, jedoch dergeſtalt, daß Ihro Kayſ. Mt., wie Sie ſich auch bereits erbotten haben, Uns durch einen ſchrifftlichen Revers verſprechen, gedachten Juden Gumperts nicht torquiren oder ſonſt etwas peinliches wider Ihn vornehmen zu laßen, ſondern nach geſchehener Confrontation Ihn wider zurück nach Wesel zu ſchicken. Es ergehet ſolchem nach an Euch Unſer gdſter Befehl alſo fort nach einlangung diſes gedachten Juden in Cörperlichen Arreſt nehmen und bis zu weiterer Verordnung woll bewachen zu laſſen, in maſſen den an Unſeren General von der Infanterie den Fh. von Heyden eine ordre hiebey kömt, die dazu nötige Manſchafft hehrzugeben p. Wie Ihr ſolches ins Werck gerichtet, davon erwarten Wir Eures berichts und ſind p. Colln d. $\frac{23\ xbr.}{2\ jan.}$ 169$\frac{7}{8}$.

vt.

P. v. Fuchs.

Der durch Paul v. Fuchs an von Heyden erlaſſene Befehl des brandenburgischen Kurfürſten, Gomperz in ſeinem Hause bewachen zu laſſen, ergieng von Cöln a. S. am 14. Januar a. St. 1698. Die Auslieferung nach Wien, vor der er und die Seinen am Meiſten zitterten, war aber in Wahrheit, was ſie nicht ahnen konnten, jetzt weniger als je zu fürchten; es ſtand ein zu hoher Preis darauf, als daß der Kaiser ſie leichterdings hätte zugeſtehen können. Um ſo ſtrenger hielt man darauf, des Unterpfandes gleichſam der neuen Verhandlungen ſich zu verſichern: Gomperz wurde auf die Feſtung nach Spandau gebracht, wo man bereits ſeit dem 20. December 1697 einen vornehmeren Gefangenen, Eberhard von Danckelmann, unbedenklich ſchmachten lieſs.

Gomperz wuſste, wer neuerdings das Verderben über ihn heraufbeſchworen hatte. Noch während ſeiner Bewachung

in Wesel beschwor er daher den Kurfürsten in einem Bittgesuche, den Auditeur, jetzt Commissär genannten Schmidt
über 31 Punkte, in denen er die belastendsten und un-
zweifelhaftesten Verdachtsgründe gegen seinen tückischen An-
greifer zusammenstellte[1]), behördlich vernehmen und zur Strafe
für diese unerhörte Beschimpfung und Schädigung eines
Unschuldigen gebührend verurtheilen zu lassen. In einem
zweiten flehentlichen Bittschreiben[2]) legte er dem Kurfürsten
auch das Verbrechen Edelacks dar, dessen freventlichen Verläumdungen durch die Freilassung der Oppenheimer längst
der Boden entzogen sei. Unter Berufung auf die seiner Auslieferung deutlich entgegenredenden Clevischen Privilegien
und seine und seiner Familie dem Lande geleisteten wohlbekannten Dienste, fleht er den Landesherrn darum an, von
seinem Vorhaben, ihn 150 Meilen weit nach Wien führen zu
lassen, abzustehen und dafür Edelack vor sein zuständiges
Gericht zu laden und die verdiente Strafe über den Verderber
verhängen zu wollen.

Schmidt war mittlerweile nach Wien zurückgekehrt, wo
er nach seinen Berliner Erfolgen von Kollonitsch noch mit
gesteigerter Wärme empfangen und behandelt wurde; er war
zum Range eines politischen Unterhändlers und brandenburgischen Vertrauensmannes emporgestiegen, von dem Keiner
Rechenschaft verlangte. Von einem Verhöre, das mit ihm
anzustellen gewesen wäre, war keine Rede; statt ihn zur
Verantwortung zu ziehen, ertheilte man ihm Vollmachten.
An Edelack war jetzt weniger gelegen. Wohl hielt Kollonitsch auch über ihm noch weiter seine Fittige gebreitet,
aber am Berliner Hofe war er entlarvt und durch die Zeugnisse die gegen ihn einliefen, in seinen wahren Motiven
durchschaut. Es war unnöthig, dass Samuel Oppenheimer am
29. Januar 1698 in einem Gratulationsschreiben an einen
ungenannten, eben erst zu neuen Würden emporgestiegenen
Gönner am Berliner Hofe sich für Gomperz einsetzte und
für dessen Bruder, den ihm befreundeten, durch Gelehrsamkeit und Wohlthun weit über seine Heimath Cleve hinaus

---

[1]) Anhang VI.

[2]) Ib. VII. Das Datum vom 2. Mai 1698 ist, da das Gesuch Nichts von
Spandau erwähnt, also von Wesel aus abgeschickt wurde, schwerlich richtig.

berühmten Levi Gomperz um Gehör bat, wenn er bei dem vielvermögenden Freiherrn die Unschuld des verhafteten Ruben darlegen werde. 29. jan. 1698.

Jhro Excellence
Hoch und wohl gebohrener Freyherr,
Gnädig hoch gebiettender Herrherr.

Gleich wie mir nichts angenehmer fallen noch mehreres erfreuen kan, als wan der Jenige, welche, dero gnad mich versichert habe, wohl ergehen und auffommen vernembe, als nehme die Kühnheit Ew. Ex^{ce.} mit diesen wenigen zeillen aufzuwarten umb meiner schuldigkeit nach sowohl zu dero avancement als auch bey abermahlig vorbeygangen Jahrwexel all ferner selbst desiderirende progressen, (und,) und prosperität zu gratuliren, und anzuwünschen nebst unterth. ersuchung, wan sich bey Ew. Ex^{ce:} /nachdeme vorhin gbst. befand sein wirdt, welcher gestalt der Ruben Elias Gumperz zu Wesel, und ich alhier auf einig ungegründetes falsches angeben ohnlangst arrestirt, und nach gehalten unterscheidlich examina des arrests wieb[er] entlassen worden sein, er Reuben Gumperz aber seither solcher entlassung wiederumb de novo mit arrest belegt worden/ wie befreundter Levi Gumperz von Cleve, des geb. Ruben anzunehmen, unterth. auffwarten werde, selbem gnädiges gehör zu geben, und pro administratione Justitiae/ deren Protector Ewer Excellence sein, doch gbst. recommandirt sein zu lassen, mithin mich und die meinige fernerhin in dero hohe gnad und Credit zu erhalten Ew. Excellence versichernd, das er Ruben seine ziemblich schon an das Tag licht gebrachte unschuldt auf alle weiß wirdt suchen zu defendiren, und wirdt des mehrern der gb. Levi Gumperz Ew. Ex^{ce:} in aller unterth. hinterbringen wissen dahin mich beziehe, und verbleibe für die hierin fals erweisende hohe gnad ich sambt die meinige lebenslang hochstens obligiret, nichts mehreres wünschend, als nur das glück undt occasion zu erlangen worin zeigen könne, wie allezeit gewesen, und Ersterkandt verharrn nach Empfehl. Gottl" protection

Ewer Excellence
Unterth. treu gehorßte
Samuel Oppenheimer
Kayserl. Factor u. Jude.

Wien, d. 29·t Jan. 98.

Der Adressat ist nicht angegeben.

Schon am 2. Februar/22. Januar ergieng durch Paul v. Fuchs ein Schreiben des brandenburgischen Kurfürsten an den Kaiser mit der Bitte, es zu gestatten, dass Edelack, dessen Anklagen nach ungünstigen Verlautbarungen über seine Person der kurfürstlichen Regierung verdächtig schienen, mit Gomperz in Berlin confrontirt werde. Edelack, so hiess es da, hätte nach Kaisers „Hof gemacht, außer allem Zweifel umb gedachten Juden da ein solch ungewitter zu erregen und Sie in solch embarras zu bringen, daß er nicht allein die 3000 Rthl., sondern auch ein viel mehreres, und wie er sich schon berühmet, viele Tonnen Goldes dabei luiren würde." Dass diese Massregel nicht etwa einen plötzlichen Umschwung der Stimmnng bei Hofe bedeutete oder als Beweis dafür gelten durfte, dass der Kurfürst der verlogenen Angeberei ein rechtzeitiges Ende zu bereiten entschlossen war, das zeigte die Thatsache, dass Gomperz weiter in unverminderter und ungemildeter Haft behalten wurde und man seiner Person ferner sich versichern zu müssen glaubte, bis volle Klarheit über diese Sache erlangt sein würde.

Gleichwohl wurde die Massregel, die nicht lange ein Geheimniss geblieben zu sein scheint, im Hauptquartier Kollonitschens als schwerer Schlag empfunden. Als vollends nach Erhalt des in Wien am 22. Februar eingelaufenen Briefes des brandenburgischen Kurfürsten der Kaiser bereits am 24. Februar seine Zustimmung dazu gab, dass Edelack mit Gumpertz auf kurfürstlichem Gebiete confrontirt werden solle, da machte der ohnmächtige Grimm der enttäuschten Sippe sich in den ehrenrührigsten Verdächtigungen gegen die Berliner Geheimkanzlei Luft. Ein Bruder Schmidts in Berlin wagte es, dem Geheimen Etats-Rathe am 24. Februar zu schreiben, das kurfürstliche Schreiben „sei gewiss von den Juden erschlichen", dem Kurfürsten „seien mit Geld erkaufte falsche testimonia der Juden" zu Ohren gekommen, das „Collegium der Geh. Cantzley habe der Juden Partey so ernstlich embrassiret". Schmidt selber wusste am 1. März bereits Barfus zu melden, Kollonitsch habe aus Wesel erfahren, dass die dortigen Juden von dem in Wien am 22. Februar angekommenen Schreiben schon mehr als zwei Wochen vorher die Copie besessen hätten, die übrigens, wie er selber wisse, sogar bereits 2 Tage unmittelbar nach dem Schreiben dem Levi Gumpertz in Cleve ebenfalls zugegangen sei. Am selben Tage berichtete ein zweiter Helfershelfer Edelacks, Dombé, der als Privatier in Wien lebte, dem brandenburgischen Kurfürsten bereits von den mächtigen Patronen Oppenheimers, dessen Forderungen an die kaiserliche Hofkammer schon 1697 sieben Millionen betragen hätten und seither noch gewachsen seien. Vergeblich liess Kollonitsch durch Schmidt immer neue Gehässigkeiten und Schauermähren über Oppenheimer nach Berlin berichten, um ihn als den bösen Feind darzustellen, dessen der Kaiser um jeden Preis sich zu entledigen wünschen müsse. Früher schon[1]) hatte Schmidt in einer Relation zu melden gewusst, wie Oppenheimers Mordplan am Wiener Hofe geglaubt werde, weil er da „wegen dergleichen und vielen andern delictis in übelm Beruff steht" und Kollonitsch mit dessen Sache betraut ist. Oppenheimer, von dessen „vor diesem verübten vielfältigen himmelschreienden Mordt- und anderen Uebelthaten itzt klare Nachrichten und Zeugnisse in Händen" seien, würde insbesondere noch beschuldigt, „er und andere mehr hätten viel Jahre her aus denen Kayserl. und Brandenb. Landen viele und grosse Summen altes Geld, Silber und dergleich geschleppet und dagegen viel schlechtes und betrügliches Geld wieder eingeführet und wären darunter genugsam Unterschleife gebraucht worden." Am 22./12. Februar ergieng an den Kurfürsten selbst ein Bericht Schmidts, es sei vorgestern ein grosser Betrug Oppenheimers im Betrage von 400,000 Gulden ans Tageslicht gekommen, er werde auch jetzt nach den Anklagen Edelacks gern Alles dargeben, was er habe, um sich zu retten, wie auch die Wiener Juden es sich grosse Summen Geldes werden kosten lassen, um nur den Handel nach dem Orient fortführen zu können. Wie viel von diesen Hallucinationen Kollonitschens zu halten sei, das sollte Friedrich III. bald aus einem Schreiben des Markgrafen Ludwig Wilhelm von Baden erfahren, das dieser von Augsburg am 9. März an ihn richtete. Der ruhmgekrönte Feldherr, der Held der Türkenkriege, der Sieger von Szlankamen, der Commandant der Reichsarmee, der General-Lieutenant Louis von Baden selber trat da mit seinem Zeugniss und in

---

1) [Nr. 61].

warmer Fürbitte für den auf so viel Kriegsschauplätzen bewährten Oppenheimer und den so unschuldig in Haft gehaltenen Gomperz ein:

Durchleuchtigſter Hochgebohrener Fürſt, freundtlich villgeliebter Herr
Vetter,

Aus dem an die Röm. Kaÿl. Maÿ. von Ew. Ld. abgelaſſen, und
mir communicirten ſchreiben habe ich über vorhin zimblich genau
gehabte Information von des ſo genannten Major v. Edlackh zu
der Oppenheimber gänzlichen ruin angeſehenen falſch- und leichtfertig
angeben, den wahren Verlauff der ſachen vernohmen, auch anbeÿ
erſehen, was Euer Ld. zu fernerer gerechtſamen unterſuchung der
ſachen gegen die Röml. Kaÿl. Maÿ. ſich anerbothen; Weillen ich
nun nicht zweifle aus hoch vernünftig angeführter raiſon, diſer
liederliche Kerl Elackh aller apparence nach zur Confrontation
mit dem unſchuldigen Juden Gumperts, und was zu ausführung
diſer Inquiſition mehreres deme anhängig, nacher Berlin werdte
folgen müſſen: So habe Euer Ld. dinſtlichſt- und freundtvetterl:
auch Inſtändigſt bitten wollen, In der ſachen, gleich dieſelbe ohnedem
ganz geneigt finde pro aequitate ſchleinigſt verfahren zu laſſen,
immaßen forderiſt denen Oppenheimber an reſtabilirung Jhres durch
ſolche Ehrenvergeſſene Imputation werlohrenen Ehr undt Credits
alles gelegen undt dadurch haubtſächlich, und alleinig wid[er] auf-
geholfen werden kan.

Jch finde mich villfältig obligirt diſer der Oppenheimber zu Jhren
gänzlichen untergang gereichendte angelegenheit, da ſolche unausgemacht
bleiben ſolte, anzunehmen, Indem dieſelbe ſchon vor lang Jahren
unter Commando Meines nunmehro in gott ruhendten Herrn Vetters Marggrafen Herman zu Baaden Ld. abſondlich beÿ der
Eroberung Philipsburg, obwoll man Jhme auch damahl vill im-
putiren wollen, aber mit wahren Grund nichts aufbringen können.
Zu Beförderung des publici, und Jhrer Kaÿl. Maÿ. Dienſten ſich
ſehr wohl und nützlich gebrauchen laſſen, ſondern auch wehrend Zeith,
als ich die Ehre habe, der Röm. Kaÿl. Maÿ. Armeen in Reich
und Hungahren zu commandiren zu allen Zeithen dheitlich?
da andere nicht aushelfen wollen oder können, durch Jhren Credit
ſolchergeſtalten an Hand gegangen, daß ich auch mehrmahlen Jhren
Eÿfer, und guten willen allerhochſt- und hohen orth anzurühmen
bewogen worden: und dahero, auf Vernehmen daß ſeÿ Oppenheimber
zu ihrem höchſten nachtheill, ſchimpf und ſchaden gefänglich eingezogen

worbten, neben ville andere benen biser Juden aufrechten Handel und Wandel bekhant war, auch sehr beklaget, dan ich gleich ob es sich schon fundiren, und Ein ander schwerlich bargethan werbten wird, von selbigen nach so villfältig mit Ihnen gehabten negotijs anderes nichts sagen kann, als daß ich sy vor das gemeine weesen ieberzeith ehrlich, und wohl Intentionirt gefunden, also Billig und gern zu Ihrer vollkommen und solchen Satisfaction verhelfen und geholfen sehen möchte, gleich Ein solch Capital delictum worburch das gesambte publicum hette leyben können, meritirt, dan nechst beme daß die Justiz in bergleich fall ohnverantwordtlich nicht versaget werden kan, also Es auch zu einem gar üblen Exempel bienen würdte, wan bergleich calumniant wie biser Betrogene Eblack wahrscheunig ist, Ehrliche leuth blos inniciren[1]), nichts Beweisen, und barzu ohngestrafft bleiben solte : Dahero Euer Lb. mich zum höchsten obligiren werbten, da sy meine hiemit in allem nach=truck in favor des Gumperts und der Beeb[en] Oppenheimber Beschehendte Interposition statt finden lassen, und anbey belieben werbten wollen von dem ferneren verlauff Einige weitere Communication zu thun, wofür Euer Lb. zu anderwertig gefälligen Diensten mich alzeith willig, und ohnermübet finden lassen werbte, als der ich ohnedem bin, und nechst meiner Empfehlung stets verharre

   Ew. Lb.   dienstwilligster

  Augspurg b. 9ten   trewer Better

   Marty 1698.   Louis M vBaden

    An Seine Churfürstl. durchl. zu Brandenburg.

Das war also der Mörder und Staatsverderber von Kollonitschens Ungnaden, Samuel Oppenheimer, für den da ein wahrer Ritter ohne Furcht und Tadel, ein Mann von so blankem Ehrenschilde und so freimüthiger Wahrheitsliebe wie der Markgraf, dieser Arm des Kaisers in so viel Schlachten, Worte und Accente so aufrichtigen Mitgefühls und so ehrenvoller Anerkennung einzusetzen sich nicht bedachte. Offenbar hatte der Markgraf vom Wiener Hofe Nachrichten erhalten, dass Edelack fallen gelassen wurde und jeden Tag seine Heimsendung zu erwarten habe. Aus Edelacks Briefen war auch deutlich das Gefühl zu lesen, dass ihm der Boden unter den Füssen zu wanken begann. Er hatte sich so ängstlich an Kollonitschens Rockschösse hängen müssen, dass er voll Bangen den Tagen entgegen sah, für die Kollonitsch in der

---

[1]) Denunciren ?

zweiten Hälfte März nach Pressburg verreisen musste. Am
19./9. März schrieb er, schwer seine Unruhe verhehlend, an
Barfus, der Kardinal würde trotz der falschen und erkauften
Zeugen, die gegen Edelack aufgestellt seien, auch ferner seiner
Angelegenheit beim Kaiser sich annehmen. An demselben
Tage beschwor er aber auch den Kurfürsten, seinen Ver-
läumdern kein Gehör zu schenken. Zehn Tage später schob
es Schmidt in einem Briefe vom 29./19. März an Barfus
bereits auf die Juden, die während der Abwesenheit des
Kardinals beim Wiener Hofe daran arbeiteten, dass Edelack
zur Confrontation nach Berlin geschickt werde. In der That
ward er denn auch noch im Monat März dazu vermocht,
Wien zu verlassen und sich in Berlin zu stellen.

Kollonitsch freilich hatte trotz der täglich sich mehrenden
Anzeichen, dass der Kaiser für seine Traumgesichte nicht
zu gewinnen sei und dass fast die letzten Fäden durchgehauen
waren, an denen Edelacks Beglaubigung hieng, nicht aufgehört, mit dem brandenburgischen Hofe unmittelbar und
durch Schmidt weiter so zu verhandeln, als ob die Vertilgung
Oppenheimers eine beschlossene Sache und jeder Schritt, der
dazu führen könne, beim Kaiser jedes Lohnes sicher sei. Es
war ihm zu schwer, von seiner Lieblingsvorstellung sich zu
trennen, als hätte er da ein Zaubermittel zu einer neuen
Judenaustreibung in die Hand bekommen. Wie wenig er die
Gespensterfurcht vor den Juden, die ihn 1670 zu ihrer Ver-
jagung aus Wien und Niederösterreich so unbedenklich hatte
beitragen lassen, auch noch später loszuwerden vermochte,
das beweist sein berüchtigtes „Einrichtungswerk des König-
reiches Ungarn", in dem er auch 1689 die Juden mit seiner
Fürsorge bedachte. Ihre Gemeinden waren verarmt und aus-
einandergesprengt[1]), er aber wusste nur mit Schmerzen davon
zu berichten, dass sie überhaupt tolerirt seien, „obschon solche
nicht allein gelegenheiten beforderen und Teckhmändl feindt viller
Sündt und Laster sondern auch quoad politicum ein stätter Landt-
schaden, Entkräfftigung der armen Unterthanen und Verwucherer aller
guten Polizey können genannt werden; daß daher dieses apostolische
Königreich von solchen wust und unrath zu reinigen auf alle weiß
zu trachten". Immer noch delirirte er davon, wie einst gegen

---

[1]) Vgl. meine Mittheilung Revue des études juives XXI, 139.

seine Opfer von Wien, dass von den Juden „viel tauſendt Sündt und Laſter auch heimbliche Morttaten und Vertuſchung deren Chriſtenkinder impune verübet werden"[1]). Es hatte ihn jetzt wieder, bevor ein Menschenalter seit 1670 zu Ende gieng, der fromme Wunsch angewandelt, zu „reinigen", wie er es verstand, oder, wie Schmitt es in seinem Schreiben an Barfuss vom 12./2. April 1698 deutlicher benennt, „die Juden aus dem Lande zu haben". In diesem Eifer haschte er nach Sommerfäden, die ihm zu Stricken für die Juden dienen sollten.

Wenn aber der brandenburgische Kurfürst, der in den letzten Jahren zur Leichtgläubigkeit für Verheissungen aus Wien wahrlich wenig Grund erhalten hatte, vielmehr an jedem Entgegenkommen von Seiten des kaiserlichen Hofes zweifeln musste[2]), gleichwohl sich bereden liess, auf Zugeständnisse von dort her sich Hoffnung zu machen, so war es neben dem unstillbaren Verlangen, die Retradition von Schwiebus aus der Welt zu schaffen, der Glaube an die Macht des Kardinals über den frommen Kaiser, die Aussicht auf die vielverheissenden Dienste des katholischen Kirchenfürsten, was ihn dabei leitete. Was nachmals der Jesuitenpater Friedrich von Lüdingshausen, genannt Wolff[3]) am Wiener Hofe für Friedrich III. bei der Erwerbung der preussischen Königskrone bedeutete, das schien für den Augenblick den weltlichen und widerhaarigen Räthen des Kaisers gegenüber die Anknüpfung mit seinem geistlichen Freunde und Vertrauensmanne Kollonitsch zu versprechen. Ihm sollte daher Schmidt nach der Instruction des brandenburgischen Kurfürsten an diesen seinen Commissar vom 17./7. März 1698 die Bereitwilligkeit seines Herren ausdrücken, mit der Bedingung, dass es ihm zu keinem Präjudiz gereiche, Gomperz bis an die schlesische Grenze auszuliefern. Er verlange jedoch, „daß pari passu beŷ Ablieferung des judens zu anigem dedomagement des großen Lucri cessantis, der Schÿbußiſche Kreÿß, ſo wie Wir ſelbigen vorhin gehabt, wieder abgetretten würde und dergeſtalt auff ewig übertragen würde, daß Uns, Unſern Nachkommen und Successoren derſelbe Kreiß beſtändig und

---

[1]) Maurer a. a. O. 275.

[2]) Vgl. die Aeusserung Pauls v. Fuchs bei A. F. Přibram, Oesterreich und Brandenburg 1688—1700 p. 126 n. 1.

[3]) Ib. 141 ff.

ohne anige weitere gegen= praestitition verbleibe, wenn schon der Jude Gumperts nichts oder doch so viel nicht aussagte, als zu Ih. Mayt. darunter führenden Zweck dienen mögte". Die katholischen Bewohner hätten nichts zu besorgen, da er, wenn er den Kreis wieder bekäme, nicht das Allergeringste vornehmen oder verändern würde, wodurch den „Statutis privilegiis und wol hergebrachten observantz des Landes, es sei in sacris oder Profanis einigermaßen" nahe getreten würde, wofür er jede Sicherheit, die man verlangen sollte, zu stellen erbötig wäre. Mit dem von Kollonitsch auf Befehl des Kaisers in Aussicht gestellten Drittel der Oppenheimer aufzuerlegenden Geldbusse giebt er sich zufrieden, nur möge Schmidt oder einem anderen dafür zu Bestimmenden gestattet werden, dem Prozesse anzuwohnen. „Ohne obiger conditionen Zustehung nun, vornehmlich ohne würkliche abtrettung von Schwiebuß, werden Wir den Juden Gumpertz nicht ausantworten". Für das zugesagte Drittel sei Liegnitz, Wohlau und Brieg als Pfand zu verlangen, in Betreff des Schwiebuser Kreises eine Resolution des Kaisers zu erwirken und später auf einen förmlichen Tractat hinzuarbeiten. Am Wiener Hofe dürfe von dieser Angelegenheit, in der äusserste Verschwiegenheit sich empfehle, Niemand ausser Kollonitsch Mittheilung gemacht werden. Selbst die Correspondenz des Kurfürsten mit dem Kaiser erfolgte in dieser Sache unter Umgehung des brandenburgischen Residenten am Wiener Hofe durch den Kardinal. So schrieb dieser am 31. März von Pressburg aus an Friedrich, er werde sein Handschreiben demnächst dem Kaiser aushändigen. In die Enge und Wärme dieser Beziehungen, zugleich aber auch in die Zusagen, die Kollonitsch zu machen gewagt haben muss, eröffnet das Dankschreiben einen Einblick, das der Kurfürst an den dienstwilligen Kardinal am 12./2. April zu richten sich bewogen fühlte.

[Churfürstl. Schreiben an den Cardinal Collonitsch]
Hochwürdiger

Aus Ew. Lb. fr. schreiben vom 31. Martij habe ich mit allem danck ersehen, wie gar willfährig dieselbe übernommen, Ihro Kayserl. Mayt. mein letztes schreiben, so Ew. Lb. aus besonderer confidentz recommandiret, Selbst zu behändigen und nechst dem Interesse von Sr. Mayt. das meinige zu befordern. Ich bin auch, da solches meistentheils einerley und in so guten Händen ist, deshalb gantz beruhiget, und sonsten hierin eines guten ausschlags als auch in alle wege versichert, daß Ew. Lb. diese, mehrmahlen sowol dem Publico als Beyder Haüser Convenienz ersprießlich befundene genaue liaison auffs neue zu verknüpfen, bemüht sein und sich dazu dieser gelegenheit bestens bedienen werden. Meines theils will ich auch Ew. Lb. rühmlichen intention mit aller möglichen facilität, und Proben meiner beständigen devotion, gegen Jhro Maÿt. und dero Erzhaus getreulich zu hülfe kommen, und nicht weniger die von Ew. Lb. mir erwiesene sonderbahre affection und freundtschaft, als welcher ich mein und meines Churf. Hauses bestes ferner angelegentlich empfehle, danckbahrlich zu erkennen stets geflißen und mit estime und ergebenheit verbleibe

Ew. Lb.

Cölln, d. 2./12. April 1698.

.. (?)

An

den Cardinal Graffen
von Collonitsch.

Als Kollonitsch mit dem Handschreiben Friedrichs III. für Kaiser Leopold nach Wien zurückkehrte, hatte sich Edelack bereits entfernen müssen. Das verhinderte den Kardinal aber nicht, den Glauben an die guten Aussichten seiner Angelegenheit auch weiter festzuhalten und mit dem Berliner Hofe ferner noch auf Grund der Voraussetzung zu verhandeln, als ob der Kaiser noch immer für Zugeständnisse von dortenher zu Gegenleistungen bereit wäre. Schmidt und Kollonitsch schlossen jetzt sich noch enger aneinander und versicherten sich gegenseitig der grossen und treuen Dienste, die sie, ein Jeder an seinem Hofe, ihrer gemeinsamen Sache leisteten; da es an Thatsächlichem gebrach, das Hoffnung hätte geben können, tröstete man sich durch Einbildungen. Am 12./2. April schrieb Schmidt an Barfus, wie Kollonitsch weiter nur des Kaisers wie des brandenburgischen Kurfürsten Interesse zu wahren und „dann auch die Juden aus dem Lande zu haben" wünsche. Wie er erzähle, hätte Oppenheimer unlängst den Beichtvater des Kaisers, damals Jesuitenpater Menegatti mit einigen tausend Ducaten zu „corrumpiren" gesucht, freilich ohne Erfolg, hierdurch aber dem Kaiser, dem davon Meldung gemacht worden sei, nur „sein und seiner Complicen böses

Gewissen und faule Sache so viel mehr decouvriret". Die unbequeme Thatsache der Heimsendung Edelacks wusste Schmidt
in einem Briefe an Barfus vom 16./6. April als völlig be-
langlos in der Weise hinwegzudeuten, dass der Kaiser einverstanden sei, Gomperz in brandenburgischen Landen mit
Edelack confrontiren zu lassen, der dann mit dem hierauf
bezüglichen Protokolle wieder nach Wien kommen sollte.
Weitere Schritte behalte sich der Kaiser vor. Aber Schmidt
kann hier bereits den Eindruck nicht verhehlen, als hätte
der Wiener Hof das Odium der Inangriffnahme dieses Prozesses auf den Brandenburgischen abladen wollen. Neben
anderen Gründen für dieses Verhalten des Kaisers sei „eine
noch weit mächtigere andere raison" massgebend, die von
Kollonitsch „mit ganz wenigen Worten bedeutet worden sei"
und die er, Schmidt, nach seiner Rückkehr am brandenburgischen Hofe mündlich darlegen werde. Gomperz musste
freilich noch immer und jetzt erst recht als wichtige Person
dargestellt werden. Kollonitsch liess daher versichern, es
werde nicht schwer halten, von Oppenheimer ein Geständniss
herauszubekommen, wenn erst Gomperz eines abgelegt haben
werde. Der Wink war deutlich, aber Schmidt sollte noch
weitere Andeutungen machen, wie man den Gefangenen von
Spandau zu einem Bekenntnisse werde zwingen können. Wäre
er halsstarrig, so könnte ihm, meint Schmitt in diesem Briefe
an Barfus weiter, mit dem, was er „zu Cöln pecciret", bedroht und obendrein einer exemplarischen Strafe dafür versichert werden, dass er sich unterstanden, Sr. Chfstl. Dchl.
Hohe Person mit dergleichen falschen Attesten abusiren zu
lassen, was Ihre Chfstl. Durchlaucht dermassen ungnädig
aufgenommen habe, dass sie fest entschlossen, deshalb allen
Juden in ihrem Lande den Schutz aufzusagen. Aber jämmer-
lich klingt die Botschaft in das Geständniss aus, „viel zu
schwer gedäucht" habe dem Kaiser die Abtretung von Schwiebus. Das waren also noch immer die Träume und Hallucinationen in Folge des kurfürstlichen Schreibens an den
Kaiser vom 1. Februar 1698, das Kollonitsch und seinen
Getreuen so schwer im Magen lag. Das muss ein fleckenloser
Mann gewesen sein, dieser Ruben Elias Gomperz, wenn alle
Arglist ihn mit nichts Anderem zu bedrohen wusste, als dass

es ihm als Verbrechen zur Last gelegt werden würde, weil
sein Kurfürst von Cöln an der Spree aus angeblich zu seinem
Schutze einzutreten sich bewogen fühlte.

Schon als Samuel Oppenheimer seinen unnöthigen Brief
nach Berlin schrieb und das Gerücht sich verbreitete, wie
er durch das Schreiben des zu Emmerich wohnenden Bruders
des R. E. Gomperz arg ins Gedränge gekommen sei, hatte
Schmidt an Barfus von den Tonnen Goldes berichtet[1], welche
die Juden im Brandenburgischen dem Kurfürsten angeboten
hätten. Oppenheimer, so meldete Schmidt, hätte an einen
gewissen Minister nach Berlin geschrieben, der Kurfürst würde
alles Mögliche erhalten, wenn nur Gomperz nicht in Wien,
sondern in brandenburgischen Landen confrontirt würde. Jetzt
war Edelack nach Berlin gebracht, von einer Auslieferung
des gefangen gehaltenen Gomperz keine Rede, aber das
sollten gleichwohl nicht die Goldtonnen der Juden gewirkt
haben, für deren glückliche Abweisung vielmehr Barfus vor
Kollonitsch von Schmidt gepriesen wurde. Dieser hatte nemlich,
wie er in seinem Schreiben vom 9. April Barfus mittheilt,
Kollonitsch gegenüber erklärt, wie viel Tonnen Goldes der
brandenburgische Kurfürst hätte haben können, wenn er sie
hätte annehmen wollen, und wie nur Barfus und „ein sicherer
vornehmer ministre, des Herrn Obercammerherrn Excellence",
von dem Schmidt diese Angabe erhalten haben will, die Annahme Anderen entgegen, die dafür sprachen, zu verhindern
gewusst hätten. Diesen Verdiensten am Berliner Hofe stellt
Schmidt die seinen und die Kollonitschens am Wiener gegenüber. Er berichtet noch immer von ernsten Unterhandlungen
wegen des Schwiebuser Kreises, wie er „wegen Religions-
Punkten", d. h. auf die wegen der katholischen Bewohner
erhobenen Schwierigkeiten mit solchen Vorstellungen zu
antworten gewusst habe, dass es gar keine Einwendungen
dagegen gab. Um dem Kaiser die Sache „zu versüssen",
habe er auch sonst das Entgegenkommen des Berliner Hofes
„wegen Empfahung der Reichslehen" und „wegen Mecklenburg Ihro Maj. satisfaction widerfahren zu lassen", freilich
nicht in bindender Form, in Aussicht gestellt. In der That war
beim Kaiser noch eine Verstimmung gegen Brandenburg seit

---

[1] [Nr. 68].

der Zeit zurückgeblieben, als sein Commissär bei seiner Einmischung in die Wirren beim Aussterben der Güstrow'schen Linie in Mecklenburg gewaltsam entfernt und so die kaiserliche Autorität als Reichsoberhaupt verletzt worden war[1]).

Aber vom Kaiser selber war kein unzweifelhaftes Zeichen dafür zu erwirken, dass er wirklich auf die Absichten seines sonst bei ihm so vielvermögenden Kollonitsch einzugehen gewillt war; die Unwahrscheinlichkeit, ihn zu bereden, wuchs vielmehr mit jedem Tage und liess sich auch auf die Dauer selbst allen gegentheiligen Versicherungen derer zum Trotze, die es anders gewünscht hätten, nicht verläugnen. In dem Handschreiben des Kaisers an den brandenburgischen Kurfürsten vom 12. April, das Kollonitsch mit einem Briefe an Barfus begleitete, war eigentlich eine ausweichende Antwort zu lesen, die alles Wesentliche unberührt liess. Auf das Schreiben des Kurfürsten und die Sendung Schmidts, so hiess es hier, inhaltsleer genug, habe er diesem durch den Kardinal v. Kollonitsch seine Meinung in Sachen des Gomperz zur Mittheilung an den brandenburgischen Kurfürsten übermitteln lassen. Eine Oppenheimerfrage bestand also für den Kaiser nicht mehr. Die Abschüttelung der österreichischen Schuldenlast durch die Gütereinziehung des ersten Staatsgläubigers, die Kollonitschens Phantasie erhitzte, war eben nicht sein Geschmack. Es war nicht Johann ohne Land[2]), der für die Zähne, die er seinem reichsten jüdischen Unterthanen ausreissen lässt, mit seinem Gelde sich bezahlt macht, nicht Philipp der Schöne[3]), der seine jüdischen Bürger aus dem Lande jagt, um ihr Vermögen zu behalten, oder dem Templerorden den Prozess und den Garaus macht, um ungehindert den Tempelraub begehen zu können, es war ein Fürst, der seliger war im Geben als im Nehmen, es war Kaiser Leopold von Habsburg, dem der Versucher mit der Idee, durch Aufhebung der Judenschulden zu zahlen, nur vergeblich sich nähern konnte. Wenn es auch unwahrscheinlich ist, was

[1]) L. v. Ranke a. a. O. 426; Přibram a. a. O. 126. Gustav Adolf von Mecklenburg-Güstrow war am 26. Oktober 1695 gestorben s. Allg. Deutsche Biogr. I, 120.

[2]) Graetz, Geschichte der Juden VII, 17.

[3]) Schottmüller, der Untergang des Templerordens I, 15 ff. 575 ff.

Schmidt an Barfus berichtete, als er von dem Prozesse noch meinte, dass „der meiste Theil der Judenschaft im Röm. Reich mit könnte impliciret werden", der Kaiser habe „gegen sein gethanes Votum auf persuasion des Kardinals" den Oppenheimer und nachgehends auch andere Juden in seine Residenzstadt aufgenommen und sei jetzt darüber beunruhigt, so trägt doch ein anderes kaiserliches Wort, das er überliefert, alle Zeichen der Glaubhaftigkeit, dass nämlich der Kaiser die Oppenheimersche Sache „mit Autorität und Beÿhülfe" des brandenburgischen Kurfürsten abgethan zu sehen wünsche, es solle nicht heissen, „mit Prozess und Confiscationen bezahle man." So machte es ganz den Eindruck, als bedauerte es der Kaiser, den die neuerweckte Zurückforderung des Schwiebuser Kreises noch obendrein verstimmen musste, der von Kollonitsch gewaltsam zu einer politischen Affaire aufgebauschten Erfindung auch nur einen Augenblick Glauben geschenkt zu haben.

Die Anwesenheit Edelacks in Berlin war wenig geeignet, die Erwartungen zu bestärken, die vom brandenburgischen Hofe an seine Sache geknüpft worden waren. Es kam ihm zu Statten, dass die Verhandlungen zwischen den beiden Höfen noch zu keinerlei Ergebniss geführt hatten. Man durfte ihn nicht in den Kerker werfen, wohin er nach all den Anzeigen, die wider ihn einliefen, unzweifelhaft gehörte, wenn man nicht dem Prozesse ein vorzeitiges Ende bereiten wollte. Ebensowenig konnte man seine Confrontation mit Gomperz vornehmen lassen, so lange von Wien kein Zugeständniss als Gegenleistung geliefert war. Er hatte aber das Gefühl, dass man seiner nur zu bald überdrüssig war und seine Gegenwart schwer und peinlich empfand. Ueber Wien war, wie Otto v. Schwerin der Jüngere am 16. April an Barfus berichtete, wenig von ihm zu erfahren; dort ward Schmidt als der eigentliche Geschäftsträger dieser Sache betrachtet, dem Edelack nur als Hauptzeuge zur Seite stand. Aus dieser unerquicklichen Lage suchte sich Edelack dadurch zu befreien, dass er den Wunsch aussprach, wieder nach Wien zu reisen und dort, wie Schwerin am 19. April an Barfus schreibt, für den Kurfürsten wegen Schwiebus zu verhandeln. Er wusste wohl selber, wie lächerlich sein An-

gebot war; man hatte an dem Einen Unterhändler in Wien
genug, dessen Sendung, wie man zu merken anfing, jeden
Tag zu Ende sein konnte. Wohl ergieng noch am 26. April
eine Instruction des brandenburgischen Kurfürsten an Schmidt
nach Wien, in der Gomperz noch immer zur Disposition
des Kaisers gestellt, auf den dritten Theil der Oppenheimer'schen Strafgelder verzichtet und nur noch die Abtretung
des Schwiebuser Kreises gefordert wird, aber die Verhand-
lung war gegenstandslos geworden, das Eis hinweggeschmol-
zen, auf das man zu bauen gedacht hatte.

Rascher, als man es selbst nach allen Vorzeichen hatte
erwarten können, war in Wien über alle Anschläge Kollonitschens das Ende hereingebrochen, zugleich die schärfste
Beleuchtung all der Anschwärzungen, die man über Oppenheimer nach Berlin zu berichten sich so eifrig hatte ange-
legen sein lassen. Am 25. April ward nicht nur der Prozess
gegen Oppenheimer in Wien niedergeschlagen, sondern auch
die von ihm geleistete Caution zurückgegeben, was nichts
Anderes bedeutete, als dass er allen Verfolgungen Kollonitschens zum Trotze in Gnaden vom Kaiser wieder aufgenommen war. Es geschah weniger aus Rücksicht gegen den
Kardinal als gegen den Kaiser selber, der sich von ihm in
diese Sache hatte hineinziehen lassen, wenn das von Johann
Eylers[1]) ausgefertigte Edict eine gedämpfte zurückhaltende
Fassung zeigt:
Von der Römisch. Kayßerl. "auch zu Hungaren und boheimb Königl.
Mayest. Ertzherzogen zu osterreich unseres Allergnbdgst Herrn, wegen
dero respective Factoren und Hoffjuden Samuel und Immanuel
Oppenheimer hiemit anzuzeigen. Demnach dieselbe zwahr wegen
eines wieder den Juden Wertheimer bestelten assassiny angegeben,
und beschuldiget, auch ein Caution unter Hand und Pitschaft, daß
sie jedes mahls sich vor gericht stellen, wiebrige fals haab und guth
verlohren haben wollen, den 5.t Octob. vorige Jahrs einzulegen
angehalten worden, solche bestellung aber aus deme, was derentwegen vorkommen, rechtl. nit eruirt, noch abgenohmen werden
können. Als haben Allerhöchstgd. Jhro Kayßerl. Mayest. ihnen
Oppenheimer den Credit wiederumben zu Stabiliren, allergbst be-
williget, und anbefohlen, daß man vorbemelte Caution wiederumbe

1) Bei Maurer a. a. O. 330 fälschlich: Eitersch; vgl. auch 44.

zu ruck geben, und ausfolgen laſſen ſolle, allermaß auch hiemit
beſchicht, deſſen man Sie erinern wolle

Denen Kayſ. Reſp̃e   Per Imperatorem
Factorn undt Hoff Juden   d. 25ț Aprilis 1698.
Samuel Oppenheimb   Johann Eÿlers.
undt Emanuel Oppen-
heimb zuzuſtellen.

Hier war mit fast widerwilligen und ebendarum noch
entscheidenderen Worten die volle Unschuld Oppenheimers
zugestanden, aber in Berlin hielt man immer noch die Zündschnur zu der Mine in Händen, aus der man das Pulver
genommen hatte. Die Schicksalswoge, von der Ruben Elias
Gomperz aufgehoben und im Festungsverliesse von Spandau
abgesetzt worden war, hatte sich zurückgezogen und ver-
laufen, er aber war weiter in seiner Haft geblieben, ohnmächtig und wie vergessen. Die Nachricht, die jetzt aus
Wien in seinen Kerker drang, verlieh ihm neue Hoffnung. Am
2. Mai verweist er in einer Bittschrift an den Kurfürsten
auf das kaiserliche Edict, durch das Oppenheimers Unschuld,
aber auch die seine ausgesprochen und zugleich erwiesen
sei, dass über Wertheimers Ermordung nicht ein Wort mit
Edelack geredet, noch überhaupt ein derartiger Plan beab-
sichtigt worden sei. Dieser sei darum zu bestrafen, er selbst
aber, wenn sein Handel nicht dem völligen Untergange preisgegeben werden solle, aus der Haft zu entlassen, in der er
unverschuldet in Spandau so lange zurückgehalten werde.
Dieses Gesuch fand an den Clevischen Landständen eine, wie
man hätte denken sollen, wirksame Unterstützung. Von einer
Bittschrift seiner Frau bewogen, waren sie von ihrer Versammlung aus am 29. und 30. Mai beim Kurfürsten für den
gefangen gehaltenen Gomperz vorstellig geworden, nicht
ohne in warmen Worten seiner Rechtschaffenheit und seiner
Verdienste um das Land zu gedenken. Sie bitten, ihm un-
parteiisches Recht widerfahren zu lassen und, was sie, besser
unterrichtet, leicht hätten sparen können, ihn nicht nach
Wien zu schicken. Gestützt auf diese Fürsprache und die
am Hofe wohlbekannten, seit so vielen Jahren dem Herzog-
thum Cleve und der Grafschaft Mark redlich gewidmeten
Dienste ihrer Familie, beschwören auch noch die Brüder

4*

und Anverwandten des Verhafteten Friedrich III., da es
sich nicht nur um seinen, sondern auch um ihren Erwerb und
Credit, d. h. bei der Ausdehnung ihrer Handelsverbindungen
um ein Landesinteresse handle, nachdem die Denunciation
durch den Kaiser aufgehoben erscheine, Ruben Elias Gomperz
auf Grund seiner Caution und der Erklärung, dass er sich jederzeit stellen wolle, wenigstens vorläufig der Haft zu entlassen.
Diesem Gesuche schloss sich auch noch die Clevische Regierung mit der Bitte an den Kurfürsten an, mit Rücksicht
auf die Bittschrift der ganzen Gomperzschen Verwandschaft
und die Fürsprache der zu Wesel versammelt gewesenen
Clevischen Stände die Sache des R. E. Gomperz baldigst
abthun zu wollen. Wenn all diese Vorstellungen noch kein
Gehör zu finden vermocht hatten, so kam jetzt noch ein
Umstand hinzu, der wohl Mitleid zu wecken geeignet schien.
Die Haft hatte die Gesundheit des Gefangenen untergraben
und seine Kräfte erschöpft. Der chur-brandenburgische Raths-
und Leib-Medicus Weise bezeugte am 30. Mai, dass Gomperz
kränkle und einer Pflegerin bedürfe. In einer Bittschrift
vom 31. Mai an den Kurfürsten erbat sich die Frau des
Ruben Elias Gomperz die Gnade, bei ihrem doppelt unglücklichen Gemahl zur Pflege zugelassen zu werden. Am 2. Juni
bestätigt der Commandant von Spandau, v. Bülow, in einem
Berichte an den brandenburgischen Kurfürsten die Kränk-
lichkeit und Pflegebedürftigkeit seines Häftlings. Aber das
waren noch immer nicht Gründe genug, die durch Nichts
begründete, aber nunmehr auch offenbar zwecklose, weil
Nichts mehr verheissende Haft aufzuheben oder abzukürzen.
Man glaubte eben, Gomperz auch jetzt noch nicht entbehren
zu können und für den Fall neuer Weisungen aus Wien,
deren Möglichkeit Kollonitsch noch ferner im Auge zu behalten rieth, auch weiter in Gewahrsam halten zu müssen.
Woche auf Woche verstrich, ohne dass man den Gefangenen
in Spandau auch nur einmal verhört oder gar Edelack ge-
genübergestellt hätte. Er wurde immer noch für die Auslieferung nach Wien bereit gehalten, die dort Niemand verlangte, und so lange dem Kaiser zur Verfügung gestellt, bis
dieser sich entschloss, die überflüssig gewordene Bereitwilligkeit endlich unzweideutig abzulehnen. Am 19. Juli schrieb er

dem brandenburgischen Kurfürsten, Gomperz sei überhaupt nicht mehr in Wien mit Edelack zu confrontiren, den er bereits im März zu diesem Behufe nach Berlin abgeschickt habe. Nur das Ergebniss dieser Confrontation sei nach Wien zu melden und die Sache schleunig zu befördern.
19. Juli 1698.

[Der Kaiser an den Churfürsten.]
„Imperator wegen Gumperts Examinirung."
Ausfertigung, gez. Leopoldt.

Durchleuchtig= Hochgeborner, Lieber Oheimb, und Churfürst.

Euer Lbd. wird zweifelsohne annoch erinnerlich sein, was Ich an dieselbe unterm 11. Februarii dis jahrs wegen des Juden Gomberts geschrieben, Es mögte nehmlichen die allem ansehen nach, vergebentliche personal stellung nach Wienn unterlaßen, herentgegen dieser Jud alda in loco über die eingeschickte indicia examinirt, mit dem Edlackh confrontirt, vnd so dan, was herauskohmen wurde, hieher communicirt werden. Weilen nun der Oppenheimer dahier in großen Liferungen steckhet, vnd seinen credit zu salviren bittet, besagter Gomberts auch dahin angewisen ist, daß bey Euer Lbden er seine behelff anbringen, und außführen solle; Alß bleibt die Sach zu deroselben völlig remittirt. Worzu unter andern mich Euer Lbd. den 1. Febr. wider bemelten Edlackh abgelassene nach=richten bewogen. Vnd ist er Edlackh dahin zu reisen, noch im Martio von meiner Hoff Cammer abgefertiget worden. Solchemnach ersuche Euer Lbd. hiemit Freündt= Oheimblich und gnädigst, Sie wollen verfügen, daß der handel wegen des Gomberts der Justitz gemäß schleünig beförderdt, vnd außgemacht werde. So Ich auf begebenheit zuerwidrigen bedacht bin; Verbleibe deroselben mit be=harrlichen Freündt=Oheimbl. willen, Kay. Hulden vnd allem güten forderist wohlbeygethan. Geben Wienn den 19. Julii 1698.

Euer Lbden

Guettwilliger Oheimb
Leopoldt.

Um aber diese ganze Angelegenheit als für den Wiener Hof vollständig abgeschlossen und für immer abgethan hin-zustellen, ergieng ein von A. Consbruch[1]) als Secretär aus-gefertigtes kaiserliches Decret vom 26. Juli, das der Urheber

---

1) Es ist derselbe, der in den Verhandlungen um die preussische Königskrone für Friedrich III. eine Rolle spielte, s. Přibram 146.

der leidigen Affaire, Kollonitsch, mit seiner Gegenzeichnung
versehen musste, wonach die Sache, insonderheit wegen des
Gomperz einfach an den Kurfürsten von Brandenburg remittirt werden solle. Hiervon wurden am selben Tage Samuel
Oppenheimer und sein Sohn Emanuel amtlich verständigt:
26. Juli 1698.

Ausfertigung, gez. Kaunitz.

Von der Röm. Kay. May. Unseres allergnädigsten Herrn
wegen dero respective Factorn und Hoffjuden Samuel und Emanuel Oppenheimbern, auff ihre allerunterthänigste supplication
hiemit in gnaden anzuzeigen, daß gleichwie allerhöchstg. Ihre Kay.
May. Ihnen, die, wegen deß wider den juden Wertheimber dem
angeben nach, bestelten assassinii unter ihrer Hand und pettschafft
den fünfften octobris vorigen iahrs eingelegte caution, daß nemblich
Sie jedesmahl sich vor gericht stellen, widrigen falls haab und guth
verlohren haben wollen, bereiths den fünff und zwantzigsten Aprilis
jüngsthin auß der ursachen zu ruckh geben laßen, weillen obberührte
bestellung deß assassinii auß dem was derentwegen vorgekommen,
rechtlich nicht eruirt, noch abgenohmen werden können: im übrigen
aber die sach sonderlich wegen deß Ruben Gumperts an Ihre Churs-
fürstl. Dhrlt. zu Brandenburg völlig remittirt: Also Sie auch
abermahls jetzt hochgr. Sr. Churfürstl. Dhrlt. die beschleünigung der
justitz durch ein Handschreiben allergnädigst recommendirt haben,
Signatum unter Ihrer Kay. May. hervorgedruckhtem Secret Insiegel Wien den sechs und zwantzigsten Julii Anno Sechszehenhun-
dertachtundneüntzig.

DAB von Kaunitz   (L. S.)

Per Imperatorem
Consbruch.

Der Kaiser war offenbar von dem Wunsche geleitet,
auch in Berlin die Untersuchung beendet zu sehen und von
jeder weiteren Berührung damit verschont zu bleiben. Aber
damit auch seinerseits wenigstens der versöhnende Abschluss
nicht fehle, liess er sich am 27. Juli sogar dazu herbei, den
so schwer getroffenen Samuel und Emanuel Oppenheimer
zu Gefallen beim brandenburgischen Kurfürsten in einem
besonderen Schreiben für Gomperz Fürsprache zu leisten
und so durch dessen Enthaftung den letzten Rest des Un-
rechts hinwegräumen zu helfen, das von Wien aus in Berlin

hervorgerufen worden war. Beide Oppenheimer hatten den
Kaiser gebeten, sein Decret vom 25. April zu ihren Gunsten,
von dem Edelack verbreitet hatte, dass es gar nicht die
kaiserliche Unterschrift trage, dem Kurfürsten mit dem
Wunsche „kundt zu thun“, dass nun auch Gomperz freige-
lassen werde. Dieser Bitte willfährt der Kaiser, indem er
wünscht, dass Gomperz unverzüglich verhört, wenn er unschuldig, entlassen, andernfalls bestraft werde.

27. Juli 1698.

[Der Kaiser an den Churfürsten.]

„Imperator wegen des Juden Gumperts und daß Er Op-
penheimern die Caution zurückgeben laßen.“

Ausfertigung, gez. Leopoldt.

Durchleüchtiger Hochgebohrner lieber Oheimb und Churfürst; bey
mir haben die juden Samuel und Emanuel Oppenheimer in under-
thenigkeit klagend vorgebracht, was maßen Sie zwarn der Hoffnung
gelebet ihren durch des Edellacks denunciation sehr geschwächten
credit, mittelst des von meiner Oesterr. Hoff Canzley den 25.
Aprilis iüngsthin erhaltenen decrets und zuruck gestelter caution,
wiederum empor zu bringen, und mit denen übernommenen lieferungen ferner fortzukommen, solches ihnen doch dadurch fürnehmblich
schwehr gemacht werde, weillen eines theils der Edellackh vorgebe,
das obged. wegen entlassung ihrer caution außgefertigtes decretum
von einer ihm unbekanten persohn, nicht aber von mir selbsten
unterschrieben: mithin nicht glaubwürdig seye: anderen theils aber
der jude Ruben Gumperts noch immerhin in schwehrem arrest gehalten wurde; dahero Sie mich demüthigst angeruffen, dz ich nicht
allein den inhalt obermelten decrets Ew. Ld. kundt zu machen,
sondern auch ahn dieselbe gdst zugesinnen geruhen wolte, damit ge-
melter jude Gumperts aus dem beschwehrlichem arrest dermahlu-
eins relaxirt und die sach zur endtschafft beschleüniget werden mögte.
Gleichwie es nun an dem, dz, weillen die ihnen juden beygemessene
bestellung eines assassinii aus dem was derentwegen alhier vorgekommen, rechtlich nicht eruirt noch abgenommen werden können,
Ich denenselben ihre caution wiederumb zurückgeben und außfolgen
laßen: Also wiederhohle ich auch hiemit, was ahn Ew. Ld. unterm
19. dieses Freündt- Oheimb- und gnädiglich gelangen laßen, dz
nehmlich Ew. Ld. alß an welche diese sach völlig remittirt worden,
den Gumperts ohnverlengt examiniren, und denselben, da er un-

schuldig befunden wirdt, auff freyen fueß stellen widrigen fahls aber
die boßheit gebührend bestraffen, mithin der justitz gemeeß der sachen
förderlichst ein end machen zulaßen belieben wollen, auff das durch
lengern anstandt mehrgemelte juden in ihrem credit und obligenden
schwehren liefferungen nicht gehemmet werden, noch sich dieser ent=
schuldigung ferner zubedienen haben mögen. Ew. Ld. erweisen Mir
dadurch ein sehr angenehmes gefallen und ich verbleibe deroselben mit
Freundt= Oheimblichen willen, Kayserlichen Hulden und allem guten
vorderist wohlbeygethan. Geben in meiner Statt Wien den 27 Juili
Ao. 1698.

E. Ld.

Guettwilliger Oheimb
Leopoldt.

Wohl schreibt der Kurfürst durch Barfus in seiner Antwort
vom $\frac{4.\ \text{August}}{25.\ \text{Juli}}$ 1698, der Kaiser möge Jemand entsenden, um
die Oppenheimersche Sache, über die keine Nachrichten vor-
lägen, „rechtlicher Art nach zu führen", aber dieses Schreiben
scheint das letzte gewesen zu sein, das zwischen den Höfen
von Berlin und Wien eine Frage berührte, die für den
Kaiser längst zu bestehen aufgehört hatte und fortan für den
Kurfürsten nothgedrungen ebenfalls als gegenstandslos gelten
musste.

$\frac{25.\ \text{Juli}}{4.\ \text{Aug.}}$ 1698.

An Se. Röm. Kayserl. Mayt.

Concept, gez. Barfus.

Allerdurchleuchtigster p.

Was Ew. Kayserl. Mayt., wegen des juden Ruben Elias Gumperts examinirung und confrontation mit dem Major Edelak,
anderweit an mich Gigst gelangen zu laßen beliebet, das habe aus
dero Gigstem Schreiben vom 19./9. dieses, mit schuldigstem respect
verstanden. Gleichwie Jch nun jederzeit zu allem dem so bereit alß
verbunden bin, was zu Ew. Kayserl. Mayt. Dienst und Gigsten
gefallen bey zu tragen, in meinem Vermögen stehet; Also würde
auch hierinnen alsobaldt zur sachen haben thun laßen, wann Ew.
Kayserl. Mayt. Gigst gefallen hätte, zugleich jemandt der Jhrigen
zu be=ordnen, welcher mit genugsamer information von dem
zu Wien geführten Oppenheimerischen Process und daraus flie=

ßenden indiciis und auff zu stellenden Articulen wieder Gumperts, wie auch mit behöriger Vollmacht und Instruction, umb die sache entweder, vor einem Unserer Gerichten oder des halb an zu stellenden Commission anhänglich zu machen und rechtlich zu verfolgen, währe versehen gewesen. Nachdehm es aber bißhero daran, und hingegen den meinigen an zureichender nachricht hierinnen ermangelt, der **Major Edelak** solche auch so wenig zur genüge subministriren als hierbey eine andere person alß eines Zeugen führen kan; So stelle zu Ew. Kayß. Mayt. Gigstem Gutfinden, ob Sie nunmehro jemanden zu befehligen geruhen wollen, der die sache rechtlicher ahrt nach, anbringen und führen möge, Gestalt ich zu dem ende die Verfügung gemacht, daß sich der jude Gumperts allemahl gehörigen orts unfehlbahr gestellen soll, werde auch ferner alle, zu erhaltung Ew. Kayßerl. Mayt. Gigsten intention, streckende mittel und beforderung, hierinnen wie überall, mit besonderer application und fertigkeit, so viel an Mir, beytragen und stetst mit p. verharren.

Geben Potsdam d. $\frac{\text{25. Julii}}{\text{4. Aug.}}$ 1698.

J. v. B.

Sechs Monate hatte Ruben Elias Gomperz in der Festungshaft von Spandau geschmachtet, als er ahnungslos die Freiheit geschenkt erhielt, wie er sie ahnungslos verloren hatte. Aber auch Edelack, an dem jetzt die Reihe war, in den Kerker geworfen zu werden, musste auf freiem Fusse belassen werden. Man wusste genug von der unsauberen Erfindung, mit der die Cabinete von Wien und Berlin über ein Jahr hindurch sich beschäftigt hatten; die Gewaltthaten, die geschehen waren, hatten nur noch eine grellere Beleuchtung zu befürchten, wenn man den Anstifter zur Verantwortung zog. Aber Gomperz forderte Satisfaction und vor Allem die 3000 Reichsthaler holländisch, um die er durch den zum Meuchelmörder avancirten Wechselfälscher geprellt worden war. Dafür schwur Edelack ihm Rache. Allein die unablässigen Drohungen, die er nunmehr auch gegen das Leben seines Opfers ausstiess, veranlassten den Kurfürsten, unter dem 29. April 1699 an die Clevische Regierung zu rescribiren[1]), dass Edelack angehalten werde, „cautionem de non

---

[1]) Nach dem Schreiben des R. E. Gumperz an die Geheimen Räthe vom 4. Juni 1703 [Nr. 94].

offendendo zu praestiren", d. h. also eine Art Urfehde zu
schwören und bei Strafe der eigenen Gefangennehmung sich
dazu zu verpflichten, dass er fortan Gomperz unbehelligt
lassen wolle. Zugleich erfloss vom Kurfürsten die von seinem
jetzt allmächtigen Günstling Colb von Wartenberg gegengezeichnete Abolitionsschrift vom 29. April 1699, die ein für
allemal Gomperz der gegen ihn lügnerisch und meuchlings
erhobenen Denunciationen lossprach.

Die Abolitions=Schrift, v. 29. Apr. 1699.

Seine Churfl. Dhlt zu Brandenburg, Unser Gröster Herr erinnern
sich in gnaden wohl, was gestalt Dero Schutz=Jude Reuben Elias
Gumpertz verschiedene Münz=Malversationen auch daneben eines
wieder einen Andern Juden vorgehabten Mords beschuldiget, darüber in gefängl. „Hafft gebracht, und der Inquisitions Process
gegen Ihm angestellt worden; Nachdem Sie aber denselben aufzuheben und alle Action so deshalb wieder den besagten Juden in-
tentiret werden könte, gäntzlich zu aboliren aus bewegenden Ursachen gnädigst gut gefunden; Als hat männigl. dem dieses angehet,
sich darnach gehorsambst zu achten, Insonderheit aber höchstgedachter
Sr. Churf. Dhlt Regierungen und Judicia dem Juden Gumpertz
dieser abolition genießen zu lassen, und weder Ihn noch die Seinige wegen obangeregter Beschuldigungen weiter in Anspruch zu
nehmen. Sig.

Cölln an der Spreu den 29. April 1699.

Friderich (L. S.)

Coll B. v. Wartenberg.

So war, was für Oppenheimer bereits am 25. April 1698
geschehen war, ein Jahr später auch für Gomperz erwirkt
worden. Kollonitsch konnte sich wieder mit ungetheilter Aufmerksamkeit anderen frommen Werken zuwenden und Christen bekehren[1]), da es keine Juden zu vertreiben gab.
Edelacks Intriguen waren an seinen Opfern wohl nicht schadlos,
wenn anders Zerrüttung von Familienglück, Lebensverkürzung
und Schädigung an Hab und Gut von Juden als Schaden
galt, aber denn doch nur wie ein böser Traum vorüberge-
gangen; ihre Obrigkeit, ihr Landesherr hatte ihnen bezeugen müssen, dass keinerlei Schuld an ihnen zu entdecken war.

---

1) Maurer 359: Mit Hülfe der Jesuiten waren 1698 über 100.000
zum katholischen Glauben bekehrt worden.

Aber eine höhere Genugthuung, als diese Decrete sie zu gewähren vermochten, war ihnen in der Gunst der Herrscher vorbehalten, die sich ihnen zuwandte und durch Gnadenbeweise und Auszeichnungen die ängstigende Erinnerung milderte, mit der dieses Schreckensjahr sie zu verfolgen ihr Lebelang geeignet war. Oppenheimer war es gegönnt, auch in dem Schlussjahre der Türkenkriege, während des Feldzugs, der den Friedensvertrag von Karlovitz am 26. Januar 1699 herbeiführte, des Kaisers Armeen in Ungarn mit Proviant zu versehen. Die Hofkammer musste sich glücklich schätzen, den Mann, dessen nothdürftig bedeckte Forderungen an den Staat sich bereits zur Höhe von sechs Millionen Gulden erhoben, gleichwohl noch die Verantwortung für die sonst fast undurchführbar erscheinende und jetzt vor der Schlussaction doppelt entscheidungsvolle Verproviantirung des Heeres gegen den Erbfeind auf seine Schultern nehmen zu sehen. Fünfthalb Millionen Kilogramm, d. i. gegen 861.000 Centner Mehl und an 100,000 Hektoliter Hafer hatte er sich verpflichtet, für die ständigen Garnisonen in Ungarn und in die Kriegsmagazine zu Baja, Szegedin und Szolnok zu liefern, bei den Schwierigkeiten der Zufuhr ein waghalsiges Unternehmen[1]). So war Oppenheimer aus der schweren Schickung, die über ihn verhängt worden war, mit dem neugestärkten Bewusstsein seiner Unentbehrlichkeit für Oesterreich und mit den sicheren Beweisen des ungeschwächten Vertrauens seines Kaisers hervorgegangen. Ruben Elias Gomperz aber war es vollends beschieden, der erste jüdische Beamte des preussischen Staates zu werden. Am 24. Mai 1700 verlieh ihm Friedrich III. das Patent als Ober-Receptor, d. i. Generalsteuereinnehmer des Herzogthums Cleve und der Grafschaft Mark. Es war ein Fingerzeig der ausgleichenden Gerechtigkeit, als Hans Albrecht von Barfus seinen Namen als Gegenzeichnung unter dieses Patent zu setzen hatte.

Die Wertheimer'schen Besitzungen in Marktbreit.

Es war nicht nur das auffallendste, sondern auch das werthvollste Vorrecht der Samson Wertheimer gewährten

---

[1]) Feldzüge 2, 260; vgl. p. 43 und 1, 283 f.

Privilegien, in kaiserlichen Landen nach Belieben sich besetzen und ankaufen zu können. Mit dem Wachsthum seines Hauses, mit der Ausdehnung seines Ansehens musste daher auch das Bestreben zunehmen, von dieser Freizügigkeit und Besitzfähigkeit nach Kräften Gebrauch zu machen. Aber abgesehen von der natürlichen Befriedigung, welche in der freien Bethätigung eines schwer zu erringenden und auszeichnenden Rechtes liegt, gewährte die Erwerbung von Liegenschaften für einen Juden jener Tage das Gefühl der Sicherheit gegen die unausbleiblichen Wechselfälle seines Geschickes, die beruhigendste Kapitalsanlage und die Gründung einer Art von Hausmacht.

Einer der Orte im Reich, wohin am Frühesten Wertheimers Blick sich richtete, um sich daselbst anzukaufen, war Marktbreit in der gefürsteten Grafschaft Schwarzenberg. Hier, wo drei seiner Geschwister sich niedergelassen hatten, wollte er bereits 1701 für seinen greisen Vater eine sichere Unterkunft und eine Zuflucht vor den Wirren und Unbilden des eben drohenden Krieges durch den Ankauf eines Hauses erwerben[1]). Sein Bruder Menachem Mendel, genannt Maennlein Jud hatte sich hier bereits früher angesiedelt[2]) und auch in den Besitz eines Hauses gesetzt. Als jetzt Samson Wertheimer die Bitte aussprach, das eben zum Verkauf gelangende Haus des Marktbreiter Bürgers Marschall erwerben zu dürfen, um seinen 80-jährigen Vater aus Worms unterzubringen, ertheilte der regierende Fürst Ferdinand in seiner Entschliessung von Wien, den 13. April 1701 zwar seine Zustimmung, knüpfte aber die Bedingung daran, dass Maennlein Jud hinwieder sein Haus an einen Christen verkaufe, damit die Zahl der in Marktbreit ansässigen Juden nicht vermehrt werde. Dieses im III. Stadtviertel in der Marktgasse belegene, früher dem

---

[1]) Nach dem im fürstlich Schwarzenberg'schen Archive zu Schwarzenberg in Franken (Hauptregistratur, Judenschafts-Sachen VII. Cl.) erhaltenen Akte vom J. 1701 mit der Ueberschrift: »Des Juden Simson Wertheimer Gesuch um Schutzaufnahme nacher Marktbreit betr.« Dieses sowie alle folgenden Forschungs-Ergebnisse des Herrn Direktors Schwarz in Schwarzenberg hat mit zu besonderem Danke mich verpflichtender Bereitwilligkeit der Direktor des fürst. Schwarzenberg'schen Centralarchivs zu Wien, Herr A. Mörath, mir mitgetheilt.

[2]) S. oben p. 2.

Johann Christoph Marschall gehörige Haus mit Hofraith war
somit die erste Besitzung Samson Wertheimers in Marktbreit.

Eine grössere Erwerbung bildete die im IV. Stadtviertel
am Marktgraben belegene Behausung, die durch die Gut-
heissnng der Regierung am 22. April 1711 aus dem Besitze
des fürstlichen Regierungsrathes Johann Caspar v. Mohr in
das Eigenthum Wertheimers übergieng. Das vormals dem
aus dem sog. Kalenderstreite bekannten Licentiaten Dr.
Johann Wuttich[1] gehörige, an die Stadtmauer stossende Anwesen bestand eigentlich aus drei zusammenhängenden, darunter zwei neuerbauten Häusern und einem Garten. Schon
in der Entschliessung von Wien, den 29. Oktober 1710 willigte
der regierende Fürst Adam Franz zu Schwarzenberg in die
Genehmigung des Kaufcontractes, um dem kaiserlichen Oberfactor Simbson Wertheimer seine Erkenntlichkeit auszu-
drücken, auf die er sich durch seine dem fürstlichen Hause
öfters und jederzeit willfährig geleisteten Dienste einen ge-
gründeten Anspruch erworben habe. Zugleich ertheilte
er seiner Regierung die Weisung, den Kaufcontract in
„gebührende Form" zu kleiden und sodann zu ratificiren,
ohne in diesem Falle vom Käufer eine Taxe einzuheben. Am
15. April 1711 wurde die aus drei Punkten bestehende Ratification vom Fürsten gutgeheissen und von der Regierung
am 22. April unterfertigt. Der Kaufschilling betrug 2100
Gulden fränkischer Währung, der Leihkauf 12 Speciesdukaten.

Ein ganz besonders stattliches Haus, ein von Grund
aus neu aufgeführtes Bauwerk, ein Kaufhaus in grossem
Stile, das bis auf den heutigen Tag sich erhalten hat, liess
Wertheimer 1718 errichten[2]. Als nämlich in diesem Jahre
neben seinem im III. Stadtviertel belegenen und, wie es
scheint, seinem Bruder überlassenen, Maennlein'schen Hause
das ehemals Lorenz Maengler'sche, dann Johann Michler'sche
Anwesen, Schmiede mit Hofraith, zum Verkaufe kam, fasste
Wertheimer den Plan, es anzukaufen und auf dem Grunde

---

[1] Vgl. R. Plochmann, Urkundliche Geschichte der Stadt
Marktbreit 224.

[2] Nach dem Marktbreiter Zinsbuche vom J. 1716 fol. 92. Vgl
Plochmann a. a. O. 292. Das Haus befindet sich gegenwärtig im Besitze des Kaufmanns Herrn Georg Strelin.

dieses wie des baufällig gewordenen Maennlein'schen Hauses
nach Demolirung beider Objecte einen Neubau zur Zierde
der Stadt aufzurichten. Da er aber im Parterre des neuen Hauses
eine Reihe von Kaufläden einzurichten gedachte, sahen die
christlichen Handelsleute Steinmetz, Beckh, Fischer, vor Allem aber Georg Günther, der Begründer der bekannten
Günther'schen Handlung[1]), in ihren Interessen sich gefährdet
und brachten gegen die Wertheimer ertheilte Baubewilligung
einen Protest ein, dem der Bürgermeister und der Rath der
Stadt sich anschlossen. Mit Rücksicht auf die von dem Baue
zu erwartende Stadtverschönerung und Dank der wohlwol-
lenden Gesinnung des Fürsten und seiner Regierung gegen
Wertheimer wurde ihm jedoch trotz dieser Gegenvorstellung der
Marktbreiter Bürgerschaft durch das Rescript des Fürsten
Adam Franz zu Schwarzenberg von Wien, den 9. April 1718
nicht nur die Genehmigung des bereits eingeleiteten Haus-
kaufes, sondern auch die Bewilligung zur Erbauung des pro-
jectirten neuen Hauses gnädigst ertheilt. Als Bedingung
wurde hierbei festgesetzt, dass das vereinigte neue Haus,
wenn es über kurz oder lang wieder veräussert werden sollte,
nur an einen Christen überlassen werden dürfe[2]). Der Kaufschilling des hiezu gekauften Nachbarhauses betrug 925
Gulden fr. W., der Leihkauf 6 Speziesthaler.

1786 gieng in der That der schöne Wertheimer'sche
Bau in den Besitz des christlichen Kaufmanns Georg Christoph Günther über, der ihn vergrösserte und in seine jetzige
Gestalt brachte[3]). Auch das Haus im IV. Stadtviertel, das
ebenso wie der Neubau 1724 als Erbe Wolf Wertheimer zugefallen war, verblieb nur kurze Zeit im Besitze der Familie.
1740 genehmigt die Wittwe des am 10. Juni 1732 durch einen
unglücklichen Schuss Kaiser Karls VI. auf der Jagd bei Brandeis
getödteten[4]) Adam Franz, die regierende Fürstin Eleonore
zu Schwarzenberg den Verkauf und Uebergang dieses Hauses an Emanuel Saeckhel[5]).

[1]) Plochmann 291.
[2]) Nach den Hauptregistratur, Judenschafts-Sachen Cl. VII. erhaltenen Akten.
[3]) Laut Zinsbuch vom J. 1755 fol. 104. Vgl. Plochmann 292.
[4]) Plochmann 243.
[5]) Nach dem Zinsbuche vom J. 1716.

Auch der Besitzstand der Familie Oppenheimer in Marktbreit war nur von kurzer Dauer gewesen. Die Behausung im II. Stadtviertel, die Samuel Oppenheimer und nach ihm sein Sohn Emanuel hier besessen hatten, war bereits kurz nach dem Jahre 1709 in das Eigenthum des Johann und des Josua Astrug übergegangen, so dass im Zinsbuche von 1716 Emanuel, bez. Samuel Oppenheimer nur noch als Vorbesitzer genannt werden, bis aus späteren Grund- und Zinsbüchern der Name Oppenheimer vollends verschwindet[1]).

Für die jüdische Gemeinde von Marktbreit war aber auch schon der kurze Zeitraum von Samson Wertheimers Zugehörigkeit eine Quelle dauernden Segens. Seine Stellung zum Fürstenhause brachte der ganzen Gemeinde Schutz und Sicherheit. Ein Anwalt aller bedrängten Glaubensbrüder, ward er da, wo Familienbande und Besitzungen ihn an die Gemeinde knüpften, vollends zur Vorsehung. Allezeit beflissen, der Pflege der jüdischen Gesetzeslehre Heimstätten aufzurichten, beschenkte er die kleine Gemeinde mit einem Lehrhause, wie er auch an der Aufrichtung eines Gotteshauses in ihrer Mitte und an der Umfriedung des Gräberfeldes in Rödelsee mit einer Mauer werkthätigen Antheil nahm[2]). Darum hat das Andenken seines Namens in Marktbreit seine Besitzungen überdauert und die Dankbarkeit der Gemeinde gegen ihren Wohlthäter in seinem für ewig gestifteten Seelengedächtnisse ihren Ausdruck gefunden.

Der Kampf Wertheimers um sein Besitzrecht in Frankfurt am Main und seine Unterstützung durch Kaiser Josef I. und Karl VI.

Mehr aber noch als alle anderen Gründe machen die über ganz Oesterreich und Deutschland sich erstreckenden Handelsbeziehungen Wertheimers, seine häufigen Reisen mit dem Hofe, die Nothwendigkeit, in Geschäften des Kaisers

---

[1]) Nach dem Zinsbuche vom J. 1709 fol. 119. Im Register des renovirten Steuerbuchs vom J. 1702 ist Emanuel Oppenheimer bereits angeführt, aber auf dem beigesetzten fol. 44 nicht zu finden.

[2]) Nach dem Memorbuche und nach Mittheilungen des Herrn J. Regensburger in Marktbreit, der mir auch die Synagogeninschrift im Anhang II. copirt hat.

sich längere Zeit hindurch in fremden Städten aufzuhalten,
nicht minder aber auch seine ausserordentliche Stellung innerhalb der Judenheit in den Erbländern, zu deren Oberrabbiner er bereits 1693 durch kaiserliche Gnade ernannt worden war, es begreiflich, dass es ihm wünschenswerth erscheinen musste, in möglichst vielen Orten sich anzukaufen
und dass allgemach ein Netz von Wertheimerschen Besitzungen sich über des Kaisers Lande zog. Wie es Wertheimer-
sche Häuser in Mähren, Schlesien und Ungarn gab, von
Wien und den Landsitzen in dessen Nähe abgesehen, wie
in Kremsier[1]), Nikolsburg, Prossnitz[2]), Breslau, Eisenstadt,
so versuchte es Wertheimer mit der Zeit, auch draussen im
Reich in immer mehr Städten sich anzubauen. Neben seiner Vaterstadt Worms und dem von so vielen seiner Verwandten bewohnten Marktbreit mussten es ganz besonders
die Reichsstädte Nürnberg, Augsburg, Frankfurt und Regensburg sein, auf die sein Augenmerk bei Erwerbung von
Häusern und Baugründen sich richtete, da seine Geschäfte
im Dienste des Kaisers ihn vornehmlich an diese Orte knüpften. In der Krönungsstadt Frankfurt am Main begütert zu
sein, war obendrein noch ein durch das Ansehen und die
Bedeutung der jüdischen Gemeinde wie auch durch den Umstand begründeter Wunsch, dass hier Wertheimer einen
Theil seiner Jugendjahre verlebt, seine talmudische Gelehrsamkeit begründet und mannigfache freundschaftliche Beziehungen angeknüpft hatte und auch sein Stiefsohn Isak Nathan Oppenheimer hier angekauft war.

---

[1]) Nach den Akten im Stadtarchiv von Frankfurt am Main Ugb.
D 99 Nr. 35 (14), die ich Dank der ausserordentlichen Liberalität
der Verwaltung und des Herrn Stadtarchivars Dr. Jung zur Benützung
nach Budapest eingesandt erhielt.

[2]) Im Gemeindebuche von Prossnitz (vgl. meine Mittheilungen
אוצר הספרות III. 2, 16—24) erscheint האלוף Mose Wertheimer 1722 als
erster Vorsteher und als Abgeordneter für den Gemeindetag zu Brünn
f. 3a. Ein Gemeindemitglied Namens Abraham כרמל, das nach f. 4a
den Vorwurf gegen ihn erhob, er sei »ihm passionirt«, wurde mit schweren Strafen bedroht. Mose ist der Sohn des Meir Wertheimer f. 20b.
Sein im Grundbuche eingetragenes Haus war im Jahre 1789 verschuldet
und baufällig, so dass die Erben Gerson, Abraham und Libele Wertheimer auf ihren Antheil an demselben verzichteten f. 554a.

Es war wohl zunächst das Haus des von Frankfurt
nach Mannheim übersiedelten Rabbiners Isak Ulif, der als
Schwiegersohn des Wormser Rabbiners Ahron Teomim[1])
wohl noch von Worms her mit Wertheimer befreundet war,
das Haus zur weissen oder zur silbernen Kand oder Kante,
d. i. Kanne[2]), das hier Wertheimers erste Erwerbung bildete.
Schon im Verzeichniss der alten wie der neuen Stättigkeit
vor 1612 wird es als Kann[3]) auff der andern Seyten / lincker
Hand / wann man bey der Bornheimer Pforten hinein gehet, aufgeführt. 1660 erscheint es im Besitze der Frankfurter
jüdischen Baumeister[4]), d. i. Vorsteher Dodrus zur silbern
Kanten / und Isaac zur weißen Kanten. Es hatte kurz, bevor es
in Wertheimers Besitz übergieng, viel Heiterkeit gesehen, da
es als eine Art von Theater[5]) in der Gemeinde diente und die
Comoedie von der Verkauffung Joseph's aufführen sah, in der
Feuer / Himmel / Donner und allerley wunderliche Sachen zu sehen
waren und sogar ein Pickelhäring (d. i. Hanswurst) in
lächerlicher buntfarbiger Kleidung auftrat. Diesem Besitze
schloss sich bald der Ankauf des auf derselben Seite der
Judengasse gelegenen Hauses zum weissen Rosse an.

Kraft seiner kaiserlichen Privilegien geschützt, durch
die stolzen Vorrechte der Freizügigkeit und Besitzfähigkeit
über die Miseren seiner Glaubensbrüder hinausgehoben, auf
die Schwierigkeiten, die sonst auf Schritt und Tritt eines
Juden warteten, gar nicht vorbereitet, gieng eben Wertheimer auch daran, ausser dem Bereiche der Frankfurter
Judengasse, in ihrer unmittelbaren Nähe allerdings, an die
Besitzung seines Stiefsohnes stossend, aber denn doch immerhin
in der Christenstadt sich anzukaufen. Die nach dem Tode ihres
Mannes Johann Conrad Dietz, Pfarrherrn zu Bornheim, in Noth
und Schulden zurückgebliebene Wittwe Rebekka Dietz hatte
hier einen öden Grund, einen sogenannten Bleichgarten, den
Wertheimer für den hohen und sonst kaum zu erzielenden Preis
von 5000 Reichsthalern „grob geldt", den Thaler zu 90

---

[1]) Kaufmann, die letzte Vertreibung 84 n. 1.

[2]) Schudt, Jüdische Merckwürdigkeiten II*. 314.

[3]) Ib. III, 153, 197.

[4]) Ib. II, 153; vgl. IV, 2, 401.

[5]) Ib. II*, 314.

Kreuzer gerechnet, ihr abzukaufen entschlossen war, da man ihm denselben angeboten und die Versicherung gegeben hatte, dass dem Kaufe Nichts im Wege stehe. Da Wertheimer die ihm persönlich aufs Beste bekannten Rathsmitglieder, bei denen er noch Erkundigungen hierüber hatte einholen wollen, die jedoch verreist waren, nicht zu Hause traf, schritt er am 18. Juni 1710 zum Abschluss des Kaufvertrages[1]), indem er sogleich einen sog. Gottespfennig von 25 Gulden erlegte und tausend Reichsthaler den kaiserlichen Factor und Kur-Mainzischen Schutzjuden Löw Isaac baar auszuzahlen anwies; der Rest sollte bei Extradirung der Documente ausbezahlt werden. Aber bereits am 4. Juli wird der Kauf vom Magistrate cassirt, der „anmasslichen Verkäuferin" mit Strafe gedroht und dem Schreiber des Armenhauses Dietz, sowie dem „Physico ordinario Dr. Johann Helfferich Jungken" die Assistenz als Unbedachtsamkeit verwiesen. Diese unerwartete und dem auf seine Privilegien Pochenden doppelt empfindliche Kränkung veranlasste Wertheimer, bei dem ihm allezeit gewogenen Kaiser Josef um ein Rescript an den Rath von Frankfurt einzuschreiten, das diesen zur Ratification des Vertrages bestimmen sollte und auch thatsächlich am 9. September erfolgte. In dieser kaiserlichen Gnade lag zugleich die Anerkennung alles dessen, worauf er in seinem Bittgesuche sich berufen hatte, wie er im Türken-, im Rheinländischen und jetzigen Spanischen Kriege so viele Millionen vorgestreckt habe und wie er selber „in sehr wichtigen Commissionen gebraucht und verschicket worden" und „von den Kaisern Leopold und Joseph" mit stattlichen Privilegien und Gnaden versehen worden sei.

Joseph von Gottes gnaden Erwehlter Römischer Kayser, zu allen Zeitten Mehrer deß Reichs.

Ehrsambe liebe getreue, Waß an Unß Unßer Oberfactor und Jude Simson Wertheimer wegen eines mit der Wittib Dietz in Franckfurth getroffenen Kauffs allerunderthänigst supplicirt hat, zeiget beßen hiebeÿ geschloßenes Memoriale.

Wan nun Wir sowohl zur sublevation deß nothßtands

---

[1]) Meine Darstellung ruht auf den im Stadtarchive von Frankfurt am Main unter Ugb E 49 Pppp bewahrten Akten.

Ermlt:ᵣ Wittib, als in gdſter betrachtung der von erm:ⁿ Unßerm
Oberfactorn angezogener maßen Unß geleiſteten und noch continui-
renden getrewen nützlichen Dienſten nicht ungern ſehen, daß
erm:ʳ kauff einen beſtandt haben möge: Zumahlen Wir Unß nicht
erinnern, daß ſolches die Verfaßung eweres Stattweſens oder aber
die Juden ſtättigkeit einiger maßen zuwider ſeÿe; So begehren Wir
an Euch gdſt., daß ihr ihm hierunter, ſo viel ohne ſonderbahre
bedenklichkeit und andere beſchwehrung oder eintrag geſchehen kann,
willfahren- und den Contract ratificiren wollet. Verbleiben Euch
übrigens mit Kaÿßerl: gnaden gewogen. Geben in Unßer Statt
Wienn den Neunten Septemb. Anno Siebzehenhundert und zehen,
Unßerer Reiche des Römiſchen im vier und zwanzigſten, des Hun-
gariſchen im dreÿ und zwantzigſten und des Böheimb: im Sechſten.

Joseph   Ad Mandatum Sac:ˣ Caes:ˣ
Vt. FridCarlgv.Schönborn   Majestatis proprium
C. F. Consbruch.

Auf diese am 8. Oktober in Frankfurt eingelaufene
Fürsprache antwortet jedoch der Rath, der Kauf widerspreche
der Verfassung der Stadt und der Stättigkeit und würde
„ein großes auffſehen beÿ jedermann veranlaßen," wie denn auch
vor ungefähr 17 Jahren, als der jüdische Friedhof durch
einen nahe gelegenen Garten erweitert werden sollte, dies
nur beÿ vorgeſtellter unentbehrlicher Nothdurfft endlich gestattet
wurde. In der That bestimmte die neue Stättigkeit von
1705 in § 46 wie die alte[1]), dass keinem Juden verstattet
werde, einigen Stall oder Bau / der ſeÿ groß oder klein / außer-
halb der Juden-Gaß / es ſeÿ fornen gegen der Gaſſen vor dem
Juden-Brücklein / oder gegen dem Woll-Graben auff zurichten oder
zu bauen. Am 6. Dezember wurde dieser abschlägige Bescheid des Rathes an den Kaiser expedirt.

Wenn so durch das, was er nicht erwerben konnte, in Wertheimer die lange ungekannte bittere Empfindung erregt werden musste, dass auch er nicht besser als sonst ein Frankfurter
Schutzjude seiner Tage behandelt werde, so sollte er bald auch
durch das, was er erworben hatte, mit der Frankfurter Judengasse in ein gleiches Schicksal und in einen innigeren Zusam-
menhang hineingerathen. Kaum hatte er seines Besitzes hier froh
werden können, als der 14. Januar 1711 ihn dessen beraubte.

---

[1]) Schudt a. a. o. III, 170, 128.

5ᵏ

An diesem Tage, einem Mittwoch, gegen $1/_2$9 Uhr Abends
verkündete das Feuerhorn vom Pfarrthurm, dass ein Brand
in der Stadt ausgebrochen sei. Nicht ganz in der Mitte der
Judengasse, auf der rechten Seite, so man zum Bornheimer
Thor hineingieng, oberhalb der Synagoge, aus einer Kammer
über der Wohnung des hochberühmten Rabbiners der Gemeinde, R. Naphtali Cohen, hatte man zuerst die Flammen
hervorschlagen sehen, die binnen Tagesfrist die Judengasse von
Frankfurt in Asche legen, ja vom Erdboden vertilgen sollten[1]).
Vergebens hatte man die drei Thore des Ghettos aus Furcht
vor Plünderung eine Zeit lang versperrt gehalten, nur zu
rasch war man auf die von aussen angebotene Hülfe angewiesen; die Gefahr war unaufhaltsam, der Untergang auf
allen Ecken und Enden gleichsam auf einmal da. 22
Stunden[2]) hindurch schlug man unablässig die Sturm- und
Feuerglocke, 20 Meilen in der Runde war des Nachts der
Feuerschein zu sehen, des Tags der Rauch und Brand-
geruch zu spüren, und als am 15. Januar Abends die Uhren
in Frankfurt $1/_2$7 schlugen, war von der Judengasse nur
noch die Erinnerung derer übrig, die noch gestern sie gesehen
hatten. Bis in die untersten Kellerräume hatten die Flammen
gezündet und gewüthet, dass weder Eisen noch Steine ihnen
Stand zu halten vermochten. Von so viel hundert Häusern war
nicht so viel Holz auf der Brandstätte geblieben, um ein Ei
dabei zu kochen[3]). Die Gotteshäuser waren eingeäschert, 36
Thorarollen, die man in den Keller des Baumeisters Elkanah Moses zum Vogelgesang, d. i. Elchanan Metz[4]) geflüchtet hatte,
vom Feuer verzehrt worden. Beim Schein ihrer brennenden
Häuser sah man die obdachlos gewordenen Unglücklichen die
Gräber ihrer Angehörigen auf dem Gottesacker umklammern,
der mit dem auf seinem Grunde erbauten und allein un-

---

[1]) Schudt II. 70 ff.

[2]) Ib. 84. Wohl heisst es auch auf der Schaumünze ib. IV, 2, 22: In-
ner vier und zwanzig Stunden hat das Feuer was es funden in der JudenGass
verzehrt, wie auch R. Samuel Cohen Schotten im Vorwort zu כוס ישועות
berichtet: והגזירה כך עמדה ד'ך שעות ובאותה שעה שהתחילה השריפה בה
באותה שעה ביום שלאחריו היתה הנמר. doch dürfte die weniger wunderbare
Angabe von den 22 Stunden die richtigere sein.

[3]) Schudt, II, 84.

[4]) Ib. 88: III. 68, 75. 82: Vgl. II. 140.

versehrt gebliebenen Spitale[1]) jetzt das einzige Besitzthum
der gestern noch so blühenden und wohlhabenden Gemeinde
bildete. Aber auch unersetzliche Güter waren ein Raub der
Flammen geworden, Geistesschätze, Wissensquellen, die den
Stolz der an Büchern und Handschriften so reichen Gemeinde ausgemacht hatten. Allen voran war der Rabbiner,
in dessen Hause der Brand ausbrach, zu Schaden gekommen.
Die praktische Kabbala, um derentwillen die Bosheit ihn den
Gassverbrenner schalt, hatte sich selbst nicht helfen können;
ohnmächtig musste er seine kostbare Bibliothek, in der er
Perlen kabbalischer Weisheit bewahrte[2]), seinen Reichthum
und seine Seligkeit, die Flammen nähren sehen. Reiche
Vorräthe neuerer jüdischer Litteratur, wie sie aus den christlichen Pressen Frankfurts hervorgegangen waren, fanden
hier ihren Untergang, Erzeugnisse der ernsten Forschung,
aber auch des heiteren Schriftthums, wie die Schwänke und
Purimspiele[3]), die hier zur Aufführung gebracht worden
waren. R. Samuel Cohen Schottens grosses Werk „der
Heilsbecher" ward nur durch die Hülfe christlicher Freunde,
da es bis auf ein Fünftel, das noch fehlte, im Drucke fertig
geworden war, aus dem Verderben gerettet[4]). Andere Bücher,
die in Frankfurt eben gedruckt wurden und nicht zu Ende
gekommen waren, mussten in anderen Städten abgeschlossen
werden, wie wir dies von der Neuauflage einer kabbalistischen
Schrift Mose b. Menachem Grafs in der „Königstochter" des
Simon b. David Abajub aus Hebron wissen, die 1712 in Venedig

---

1) Ib. II, 84.

2) כל ספרי קבלה שהיה לי שלא נמצאו בעולם כמותם sagt er selbst
in dem an seine Söhne gerichteten Theile seines Testamentes. (In der
mit der Ed. pr. Berlin 1729 gleichlautenden Ed. Thorn צוואת הגאון רבינו
נפתלי כ"ץ 1867 p. 28). Von einer «Zerstücklung» seines Amuletes in
5 Theile, aus der Horovitz, Frankfurter Rabbinen 2, 71 Schlüsse
gegen seine Kabbalagläubigkeit ableitet, ist dort keine Rede. Seine
Approbation zu des Krotoschiners Benjamin b. Jehuda Loeb Cohen
אמתחת בנימין Wilhermsdorf 1716 beweist die Anhängerschaft an die
praktische Kabbala zur Genüge.

3) Schudt II*, 314. Von den Vorräthen an jüdisch-deutscher
zum Theil illustrirter Litteratur, die damals verbrannten, spricht Schudt,
a. a. O. II, 290.

4) Vorwort zu כוס ישועות.

bei Bragadin zu Ende geführt wurde[1]), wenn sie nicht wie
das Rechenbuch Mose b. Josef Heida's[2]) bei Johann Kellner
noch glücklich in Frankfurt fertig gestellt werden konnten.
Auf mehr denn 100,000 Reichsthaler bezifferten die Juden
selber den Verlust an Werthen, die durch die Einäscherung
ihrer Büchersammlungen zu Grunde gegangen waren[3]).
Juden und Christen schrieben das Andenken des furchtbaren
Ereignisses nieder; in Liedern und Bussgebeten, in Münzen
und Medaillen ward das Gedächtniss dieser Schickung festgehalten. David b. Schemaja Sogers aus Prag liess ein
Klagelied in 37 Strophen über diesen Brand erscheinen[4]);
R. Samuel Cohen Schotten dichtete zum Andenken an den
Tag der Schrecken ein Busslied[5]). Johann Jacob Böhler,
ein Frankfurter Bürger, gab in Wien in Folio eine Nachricht
heraus vom Judenwesen / was vor / in und nach dem Brandt
soll vorgegangen seyn[6]). Schaumünzen verherrlichten das
Wunder der unversehrt erhaltenen Christenstadt und des
Pulverthurms, der trotz der Nähe der Flammen nicht in

---

[1]) בת מלך, eilf Tage vor dem Brande von R. Naftali am 13. Tebeth
und am 15. von R. Samuel Cohen Schotten approbirt, ist, den Typen nach
zu urtheilen, ganz und von f. 41 des זרע קודש bis zu Ende in Venedig gedruckt.
Am Schlusse f. 44 a bemerkt der Corrector: ובעת סיומו שהיה חסר ממנו
מעט ממרום שלח אש בעצמות כל חצר היהודים וירדנה ונאכל ימנדיש ועד קמה
ועד כרם זית וכל היקום אשר ברגליהם ולא נשאר יתר הפליטה. ולא הצילו
כלום מכל עמלם · אלא ברחו לעצמם · להציל נופם · ובין לילה היה ובין לילה
נאבד. ולא נותר כל ירק בעין Vgl. auch das Vorwort des Herausgebers
von Juspa Hahn's יוסף אומץ, des Mose Reis Dorum. die Vorrede Jechiel
Michel Stern's zu R. Meïr Schiff's חדושי הלכות (Homburg v. d. Höh
1737) und die Notiz im cod. Hamburg 88 in Steinschneiders
Catalog p. 38.

[2]) Auf dem Titelblatte des מעשה חורש וחושב bemerkt der Autor:
בהיותי בפראנקפורט דמיין בשעת שיצאה גזירת השריפה בעו"ה והמלאכה היתה
דיה ונגמרת ביום א' ה' שבט. Schudt II, 289 macht aus dem Enkel
משה בן המנוח מוהרר יוסף היידא זצ"ל Samuel Heida's aus Prag, der sich
unterschreibt, Moses ben Manoach Doctoris Joseph Heida.

[3]) Schudt II, 87 f.

[4]) Ib. III, 63—73; Zunz, Literaturgeschichte der synagogalen
Poesie p. 445.

[5]) Schudt III, 74—6; Zunz a. a. O.

[6]) Schudt II, 116,

die Luft geflogen war[1]). Andere Erinnerungen an dieses
Verhängniss stiftete die Gemeinde. Der 24. Tebeth ward
zu einem Buss- und Festtage eingesetzt[2]). Vierzehn Jahre
lang sollten nach einem Beschlusse des Vorstandes fortan
selbst an den wenigen Tagen im Jahre, da in der Gemeinde
Karten gespielt zu werden pflegten, d. i. am Chanuka und
Purim, „aus Betrübniss und Busse" die Spiele unterbleiben[3]).
Comödien sollten aber, ob sie gleich alle wieder in guten Zu=
stand kämen, so bald nicht unter ihnen gespielt werden dürfen[4]).
Mehr aber als diese Beschlüsse der Gemeinde bedeutet die
Haltung der Einzelnen, die selbst den Feinden Bewunderung
abtrotzte. „Ich kan nicht anders, sagt Johann Jacob Schudt,
als hoch rühmen, dass ich nicht einen eintzigen Juden unter so
vielen geschen, der harte Reden wieder GOtt geführet oder
gemurret hätte, sie haben es in stiller Gedult angenommen,
ihre grosse Sünde, die solchen Jammer verschuldet, bekennet,
sonderlich ihre Pracht und Hoffart, und dass sie den Armen
nicht besser fortgeholfen hätten. ... ja auch gar wenige
haben harte Worte wider den R. Naphtali, der doch ihres
so grossen und allgemeinen Jammers Ursach gewesen, aus-
gestossen, dadurch gewisslich manche Christen, die in so
schweren Unglücks-Fällen gleich murren, beschämet worden."
(II, 87).

Erst jetzt empfand Wertheimer so recht, was es bedeutete, dass man ihn an der Erwerbung des Bleichgartens
verhindert hatte. Er mochte nicht an die Wiederaufrichtung

---

[1]) Ib. 82 f. und IV, 2, 22. Auf der ersteren Schaumünze, die in
Thalergrösse, 2 Loth schwer, in Silber und Zinn zu haben war, ist
in den Worten Rabbi Naphtali Polono causante auch des «Gassverbrenners»
Erwähnung gethan.

[2]) Ib. II, 89 f.; Zunz. die Ritus des synagogalen Gottesdienstes
p. 129. —

[3]) Schudt II*, 317: doch daß bey Kranken und Kindbetterinnen zur
Lust / und ihnen die Zeit zu vertreiben / zu spielen vergönnet / und dann
das Schach-Spiel / welches das gantze Jahr ihnen erlaubt ist / auch jetzo
nach dem Brand.

[4]) Ib. 315: Ein vertrauter Jude, der dies Schudt gegenüber ver-
sicherte, that dies mit der Begründung: dann zu GOttes Wort müsse
man nichts zusetzen / und es / als etwas kurtzweiliges / auff dem Theatro vor=
stellen / dabey ein Pickelhäring seine Narrenpossen mit einmische / das könne
GOtt nicht gefallen.

der zwei Häuser, die ihm beim Brande der Judengasse in Frankfurt eingeäschert worden, herantreten, ehe er die Erweiterung und Sicherung der Gasse gegen neue Feuersgefahr durch den Ankauf dieses freien und geräumigen Grundes erwirkt haben würde. Darum betrieb er die Ratification seines Kaufvertrages jetzt mit erneutem Eifer. Kaiser Josef, der sich der Frankfurter Juden in ihrem Unglück so warm angenommen und durch die am 18. März „bey öffentlichem Trommelschlag" verlautbarte Verordnung vom 18. Februar nach dem Brande gegen die Drohungen und Ausschreitungen lauernder Feinde sie geschützt hatte[1]), sah sich um so williger veranlasst, Wertheimer beim Rathe von Neuem seine Fürsprache zu leihen, als er den Wiederaufbau und die Erweiterung der Judengasse zu fördern gedachte. Wertheimer hatte überdies in Aussicht gestellt, sich in die Satzungsordnung einzuverleiben, d. h. die ihm ohnehin kraft seiner Privilegien als Oberrabbiner der Judenschaft in den Erbländern wie im Reich und als ehemaliger Frankfurter Hausbesitzer gebührende Stättigkeit auch noch zu erwerben, den Bleichgarten aber durch eine hohe Feuermauer von der Christenstadt abzusondern, so dass seinem billigen Verlangen Nichts mehr entgegenzustehen schien. Am 4. März unterschrieb Josef das neue Schreiben an den Rath, von dessen warmer Fassung man unbedingtes Entgegenkommen in der Bestätigung des Wertheimerischen Kaufvertrages hätte erwarten sollen.

Joseph von Gottes gnaden Erwehlter Römischer Kaiser zu allen Zeiten mehrer des Reichs.

Ehrsambe Liebe getreüe: Durch das in der Franckfurther Juden=Gaßße entstande unglückh und leidige erfahrnus, wie in dergleichen Zufällen und fewers=brunsten, Menschen, und waaren in der euißersten gefahr, und weder unten noch oben auß der gaßßen etwas zu erretten sehe, ist Unßer Oberfactor und Hoff Jud Simson Wertheimber veranlaßßet wordten, Unß abermahlen aller=underthänigst anzuflehen, daß Wir an euch nochmahlen umb genehm=haltung des von ihm mit der Wittib Dietzin wegen ihres Kleinen anjetzo gantz verwüsteten Bleich=garten getroffenen Kauff=Contracts allergnädigst zu rescribiren umb so mehr geruehen wolten, alß er

_____
[1]) Ib. II, 128 f.

bereits vor achtzehn Jahren für einen Ober=Rabbiner über alle in Unsern Königreichen und Landen befindlichen gemeinen Juden= schafften angenohmen, darzu auch von Unsers in Gott ruehenden Herrn Vatters Kayl. Mayt. und Lb. und Unß sonderlich privilegirt wordten, und von allen Judenschafftl: Gemeinden für ein Mitglied gehalten werdte, über dießes Zwey eigene wiewohl verbrante Häußer in dasiger Statt habe und sich ehistens in die gewöhnliche Satzungs= ordnung bey euch ein verleiben zu laßen und zu seiner zeit selbsten sich dahin in ruehe zu begeben gesinnet seye. Nun haben Wir euch schon vorhin gnädigst zu vernehmen gegeben, waß maßen Wir so wohl gedl:ᵐ Unserm Oberfactorn seiner Unß leistenden be= sonders nützlichen trewen und willigen Diensten halber gnädigst wohl wollen, alß auch obgedachte Wittib in ihrem nothstand gnädigst gern consolirt sehen. Und weilen dan durch überlaßung dieses leeren platzes an denselben weder der Bürgerschafft geschadet, noch die anzahl der Jüdischen Familien vermehret, ihr auch vermuthlich ohne dem umb Künftighin dergleichen unglücklichen Fewers=brunsten beßer vorzukommen, der Juden Gaße mehrern rauhm zu geben selbst nöthig finden werdet, welchen falls er ged: Kleinen Garten=platz mit einer brandmauer alßo umbfangen zu laßen erbiethig ist, daß derselbe von der Bürgerschafft völlig abgesöndert bleiben solle. So haben Wir ihm solches nicht abschlagen, sondern euch hiemit Unßer voriges gnädigste begehren mit der anzeige wiederhohlen wollen, das, waß hierinfalls von euch dießmahl bey vorwaltenden besonderen umbständen geschehen wird, Künftighin zu Keiner consequenz ge= zogen werden solle. Und wie Wir demnach an ewer unbedenklicher gehorsambster willfährigkeit nicht zweiffeln, alßo verbleiben Wir mit Kayl. gnaden auch anbey gewogen.

Geben in unßer Statt Wienn den Vierten Martÿ Anno Siebenzehenhundert und Eilff Unßerer Reichen des Römischen im zwey und zwanzigsten des Hungerischen im vier und zwanzigsten und des Böheimbischen im Sechsten.

Joseph

Vt. FridCarlgv.Schönborn

Ad Mandatum Sac:æ Caes:ᵉ.

Majestatis proprium

C. F. Consbruch.

Der Pflicht, dieser Fürsprache Folge zu leisten, entband den Rath der vorzeitige Tod des Kaisers, der, kaum 33

Jahre alt, am 17. April 1711 von den Pocken dahingerafft
wurde. Es gab für Frankfurt jetzt wichtigere Angelegenheiten
als die Erledigung des Wertheimer-Dietzischen Kaufvertrags.
Hier sollte die Zusammenkunft der deutschen Fürsten zur
Kaiserwahl, hier die Krönung stattfinden, für die es allerhand Vorbereitungen bei Zeiten zu treffen galt. Dadurch kam
auch der Wiederaufbau der Gasse, mit dem man am 27.
Mai den Anfang gemacht hatte, nachdem bereits am 11.
März der Grundstein zu ihrem ersten und obersten Bau-
werke, der Synagoge, gelegt worden war[1]), für das Jahr
1711 wenigstens, in Stocken[2]). Als daher Wertheimer am
Schlusse des Jahres Frankfurt wiedersah, waren ausser dem
grossen Gotteshause auf der Brandstätte nur wenige Bauten
erst erstanden. Die Judenschaft, soweit sie nicht die Städte
in der Umgebung als Wohnsitz aufgesucht hatte, war in christlichen Häusern untergebracht[3]); in einem solchen hatte jetzt
wohl auch Wertheimer seine Unterkunft suchen müssen[4]). Als
am 12. Oktober die Kaiserwahl vollzogen und die Krönung Karls,
des Königs von Spanien, zum deutschen Kaiser für den 22.
Dezember ausgeschrieben war, erhielt Wertheimer am 12.
November den Auftrag, sich nach Frankfurt zu begeben[5]), um
für die Beschaffung der für die Krönungsfeierlichkeiten erforderlichen Geldsummen an Ort und Stelle thätig zu sein.
Er war dem Kaiser von Wien her in bester Erinnerung
und seiner Gnade versichert, die bald ihr Füllhorn ihm und
seinem Sohne Wolf, der in seiner Begleitung in Frankfurt
erschienen war, willig eröffnete. Die Frankfurter Festtage
waren auch für die Juden eine Freudezeit durch die Zeichen
der kaiserlichen Huld, die auch ihnen gewährt worden
waren. Montag am 21. Dezember, zwischen 5 und 6 Uhr
Abends, einen Tag vor der Krönung, wurden die drei
Baumeister der Frankfurter Judengemeinde, Elkanah Moses,

---

[1]) Ib. II, 116, f.

[2]) Ib. II, 118.

[3]) Ib. II, 90; III, 71 lit. r.

[4]) Ib. II, 102 wird angegeben, dass ein reicher fremder Jude während
der Kaiserwahl einem christlichen Handelsmann und Würtzkrämer dieser
Stadt einen Louis d'or oder Dublon täglich »für Logiment und Bette« vergeblich angeboten habe.

[5]) v. Mensi, die Finanzen Oesterreichs p. 145 n. 4.

Moses Meyer und Isaac zum Springbrunnen, vom Kaiser im
Beisein des Oberkämmerers Grafen von Sinzendorf, wohl
Ludwig Phillips, seines Reichshofkanzlers, in Audienz em-
pfangen, um nach altem Herkommen bei der Ankunft des
neuen römischen Kaisers als „dero unterthänigste Kammer-
Knechte einer gemeinen Judenschafft zu Franckfurt mit einem
allergehorsamsten Präsent auffwarten" zu dürfen. In einem
vergoldeten silbernen Pokale von 24 Mark Silber, in dem
ein Beutel mit 400 Species-Goldgulden lag, bestand das
Huldigungsgeschenk, das sie nach einer Ansprache ihres
Orators Elkanah Moses überreichten[1]). In ihrer Freude, den
Solennitäten der Krönung gleich allen anderen Unterthanen des
Kaisers anwohnen zu dürfen, sparten die Juden kein Geld
und bezahlten theuer „die Plätze, wo etwas zu sehen gewesen[2])."
Aber unter allen war Keiner, der so besonderer Auszeichnung vom Kaiser wie von den versammelten Fürsten gewürdigt worden wäre, wie Wertheimer. Kaiserliche Gnadenketten schmückten ihn wie seinen Sohn als erster Huld-
beweis des neuen Herrschers. Mit Staunen musste es die
christliche Bevölkerung, mit freudigem Stolze die jüdische
wahrnehmen, mit welcher Freiheit der Wiener Ober-Hoffactor und Reichs-Rabbiner unter all den Fürstlichkeiten
sich bewegte, die hier erschienen waren, von Vielen ausgezeichnet, bei Allen angesehen. Kostbare Erinnerungen
in der Gestalt von Diplomen und Porträts, mit denen deutsche
Fürsten ihn hier geehrt hatten, folgten Wertheimer nach
Wien. Aber bedeutungsvoller war der Regen von Privilegien
und Begünstigungen, der gleich im Beginne der neuen Regierung auf ihn niedergieng. Noch in Frankfurt erhielt er
bereits am 5. Januar 1712 die Bestätigung der ihm von den
Kaisern Leopold und Josef gewährten Privilegien und die
Ernennung zum Ober-Hoffactor des neuen Regenten und
seiner kaiserlichen Gemahlin[3]). In Wien folgte darauf am
28. Februar die Erneuerung seines ihn und die Seinen zum

[1]) Schudt II, 140.
[2]) Was Schudt II, 320 zu der Bemerkung herausfordert: die
Juden sind überaus fürwitzig / und wo etwas neues zu sehen gern vorn
dran.
[3]) Kaufmann, Samson Wertheimer 38 ff.

Aufenthalte in Wien berechtigenden Privilegiums, unter erneu-
ter Hervorhebung seiner uneigennützig[1]) und allezeit treu
bewährten Leistungen.

Auch innerhalb seiner Glaubensgemeinschaft hatte sein
Ansehen, soweit dies noch möglich war, eine Erhöhung in
jenen Tagen erfahren. Dienstag am 8. März 1712 ward in
der Gemeinde Krakau von dem versammelten Vorstande
eine noch heute erhaltene besonders ehrerbietig ausgestattete
Urkunde[2]) unterzeichnet, die in künstlerisch gezeichneter
Umrahmung die Ernennung Wertheimers zum Rabbiner und
Schuloberhaupte dieser hochangesehenen Gemeinde und ihres
ganzen Bezirkes enthält. Sicherlich hat in dieser symbolischen
Amtsübertragung neben der Ehrung Wertheimers auch die
Anerkennung seiner Verdienste ihren Ausdruck gefunden,
die er in seiner des Zuges ins Grosse niemals entbehrenden
Wohlthätigkeit und Hülfsbereitschaft um so viele Gemeinden
des In- und Auslandes unermüdlich sich erwarb.

Als sein ältester Sohn Wolf Anfangs 1713 sich selbstständig machte[3]), bedeutete dies keineswegs den Rücktritt
Samson Wertheimers von den Geschäften. Vielmehr sehen
wir an demselben Tage, am 13. Januar 1713, da Wolf Wertheimer ein Theil der Agenden seines Vaters amtlich übergeben wird, den Hofkriegsrath diesem einen Geleitbrief ausstellen, der ihm allerorten freien Ein- und Austritt und jeg-
liche Unterstützung der Behörden sichert, wenn er mit Geldern und Cleinodien im Lande oder ins Reich reist. Der
Pass, der noch erhalten ist[4]), zeigt die Unterschrift des Kaisers, in schief emporkletternden grossen Zügen die Hand
Eugens von Savoyen und den Namen des aus dem Friedens-
instrumente von Passarowitz her bekannten Zacharias Mariophilus Campmiller[5]).

Um ihn ferner nicht jedesmal der Nothwendigkeit aus-

[1]) v. Mensi p. 145 n. 3.
[2]) Kaufmann, Samson Wertheimer 10. n. 3. Das im Anhang mit-
getheilte Diplom ist aus dem Besitze des Herrn Arnstein in Stampfen,
der es mir freundlichst zur Abschrift überliess, in das Eigenthum der
Wiener isr. Cultusgemeinde übergegangen.
[3]) v. Mensi p. 146 n. 1.
[4]) Im Besitze des Herrn L. Offenbacher in München.
[5]) Feldzüge II, 314.

zusetzen, seinen Pass erneuern zu lassen, wird ihm bereits
am 12. April 1713 ein Generalpass vom Kaiser bewilligt,
der ihm und seinen Söhnen Wolf und Löw, die also beide
noch als in seinem Geschäfte stehend betrachtet werden, bei
ihren zahlreichen Reisen im Dienste des Staates freies und
sicheres Geleit und vollkommene Freiheit von allen wie immer gearteten Abgaben ein für allemal zuerkannt. Auch
diese mit der Unterschrift Karls VI. und der Gegenzeichnung
des Hofkammerpräsidenten Gundaker Thomas Grafen von
Starhemberg versehene Urkunde ist noch vorhanden[1]).

Ihr Wortlaut ist der folgende:

Wir Karl der Sechste von Gottes gnaden Erwehlter Römi-
scher Kayser Zu allen Zeiten, Mehrer des Reichs in Germanien,
zu Hispanien, Hungarn, und Böhaimb König, Ertzhertzog zu
Osterreich, Hertzog zu Burgund, Steyer, Kärndten, Krain undt
Württemberg, in Ober„und Nider Schleßien, Marggraf zu Mähren,
in Ober„und Nider Laußnitz, Graf zu Habsburg, Tyroll und Görtz
Entbiethen N: allen, und Jeden Churfürsten, Fürsten, Geist„und
Weltlichen Praelaten, Grafen, freyen, Herrn, Rittern und Knech-
ten, Landt und Haubtleuthen, Land Marschallen, Land„Vögten,
Haubtleuthen, Vice Domben, Vögten, Pflegern, Verweeßern, Ambt„
Leuthen, Landrichtern, Schultheissen, Bürgermaistern, Richtern, Rä-

---

[1]) Eigenthum der Wertheimber'schen Familienstiftung in Wien.
Der kais. Hofkriegsrath-Pass für Simson Wertheimber vom 13.
Januar 1713 ist kürzer als der vom 12. April 1713, insofern dieser auch
für W's Söhne ausgestellt ist und die Worte S. 79 Z. 13 gewilliget haben
— Z. 17 v. u. Alß gesünnen mehr enthält. S. 79 Z. 8 heisst es
„von Sieben„und zwainzig Jahr hero". Der Schluss lautet: Alß gesünnen
Wir an Euer Lbd: Lbd: Anđ: Anđ: nnd Euch freund„und gnädiglich, denen
andern, und Unßrigen allen aber ernstlich befehlend, daß Sye wiederholten
Unßern, und Königl: Pohl: dan Chur„Maintz„Trier, Sax„und Pfälz: Factorn, und HoffJuden Simson Wertheimber, auch beßen Befreunde, Leuthe,
und Bedienthe sambt allen, wie obgemelt, beÿ sich habenden paaren Geldern,
Cleinodien, oder andern Sachen, auch zu Jhrer Verthättigung, undt nothwendigen Sicherheit beÿ sich führenden gewöhr an orth nnd End, wohin Er
oder Sÿe solche zu überbringen haben, nicht allein gantz sicher, ungehinderth,
und unaufgehaltener durch Unßere, Jhro, und Euer Gebüeth, Land, Städt,
Schlößßer, Marckth, Dörffer, Claußen, und Paaß, zu waßßer, und Land durchkommen, jederzeith pass„und repassieren, einige Beschwärdt, Verhinderung
nnd widersatz nicht zuefüegen, noch von andern solches zu beschehen verstatten.
sondern auch auf begebenden fahl, und beßßen ansuchung mit Vorspann, Con-
voÿ, und dergleichen hilff erscheinen, alß nicht weniger all andern guetten

then, Bürgern, Gemeinden, und sonst allen andern Unßern, und
des Reichs, auch Unserer Erbkönigreich, fürstenthumb, und (und)
Landen Underthanen, und Getreuen, weß Würden, Stands, oder
Weeßens die seynd, Insonderheit aber Unßern, und Andern Auff=
schlägern, Mauthnern, Zohlnern„und Gegenschreibern, Beschauern,
denen diser Unßer Kayl. Paß„Brief fürkombt, und darmit ersucht
werden, Unßer freundschafft, gnad, und alles guettes; Hoch„und
Ehrwürdige, auch durchleuchtig„Hochgebohrne Liebe Freund, Neve,
Oheimb, Vetter, Chur„und Fürsten, auch Wohlgebohrne, Edl, Ehr=
same, Liebe, Andächtige, und Getreue; Wir geben Euer   Lbd:
Lbd: And: And: und Euch hiemit Freund„Vetterlich, und gdigst zu
vernehmen, welcher gestallts bey Unß, Unßer Kayl. wie auch Königl.
Pohl. Chur Mainz: Sächß. und Pfältz. respective Ober„und
Factor, auch Jüdischer Ober Rabiner Simson Wertheimber aller
underthänigst vorgebracht, daß weillen Er in Unßern, und des
Publici diensten seine Freunde, wie auch andere seine Leuthe, und
bedienthe mit Comissionen und Verrichtungen, sonderlich in geld„
Negotien, so wohl in Unßern Erblanden, alß im Römischen Reich;
hin„und her zu schicken habe, auch Selbsten zu reyßen Bemüssiget
werde, Wir gnädigst geruhen möchten, Ihme für Sich, seine Be=
freunde, wie auch alle andere seine Leuthe, und Bedienthe, Von
Unßerer Kayl: Hoff Cammer auß, einen General„Pass, welcher
für alle Jahr gültig, und also nicht nöthig seyn möchte, solchen
Jährlich zu erfrischen, oder de novo außzuferttigen, allergnädigst er=
theillen zu laßen, dergestallten, daß Er„und die Seinige, wann
und weill Sye in obgedachten Unßern, und des Gemainen Weeßens
diensten reyßen, Unßeren Ihme allergnädigst ertheillten Privilegien

---

und besordersambe Willen, Hilff, Vorschub und Assistenz mit beherberg„und
anderer beyfallender Reyß„Nothurffts=Reichung erzeigen, und beweißen laßen
wollen, und sollen; Allermaßen Wir Unß keines andern zu Euer Lbd: Lbd:
And: And: und Euch freund„und gnädiglich versehen, die andere aber voll=
ziehen hieran Unßern ernstlich„gemäßenen befelch Willen und Mainung;
Geben in Unßerer Wienn den dreyzehenden Monaths„Tag Januarij, im
Siebenzehenhundert„und dreyzehenden, Unßerer Reiche des Römischen im
andertten, deren hispanischen im zehenden, des hungarisch„und böheimbischen
auch im andertten Jahre
Carl

Ad Mandatum Sacr. Cæs:c
Majestatis proprium
Zacharias Mariophilus Campmuller

Eugenio VonSauoÿ

nach, mit Jhren zugehörigen Leuthen, und Bedienthen, Leib Mauth und aller anderer Aufflaagen, und Gaben, frey, Sicher, und ungehinderth, mit Roß, und Wägen, auch andern beÿ sich habenden unmauthbahren Sachen beÿ denen Mauth, Zohl„oder Auffschlagsämbten paß„und repassiert werden möchte; Wann Wir nun in gnädigster erwögung solcher Unß, und dem Publico, von ermeltem Unßerm Ober Factor, und Juden **Simson Wertheimber** von vier„und zwainzig Jahren hero, Treu„allerunderthgst„und Eyffrigen, so wohl in aufbring„alß überwechßlung grosser geld„Summen, alß auch andern Wichtigen Commissionen, und Verschickhungen leistenden Diensten, Jhme solchen General„Pass, welcher zu Jederzeit, und von Jahr zu Jahr, ohne daß solcher de novo außgefertiget, gültig seÿn solle, gnädigst gewilliget haben, jedoch dergestalten, daß solcher Paß nur auf Jhme **Wertheimber,** seine Söhne, Nahmens **Wolf„und Löw Wertheimber,** und seine Hauß Familie und würcklich immediat„Bedienthe verstanden seÿe, andere seine Befreunde, Verwandte, und Handelsgenossen aber, wan es erforderlich, daß Er einen dergleichen, umb Unßers Kayl. Diensts willen, auf solchen Paß reÿßen müestte lassen, nicht allein diesen Original Pass, oder ein **authentisches Vidimus** dessen, sondern auch darbeÿ ein Decret, daß ein solcher mit vorwissen Unßeres Kayl. Hoff Cammer, und aus erfordernus Unßres diensts Reÿse, zu producieren, undt aufzuweißen gehalten seÿn solle; Alß gesünnen, solchemnach Wir an Euer Lbd: Lbd: And: And: und Euch hiemit Freund„Vetterlich, und gnädigst Begehrendt, denen Unßrigen aber mit Ernst Befehlend, daß hierauf Sÿe ermelten Unßern Ober Factor und Juden **Simson Wertheimber,** wie auch ermelt seine Söhne, seine hauß„Familie, und würckliche Bedienthe, aller orthen, und Enden, zu wasser, und Landt, Leib„Mauth, Auffschlag, und derleÿ aller anderer gaaben, frey seÿe, doch gleich wohl Sambtlich schuldig seÿn sollen, sich mit Jhren beÿ sich füehrenden Sachen, ob solche schon unmauthbahr wären, beÿ Unßern Zohl„Mauth„und Auffschlags„Ämbtern anzumelden:/ Sicher und ungehindert durchkommen, paß„und repassieren lassen, auch allen Befördersamben willen erweißen wollen, und sollen; hieran erweißen Umso Euer Lbd: Lbd: And: And: und Jhr ein angenehmes gnädigstes gefahlen, die Unßerigen aber erstatten an deme Unßere gnädigsten Willen und Mainung: Geben in Unßerer Residenz Stadt Wienn den zwölfften April im Siebenzehn hunderth dreÿzehenden Unßerer Reiche des Römischen im

anderten, deren Hispanischen im zehenden, deren Hungar„und Bö=
haimbischen auch im anderten Jahre.

Carl

    G. Th. g: vStarhenberg

                Ad Mandatum Sacæ: Cⁱᵉˢ:ᵉ

             & Catholicae Majestatis proprium

              Ferdinand Ernst Gv. Mollarth

                Joseph Carlo Sauber[1]).

Eine ganz besondere Huld seines Kaisers ward ihm
ferner an demselben Tage in dem die gleichen Unterschrif-
ten tragenden Gnadenbriefe zu Theil, der seine in Frankfurt nach dem Brande aufgerichteten Häuser ausdrücklich
in kaiserlichen Schutz nimmt, dieselben mit dem Rechte
ausstattet, den kaiserlichen Doppeladler, d. i. das Salva
Guardia-Zeichen zu tragen und gegen jede militärische Ein-
quartierung oder etwaige Uebergriffe der Soldateska sicher-
stellt. Die Anerkennung, mit der hier von seinen bereits
geleisteten Diensten gesprochen, die Erwartung, die an seinen
auch fernerhin verheissenen Eifer geknüpft wird, drückt das
Privilegium selber, ein wahrer Ruhmestitel Wertheimers, am
Klarsten aus.

Wir Carl von Gottes Gnaden Erwehlter Römischer Kayſer
zu allen Zeiten Mehrer des Reichs, in Germanien zu Hispanien,
Hungarn, Böheimb, Dalmatien, Croatien und Slavonien p. König,
ErtzHertzog zu Österreich, Hertzog zu Burgundt, Steyer, Kärndten,
Crain, und Württenberg, in Ober„und Nieder=Schlesien, Marggraf
zu Mähren, in Ober„und Nieder Lausnitz, Graf zu Hapsburg,
Thyroll, und Görtz p. Erbietten N: allen und jeden unseren Gral=
Leuthenanden, Veldt=Marschallen, Obrist=Veldtzeugmeistern, Genera-
len der Cavalleria, Veldtmarschalleuthenanden, Obrist Veldt Wacht=
meistern, Rittmeistern, Haubt=Leuthen, Leuthenanden, Fändrichen,

---

    1) Die Collautionsclausel lautet:

Collationirt, vnd ist biſe abschrifft gegen seinem wahren originali ganz
gleichlautendt. Actum Wienn den 22ᵗᵉⁿ Aprilis 1713 ⁚/.

    Zach:Michael Pusberg

  Jhrer Kaÿſt. Maÿſt. Mpria

Josephi Primi Höchſt Säl. gedächtnus

Hinterlaſſenen HoffCamer

Registrator, und Taxator.

Wacht= und Quartiermeiſtern, Veldt=Wüblen, Fourieren, und in
gemain allen unſeren Kriegs=Leuthen zu Roß und Fueß, was Nation
Würden, Stands, oder Weeſens die ſeynd, als auch allen und jeden
zuefuehr„einlogier„und quartierungs=Commiſſarien, ſo dieſer Zeit
vorhanden, oder ins künfftig verordnet werden möchten, Unſer
Kayſerliche gnad, und alles guetts, und geben euch hiemit gnädigſt
zu vernehmen; daß Wir in gnädigſter Betracht„und anſehung Un=
ſers und Königl: Pohl: Chur=Maynz=Sächß= und Pfalziſchen, auch
anderer Chur= und Fürſten reſpectivè Ober= und Factors, Sim=
ſon Wertheimbers Juden=Rabiners Unß, und Unſerem Ertz=Hauß
von ſieben und zwaintzig Jahren hero durch ſeine ſonderbahre Dex=
terität, geſchicklichkeit und unintereſſirtes gemieth mit aller Treu,
und Eyfer gut geleiſten Dienſten, ſonders aber bey vorgeweſſen
Kriegs=Troublen, ſo wohl in auf bringung viller Millionen in paarem
geldt und übermachung großer Wechſels=Summen, als auch in an=
deren wichtige und importanten Cõmiſſionen, und Verſchickun=
gen, wie nicht weniger wegen der Anno Sechzehen hundert Sieben
und Achtzig mittelſt einrichtung des Siebenbürgiſchen Saltz=Cõmercij,
worauf Er auch alſo gleich zu damahligen Kriegs=Ausgaaben eine
halbe Million verſchafft hat, und hierdurch ſo wohl vorhin meri-
tirter reflexion, als annoch zu gegenwärtigen allerſeithigen ſchwären
Kriegs= und Hoffs=ausgaaben treu hertzig leiſtenden, und ins künff=
tig nicht weniger von ihme zu verhoffen habenden weiteren dienſten,
auf ſein gethanes alleruntertḧgſt=geziemendes bitten die in der freyen
Reichs=Stadt Francfurt gelegene, und jetzt nach vorgeweſtem brandt
hinwiederumb auferbauende, mit ſambt noch zweyen andern darneben
gelegenen gantz kleinen eingeäſcherten häuſern umb·beßerer und genug=
ſamber gelegenheit willen für Jhne und deßen Söhne, als reſpectivè auch unſere OberFactor Wolff und Löw Wertheimber,
ob zwar aus dem Ruin zu erhöben, darzubringenden und aigen=
thümblich angehörigen geringen Häußern zur ſilbernen Kandten, und
Roß, ſambt ſeinem hauß„und brod geſünd, nothwendigen leuthen,
Roß„und Wägen, Vieh, und allen anderen Mobilien, und Sachen,
wie dieſelbe immer nahmen haben mögen, darvon nichts ausgenoh=
men, in unſer ſonderbahres Kayſ. Gleith, Schutz und Schürm gnä=
digſt an„und aufgenohmen, dergeſtalten, daß Wir nicht allein ihme
Wertheimber das noch anno Sechzehn hundert fünff und Neuntzig
von Unſers hochgeehrteſt„in Gott ſeeligſt ruchenden Herrn Vatters
Leopoldi Mayt. und Lbd. gnädigſt ertheilt, und in Siebenzehen-

hundert und Ersten, auch folgends Unsers ebenfals in Gott seeligst
ruehenden geliebt„gewesten Herrn Bruders Kahsers Josephi Mayt.
und Lbd. im Siebenzehen hundert und Eylfften Jahr gleichmässig
confirmirte Schutz-Privilegium durch= und in Krafft dieses von
Punct zu Punct wiederumb bestättigen, sondern auch gnädigst wollen, das Sie zwar nicht von dem darauf hergebrachten und allge=
meinen ordinari zu tragen habenden last, oder contribution libe-
riert, sondern allein von aller eigenthättiger einlogier„und quartierung und anderen daher rührenden Kriegs=beschwärlichkeiten, Exceß,
oder Insolentiren all„unserer Kahl. Armada zuegethanen Volcks,
unter was vor Commando, oder Direction solches auch jetzo, und
ins künfftig seyn möchte, gäntzlich und allerdings eximiert und befreyet, auch hiemit vollkommentlich erlaubt seyn solle, zu diesem
Ende oberwehnte Häußer mit dem doppelten Reichs=Adler, oder gewöhnlichen Salva Guardia Wappen und Zeichen zu versehen ; Befehlen derohalben hierauf Euch allensambt, und jedem insonderheit,
bevoraus denen verordneten quartierungs-Commissarien, quartier-
meistern, und Fourieren, das Ihr berührte Häußer, und aigen=
thümber sambt allen derselben Inwohner und Appertinentien bey
unausbleibender, unnachläßlicher Straff /:außer unserer verordnung
und befehl:/ obgemelter maßen gantz unperturbirt, unmolestirt verbleiben laßen, die Inwohner mit eigenmächtigen quartieren, Exac-
tionen, Geldtschätzungen, oder in andere weeg nicht beschwären, ihnen ihr grob„und klein Vieh, Roß und Wägen, getraidt, wein,
bier, victualien, und alles anders, wie das immer genant werden
mag, weder mit gewalt, noch sonsten hinweg nehmen, einige Unge=
legenheit, beschwerd„oder Schaden nicht zuefügen, noch anderen
solches zu thun verstatten, sondern Euch dessen allen unter vorbemel-
ter unnachläßlicher Straff gäntzlich enthalten, wieder diese unsere
gdgst ertheilte Salva Guardia nichts vornehmen, ja vielmehr selber
würcklich nachleben, und demnach mehr erwehnte Häußer und Eigen-
thümber Wie auch alle Inwohner in allen fürfallenheiten dabey
schützen und handt haben sollet ; das meynen und wollen Wir ernstlich bey vermeidung Unserer Ungnad, und unausbleibender höchster
straff, auch Erstattung alles verursachenden Schadens: Und wird
hieran Unser gnädigster will und Maynung vollzogen. Geben in
Unserer Statt Wienn den dreyzehenden Monaths Tag Januarij im
Siebenzehenhundert und dreyzehenden, Unserer Reiche des Röm. im

2. des Hispan. im 10.t des Hungar. und Böheimb. auch im anderten Jahr.

Carl

Eugenio von Savoy

Ad Mandatum Sac.^æ. Caes.^æ.

Majestatis proprium

Zacharias Mariophilus Campmüller

(Stadtarchiv Frankfurt a. M. Ugb. E 44 Mm.)

Die Krone aller Gnaden, den stolzesten Beweis für die Stellung, die Wertheimer bei Hofe und in der Gunst seines Kaisers sich errungen hatte, bildete aber vollends erst das Familienprivilegium, das ihm am 4. Mai 1713 verliehen wurde. Alle Beschwerden und Hinderungen, die einen Juden jener Tage zu erniedrigen und zu kränken berechnet waren, sind für diese Eine Familie hinweggeräumt, die so gleichsam um ganze Geschlechter der Entwickelung der Geschichte voraneilt und Rechte vorwegnimmt, von denen die Mitgeborenen unter ihren Glaubensgenossen kaum noch zu träumen wagen. Nicht nur Wertheimer und sein Sohn Wolf, der bereits selbstständig kaiserlicher Gnaden gewürdigt wird, sondern auch die beiden jüngeren Söhne Löw und Josef, die vier Tochtermänner, von denen drei bereits den Titel kaiserlicher Factoren führen, und der Wertheimer verwandte Isak Arnsteiner[1]) erhalten die volle Freizügigkeit, das für einen Juden damals unerhörte Vorrecht, allerorten sich niederzulassen und anzukaufen, vollkommene Befreiung von allen kränkenden Abzeichen, von Toleranzgeldern und sonstigen jüdischen Abgaben, die Aufnahme in den Schutz des Kaisers und des Reiches, den alle Würdenträger und Behörden ihnen zu gewähren angewiesen werden. Dieser von dem Reichsvicekanzler und Bischof von Bamberg und Würzburg, Carl Friedrich Grafen von Schönborn, dem prachtliebendsten Prälaten am Wiener Hofe[2]), gegengezeichnete Gnadenbrief, der das Wertheimer'sche Haus gleichsam zu einer Enklave der Zukunft und ihrer Gleichberechtigung gestaltete, legt in allen seinen Theilen gleichmässig ein Zeugniss des Wohlgefallens ab, das Carl

---

[1]) Kaufmann a. a. O. 45. n. 1.

[2]) Vehse a. a. O. 7, 37, 104 f.

VI. an den Leistungen seines Oberhoffactors gefunden haben muss.

Wir Carl der Sechste von Gottes Gnaden Erwehlter Röm. Kayser, zu allen Zeiten Mehrer des Reichs, König in Germanien, zu Castilien, Arragon etc. Erzherzog zu Oesterreich etc. plen: tit:

Bekennen für uns offentlich mit diesen Brieff und thun Kund allermänniglich, daß Wir gnädiglich angesehen die angenehme eifrige, unvertroßene, getreue, nutz„und wohlersprießliche Dienste, welche nicht allein unseren Vorfahren am Reich weyl: unsers hochgeEhrtisten Herrn Vatters und freundlich geliebtesten Herrn Bruders Kayl. Mayt. Mayt. und Lbd. Lbd., sondern auch Uns, dem heil. Röm. Reich und Unsern ErtzHauß Unser Kayl. und Unserer freundlich geliebtesten Frauen Gemahlin Lbd. wie auch Königl. Pohln. Ober factor und Hoff Jud, auch der gesambten in Unsern Erb Königreich und Landen sich befindender Judenschafft Vorgesetzter Ober Rabiner offt und mannigfältig„und zwar bereits in das 30te Jahr unermühet erwiesen, wie dann Er und sein älterer Sohn Wolff Wertheimber Kayl. Factor auch seine 4. Töchter Männer, Berent Gabriel, Jüdischer Land Rabiner in Unsern Marggraffthumb Mähren, und die 3 Kayl. Factores Joseph David Oppenheimber der Zeit zu Hannover, Moyses Löw Jsaac und Seligmann Berent Salamon aber in Unsern und des heil. Reichs Städten Franckfurth und Hamburg wohnhafft, dann Jsaac Arnsteiner in denen Vorgewesten schwehren und Kostbahren Reichs„frantzösisch„türck. und Italienischen Kriegen, und bey denen noch obschwebenden weitaussehenden gefährlichen Weltläufften mit denen zum Kayl. und Reichs Kriegs heer erforderlichen recrutir„und remontirungs Bedürfftigkeiten, Auszahlung deren auf Millionen sich belauffenden Subsidien Gelder, leistung nahmhaffter Cautionen und Vorschüßen, zu herbeyschaffung des proviants, Munition, und mehr anderer Nothwendigkeiten für die Kayl. Armada und sonsten mit denen in eylfertiger begebenheit benöthigten baaren Mitteln biß anhero beständig zu Verläßig und Richtig an hand gestanden, daß ob allerhöchst gedacht Unsers Herrn Vatters Kayl. Mayt. und Lbd. sowohl in Ansehung dieser, als der in denen von deroselben ihme Simson Wertheimber nicht allein hier, sondern auch in denen beschehenen Verschickungen zu des gemeinen Weesens besten, und Unsers Kayl. aerarii großen Nutzen, durch seine besondere Vernunfft, Klug„ und Erfahrenheit geleisteten stattlichen Diensten, und andurch erworbenen guten Ver=

dienſten ihn zur wohlverdienten gnad zur gedächtnuß mit einer goldenen Kette und anhangendem bildnuß, dann nachgehends mit tauſend
species Dugaten, umb für ſich einige ſilberne oder goldene geſchirr zu
verſchaffen, zum Zeichen der mit ſeinen unterthänigſten Dienſten
tragenden gnädigſten Vergnügung zu beſchenckhen, auch ihn, ſein
Weib und Kinder und nahe anverwandte mit verſchiedenen beſondern
Landes fürſtl. privilegien, freyheiten, tituln und praerogativen
aus Unſerer Oeſterr. Hoff Cantzley auf 20 Jahr zu begnadigen,
ſolche auch ob allerhöchſtged. Unſers Herrn Bruders Kayl. Mayt.
und Lbd. wegen der Ihro gleichfallß in verſchiedenen Gelegenheiten
und ſonderbahr in denen von Ihro verrichteten zwey Feldzügen, und
zweimahliger belager„und Eroberung der Veſtung Landau mit Vor-
ſchießung nahmhaffter Geld Summen geleiſteten getreu„ und wohler-
ſprießlichen Dienſten, zu beſtättigen allermildeſt bewogen worden;
Wie auch nicht weniger ferner gdgſt betrachtet, daß Uns ſelbſten
Er Simſon Wertheimber ſowohl bey Unſer in Unſer und des Hl.
Röm. Reichs Stadt Franckfurth vollbrachten Röm. Kayl. Crönung
zu verſchaffung Unſerer Hoff Stadt Erfordernuße benöthigte baare
geld Mitteln, alß auch ſogleich darauf mit denen zu Unſern Kayl.
Kriegsheer und Hoff nöthigen dann andern geheimben und keinen
Anſtand gelittenen nahmhafften Ausgaben, ſehr willig und Nützlich
an hand gegangen, weßwegen Wir auch ihn und ſeinen Sohn Wolff
Wertheimber, welcher hierbey und ſonſten gleichfallß ſeinen Fleiß
treu und Dienſtbegierde, unterthänigſt gehorſambſt willfährig mit-
bezeuget, jeden mit einer beſondern goldenen Kette alß einen Merck Zeichen
Unſerer ob ihren gehorſambſten Dienſten geſchöpfften gnädigſten Zufriedenheit beſchenckhet, er Simſon Wertheimber auch und die ſeinigen in ſolche ihren Dienſt-Eyffer, treu und Ergebenheit zu weiterer
beförderung Unſerer Kayl. Dienſten und Nutzen unausſetzlich zu
verharren des allerunterthänigſten Erbiethens ſeynd. Und darumb
mit wohlbedachten Muth, guten Rath und Rechten wißen, obged.
Simſon Wertheimber, alß Unſern und Unſerer freundlich geliebteſten
Frauen Gemahlin Lbd. Kayl. Ober Factorn und ſeinen Sohn
Wolff Wertheimber Kayl. Factor und Hoff Juden, dann ſeine zwey
jüngern Söhnen Löw und Joſeph, wie auch deſſen 4 Töchtermänner
Berent Gabriel Jüdiſchen Land Rabiner in Unſern Marggraffthumb
Mähren und dann 3 andern, alß Unſern Kayl. Factorn, Joſeph
David Oppenheimber, Moyſes Löw Iſaac, und Seligmann Berent
Salamon, dann den Iſaac Arnſteiner aus Kayl. Macht Vollkom-

menheit die besondere Kapl. Gnad auf 24 Jahr gethan, und die
sambt ihren Weib und Kindern, auch bey sich habenden bedienten
und brodt gesind in Unsern und des heil. Röm. Reichs absonderlichen
Verspruch, Schutz, Schirm frey „Sicherheit und geleit also und dergestalt aufgenommen, daß Sie sich desselben nicht allein allhier in
Unserer Residenz Stadt Wien, sondern auch in andern Orthen,
wo wir Uns künfftig etwann außer Landes in das heil. Röm.
Reich oder Unsern Erb Königreich und Landen hinbegeben sollten,
ohne bezahlung einiger Schutz oder Toleranzgelder ungehindert män-
niglichens gebrauchen, wie auch außer Unser Kayl. Hoff-Staat der
Simson Wertheimber, seine Söhne und 4. Tochter Männer, auch er
Arnsteiner in heil. Röm. Reich, wie in Unsern Erbfürstenthumb
und Landen in allen Reichs Städten, Vestungen, Märckten und
Fleckhen, insonderheit in denen Reichs Städten Nürnberg, Augspurg,
Frankfurth und Regenspurg, allwo er und die viel zu negotiiren
haben in der Stadt in einem hierzu umb die billige bezahlung
miethende zu ihrer und bey sich habender fahrnuß und bedien'e an-
ständige Wohnung ohnweigerlich und ungehindert sich aufhalten
mögen, ohne bezahlung einiger Jüdischer leib Mauth. Zolls Schiff„
floß Rechtens Brückhen gebühr oder anderer gaben, sowohl zu Waßer
als land, welche andere oder unpriviligirte Juden, wann die sich
in ihren Geschäfften aufhalten, zu geben haben, auch ohne, daß die
Wertheimber oder obbemelte ihrige alß in Unsern besonderlichen
Kayl. Schutz, Verspruch und Diensten stehende Schutzverwandte
Juden und Leib Knecht, wie erstged. Juden ein Zeichen zu tragen
oder sonsten einige Geleits Persohnen in „und außer der Stadt aufzunehmen schuldig seyn. Da aber obged. Unser Kayl. und Unserer
freundl. geliebtesten Frauen Gemahlin Lbd Ober Factor Simson
Wertheimber und dessen Sohn.Wolff Kayl. Factor und Hoff Jud,
dann seine 2 jüngere Söhn Löw und Joseph, wie auch dessen 4
Töchter Männer Berent Gabriel, Jüdischer Land Rabiner in Unsern
Marggraffthumb Mähren, und die 3 andere, alß Unsere Kayl.
Factores, Joseph David Oppenheimber, Moyses Löw Isaac, und
Seligman Berent Salamon, dann der Isaac Arnsteiner, wo Juden
und Jüdinnen wohnen, fürterhin zurückkommen und umb die billige
bezahlung Häußer in bestand nehmen oder auf ihren Nahmen eigen-
thümblich erkauffen, solle ihnen, an wen sie wollen, wider weiters
zu verkauffen, darinnen ruhig zu wohnen, zu hausen, zu handthieren,
offene Gewölber von allerhand waaren zu haben, nach der Elen

oder gewicht dieselbe, wie auch Früchte und Wein nach gefallen zu
kauffen, zu verkauffen, aus und einzuführen, und bey solcher
ihrer Handthierung, Jüdische Ceremonien, Mosaischen Gesetzes
Gebrauch und Begräbnißen ruhig zu verbleiben, nicht weniger einen
Rabiner, Jüdischen Juristen, Schächter, Vorsinger und Unterweiser
zu ihrer Nothdurfft, jedoch in der Stille, und zu ihrer Hauß behueff
allein zu halten erlaubet seyn. Sie sollen und mögen auch aus
denenselben Städten, Märckten, Fleckhen und Landen, so offt und
wann Sie gelust, mit allen deme, so ihnen zugehöret, an andern orth
unbelästiget und unbeschwehrt, von derselben Obrigkeit ziehen, und für
den Ein„und Abzug keine Steuer oder andere gaben, selbe mögen
Nahmen haben, wie sie wollen, von ihren Haab und Güthern zu
bezahlen schuldig seyn, sie hätten dann Mautbahre Sachen, davon
die Mauth denen Christen gleich zu entrichten wäre, weiters aber
nicht beschwehrt werden. Ferner sollen und mögen sie auch ihre
Gelegenheit und Willen nach, an Orth und End, von dannen sie
gezogen wären, wiederumb ziehen, und sich daselbsthin niderzulassen
und alßdann die vorgenossene und habende freyheiten und excep-
tionen nichtsdestoweniger widerumben genießen und sich derselben
gebrauchen, auch zu Waßer und Land frey, sicher und ohne Jüd.
Zeichen und Abnehmung einiger Mauth, Leib=Zoll, Aufschlag, Schiff
Recht und all dergleichen gaben, hin und wider mit bey sich haben=
den sein Simson Wertheimers Hebräischen Büchern, die er alß Ober
Rabiner und die seinige jedesmahl nöthig haben, und inn= und außer
lands führen und bringen laßen, pass- und repassirt werden: auch
sonsten wider gemeiner Judenschafft habenden Kayl. freyheiten, und
des heil. Reichs Satzungen keinesweges beeinträchtiget, oder ohne
Unsern austrücklichen Kayl. Willen ausgeschafft, oder zu einigerley
Gab„ oder Abzugs Gelder, ohngewöhnlichen neuerlichen Mauthen,
Pfändungen, Zöllen, Aufschlägen, oder Umbgeld, anderst alß die
Christen jedes Orths zu geben pflegen, angehalten, auch sie sambt
ihren Weibern, Hauß und Brodt Gesind, haab und Güthern von
Niemanden an einen Orth von frembden oder ihrer Geld Schulden
wegen verarrestiret oder verhindert werden, sondern da jemand zu
ihren haab und Güthern Zuspruch oder Klag zu haben, vermeinet,
oder sonst gewinne, der, oder dieselben sollen gegen obgemelte Juden
an keinen Orth, alß bey ihrer ordentlichen Obrigkeit mit Recht vor-
genom̃en und beklaget, dann auch ihnen von jedermänniglichen in
ihren verbriefften, oder sonst kundbahren beweißlichen und andern

rechtmäßigen Forderungen ohne zulaßung einiger Weitläuffigkeit schleunige hülff Rechtens ertheilet, auch in denen etwa ereignenden justiz-Sachen wider die Billigkeit nicht beschwehret noch übereilet werden, sondern nicht anderst, alß wie es der Gerechtigkeit und den gewöhnlichen Gerichtslauff gemäß ist, verfahren und nicht gleich mit sperrung der Gewölber, auch in inquisitions-Sachen, es mögen solche Nahmen haben, wie sie wollen, in allen nach Ordnung und An= leitung der Rechten, gehandelt und der denunciirte gegen genugsamb leistende Bürgschafft an seiner rechtmäßigen Gegenwöhr nicht ver= kürtzet noch übereilet, wie nicht weniger der denunciant ebenfallß zu dergleichen Bürgschafft sogleich angehalten werden solle, mithin dieselbe wider diesen Unsern Kayl. Schutz und Gnaden Brieff nicht angefochten, sondern dabey ohne männigliches Hindernuß ruhiglich gelassen werden sollen.

Und gebieten darauf allen und jeden Churfürsten, Fürsten, geist und weltlichen praelaten, Graffen, freyen herrn, Rittern, Knechten, Landshaubtleuthen, Land Vögten, Haubtleuthen, vice-Domen, Vögten, Pflegern, Verwesern, Ambtleuthen, Land Richtern, Schultheißen, Bürgermeister Richter, Räthen, Bürger=Gemeinden und sonsten allen andern Unsern und des Reichs-Unterthanen und getreuen, was würden, Standts oder Weesens die seynd, gegenwärtigen und zukünfftigen ernst„und Vestiglich mit diesen Brieff, und wollen, daß die mehr= bemelten Simson Wertheimber, dessen Söhnen Wolff, Löw und Joseph Wertheimber, dann seine vier Tochter Männer benannt, Berent Gabriel, Jüd. Land Rabiner in Unsern Marggraffthumb Mähren, Joseph David Oppenheimber, derzeit zu Hannover, Moyses Löw Isaac zu Frankfurth und Seligmann Berent Salamon zu Hamburg wohnhafft wie auch Isaac Arnsteiner, sambt ihren Weib und Kindern, auch bey sich jedesmahl habenden bedienten und Brodt Gesind mit und neben allen ihren Haab und Güthern bey obver= standenen Unser und des heil. Reichs Verspruch, Schutz, Schirm und Geleith, auch ertheilten Kayl. Freyheiten festiglich handhaben, dabey ruhiglich bleiben, und deren sich gebrauchen lassen. Sie auch darwider nicht bringen, bekümmern oder belästigen in kein weiß noch weeg, als lieb einem jeden sey?, Unser und des heil. Reichs schwere Ungnad und Straff, und darzu ein poen nehmlich 30 Marck löthi= gen Goldes zu vermeiden, die ein jeder so offt er freventlich hier= wider thäte, Uns halb in Unser und des Reichs Cammer, und den andern halben theil demjenigen mehrged. Juden, so hierwider be=

leibiget wurde, unnachläßig zu bezahlen, verfallen seyn solle. Jedoch Churfürsten, Fürsten, Städten, und Ständten des Reichs auch jeder=männiglich an seinen zuvor habenden Kayl. Freyheiten, Recht und Gerechtigkeiten unvergrieffen und unschädlich. Mit Urkund dieß Briefs besiegelt mit Unsern Kayl. anhangenden Innsiegel, der geben ist in Unserer Stadt Wien den vierten Tag Monaths Maji nach Christi Unseres lieben Herrn und Seligmachers gnadenreichen geburth in Siebenzehen hundert und dreyzehenden, Unserer Reiche des Röm. im anderten, des Hispanischen im zehenden, des Hungarischen und Böhmischen aber in dritten Jahr

Carl

FriedCarl Gv. Schönborn

Ad mandatum
Sacrae Caesae Majestatis proprium
Ef v Glandorff.

Wien 17. Juli 1723 mit dem wahren Original coll. u. gleichbefunden.

(Stadtarchiv Frankfurt a. M. Ugb. E 44 Mm.)

Für den Frankfurter Rath war aber auch die unzweideutige Sprache dieses Privilegiums kein Hinderniss, Wertheimer auch ferner in die Schranken der für die übrigen Juden geltenden Gesetze zu verweisen. Es schien genügend, dass man ihn seine Häuser aufbauen liess; den Bleichgarten sollte er nicht erwerben dürfen. Die Wiedererstehung der Judengasse war ohnehin eine Quelle tiefgehender Verstimmung. Wohl machte man nach Kräften Schwierigkeiten, aber der Bau nahm unverdrossen seinen Fortgang und bald breitete sich auf der Brandstätte, durchgehends zwanzig Schuh breit[1]), eine Strasse aus, die an Grösse und Ansehnlichkeit der Häuser mit den schönsten Theilen der Stadt wetteifern konnte. Vergebens hatte man es durchsetzen wollen, dass die neuen Bauten sechs Schuh von der Mauer entfernt werden sollten, welche die Gasse von der Christenstadt trennte[2]), und dass auch die Hinterhäuser die Höhe von drei Stockwerken nicht übersteigen dürften. In einem Sonnabend den 12. Mai 1714

---

[1] Schudt II. 113.
[2] Ib. 115.

zu Wien erlassenen und in Folge der Beförderung durch expresse Staffette bereits am Pfingstsonntag den 20. Mai in Frankfurt eingetroffenen Decrete[1]) wird der Stadt vom Kaiser aufgetragen, die Vollführung des noch rückständigen Ausbaues der Judengasse zu fördern und mit der Aufbürdung immer neuer Schwierigkeiten einzuhalten. Für Isak Nathan Oppenheimer, den Stiefsohn Wertheimers, ergeht behufs der Anrückung seines Hauses an die Mauer auf Empfehlung des Reichshofraths vom 10. September am 19. ein besonderes kaiserliches Rescript an den Rath, das allerdings am 21. Juni 1717 wiederholt werden musste[2]). Als vollends Emanuel Oppenheimer, der Sohn Samuels, an der Stelle, wo das alte Tanzhaus gestanden, „ein ungemein grosses und köstliches Haus von lauter Steinen aufbauen wollte", da wurde ihm dies, obzwar es „zu dessen faveur ihm an Vorschreiben von Wien aus nicht mangelte", einfach verweigert[3]). Und da Anfangs 1716 der Ausbau der Gasse so weit gediehen war, dass es Nichts mehr zu hindern gab, kühlte man den Unmuth darüber wenigstens damit, dass man den wenigen noch immer unter den Christen zerstreut lebenden jüdischen Familien die Rückwanderung in ihr Ghetto auftrug. Zu diesem Behufe wurden am 27. Januar 1716 Abends vom Rathschreiber und Obristrichter die Stättigkeit und der obrigkeitliche Befehl vorgelesen, durch den die annoch ausser der Juden=Gassen wohnende Juden / alles Ernstes / und bey empfindlicher Straffe / wiederum in der Juden=Gasse sich häußlich niederzulassen / und der Christen Wohnungen zu quittiren / angewiesen wurden[4]). Man war jetzt darum weniger als jemals gewillt, den in der Christenstadt gelegenen Bleichgarten einem Juden in sein Eigenthum einzuantworten, mochte er auch noch so sehr auf Vertrag und Privilegien pochen.

Aber gewohnt, sein Recht von Niemand sich verkümmern zu lassen und gegen alle Anfechtungen niederer Behörden durchzusetzen, rief Wertheimer endlich auch in diesem

---

1) Ib. 114.
2) Nach den im Stadtarchiv von Frankfurt a/M. unter Ugb. E. 44 Mm. erhaltenen Akten.
3) Schudt IV, 2. 29.
4) Ib. IV, 2, 15 f.

Streite den Schutz seines Kaisers an, der am 28. Juli 1716
an den Rath von Frankfurt ein scharfes Rescript erliess:
Ugb. E 49
Pppp.
Carl der Sechste von Gottes gnaden Erwöhlter Römischer
Kaÿser zu allen Zeiten Mehrer des Reichs.

Ehrsame liebe getreue. beÿ Unß hat Unser Oberfactor und
jud. Simbson Wertheimer inhalts nebengehender abschrifft in unter=
thänigkeit angezeigt, wie daß er zwar allbereith Ao. siebenzehnhundert
und zehen von Rebecca Dietzin Wittib ihren eigenthümblichen,
hinter der judengaßen in Unserer und des Heÿl. Reichs Stadt
Franckfurth gelegenen Bleichgarten vor und umb fünff Tausendt
Thller grob geldt erkauffet, und darauff würcklich Ein Tausendt
Rthler bezahlet, zu facilitirung der beÿ euch über diesen Kauff
gesuchten confirmation auch von Unßeren in Gott ruhenden Herrn
brudern und vorfahren am Reich Weÿl. Kaÿßer Joseph allermil=
desten andenckens in ansehung deren Jhrer Mayt: und Lb: von
ihme juden geleisten ersprießlichen Diensten zweÿ gdgste Kayl:
rescripta unterm Neunten 7 bris besagten und vierten Martij
darauff gefolgten siebenzehnhundert eÿlfften jahrs an euch erlanget
hette, dannoch aber, und obschon durch überlaßung dieses leeren
platzes weder der bürgerschafft einiger nachtheil und schaden zugefüget,
noch die anzahl der jüdischen Familien vermehret, sondern die bur=
gerschafft umb so mehr vor allen ohnglücklichen feuers=brunsten durch
den von dem Supplicanten vorhabenden= mit brand:mauren zu ver=
sehenden bau verwahret wird, von euch die obrigkeitliche bestättigung
dießes Kauffs und würckliche einraumung dießes platzes bishero nicht
überkommen hatte, mit gehorster bitt, Wir derowegen in conformität
obged: vorhergangener gemeßenen Kayl: rescripten an mich res=
cribiren zu laßen gdgst geruheten;

Wan Wir nun beÿ so bewanten umbständen nicht sehen können,
wie von euch mehrged: in ansehung sein des Supplicantens aller=
höchstherligst geb. Unserm Herrn Brudern geleisten Diensten zumahlen
in einer niemand schäd: oder präjudicirlich fallenden sachen vorhergangene
Kayl: schreiben so lange zeit ohne schuldige befolgung gelaßen wer=
den. können; So haben Wir insonderheit da gegen Unß der Supp-
licant mit seinen Treuen und ersprießlichen Diensten gleichfallß continu-
irte beÿ gegenwörtigem seinem gesuch keinen anstand nehmen,
sondern euch hiemit gdgst bedeuten wollen, daß ihr beÿ so gestalten

Dingen eingangs geb: Kauff zwischen der Dietzischen Wittib und dem Supplicanten getroffenen Kauff Contract innerhalb Zeit Zweyer Monathen von obrigkeit wegen confirmiren und den Bleichgarten dem Kauffer zugleich einantwortten lasset; Andeme beschicht Unser gnädigster wille und meinung, und Wir seynd euch mit Kayl: gnaden gewogen; geben in Unser Stadt Wien den acht und zwantzigsten julij Ao: Siebenzehenhundert und sechzehn, Unserer Reiche des Römischen im fünfften, des Hispanischen im dreyzehnten, des Hungarischen und Böheimbischen aber im sechsten.
Carl
Vt: FridCarl gv. Schönborn.

Ad mandatum Sacᵉ Caesᵉ
Majestatis proprium
Franß Wilderich EvMenßhengen.

Das Erstaunen und der Unwille des Kaisers darüber, dass der wiederholten Fürsprache Kaiser Josefs eigentlich der Gehorsam verweigert worden war, hatte hier einen nicht misszuverstehenden Ausdruck gefunden. Der Rath besann sich eine gute Weile, fand aber am 22. September doch die Antwort, die eine Rechtfertigung und Abweisung zugleich sein sollte. Kaiser Josef habe niemals die Ratification des Kaufvertrages schlechthin dem Rathe angesonnen. Da aber die ihr damals entgegenstehenden Bedenken heute noch dieselben seien und „hiesige Bürgerschaft sich ohne dem über die Juden und deren erwerb eine weil her höchstens beschwehret", so sei Wertheimer auch fernerhin abzuweisen und das Cassationsdecret vom 4. Juli 1710 aufrechtzuerhalten.

Als diese Gegenvorstellung des Rathes Wertheimer von Amtswegen mitgetheilt wurde, erneuerte er unentwegt sein Bittgesuch, betonte aber, dass er auf dem Grundstücke nicht etwa ein Gebäude aufzurichten beabsichtige, sondern, wie er es nachmals für Nikolsburg thun wollte[1]), den Schutz der Gasse bei Feuersbrünsten bei dieser Erwerbung im Auge habe. Der Reichshofrath, bei dem am 29. Juli 1716 von den früheren Berichten über diesen Handel kein Buchstabe aufzufinden war, so dass der Referent Graf Wurmbrand über Wertheimer lachte, der nicht einmal seine 1000 Thaler von

[1]) Kaufmann a. a. O. 102.

der Dietzin zurückbekommen werde, die auch eine Jüdin sei, lieferte jetzt ein Gutachten zu Gunsten Wertheimers, das der Kaiser approbirte. Neuerdings erliess er jetzt am 28. Juni 1717 ein Rescript an den Rath von Frankfurt, in dem aber die Einantwortung des „dickbesagten" Bleichgartens nicht mehr an einen Termin geknüpft, sondern sofort zur Pflicht gemacht wird.

Ugb. E 49

Pppp.

Carl der Sechste von Gottes gnaden Erwöhlter Römischer Kaÿser zu allen zeiten Mehrer des Reichs.

Ehrsame liebe getreue. Ihr habt euch vorhin gehorsambst zu erinnern, was so wohl von Unserm in gott ruhenden Herrn brudern und vorfahrern am Reich Weÿl. Kaÿser Joseph glorwürdigsten andenckens untern datis den Neunten 7 bris Siebenzehenhundertzehen, und vierten Martij siebenzehenhundert und eÿlff, alß auch von Unß selbsten am achtundzwantzigsten julij siebenzehenhundertsechzehen an euch auff untertgstes anruffen und bitten erstallerhöchstseeligstged: Ihr Maÿt: und Lb: gewesten, wie auch nunmehro Unsers selbst eigenen Ober factors und judens Simbson Wertheimer wegen ertheilung der Confirmation über den zwischen Rebecca Diezin Wittib in Unserer und des Heÿl: Reichs Stadt Franckfurth und ihme juden den achtzehenden junii besagten siebenzehenhundert zehenten Jahrs wegen ihres hinter der Judengassen alda gelegenen Bleichgartens errichteten Kauff Contracts rescribiret, von euch darauff nach und nach jüngsthin sub dato den zwey und zwanzigsten 8 [1 7] bris letztbesagten siebenzehenhundert sechzehenten Jahrs berichtet, und derenthalben gegen solches gesuch eingewendet worden.

Wie nun dem supplicirenden juden auch dieser euerer letzterer bericht gleich denen vorigen auff sein anmelden zu Comūniciren decretirt worden, und von ihme nebst dessen übrigen erheblichen ursachen das erbieten geschehen, den erkaufften garten als ein leeres und schlechtes spatium umb und umb mit einer mauer einfangen zu laßen, und dadurch von allen andern Christen: gärten zu separiren, mithin dadurch niemanden einiges praejudiz zugefüget: viel mehr in der belanten leidigen feuers-brunst dadurch vor viele Tausend rhler mobilien hetten salvirt werden können; mit bitt Wir nunmehro Unßere nachtrückliche Kaÿl: verordnung an euch ergehen zu

laißen gdgst geruheten, damit von euch die obrigkeitliche Confirmation dermahleins ertheilet werden mögte; So haben wir auff alle
in diese sachen einlauffende und Unß der gebühr nach vorgetragene
umbstände auch darüber vorgenohmene wohlbedächtliche erwegung
den eingangs geb: zwischen der Diezischen Wittib und ihme Unserm
Oberfactor wegen dieses bleich: gartens getroffenen Kauff Contracts
aus absonderlichen Unß dazu bewogenen ursachen, und des Supplicantens langwürig geleisten allerunterthgsten guten Diensten mit dem
zusatz, daß dieselbe ohne alle Consequenz seye, auch sothaner Platz
nimer zur juden gaßen gezogen, oder einiges geben, außer der
angebottener maßen umb und umb auffzuführenden Mauer darauf
gesetzet werden solle, anheut gdgst gewilliget, und euch solches hiedurch mit dem gdgsten befelch notificiren laßen wollen, daß ihr euch solch
Unßerer dem Supplicanten in allerhöchsten Kaÿl. gnaden zugelegien
Kaÿl. dispensation gänzlich conform bezeiget, ihme dem dickbesagten
bleichgarten so forth einantwortet, auch wie solches geschehen, an
Unß nächstens berichtet.

An deme beschicht Unßer gdster will und mainung, und Wir
seynd euch mit Kaÿl. gnaden gewogen, geben in Unser Stadt Wien
den acht und zwanzigsten junij Anno Siebenzehenhundert und
siebenzehen, Unßerer Reiche des Römischen im sechsten, des Hispanischen im vierzehenten, des Hungarischen und Böhaimischen aber im
siebenden.

Carl

Vt: C Ludwig G. V. Sinzendorff

Ad mandatum Sac.ᵉ Caes.ᵉ
Majestatis proprium
Franß Wilderich EvMenshengen.

Nach diesem Schreiben, dem am 9. Juli 1717 noch
eine besondere Aufforderung zur Ratification des Kaufes
folgte, war jedes Sträuben länger unmöglich. Am 6. September 1717 erklärt die Dietzin, dem Rescript „in allerwege Ge-
horsambste Parition zu leisten" und den Garten ausfolgen zu
wollen. Am 16. Oktober bevollmächtigte Wertheimer, der
„wegen allzugroßen andern Kaÿl. Hoffhabenden geschäfften" der
Einantwortung seines neuen schwer erkämpften Eigenthums
nicht persönlich anwohnen kann, seinen Tochtermann Bernhard Gabriel, d. i. Eskeles, den Bleichgarten für ihn in Besitz zu nehmen. Dienstag am 2. November beschloss der

Senat, den Garten zuvor noch besichtigen und abmessen, sowie wegen des Grundzinses noch „prospiciren" zu lassen. Aber am Dienstag den 7. Dezember 1717 musste die nicht länger hinzuhaltende Eiuantwortung des Bleichgartens in den Besitz Wertheimers dennoch endlich erfolgen. Sein Bevollmächtigter und Schwiegersohn Bernhard Gabriel Eskeles unterzeichnet den Vertrag als „der Chur fürst Meyntz Judenschaffts ober Rabiner". Wertheimer hatte bereits veranlasst, dass eben noch vor anrückendem Winter die freiwillig angebotene Brandmauer, die den Garten umfangen sollte, in Stand gesetzt werde.

Der öde und wüst daliegende Bleichgarten, auf dessen Grunde erst später ein Gewächshaus sich erhob, war ein unfruchtbarer, aber stolzer und gleichsam symbolischer Besitz, den Wertheimer mit Recht allen seinen Liegenschaften vorziehen durfte. Es war nicht Starrsinn, sondern der Kampf um ein Princip, was die Streitführenden zu so zähem Ausharren auf dem einmal eingenommenen Standpunkte veranlasste. Seit Jahrhunderten hatte die Stadt ängstlich darüber gewacht, dass der Besitz der Juden über den ihnen vor unvordenklichen Zeiten einmal eingeräumten Bezirk hinaus um Haaresbreite nicht vermehrt werde[1]). Der Jude, der hier wegen der Paar Fussbreit Erde auf christlichem Grund und Boden die höchsten Behörden und den Einfluss seines Kaisers in Bewegung setzt, kämpft, auf seinem Privilegium fussend, für ein Menschenrecht, in der Ausnahmsmassregel, die er noch als persönliches Vorrecht erstreiten muss, für eine Forderung der Zukunft, die Besitzfähigkeit des Individuums, mag es auch Jude genannt werden. Mit vollem Fug berief sich Wertheimer nachmals auf die Errungenschaft, die seinem Ansehen, noch mehr aber seiner Beharrlichkeit zu danken war. Er durfte sich bewusst sein, nicht für einen persönlichen Vortheil oder Gewinn, der völlig dabei ausgeschlossen blieb, sondern für eine glaubensgenössische und gerechte Sache sich eingesetzt zu haben. Auf den sonst gleichgültigen Kampf um den Bleichgarten fällt dadurch ein Abglanz geschichtlicher Bedeutsamkeit.

---

1) Ib. 103.

Die Beziehungen Wertheimers zur Gemeinde Frankfurt am Main.

Inniger als durch diese äusseren Beziehungen war Wertheimer an die Frankfurter Judenschaft durch die Dienste geknüpft, die er ihr unausgesetzt zu erweisen Gelegenheit hatte. In der Stadt begütert, ohne die Stättigkeit erworben zu haben, übte er vollends über die Gemeinde, zu der er nicht gehörte, eine Art von Ehrenprotektorat aus. Um bei dem schleppenden und besonders für Juden der Nachhülfe bedürftigen Gange der Rechtspflege in jenen Tagen am Sitze des Hofes und der höchsten Reichsämter für ihre Streitsachen und Bittgesuche allezeit wachsamer Anwälte sich zu versichern, unterhielt die Gemeinde Frankfurt jahraus jahrein in Wien zwei Abgeordnete aus ihrer Mitte, ein Nachbild der Agenten deutscher Städte, die dem Vorstande oder dem, wie man sagte, im Monat stehenden Baumeister regelmässig von ihren Erfahrungen und Erfolgen Bericht erstatteten. Durch diese Vertreter wurde Wertheimers Haus, ohnehin bereits eine Centralstelle für alle öffentlichen jüdischen Angelegenheiten, gewissermassen das Consulat der Gemeinde Frankfurt in Wien. Hier wurden alle Eingaben an die Regierung berathen, entworfen und überprüft, von hier aus in Abschriften den leitenden Staatsmännern und massgebenden Persönlichkeiten zugestellt und empfohlen, die mit Auskünften über den Stand der Angelegenheiten, die Aussichten der Bittsteller gegen Wertheimer und seine Söhne nicht zurückhielten. Wenn die Frankfurter Agenten auch der Fürsprache und des Einflusses der übrigen grossen jüdischen Wiener Handlungshäuser, der Pösing, Sinzheim, Ulm u. A. sich gerne bei den Behörden bedienten, so betrachteten sie doch Wertheimer allein als das Forum, ohne das sie Nichts zu unternehmen wagen dürften. Lieber wartete man Wochen lang mit der Einreichung eines Memorials, bis es von Wertheimer und seinen Söhnen gelesen und gebilligt wurde, als dass man auf ihre Zustimmung zu verzichten sich entschlossen hätte.

Es war nicht leicht, in dem für die damaligen Verhältnisse fast fürstlich geleiteten Hause Zutritt zu erlangen.

Man musste oft Tage lang auf eine Audienz warten und bei
der ausserordentlichen Häufung der Geschäfte Stunden hindurch antichambriren, ehe der Einlass gewährt wurde. Besonders war es die quälende Krankheit Samson Wertheimers,
das Podagra, was ihn unzugänglich machte und häufig zu
einem längeren Aufenthalte in den Bädern der Umgegend
Wiens nöthigte. Aber so oft die Schmerzen ihn verliessen,
gehörte er wieder allen denen, die seiner bedurften; jeder
leidenfreie Tag war den guten Werken gewidmet, die auf
ihn zu warten schienen.

Seine Söhne zogen ihre Besitzungen, einige Meilen von
der Stadt entfernt, zuweilen von Wien ab. Von der gesell-
schaftlichen Stellung, die sie sich errungen hatten, zeugt
sprechender als alle sonstigen Beweise ihrer Ehren und
Würden, die culturgeschichtlich merkwürdige Thatsache,
dass Wolf Wertheimer bereits auf seinen Gütern Jagden
veranstaltete, an denen die höchsten Würdenträger des Landes wie die Spitzen des Hochadels und der in Wien vertretenen fremden Diplomatenwelt sich betheiligten. So erfahren wir aus einem Briefe des Agenten Isak Speier[1]) an
den Frankfurter Vorsteher Leser Oppenheim von Mittwoch
den 9. Oktober 1720, in der Woche zwischen dem Neujahrs-
feste und dem Versöhnungstage, der Zeit der Busse, Wolf
Wertheimer sei wieder auf der Jagd, wodurch die Einreichung
der „Schrift" verzögert werde. Am 26. Oktober[2]) meldet er,
Wolf sei zehn Tage auf der Jagd gewesen, bei der viele
hohe Gäste, unter Anderen kein Geringerer als Prinz Eugen,
der englische Gesandte, Graf Catigan u. s. w. eingeladen

---

1) Die im Frankfurter Gemeindearchiv unter Nr. 104a, 105a, 106a,
107a, 108a, 109a, 110a aufbewahrte Correspondenz der Agent n und Baumeister hat mir Dank der freundlichen Vermittlung des Herrn Rabb.
Dr. M. Horovitz durch längere Zeit vorgelegen. Der Brief Speiers
[108a] trägt das Datum Mittwoch 7 Tischri תפ״א.

2) Ib. משׄק של שבת בראשיׄ תפׄא berichtet Speier, die »Schrift«
sei durch die Abwesenheit Wolf Wertheimers noch immer nicht übergeben. ער איוט וואל כיׄ יטיׄ ניט כאן רק על הצידה נוועזן הרבה אורחיׄ סיט
אייננילאדן אונטר אנדרין פרינש עיקיניום ענגלשי משולח נראף קאטינאן וכדומה
לחן. Das Gleiche meldet Speier Sonntag den 12. Elul 1720. Mittwoch
den 14. (l. 15.) Elul 1720 berichtet er, Wertheimer wäre fünf bis sechs
Tage עם נדולי מושליׄ עם פרינש עיקיניום וכדומה לחן auf der Jagd gewesen.

waren. Ein anderes Mal erfahren wir durch Speier, dass
Anton Florian Fürst von Lichtenstein, der Obersthofmeister
des Kaisers, der Gast Wertheimers bei seinen etwa eine
Woche lang andauernden Jagden gewesen sei[1]. Prinz Eugen
hat wiederholentlich bei solchen Gelegenheiten Wertheimers
Einladung und Gastfreundschaft angenommen.

Die Frankfurter Agenten mochten sich diese Unter-
brechungen gern gefallen lassen, denn Wolf Wertheimer war
immer wieder von Neuem unermüdlich bereit, seinen mächtigen Einfluss für die Angelegenheiten der Gemeinde Frankfurt einzusetzen. Was bedeutete die kleine Verzögerung gegen die entscheidende Förderung, die seine Fürsprache jeder von ihm vertretenen Sache zu bringen sicher war. Emanuel, genannt Mendele Drach und Isak Speier, die 1720 als
Abgeordnete der Gemeinde Frankfurt in Wien thätig waren,
hielten sich daher trotz vereinzelter Ausbrüche von Ungeduld, die ihre Briefe an die Baumeister verrathen[2], unentwegt und stets belohnt an Samson Wertheimer und seine
Söhne, Wolf und Löb.

Unter den zahlreichen Angelegenheiten, die es stets bei
Hofe und bei den Reichsbehörden für die Gemeinde zu
betreiben galt, war die des Opferpfennings und der Kronsteuer
die dringendste. Seit Kaiser Karl IV. 1349 die Judenschaft
von Frankfurt für 15200 Pfund Heller verpfändet[3] und Kaiser
Leopold I. 1685 des sog. Reluitions- oder Auslösungsrechtes
dieses Pfandobjectes sich begeben hatte, waren die Juden
von Frankfurt „mit allem Nutzen / Gefällen und Diensten"[4]
in das Eigenthum der Stadt übergegangen, der sie allein
steuerpflichtig waren. Durch die dem Röm. Kaiser vorbehal-
tenen Abgaben des Opfer-Pfennings[5] und der Kronsteuer

---

[1] Montag Abend 23. Elul. d. i. 15. Sept. 1721 (תפ״ם) [l. תפ״א] berichtet Speier an Oppenheim, Wertheimer sei eben zur Jagd gefahren
בהשכמה עם אובר האף מיישטר דוכס מליכטן שטיין על הצידה בליכט ודאי
שבועה זו אויזן.

[2] Mittwoch 4. Elul. d. i. 27. August 1721 klagt Speier: זיא זיך
נון איינר סומך על ויינר קציני' עש קענסטי בשבילידם חיו כלל כולו לכליון קומן.

[3] Schudt a. a. O. II, 133 u. 137 ff.; III, 83 ff.

[4] Ib. II, 133.

[5] Ueber diese Erfindung Ludwig des Baiern s. Stobbe, die Juden in Deutschland 31 f.; vgl. Schudt II, 138.

hatte man sich jedoch einen Rechtstitel gesichert, die an die
Stadt verkaufte Judenschaft von Zeit zu Zeit auch von
Reichswegen zu schrauben. Beim Regierungsantritte Kaiser
Karls VI. hatte man von diesem Rechte wieder Gebrauch
gemacht, ja es erfolgte sogar eine kaiserliche Resolution,
die den Juden eine Auflage oder, wie man sagte, Collecte
von 4500 Reichsthalern abforderte[1]). Von städtischen Steuern
ausgesogen, durch die in Folge des Brandes von 1711 nöthig
gewordenen Bauten erschöpft, sah die Gemeinde durch die
ungeahnten neuen Forderungen ihren Bestand bedroht und
der Verzweiflung sich preisgegeben. Es war eine schwere
Zeit für die Agenten in Wien, auf deren Erfolge daheim
alle Erwartungen sich richteten. Drach denkt sogar daran,
den Kaiser durch Intercessionsschreiben zu erweichen, die an
ihn vom Könige von England, vom Könige von Polen, vom
Herzog von der Pfalz, vom Könige von Preussen, von den
holländischen Generalstaaten, von den Kurfürsten zu Mainz
und Trier, vom Landgrafen von Hessen-Kassel und Darmstadt und vom Fürsten von Hanau erwirkt werden sollten[2]).
Der Vorsteher Leser Oppenheim hatte gerathen, beim Kaiser Audienz zu nehmen, ihm sowie der Cameraldeputation
die „Schrift" mit den Vorstellungen der Gemeinde zu über-
reichen und auch die Verwendung und Fürsprache der Kai-
serinmutter anzurufen, was Speier freilich unnöthig fand[3]).
Mehr als jemals setzten jetzt die Agenten und mit ihnen die
Frankfurter Vorsteher ihre Zuversicht in die Familie Wertheimer.

Als Samson Wertheimer Montag den 5. Augnst 1720

---

[1]) Mittwoch am 11. Tammus, d. i. 17. Juli 1720 schreibt Drach
an den Vorsteher Aron Lewi Oettingen, Samson Wertheimer sei in Perchtoldsdorf פרארסדריטיס מרחין‎, Wolf habe aber versprochen, wenn sein
Vater zur Stadt komme, mit ihm zu sprechen, was gestern geschehen
sei. Mardochai Pösing und Löb Sinzheim seien nicht in der Stadt. Abraham Ulm, dem er die kaiserliche Resolution gezeigt habe, meinte, was
30 Jahre nicht gefordert worden, sei als geschenkt zu betrachten. Ueber
Ulm vgl. Kaufmann, Samson Wertheimer 46 n. 1 und v. Mensi a. a.
O. Sachregister 773 s. v.

[2]) Nach dem Briefe vom Freitag den 13. Tammus, d. i. den 19.
Juli 1720.

[3]) Wie Speier Mittwoch den 7. Tischri תמ״א‎, d. i. am 9. Oktober
1720 berichtet.

7*

von seinem mehrwöchentlichen Aufenthalte in Perchtoldsdorf
nach Wien zurückkehrte, war es daher sein Erstes, trotz der
gehäuften Geschäfte, die es zu erledigen galt, und trotz
mannigfacher Obliegenheiten, mit denen die eigene Familie
ihn in Anspruch nahm, die Agenten zu empfangen und zur
Beruhigung ihrer Gemeinde die wichtigsten Schritte für die
Zukunft zu berathen. Eben weilten seine Tochter Tolze und
sein Schwiegersohn, der Hoffactor und ehemalige Rabbiner
Josef Oppenheim aus Hannover bei ihm zu Besuche, mit denen
sein Sohn Löb und dessen Frau demnächst abreisen wollten,
aber die Berathung der Frankfurter Angelegenheit litt keinen
Aufschub[1]): Die Hauptsorge bildete jetzt die Anfertigung des
Memorials oder der Schrift, in der das Recht der Gemeinde
auf Befreiung von jeder kaiserlichen Auflage siegreich nach-

---

[1]) Mittwoch 3. Ab. d. i. 7. August 1720 schreibt Isak Speier an
Leser Oppenheim [110 a]:

בין כך איזט אבד מהור'ר שמשון יום ב' שעברה ווידרום מפיטרס דורף
וואו ער זיך ג' או ד' שבועות זיך ביפונדן האט לביתו קומן ואתמול האבן מיר
אימי איזה שורות כותב גזוועזין וויא היכשט ניטיג בשביל אהן גלעניגהייט קהילתינו
עמו צו רידן נם הכתב מקהל יציו אימי איבר געבן וועלכי איזה שורות וואר
חתמנת אימי בשביל כבוד עי' בני התורני כהרר' יעקב איבר שיקטי דיא כבוד גידהאט
ג' שעות אויף או צו ווארטין אום תשובה. ענדליך תשובה ממנו ביקומין דש מיר מחר
אלש יום ה' אצלו קומין זאלטי מיט מעלדונג אוב צוואר אימי אין קימענטירט וויילן
איזה שבועות אב וועזינט גיוועזין אלש קונפוס ווערי נם חתנו ר' יוסף מהאנובר עם אשתו
בתו כאן ווערי ובקרב עם בנו ר' ליב ואשתו שנידם יחדיו בפעם אחת וואר
רייזן וואלטי זער טרוד ווער זאלטין דאך קומן כדי ניט אורזאך אונש צו געבן
מחדש עליו אצל קהל יצו קלאגין מיר ניט אצלו קומן קענטי זא וואארטי צו
זעהן וואש מחר א'יה. בייא דער אויטיענץ לטובת קהילתינו מעכטי פאסירן או
וואש ער איבר זיך נעמן מעכטי צו וואר ריכטן בייא דיזי שוועארי אהן גלעגינהייטן
זא ניט קהילתינו לבד רק אלי איבריגי קהילות באשכנז מיט אהן נין ופאמשט
הסמוכה א'יה פון אלים נאכריכט געבן. וואורדן זיך נ'ך עטו מתייען זיין אוב
ניטין ווערי איניני ואר שריפטן מגדולים מושלים אלש קור פערשטין ושרים
ושארי חשובי'.

. . צוואר ווען זיך אבד מהור'ר שמשון זאלטי מתנע[ע][א]מ'ן זיין כשמוטל
עליו נדול סעולה עי' בשעהן קענטי בפרט אצל ר' ליב ווערטהיי' אליין איזט
מער אלש צו ויל ביקאנד כלל כלל כ'יני סמיכות עליו צו שטעלין איזט ווען דש חולה
אים היכשט קראט איזט אונ' עי' רפואה. בשעהן זאלטי, אי אפשר אצלו צו
קומן. בין כך פינדן ואר ראדזאם עם פאמשט הסמוכה קהל יציו נ'ך פריינדליכה
כתב לבנו ר' וואלף ווערטהיי' שרייבן מעכטי זיך קצת בידאנקין אודת השרחה
זא עד הנה בשבילינו נידהאבט וביותר וואש להבא ואור אורזאכן מעכטי הירא[ן]
ממש מעמד ומצב מכלל אשכנז איזט מיט יותר אום שטעהנדין צוואר שלא לצורך
צו מעלדן וויא מאן אימי וואלטי זיין כותב בחכמתכם הרמה מעצמו וויש
וואש הירצו מהצורך איזט כותב צו זיין.

gewiesen werden sollte. Wolf Wertheimer entfaltete nicht
geringeren Eifer als sein Vater, um die Sache bei den Behörden zu empfehlen. Sonntag den 3. November 1720 versprach er, dem Kammerpräsidenten Grafen Dietrichstein eine
Abschrift des Memorials behufs Information übergeben zu
wollen[1]). Noch am selben Tage wurde das Versprechen ein-
gelöst, so dass die Agenten bereits Dienstag den 5. November die Angelegenheit bei dem Frankfurter Gesandten Son-
dershausen weiter betreiben konnten[2]). Ende November melden sie dem Vorstande, dass man ihnen überhaupt die Bemühungen Wolf Wertheimers in dieser Sache nicht genug
habe rühmen können[3]).

Aber bald sollte es für die Gemeinde Frankfurt eine
dringendere Sorge geben, die auch Samson Wertheimer unmittelbar und persönlich berührte. Ende Januar 1721, zehn
Jahre nach der Einäscherung der Frankfurter Judengasse,
brach von Neuem in ihr ein Brand aus, der den grössten
Theil des so mühsam wieder aufgebauten Stadttheiles und
darunter auch Wertheimers Haus zur silbernen Kanne in
Asche legte. Die Gemeinde hatte kaum wieder zu erstarken
angefangen und in allen Werken des Wohlthuns ihren alten
Ruf eines Vororts und Musters aller deutschen Gemeinden
unter Anstrengungen zurückgewonnen, als das unerwartete
Unglück von Neuem die Schrecken der Verarmung und Erschöpfung über sie verhängte. Zuletzt hatte sie von ihrem
Ueberflusse der am 10. August 1719 vom Feuer verzehrten
Gemeinde Nikolsburg[4]) gespendet. Ihre Agenten waren eben
damit beschäftigt, die beste Art ausfindig zu machen, wie
man die aus Frankfurt eingegangene Unterstützung von 1400
Gulden am Nützlichsten für die Unglücklichen verwenden
könnte. Drach war dafür, das Geld den Vorstehern von Nikolsburg zur Verfügung zu stellen. Speier rieth, einen Vertrauensmann dahin abzusenden, und das Geld an die Armen

[1]) Nach dem Berichte Speiers von מש״ק ב׳ חשון תפ״א über seine Audienz bei Wolf Wertheimer [106 a].

[2]) Nach dem Briefe Speiers von Mittwoch 5. Cheschvan 481 [ib.].

[3]) Nach dem Briefe Speiers von Donnerstag [Mittwoch Abend] 26. Cheschvan 481 [ib.].

[4]) Kaufmann, Samson Wertheimer 102; die letzte Vertreibung 178 n. 2.

als Geschenk zu vertheilen. Diese wären nemlich dadurch,
dass der Vorstand die aus aller Welt einfliessenden Gaben
auf Hypothek zum Häuserbau verleihe und nur den Zinsen-
ertrag an Arme vertheile, gezwungen, mit dem Aufbau ihrer
Häuser zu warten, damit die Gemeinde das Capital behalte[1]).
Jetzt war die Noth an die Spenderin herangetreten, die
Hälfte der Gemeinde fast an den Bettelstab gebracht[2]). Sofort wurde vom Vorstande eine Estafette nach Wien abge-
gesendet, um den Agenten die Unglücksnachricht schleunigst
zu hinterbringen. Aber wenige Stunden, bevor diese eintraf,
war bereits im Hause Wertheimer eine andere angelangt,
die Samsons Schwiegersohn, R. Mose Kann[3]), an diesen
abgeordnet hatte. Samson Wertheimer war über die Botschaft „consternirt", fand aber in seiner frommen Denkungs-
art, wie die Agenten in ihrem Beileidsschreiben von Mittwoch den 5. Februar 1721 ihrer Gemeinde berichten[1]), den
Trost, dass aus diesem furchtbaren Schlage die Remedur
des drohenden Uebels, genannt Kronsteuer und Opferpfennig,
sich ergeben werde. Die Versicherung treuen und unermüd-
lichen Beistandes, die er hinzufügte, begann er sofort dadurch zu verwirklichen, dass er für den Fall, als die Vorgänge des Jahres 1711 sich wiederholen sollten, zur Erneuerung des Rescriptes Kaiser Josefs I. vom 18. Februar 1711
die vorbereitenden Schritte unternahm. Aber er that noch
mehr, indem er jetzt im eigenen Namen ein Memorial ein-

---

[1]) Nach dem p. 101 n. 1 erwähnten Briefe Speiers.

[2]) Mose Reis Dorum, der Herausgeber von אומץ יוסף, berichtet
in seiner Vorrede: ויד ה' נגעה בי ובקהלתינו שני פעמי' בשנת תע"א שנשרפה
כל קהלתינו והי' ביתי נ"כ בתוכם וכל כלי חפצי וכל מחמד עיני ולא נשאר לי
סעט סעיר וביתי לא נבנית עד היום הזה והנה על הוה שבר על שבר באו יושבי
קהלתינו עד משבר בשנת תפא"ל נשרף חצי קהלתינו ונשארתי ממש ערום
בלי לבוש ריקן מכל.

[3]) Kaufmann, Samson Wertheimer 94 f. In R. Mose Kann's
Hause ist der in seinem 14. Jahre erblindete Verfasser von מסתח הים,
Jakob Meir b. Wolf Coblenz, wie er im Vorwort f. 3b berichtet, von
seinem 10. Jahre an vier Jahre lang erhalten und erzogen worden:
ויהי כי הייתי בן יוד שנים הייתי אצל ש"ב מהורר משה קן אשר הי' נשיא בארץ
ישראל והאב"ד בקיק דארמשטאד והגלילות שלו וראש ב"ד בק"ק ספור"ט והאב"ד
בבהים וון אותי על שולחנו ומלבש אותי וישכור לי מלמד ונתן לי כל צרכי ד'
שנים.

[4]) Anhang X.

reichte, worin er unter Hinweis auf die Noth der Gemeinde
um den Erlass der ihr abgeforderten Abgaben die Regierung
angieng und sich darauf berief, dass Kronsteuer und Opfer-
pfenning seit Karl IV. stets nur an den Rath abgeführt
worden seien[1]). In diesen Tagen der Prüfung erkannten
die Agenten, was die Gemeinde an der Theilnahme und dem
Wohlwollen Wertheimers besitze. Darum entschlossen sie
sich, ihm und den Seinen selbst von Briefen des Vorstandes,
die sie sonst jedem Andern in Wien zu zeigen Bedenken
und Scheu getragen hätten, offen Mittheilung zu machen[2]).

Aber die Sache der Frankfurter Gemeinde war für
Samson Wertheimer nur Eine der zahlreichen Sorgen und
Obliegenheiten, die das Schicksal seiner so viel verfolgten
und allerorten schutzbedürftigen Glaubensbrüder ihm unablässig aufbürdete. Krank und vor der Zeit gealtert, wie er
war, trat er dennoch mit Jugendmuth überall ein, wo es
galt, eine Gefahr zu beseitigen, die über eine Gemeinde
heraufbeschworen worden, verhängnissvollen Beschlüssen zu-
vorzukommen, dem Verderben gleichsam in den aufgehobe-
nen Arm zu fallen. So sollte auch das Jahr 1721 nicht zu
Ende gehen, ohne dass eine neue öffentliche jüdische Angelegenheit Wertheimer auf das Herz fiel. In der kleinen mährischen Gemeinde Aussee[3]) war am 1. October d. J.,

---

[1]) Nach dem Briefe Emanuel Drachs an Leser Oppenheim von
Donnerstag [Mittwoch Abend] 20. Adar 1721 [108 a]. Damals erklärte
Wolf Wertheimer, die Frankfurter Angelegenheit sei bereits bei Herrn
von Glandorf, der sich dieselbe rekommandirt sein lasse. v. Glandorf
stand der deutschen Expedition der Reichshofkanzlei vor s. Vehse a. a.
O. 7, 106: Schudt II, 129.

[2]) Nach Sabbatausgang den 19. Schewat, d. i. 16. Februar 1721
schreibt Isak Speier an Leser Oppenheim: זולת מעלד מכ״ת דעתו ווערי
כתבו מעתיק צו זיין אונד לקציני ווינא זעהן לאסין וסיועה אן צו רופין. ווייש ניט
אויב ראטזאם איזט, מעענכי רשע השמחה צו טאן ולשמוח בקלונינו. צווֹאהר הרב
מוהר״ש נרו ובנו הק׳ ר׳ וואלף שי׳ ואחיו הק׳ ר׳ איצק אופנהיי׳ וכדומה להן
ווערדן דאך זעהן לאזין אונד אן שפרעכן וואש לטובתינו נרייכט מצדם צו
קונטריבואירן. In dem unter gleichem Datum an Samwel Stern gerichteten
Briefe bezeichnet Drach: מחותני ה״ה ר״ה פרעשבורג וגיסו ש״ב ה״ה הר״ר
אופנהיי׳ אלו ש״ב ר׳ וואלף ווירטהיי׳ als diejenigen, denen er den Brief
vorlesen werde. Vgl. Kaufmann, Samson Wertheimer 78 N. 1.

[3]) Nach Emanuel Baumgarten's Handschrift מגילת סדרים,
dem historischen Berichte über die Geschichte der Ausseer Synagoge

am Vorabende des Versöhnungstages, da fast die gesammte
Judenschaft des Ortes und der Umgegend in weihevollster
Andacht zum Gebete sich zusammenfand, der Kaplan der
Stadt, wie man zur Ehre der Menschlichkeit annehmen
muss, trunkenen Muthes in die Synagoge eingedrungen. Voll
Entsetzen gewahrten es die Versammelten, wie der Tobende
den Vorbeter unterbrach, mit seinem Stocke auf das offene
Gebetbuch einhieb und durch die lästerlichsten Reden das
Gotteshaus entweihte. Zu dulden gewohnt und von Leiden
eingeschüchtert, wie man war, versuchte man lange, den
Unhold zu begütigen und zur Ruhe zu bewegen. Als er aber
sein wüstes Treiben dadurch nur noch steigerte, fassten ihn vier
der angesehensten Männer der Gemeinde, um ihn in Frieden
vor die Thüre zu setzen, nachdem sie ihm vergebens zugeredet
hatten, sich freiwillig zu entfernen. Mit Noth gelang es, den
Widerstand des Wüthenden zu brechen, ein Kampf entstand,
Staub erfüllte das Gotteshaus wie eine Ringbahn; glücklich hatte
man ihn bis zum Ausgange gebracht, als wie durch Schicksals-
tücke die Thür ins Schloss fiel und die Ringenden sich plötzlich
eingeschlossen sahen. Als der Synagogenwart Isak Kohen
herbeieilte, den ihm bekannten Mechanismus zu öffnen, da
drang bereits ein mit Stöcken, Heugabeln und Aexten bewaffneter Haufe zur Thür herein, um den bedrohten Kaplan
zu befreien. Die christliche Synagogendienerin, das Sabbat-
oder Lichterweib der Gemeinde[1]) war nemlich, voll Dankbarkeit gegen ihre jüdischen Brodgeber, von allem Anfang
an auf die Gasse mit dem Rufe gestürzt, dass die Juden
den hochwürdigen Herrn Kaplan misshandeln. War es seine
Trunkenheit, die ihm die Wahrhaftigkeit eingab, oder die
Furcht vor der Beschämung, genug, der Kaplan stellte auf
die Frage der stürmenden Menge, ob die Juden sich an ihm ver-
griffen oder gar freventlich ihm an die Tonsur gerührt hätten, dies Alles auf das Entschiedenste in Abrede. Für den

ven 1721—1753, den Abraham, der Sohn des Rabbiners der sefardischen
und deutschen Gemeinde in Temesvar, nachmals Rabbinatsbeisitzers in
Ungarisch-Brod, Mardochai Leipnik, erstattet hat. Im Archiv der k. k.
Statthalterei in Brünn hat sich unter J. 35 ein Aktenstück über die
Vorgänge von 1722 erhalten. Abraham nennt statt den 1. Okt. irrthüm-
lich den 22. September.

[1]) Vgl. Schudt a. a. O. IV, 2, 357 ff.

Augenblick war die Gemeinde wie durch ein Wunder gerettet, die Menge verlief sich, der Gottesdienst konnte fortge-
setzt werden. Als noch am selben Abend die Vorsteher der
Obrigkeit den Vorfall anzeigen wollten, meinte diese, es sei
Zeit, nach dem Feste die Sache zu untersuchen. Aber am
folgenden Tage dachten bereits die Bürger den Juden mit
der Anzeige zuvorkommen zu müssen. Da es sich um einen
Diener der Kirche handelte, erklärten sowohl die Obrigkeit
als der eben auf seinem Jagdschlosse in der Nähe weilende
Gutsherr Josef Fürst von Liechtenstein sich ausser Stande,
hier ein Urtheil zu fällen, und wiesen vielmehr die Kläger
vor das Consistorium von Olmütz. Dieses brachte die Klage
vor das Tribunal von Brünn, das den Kreishauptmann von
Olmütz als Commissär nach Aussee entsendete, um in einem
strengen Verhör am Thatorte den Fall zu untersuchen. Schon
in diesem Stadium des Prozesses musste Wertheimers Aufmerksamkeit sich darauf lenken. Sein Schwiegersohn, der
mährische Landesrabbiner Berend Eskeles, war von der
Gemeinde angegangen worden, all seinen Einfluss bei den
Behörden aufzubieten[1]), um der gerechten Sache zum Siege
zu verhelfen. Dank der Milde und Rechtlichkeit des Statt-
halters Maxmilian Ulrich Grafen von Kinsky, des Gönners,
Beschützers und Gutsherren der drei mährischen Gemeinden
Ungarisch-Brod, Austerlitz und Rausnitz, und der Brünner
Tribunalräthe wurde denn auch die Anklage gegen die Ju-
denschaft von Aussee mit triftigen Gründen abgewiesen.
Selbst die Berufung des Consistoriums beim Prager Appel-
lationsgerichte blieb ohne Erfolg, da dieses auf Grund des
Commissionsberichtes das Urtheil der erstrichterlichen Instanz
nur bestätigte.

So schien das Verhängniss abgewendet, als plötzlich
durch die Angeberei eines Elenden neues Unheil über die

[1) ונם כתבי כל המאורע וענין הזה בעסקינו: 5 § a f. 3 מגילת סדרים
לאסיו הגאון רב מדינתינו מוהר״ר בערש זצ״ל וגם הגאון אמ״י הרב ז״ל לא הי׳
נסוג אחור ימינו ושלח ממני כתבי בקשות לשרי חשובים טריבונאל ירי״ה והרב
ז״ל הי׳ אצלם אהוב ונכבד ונשוא פנים מאוד ממני כבוד עצמו וממני כבוד הרמ׳
של חמיו הי׳ה הגאון המפורסם השר והטפסר נשיא הגולה אמ״י הרב מדינות הגר
ונשיא בארץ ישראל מוהר״ר שטשין וערטהיים ז״ל שהי׳ אהוב ונכבד מאוד בחצר
המלכות קיר׳ה ותורה וגדולה ועושר וכבוד בזה הרב הגאון הי׳ במקום אחד.

Gemeinde hereinbrach. Josef, der Sohn des frommen und gelehrten Rabbiners von Kremsier, des mit Samson Wertheimers Unterstützung 1701 nach dem heiligen Lande ausge-
wanderten Isachar Bär[1]), eine jener Sumpfpflanzen der
Knechtschaft, hatte Isak Kohen Rache geschworen. Ihn ver-
dross es, dass der Mann, den er verderben wollte, noch frei
umhergieng, während die Vier, die den Kaplan vor die
Thüre hatten setzen wollen, wie vergessen im Kerker schmach-
teten. Da meldete er sich beim Ortsrichter zum Verhör mit
der Erklärung, dass die vier Verhafteten vor ihm ausgesagt
hätten, wie ungerecht es sei, Isak Cohen in Freiheit zu belassen, der den Kaplan mehr als sie selbst geschlagen und
gegen das Herz gestossen habe. Diese Zeugenaussage wurde
durch den Pfarrer von Aussee dem Consistorium übergeben,
das mit seiner Klage sich nunmehr unmittelbar an den Kaiser
wandte. Wohl wusste Isak Kohen, den man nach kurzer
Haft gegen genügende Bürgschaft auf freien Fuss hatte stellen müssen, in Wien auf Grund eines überzeugenden Be-
weismateriales die Verlogenheit seines Angebers und die
Unhaltbarkeit seiner Verläumdung ans Licht zu bringen,
aber eine unerfindliche Weisheit meinte, das Zeugniss theilen zu dürfen, es zu verwerfen, insofern es Kohen angehe,
aber anzunehmen, so weit es die Verhafteten angieng. Diese
aber hatten angeblich bekannt, dass Isak Kohen den Kaplan
mehr als sie geschlagen, also jedenfalls zugestanden, Hand
an ihn gelegt zu haben. Dieses salomonische Urtheil sollte
die in so viel Instanzen bestätigte Freisprechung der Gemeinde umstossen und dieses durch den Frevelmuth eines
Gottvergessenen geschändete Gotteshaus als fromme Sühne
der Rache einer wilden Meute ausliefern. Denn nichts Ge-
ringeres war beschlossen und dem Kaiser zur Unterschrift
vorgelegt worden, als dass die Synagoge der Erde gleich-
gemacht und nie wieder aufgerichtet, die Gemeinde für
ewige Zeiten des Rechtes auf öffentliche Andacht verlustig
werde, drei von den vier Verhafteten an der Staupsäule auf
dem Markte mit Ruthen ausgestrichen werden sollen, der
vierte aber, dieweil er ein Greis von 73 Jahren, zur Ketten-

---

[1]) Kaufmann, Die letzte Vertreibung 82 n. 2. 1681 approbirt er
als Rabbiner von Frankfurt a/O. Samuel Heller-Zorefs מצרף לכסף.

strafe und zu drei Jahre langem Lastarbeiten an der Kirche von Aussee zu verurtheilen sei.

Aber man hatte ein böses Gewissen. Vom Hofe war der strenge Befehl ergangen[26]), von diesem Urtheile Nichts verlauten zu lassen. Man fürchtete den Einfluss der Wiener Juden, vor Allem Samson Wertheimers, der Alles aufbieten, kein Mittel unversucht lassen würde, um den unerhörten Rechtsbruch zu verhindern, eine gotteslästerliche Schandthat zu vereiteln, so lange es noch Zeit war. In Wien ward denn auch in der That Nichts von dem verhängnissvollen Beschlusse verrathen. Als aber das Urtheil mit der Unterschrift Kaiser Karls VI. von einem Kourier nach Brünn gebracht wurde, da nahm das Gerücht die Unheilsbotschaft auf seine Fittige. Versteinerndes Entsetzen flog über die mährischen Gemeinden, deren Vertreter die Regierung beschworen, den Vernichtungsbefehl noch zurückzuhalten, bis in Wien die letzten Schritte um Abwendung des Unheils versucht sein würden. Voll theilnehmender Menschlichkeit liess Kinsky sich bereit finden, der Bitte zu willfahren. Das Urtheil sollte dem Consistorium von Olmütz nicht eher zugestellt werden, als bis die Gnade des Kaisers noch einmal angerufen sein würde. Aber vergebens war die Frist gewährt worden, vergebens wie eine heilige Flamme die Hingebung, der Opfermuth entbrannt. Wieder einmal stand Samson Wertheimer an der Spitze der eifervollen Anwälte einer so gerechten, aber verlorenen Sache. All sein Einfluss und die vereinigten Bemühungen der Angesehensten der Wiener Judenschaft hatten nicht vermocht, die Zurücknahme des unseligen Beschlusses zu erwirken. Da erbot sich Wertheimer, aus eigenen Mitteln das dem Untergange geweihte Gottes-

---

[26]) מגילת סדרים § 10: f. 5 b ויצא זה הקשה פס״ד נגמר מתחילה וכאשר

מן חצר המלכות הקיסר יר״ה, וגם נכתב ונחתם בשם המלך, אז גם הקיסר ירי׳ה ציוה לשריו ויועציו שרי חשובים רואי פני המלך היושבים ראשונה במלכות שלא ינלו את פסק גזר דין הקשה הזה. לרוזני קציני נשיאי ישראל הדרים בעיר מלכותו מטרפולין בווינא הבירה. שהרבה עסקי מלכות יר״ה. ועסקי שרים גדולים וחשובים הולכים על ידם, והם יוצאים ובאים מאוד בפלטרין המלכות יר״ה, ובארמוני השרים חשובים, והי הציויי מן המלכות יר״ה. שלא יתגלה הפס״ד הזה לקציני יהודי׳ שם בווינא בכדי אם יְוַדַע להם את רוע גזר דין הזה לאזניהם, שלא יבואו וישתדלו על זאת, כי לא ינוחו ולא ישקטו היהודים ויבקשו בקשות מריבות כדי לבטל את רוע גזר דין הנפסק.

haus gleichsam auszulösen und statt des Opfers den Kauf-
preis hinzugeben. 6000 Gulden, das konnte durch die Rech-
nungen der Gemeinde ausgewiesen werden, hatte 1690 die
Aufrichtung der Synagoge gekostet. Diese Summe war Wertheimer erbötig als Strafgeld an die Staatscassa zu zahlen[1]).
Aber der Untergang auch nur Einer Synagoge war der Kirche
für Geld nicht feil, am Wenigsten, wenn nicht sie es erhielt.
Und so sauste denn das längst aufgehobene Schwert auf die
Unglücklichen nieder, die Nichts verschuldet hatten, als dass
sie in der heiligsten Stunde des Jahres ungestört und unbe-
schimpft weiter ihr Herz vor ihrem Vater im Himmel aus-
schütten wollten. Am ersten Tage des Offenbarungsfestes,
Freitag den 22. Mai 1722, als eben der versammelten Gemeinde
das Fundament des Sittengesetzes, der Abschnitt der Zehn-
gebote, vorgelesen wurde, erschien der Stadtschreiber in der
Synagoge, auf das Pult, auf dem die Thorarolle lag, schla-
gend, um für die Verlesung der Schreckensbotschaft sich
Gehör zu verschaffen. In wildem Schmerze nahm die zu
Tode getroffene Gemeinde alle Andacht zu einem letzten
Bussgebete in dem theuren Raume noch zusammen, in dem
morgen schon, am zweiten Tage des Festes, alle bösen
Geister der Zerstörungssucht sich ein Stelldichein geben und
wahnbethörte hasstrunkene Gesellen ihr Müthchen kühlen
sollten in dem Glauben, zu einem frommen Werke beizu-
tragen.

Die Bemühungen für die Frankfurter Gemeinde hatten
aber mittlerweile ihren Fortgang genommen. Schon im Januar

---

[1]) Ib. f. 6 a: והקצינים בוויגא יצ״ו בשמעם את רוע גזר דין אשר יצא
מאת המלכות הקיסר יר״ה, ויחרדו מאוד כי יצא לבם, ואבל גדול יוצק לרבים,
ומיד ולאלתר אזרו חלציהם בכל אסיק כוחם להשתדל להשיב אחור את רוע
הפסיד על פי חסד המלכות יר״ה, ובאופן שאמ״י הרב הגאון הטפסר נשיא הגולה
המפורסם מוהרר שמשון ווערטהיים זצ״ל והשר החשוב הזה הי׳ חשוב ונכבד
מאוד אצל הקיסר יר״ה ואצל שרים גדולים חשובים רובם ככולם, והי׳ רוצה
לקנות ולפדות את הבה״כ דקהילתינו סמעותיו כפי הרשום בפנקס הצדקה
בקהילתינו בכתב אמן ואמת שבשנת ויהי ביי׳ כלת המשכן עלה חשבון הוצאות
הבניין לסך ששת אלפים זהו׳, וסך הזה רצה הגאון הנזכר להביא מיד סמעותיו
לאוצר המלכות יר״ה, אך מאת ה׳ היתה זאת נפלאות היא בעינינו, שהרב הגאון
ז״ל הנזכר וגם כל שארי רוזני וקציני ווינא בכל עוז השתדלותם, העלו חרס בידם,
וכל השתדלותם וכל בקשתם לא הועיל מאומה, כי כן נגזר, וכתב הנכתב
ונחתם בשם המלך אין להשיב.

1722 berichtete Drach an Leser Trum[1]), der kaiserliche Befehl
in Betreff der Adler mit der erbetenen Umschrift, die wie
vor dem Brande an die drei Thore der Judenstadt anzuheften
ten seien, wäre bereits an den Residenten Baron v. Wetzel
abgegangen. Ein Gnadenbrief, den Drach noch obendrein
zum ewigen Gedächtniss dieser kaiserlichen Verwilligung
erbat, wurde ebenfalls gewährt. Am 28. März frägt er daheim
heim an, ob er dieses Privilegium, das er in rothen Sammt
hatte binden lassen, nach Frankfurt schicken solle[2]).

Die Frage der Kronsteuer und des Opferpfennings
schwebte jedoch immer noch unerledigt. Jetzt hatten sich auch
die Hamburger und Wormser Gemeinde in der gleichen Sache an
Samson und Wolf Wertheimer um Beihülfe gewendet[3]). Man hatte
von Frankfurt aus ein reiches Material zusammengebracht,
um das ausschliessliche Recht der Stadt auf jede Besteuerung
der Juden zu beweisen. Schon 1661 waren Abrahamb zum
Drachen und Dotras zur silbernen Kannten[4]), d. i. Abraham
Drach, der Grossvater des Agenten Emanuel, und Todros
Oppenheim, sein Onkel, beim Reichshofrath in Wien erschienen,
nen, um von einer gleichen Forderung die Judenschaft zu
entbinden, der damals auch der Rath durch ein Intercessional-
nalschreiben sich zur Seite stellte[5]). In einem besonderen
Memorial hatten sie ausgeführt, wie seit Karl IV. alle Abgaben
gaben der Frankfurter Juden an den Rath abgeführt worden
seien. Als Beweis dafür beriefen sie sich auf einen völligen
Reichsschluss von 1495, auf den Urtheilsbrief des Kammer-
gerichts zu Speyer[6]) von 1511 und das Schreiben des Raths
von 1661. Seither war auch noch die Deklaration Kaiser
Leopolds vom 28. Juli 1685 hinzugekommen, durch die er
auf das Wiederkaufs- und Auslösungsrecht der Frankfurter

---

[1]) Mittwoch טבת תפ״ב [כ״ח l.] כ״ח, d. i. am 7. Januar 1722 [107 a]

[2]) Am 11. Nisan nach Sabbatausgang 1722 [ib.].

[3]) Am 23. Ijar nach Sabbatausgang, d. i. am 10. Mai 1722 meldet
Drach, Wolf Wertheimer habe ihm davon berichtet, dass die Hamburger
ebenfalls wegen des Opferpfennig »sehr lamentabel« an ihn und an
seinen Vater geschrieben haben. Das undadirte Concept des Wormser
Briefes ist zum Theil im Archiv der Gemeinde Worms erhalten.

[4]) Schudt IV. 2. 35.

[5]) Nach dem Briefe Drachs von שבט [ד״י l.] ה״י nach Sabbatausgang, d. i. vom 31. Januar 1722 [107 a]. Vgl. Schudt a. a O.

[6]) Schudt II. 136 f.

Juden für immer verzichtete[1]). Vorzüglich war es Wolf
Wertheimer, der jetzt die Sache in die Hand nahm. Mittwoch den 20. Mai 1722 berichtet Drach von ihm, dass er
für die Gemeinde Hamburg zum Reichsvizekanzler, Friedrich
Carl Grafen von Schönborn, dem Bischof von Bamberg und
Würzburg, sich begeben und mit diesem auch für die Frankfurter Judenschaft gesprochen habe. Besonders hatte sich
Wertheimer darauf berufen, dass Kaiser Sigismund und Maximilian den karolinischen Verkauf[2]) generalitate et ple-
nissime confirmirt hätte.

Wertheimer ahnte damals noch nicht, dass er bald in
die Lage kommen werde, den Schutz des Kaisers gegen den
Rath von Frankfurt für sich selber anrufen zu müssen. An
die Stelle seines beim letzten Brande eingeäscherten Hauses
hatte er ohne Schwierigkeiten einen schönen 3-stöckigen
Bau zum Schmucke der Judengasse aufführen zu können
gehofft[3]). Ohne äussere Abtheilung an der Façade sollten nach
dem Plane die drei Stockwerke gleichsam in Eines zusam-
mengefasst und von 2 Säulen eingerahmt erscheinen und
nur die 3 Fenster Front in den verschiedenen Stockwerken verschiedene Ornamentation zeigen, das mittlere
im ersten Stock sollte mit einem Balkon versehen werden.
Da trat auf einmal der Rath als Hinderer dazwischen.
Das Haus dürfe nicht wieder an die Stadtmauer angebaut,
ein drittes Stockwerk, obzwar die Kaufläden, die ehedem das
Haus entlang liefen, nicht wieder aufgebaut werden sollten
und ein Compensationsanspruch nur billig war, nicht aufgeführt werden und kein Stockwerk die Höhe von 11 Bau-
schuh übersteigen. Wertheimer blieb Nichts übrig, als den
Kaiser um eine Verfügung an die Stadt wegen seines Hausbaues anzugehen. Dieses Haus, so berichtet Wertheimer in
seinem Bittgesuche, wolle er aufrichten, „was massen beÿ der
zu Frankfurt am Maÿn zum zweÿten mahl entstandenen grau-

---

1) Ib. III. 90 ff.

2) Nach dem Briefe Drachs von Mittwoch den 4. Sivan 482 [107 a].
Schönborn ist nicht genannt: ich erblicke ihn in der Angabe: אצל אדון
רפ״ק יר״ה.

3) Die Zeichnung des Baues liegt bei den Akten im Frankfurter
Stadtarchiv unter Ugb. E 44 Mm., auf denen diese Darstellung ruht.

samen feuers-brunst, wodurch der Juden gassen durch die
erstere gänzlich, durch die letztere aber meistentheils eingeäschert worden, auch dieses unglückh mich mit betroffen,
und mein daselbsten habendes aigenthümbliches hauss zur
Silbern Kandte genant, bis auf den Grundt verbrandt worden". Fast undenkliche Jahre habe das Haus an der Mauer
gestanden, das er nun von Grund aus von purem Stein
erbauen und von allen Seiten mit rechtschaffenen und genug-
samen Feuermauern wohl versehen wolle. Die Gewölbe sollen
der Erde gleich gemacht werden, können also nicht für einen
Stock gelten, endlich würden bei 11 Schuh die Zimmer mehr
einem Schlupfwinkel als Wohnräumen „wegen der Allzu-
niedrigkeit gleichen". Wertheimer erwartet das Rescript vom
Kaiser um so eher, als auch sein Stiefsohn Isak Nathan
Oppenheimer in Folge eines solchen an der Erbauung seines
auf der Brandstätte gelegenen Hauses nicht weiter verhindert
wurde und seine Dienste an die 30 Jahre her dem Kaiser
gewidmet seien. So erfolgte denn auf seine Bitte am 31.
August 1722 ein Rescript an den Rath, das diesen zunächst
zur Berichterstattung über die Sache aufforderte.

Ugb. E 44
Mm.

Carl der Sechste von Gottes gnaden Erwöhlter Romischer
Kayser zu allen zeiten mehrer des Reichs.

Ehrsame liebe getreue. Aus dem beÿ verwahrten abschrifftlichen
einschluß habt ihr gehorsambst zu ersehen, waß beÿ Vnß Vnser Kaÿl.
Ober factor und Jud Simson Wertheimer wegen vorhabender wider
erbauung seines in Vnserer und des heÿl: Reichs Stadt franckfurt
habenden, durch letztern brand eingeäscherten Haußes angezeigt, und
an Euch zu verfügen, gebotten habe.

Waß nun euch hierüber zu vernehmen für nöthig erachtet worden.
So haben Wir Euch solch deßelben unterthenigstes anbringen, mit
dem gnedigsten befelch hiedurch einschließen laßen wollen, daß
an Vnß ihr über die darin angeführte wohl erwegliche umbstände
euern bericht innerhalb zeit zweÿer monathen erstattet, und einschicket,
An dem beschicht, Vnser gnedigster will und mainung, und Wir
seÿnd euch mit Kaÿl: gnaden gewogen, geben in Vnser Stadt Wien

ben ein und dreyßigsten Augusti Sieben zehenhundert zwey und zwanzig, Vnserer Reiche des Römischen im eilfften, des Hispanischen im neunzehenden, des Hungarisch: im Neunzehenden, des Hungarisch: und bohaimb: im eilfften.

Carl

Vt: Cl Gv. Schönborn

Ad mandatum Sacæ. Caesæ.
Majestatis proprium
Franß Wilberich Ev.Menßhengen.

Binnen zwei Monaten hätte der Bericht eingeliefert werden sollen, aber man verschob die Verlesung des kaiser-lichen Rescriptes im Senate bis zum 27. Oktober, so dass eine Erstreckung der Frist erbeten werden musste. Erst am 27. Februar 1723 ergeht der Bericht an den Kaiser. Es wird zunächst darin bestritten, dass Wertheimer, der keine Stättig-keit besitze, in Frankfurt ein Haus haben könne, ferner aber auch, dass dieses bei der zweiten Feuersbrunst, die so weit sich gar nicht erstreckt habe, abgebrannt sei. Der eingereichte Plan beweise, dass das Haus an Höhe alle Christenhäuser überrage, in die es also den sonst so sorgsam vermiedenen Einblick offen habe. Das sehr magnifique und hohe Gebäude würde selbst bei einem Flachdache sehr weit in die Höhe hinaufreichen. Der Magistrat fürchte den Tadel, der auf ihn fallen würde, je schmerz= und empfindlicheren Vorwurf wir ohnedem mehrmals von der hiesigen Bürgerschaft erdulden müssen, als ob wir denen Juden in ihrem Bauwesen zu viel indulgiret hätten.

Auf diesen Bericht des Frankfurter Magistrates, von dem sofort nach seinem Eingange in Wien am 8. März 1723 Wertheimer bereits am 11. März Mittheilung gemacht wurde, richtete dieser in schärfster Form eine Gegenäusserung an den Kaiser. Ob sein Haus im zweiten Brand mitbetroffen gewesen, darauf will er sich „in keinen unnöthigen Wort-wechsel einlassen", was aber daraus folgen soll, dass er nemlich gar kein Haus da habe besitzen können, „ein solches ist, wenn man anderst scapham scapham nennen darff, eine recht muthwillige ignorantia affectata, ja mann Kann sich nicht ge-nug verwundern, wie solches ohne Erröthen so in allen Tag hinnein geschrieben hat werden Können, denn wann auch, wie zu deßen Colorirung vorgegeben werden wollen, in der Rechnung und beÿ dem Schazungsambt hiervon nichts zu Befinden, so Kan doch theils umb deßwillen Einem löbl: Magistrat zu Franckfurt der getroffene Kauff meines Hauses zur Silbernen Kanten vernünfftiger weiße nicht unbekãt geblieben seÿn, weilen denselbigen noch vor Erlegung des verglichenen Kauff Schillings, zu meiner Sicherstellung und der Jüdischen gemeinde alten herko+en, gerechtigkeit und alten Policeÿ gemäß in denen alldasigen Sÿnagogen zu 3^{en} mahlen zu Jedermänniglichen nachricht publiciren auch das solches de facto geschehen in das über diesen Kauff errichtete Instrumentum emptionis venditionis mit inseriren laßen", theils weil aus den kais. Specialprivilegien „sich deßen erhaltene nothwendige wißenschafft ad pudorem usque zu hellen Tage legete, Krafft welchen mein quaestionirtes Hauß zur Silbern Kannte nahmentlich von allen außerordentlichen oneribus gänzlich eximiret und Befreÿet, auch mir vollkomentliche erlaubnus gegeben worden zu diesem Ende quaestionirtes und andere darinn Benannte und von mir darzu gekauffte Häußer mit dem NB. doppelten Reichsadler oder gewöhnlichen Salvaguardia, wappen und zeichen versehen". Er habe vermöge seiner Privilegien überall das Recht, zu wohnen, Häuser zu kaufen und zu verkaufen. Auf die Bürgerschaft solle der Rath sich nicht ausreden, die werde gegen des Kaisers Willen keine Schwierigkeiten erheben, „zumahlen Selbiger ohnedem Bekannt genug ist, daß beÿ letzterer Kaÿl. Crönung allda von allerhöchst deroßelben, wie auch denen anwesenden Chur= und fürsten mit vielen privilegiis, portraits, gnaden„ketten und andern extragnaden, wegen meiner ohne Rhum geleisteten getreuen allerunterthgsten Diensten aller„und mildest angesehen worden, so daß deswegen von der Burgerschafft selbsten allen estime verspühret, mithin dieselbige schwehrlich ein obstaculum an meiner Persohn finden und haben wird". Uebrigens könne der Vorwurf der Bürger so schmerzempfindlich nicht vorkommen, da man ihm bei Annahme der Stättigkeit wie seinem Stiefsohne, der auch nic in Fr. gewohnt, den Bau gestatten wolle. Das Baureglement nach dem Brande gehe ihn nichts an, wenn die Privilegien nicht omni effectu cariren sollten. Sein Haus soll der Stadt „zu einem zierath gereichen". Die paratliegenden Baumaterialien hätten bereits grossen Schaden gelitten. Wertheimer unschreibt: Dero Kaÿl. und Königl. Maÿt. ober factor Simson Wertheimber Jude.

Es war nur der Schutz verbriefter Rechte, wenn der

Kaiser am 3. August 1723 ganz im Sinne von Wertheimers Gegenvorstellung dem Rathe von Frankfurt den gemessenen Befehl ertheilte, den Hausbau seines Oberhoffactors nicht länger hintanzuhalten.

Ugb. E 44

Mm.

Carl der sechste von Gottes gnaden Erwöhlter Römischer Kayser zu allen zeiten mehrer des Reichs.

Ehrſame liebe getrewe. Was beÿ Uns Unſer Kaÿl: Ober factor Simſon Wertheimer auff den an Uns von Euch, wegen vorhabender wieder auffbauung ſeines durch letztern brand eingeäſcherten Haußes sub dato den ſieben und zwantzigſten februarij A. pſto. den achten Martij nup: gehorſt erſtatteten und ſelbigem den eÿlfften eiusdem è Cancellaria communicirten bericht, für eine gegen vorſtellung eingereichet und darauff zu verfügen unterthänigſt gebetten, ſolches bringt die Copeÿliche anlag in mehrern zu vernehmen mit ſich.

Wan nun euch in alle weeg oblieget, die von Uns ermeltem Unſerm Kaÿl. Ober factorn gnädigſt verliehene Kaÿl. Privilegia, in gehorſambſter acht zu haben, und derenſelben genuſß ihme jederzeit ohngekräncket angedeihen zu laſßen; Alß befehlen Wir Euch hiermit gdſt, daß Ihr Eueres gethanen Einwandes ungehindert, den Imploranten nunmehro an ſeinem vorhabenden Haußbau lenger nicht abhaltet, ſondern denſelben, ohne annehmung der Stättigkeit, auff die arth und weiße, wie deſſen Stieff Sohn Isaac Nathan Oppenheimer zu bauen vergünſtiget worden, ohne weitern einwurff vollführen laſßet, geſtalten Wir euch von ferner weither verhinderung gäntzlich abzuſtehn, hiermit ernſtlich anweißen und ſeÿnd darüber Ewrer gehorſambſter anzeige innerhalb zweÿ Monathen gewärtig, dabenebens euch mit Kaÿl: gnaden gewogen verbleiben. Geben auff Unſerm Königl. Schloß zu Prag Den dritten Augusti A°̱ Siebenzehenhundert dreÿ und zwantzig, Unſerer Reiche, des Römiſchen im zwölfften, des Hiſpaniſchen im zwantzigſten, des Hungar: und Böheimb: aber im dreÿzehenden.

Carl

Vt. Cl. Gv. Schönborn

Ad mandatum Sac^æ. Caes^æ.

Majestatis proprium

Frantz von Heffener.

Die strenge Fassung dieses Rescriptes machte jedem ferneren Sträuben ein Ende. So beschloss man denn, als es Dienstag den 21. September spät genug im Senate zur Verlesung gebracht wurde, in Betreff des Hausbaues „parition zu leisten", jedoch wegen der Clausel „ohne annehmung der Stättigkeit" nochmals eine Vorstellung beim Kaiser einzureichen. Das war nemlich der Punkt, in dem das Juden-Privilegium der Stadt durch die Privilegien eines Einzelnen durchbrochen und ausser Kraft gesetzt erschien. Dass es in Frankfurt einen jüdischen Hausbesitzer solle geben dürfen, der an die Gesetze des Magistrats nicht gebunden war, nicht vorher in die Stättigkeit sollte einzutreten brauchen, das war eine so unerhörte Ausnahme und unbegreifliche Anomalie, dass der Widerstand des Rathes als Vertheidigung seiner Rechte aufgefasst werden muss. Aber auch der neue Versuch, vor der Bewilligung des Hausbaus Wertheimer zur Erwerbung der Stättigkeit zwingen zu wollen, scheint vergeblich gewesen zu sein. Denn schon am 28. Januar 1724 theilt der Magistrat dem Kaiser mit, dass er den Bau nicht hindere, dass aber Wertheimer um die Stättigkeit einkommen solle, die ihm den Schutz seiner Güter in Frankfurt sichere.

Wertheimer war schwerlich gewillt, diesem Rathe nachzukommen und so die Bedeutung seiner Privilegien mit eigener Hand herabzumindern. Aber wenn er es auch gewollt hätte, seiner Aufnahme in die Frankfurter Stättigkeit trat ein entscheidendes Hinderniss entgegen, sein vorzeitiger Tod am 6. August 1724. Des Schutzes, dessen Entziehung ihm hier angedroht wurde, haben seine Frankfurter Besitzungen denn auch wirklich entbehren müssen. Für seine Erben ist der Umstand, dass er die Stättigkeit nicht erworben hatte, eine Quelle der ärgerlichsten und unablässigsten Rechtsstreitigkeiten geworden, die selbst die wohlthätigen Stiftungen Wertheimers verfolgten und länger denn ein halbes Jahrhundert nach seinem Tode nicht zur Ruhe kommen konnten. So war selbst das Privilegium eines Juden jener Tage eine zweischneidige Waffe, ein gefährlicher Besitz.

Anhang.

I.

Die Grabsteine der Familie Wertheimer in Worms.

1.

יוטלן אשת ליפמן כ"ץ וערטום

המצבה הזאת תהיה

לעדה על אשה צנועה והסידה

מרת יוטלן בת

שמשון למצות הבורא

היתה הרידה והכינה

לדרכה צידה לקחת עמה

בעת פקידה ונתחייה להיי

עולם עתידה נפטרה בשם

טוב ביום ג' כ"ח אלול ת"יט

ת'נ'צ'ב'ה' ב'ג'ע אמן

2.

הזקן התורני המופלא מהורר יוזל וו"ה

מדליו (Bild eines Eimers) יוזל מים

וימת יוסף וכל הידור ההוא[1]

שהיה עטרה לראשינו מחמד יוסף

_____

2. Mos. 1, 6 = (1

אי(ני)[ינ]גו[2]) כי לקח אותו אלקים יום ג' ד' אייר
ונקבר למחרתו ביום ד' ת'ע'ג זקן במדרשו
המסולא בפז ואף[3]) חכמתו עמד לו ביהוסף
שמו פֿוֹם יוזל ווערטהיים המואם לתענוג
וישם אבן מראשותיו ראש יוסף יֹבֹ היו
ונתאחו[4]) יחד עצמות יוסף קברו והגיהו
כבודו במקום גדולים והיו לאחד על זאת
התפלל החסיד לעת מצא[5]) זו קבורה'
כאן היה כאן נמצא מקום לתפלה
לבטל הגזירה יקיצו ויעמדו יחדיו כי
יתן ה' את רוחו[ו] עליהם[6]) מכאן לתהֹ מן
התורה מ"י שנעשו עפר כי השבע
השביע שלא להספידו בשבועה
חמורה אלה הדברים אשר דיבר
והוכיחו סמוך למותו תתעדן ותתעלה
ו(ה)[ת]ענג בצרור החיים נשמתו

אֹם

Die Grabschrift hat offenbar Samson Wertheimer verfasst.

3.

הבתולה מרת דאלצלי בת הקצין פֿו הרר
מאיר וֹטֹ

פה טמונה היקרה המהוללה
צנועה וחסידה אבדה
פתאו' וֹרכה בשנים בת
הֹי שנין היתה בת קֹי יוצאה

[2) = 1. Mose 24, 5
[3) = פֿז, 87 = זֹם, 87 = ואף
[4) = זֹה) (12 18, Midrasch r. zu 1. Mos. 28,
[5) = Ps. 32. 6, Berach. 8 a
[6) = 4. Mos. 11, 29

וחוזרת הלכה ועולה למרי'
הנערה מרת דאלצלי בת הקצין
פוֹם מאיר ווערטהיים לקחה אותה
אלקים ונקברת ביום ג'
רֹח סיון תֹעֹד לֹפֹק כפה
פרשה לעניים כל ימי חיי'
ישרים וטובים תמים
ותמימים הי' לנערותיה
ויהללוה בשֹם מעשיה

תֹנֹצֹבֹה

4.

הזקן הקצין פרנס ומנהיג כהר"ר מאיר ווערטהיים

איש מאיר היה חזית
במלאכת[1] שמים
השתדל לעשות כרצון
איש חיל היה עסק בצרכי ציבור באמונת העם
היטב לטובים פועל צדק ישר ותמים
והחשיך מאיר עינינו כי שקעה
חמה: בחצי היום לקח אותו אלהים
ב(ו)ק[כ]לח: יום עֹשֹק טֹז תמוז תֹפֹד
ונקבר ביום ההוא סמך להכנסת
כלה: ליום מנוחה
הֹה הזקן פֹוֹ כהרֹר מאיר בן פֹוֹם המופלא
מהורר ר' יוזל ווערטהיים
מחל שנותיו היה תנצבה עֹשֹצֹוֹצֹֹא

5.

זאת

מצבת אשה בכל אלה לא

מצאה בגמילת חסד וצדקה

יצאה נשמתה בקדושה ובטהרה

ונפטרת בש״ט ביום ש״ק ונקברת

למחרתו ביום א׳ ב׳ אייר תֹפֹח לפֹק

גבירה ועטרת ועקרת הבית היתה

לבעלה הקצין פֹֹם כהרר מאיר

ווערטהיים בקראי שמו הטוב

הצנועה מרת פרומט בת הקצין

כהרר מאיר איגרשום תֹנֹצֹבֹה

II.

Memorbuch von Marktbreit.

1.

Nach dem Gebete für בערק שווארצי דובם יאסעף folgt:

מי שברך אבותינו אי״ו הוא יברך את הישיש המרומם מורינו הרב
רבי יוסף בן ר׳ יצחק, ואת בנו הגאון הגדול א״בֹ״ד ור״ֹם מ״ו נשיא אי״י
מהור״ר שמשון וזוגתו הרבנות ובניו בעבור שהשתדל כמה וכמה השתדלות
לטובת ישראל ועמד בפרץ כמה וכמה פעמים לטובת בני מדינתינו יצ״ו
וגם הציל כמה וכמה נפשות מישראל מן השבי׳ והוקם על ידו עול
[1. אהל] של תורה בבית המדרש אשר בנה מכיסו ומכספו וזה כמה
שנים אשר פיזר מעותיו לאביונים הדרים במדינות האלו בשכר זה תנצב״ה
עשנ״ץ וחסידי עולם בגן עדן אמן.

Nach dem אב הרחמים folgt:

יזכור אלהים נשמת האלוף הקצין המנוח כמר שמשון בר יצחק
סטרק בראט עבור שהיה פרנס ומנהיג במדינת שווארצי בורג והשתדל כמה
וכמה עסקים לטובת בני מדינה יצ״ו ועמד בפרץ ואף קודם מותו בנה
מכיסו ומכספו בית הכנסת והקדש אתה לקהל יצ״ו וגם נדב שני מאות
רייכש טאליר ללוות אתו לאיש בטוחי ומהפירות יקח שמן למאור
להעלות נר תמיד בבית הכנסת הנ״ל פה מארק בראדי וזולת שארי צדקות
אשר עשה בישראל בהצואה שעשה קודם מותו אשר פיזר מעותיו לאביונים
בשכר זה התנצב״ה עשנ״ץ וחסידי עולם בגן עדן אמן.

יזכור אלהים נשמת האלוף והקצין ושתדלן הגדול החסיד החבר
ר׳ שמואל בן החבר ר׳ שמעון עם נשמת אי״ו בעבור שטרח עבור
הציבור של כל בני ישראל ובטל כל העלילות הבאים על הקהילות הקרובים
ורחוקות ופיזר מעותיו כל שנה ושנה ובכל יום ויום בכל המדינות׳ ועל
ידו נפדו כמה וכמה נפשות מן האמות׳ זולת שאר הצדקות אשר עשה
בישראל בהצוואה שעשה קודם מותו אשר פיזר מעותיו לאביונות וכל
מעשהו היתה לשם שמים מקדמונות׳ בשכר זה תנצב״ה עש״נ׳ וחסידי
עולם בגן עדן אמן.

יאי״נ של האשה החשובה וגדילה בת הר״ר ישראל מנות דעקרקאשונה
אשת המנות פי״ו החסיד השתדלן הגדול הר״ר שמואל היידל בורגר[1] ש(י)קיימה
ויהיו עניים בני ביתך וגם נתנה צדקה לאנשי ישרים ובפרט למחזיקים
בעץ החיים אמרי שפרים׳ ושארי צדקות אשר עשתה עם דלים ורשים
ובבקר קדמת להעיר השחר בתפלתה כוונה להסיר הקטריגים וכל מעשיה
לכבוד יוצר הרים׳ וגם נתנה בעבורה לצדקה בשכר זה תנצב״ה עש״ציץ
בגן עדן אמן.

יזכור אלהים נשמת של האשה החשובה מרת שינדלה בת החבר
ר׳ שמואל עם נשמת אי״ו בעבור שקיימה ויהיו עניים בני ביתך וערב
ובבקר קיימה משתחוה אל היכל קדשיך וגם נתנה צדקה בסתר לאנשי
ישרים וכדי שלא אזיל סומקא ואתי חיורא נתנה צדקה מסתרים ובפרט
למחזיקים בעץ החיים ברית התורה וכל מעשי׳ לשם שמים ותפלתה
היה בכוונה להסיר הקטריגים בשכר זה תנצב״ה עש״ץ בגן עדן אמן.
Hierauf folgen die mit רבינו גרשום beginnenden יזכור für
Einzelne und Gemeinden und darauf:

יי״א אי״נ מורי מורינו הרב ר׳ משה בן החבר רבי אהרן משה זצ״ל
א״בי״ד במרקבראד ע״נ אי״ו עבור שהרביץ תורה בישראל בשכר זה
תנצב״ה עש״בע״א.

יי״א אי״נ האלוף והקצין כהר״ר יצחק זעקל בן כהר״ר מנחם מענדל
זיל ממרקברארד שהי׳ פי״ו מדינת שווארציבורג והשתדלן כמה עסוקים
מטובת הכלל והי׳ איש ישר וכשר ומשאו ומתנו הי׳ באמונה וקבע עתים
לתורה והי׳ עוסק כל ימיו בצדקה וגי׳ח בשכר זה תנצב״ה עם נשמת
אי״ו שרר״יל ונפטר ונקבר יו׳ ד׳ יו״ד שבט תי׳ק״ט לפ״ק.

יזכור אלהים נשמת האשה החשובה הצדיקות מרת שינלא בת
הר״ר אברהם נאגלשבורג בעבור שהיתה צנועה׳ ותפלתה היתה בכונה׳
עוסקת בגמלות חסודים׳ ונתנה צדקה לעניים׳ בשכר זה תנצב״ה עשצויץ
ונשמת אי״ו שרר״יל אבתינו בגן עדן אמן : נפטרת יום ו׳ עש״ק י״א תמוז
תצבא״לי ונקברת בשם טוב ביו׳ א׳ יי״ג תמוז בריטלסע׳ והיתה נקראת
שינלה אשת פי״ו ר׳ מיכל מרקבראט.

יזכור אלהים את נשמת האשה חשובה והצדיקות והרבנית מרת
מינדל בת הישיש האלוף המרומם מורינו הרב ר' יוסף וועריטהיים אשת
המנוח פ"ו הר"ר יצחק אייזיק ב'יהר"ר דוד זצ"לי בעבור שהיתה צנועה
וחסודה' ותפלתה בכוונה ועוסקי' במצות ובגמלות חסדים' ונתנה צדקה
לעניים' והיתה מחזקת לומדה תורה בשכר זה תנצצ"ה עש"יצ וחסידות
ונשמכת איו שרר"ל אבתינו בגן עדן אמן : נפטרת יום ד' כ"ד סיון תצ"ה
לפ"ק ונקברת בשם טוב ביום הזה ברידלסע.

יא"נ ר' מאיר מרקבראאט בר פ"ז הר"ר אליקים אהרן והי' איש
ישר ווייא וכל ימיו טוב ומטיב לכל ובעל ג"ח עם הבריות' ותפלתו עשה
בכוונה ועוסק במצות בשכר זה תנצב"ה עשצוח"ע בגן עדן אמן : ונפטר
כ"ה אלול תקב"ל ונקבר בשם טוב ברידלסע.

יא"נ האלוף והקצין המנוח כהר"ר מיכל בר פ"ו כ' שמשון בר
יצחק סמרקבראאט שהי' פ"ו במדינו' שווארצישבורגי' יהשתדל כמה וכמה
עסוקים לטובת מדינה וקהלתנו במרקבראאט ונתנו לבו עז השתדל לעשות
בנין ב"ה באבנים ומגדר הרבה סכיסו לבנין הנ"ל מלבד מה שנתן מחצר
ביתו לבנין בהכ"נ ואף קודם מותו נדב ס'אה רייכש טאלר למאור להעלות
נר תמיד בבהכ"נ הנ"ל מרקבראאט וזולת שארי צדקה אשר עשה בישראלי'
ופיזור סיעתיו לאביונים' והי' מכנים אורחים וגומל חסד בישראל בשכר
זה תנצב"ה עשנצוח"ע בגן עדן אמן : ונפטר ונקבר כ"ג סיון (!) ברידלוע.

יזכור אלהים את נשמת האלוף המרומם הישיש והזקן שקנה חכמה
ודעת טובי המדינה כה"ר מנחם מענדל בהמנוח הי' כמהור"ר יוסף יוזלין
וועריטהיים זצ'יל בעבור שהי' איש ישר וכש' ומי' הי' תמיד באמונה ובעל
צדקה וג"ח עם הבריות' וקבע עתים לתורה בשכר זה תנצב"ה עגשצב"ע
אמן : נפטר בליל למחרתו ט"ז טבת תקנ"ג ליצירה ונקבר ביום הלז בק"ק
ניגלשבורג.

יא"נ האשה חשובה הצנועה והחסודה הצדיקות א"ח כרת לאה
אשת הי"ה כהר"ר מנחם מענדל הנ"ל שהיתה כל ימיה צנועי ומעלי טוב
ומטיב לעניים ובעלת צדקה וג"ח בשכר זה תנצב"ה ע"ג איו שרר"ל
בגן עדן אמן : נפטרת ונקבר ברידלסע : ביום א' ז' אב תפ"ד לפ"ק.

יא"ן האשה החשובה הצדיקות מרת ריזל בת האלוף הקצין המרומם
התורני מהורי"ר יצחק איצק קנינא זצ'ל*) מפראג היתה כל ימיה צנועי
ועוסקי' במצות יי' כל ימיהי וסיגוף את עצמה בתענית ב' ושלשה ימים
ולילות רצופים לעבודת הבורא כמה פעמים בקדשה ובטהרה ונתנה
צדקה בסתר ובפרט לומדה תורה בשכר זה תנצב"ה ע"ג איו שרר"ל
בג"ע צרורה. ויצאה נשמתה בטהרה יום ו' כ"ז אדר ת"ק ליצירה.

יזכור אלהים נשמת האשה חשובה הצדיקו' רבקה פראדל בת
האלוף וה(ת)פרנם המנהיג המדינה כהר"ר מיכל בן האלוף והקצין כהר"ר

שמשון מרקברייט בעבור שהיתה צנועה ותפלתה היתה בכוונה ועוסקות
בגמילות חסדים׳ ונתנה צדקה לעניים בשכר זה תנצב״ה ע״ש צדקניות
בגן עדן אמן : ויצאה נשמתה בטהרה עי״ט של חג הסכות תק״ג לפ״ק
ונקברת ביום א׳ ברידלוע :

שושנת יעקב und אשר הניא Am Schlusse nach :

יא את נשמת מורי מורינו הרב ר׳ משה בן החבר רבי אשר ארי׳
זצ״ל אב״ד במרקברואט ענ אי״ו עבור שהרביץ תורה בישראל בשכר זה
תנצב״ה עש״צ בגן עדן אמן (נ׳ יום שי״ק כ׳ מנחם ת״ק׳ס״ד׳ לפ״ק).

הספר הלז נעשה בגבאות כ׳ זלמן ובנגבאות כ׳ ישראל בנימן
במרקברייט׳ שנת תקנ״ב לפ״ק :

Das Ganze enthält sieben Blätter Folio Pergament.

2.

Die Synagogeninschrift von Marktbreit.

להיות למזברת לאות למשמרת להמנוח כ׳ שמשון בר יצחק שהיה פ״ו
המדינה שווארצינבורג׳ והיה משובח וממולא וזהיר בעסקי המדינה וזריז
בחרוץ במרוג[במורג [1)[1.: ולזונתו מרת קרינלה בת מהר״ר יוסף וערטהיים
הצנועה מנושים באהל וחיל וסורג׳ שהשתתפו יחד במצות במעשי אומן ואורג׳
שהניחו אחריהם ברכה סך שלשה מאות ר״ט להדליק שתי פתילות בנר
אחד תמיד תוקד ערוכה׳ והמעות נתן לידי אנשי הבטחה׳ כדי שלא יבא
הדבר לעולם לידי שכחה׳ גם הקדישון המקום אשר נבנה עליה הבית
הכנסת הזה להעלות בו תפלתינו כר[י]ח המנ(ו)חה. וקבלו הקהל עליהם
לזכור נשמת הזוג הנ״ל בכל שבת וי״ט לענ[נ)[ג]ם במנוחה׳ וינחו על
משכבותם׳ ב״ה׳ת׳נ׳צ׳ ה׳ תמוז תע״ח לפ״ק.

III.

Wertheimers Brief an seinen Vater.

ווינא מ״ח לספירה׳ ד׳ אייר תסי׳ב ליצירה.

שלו׳ אהו׳ אדוני אבי הזקן במדרשו׳ ברכו׳ ינוחו על ראשי הפרנס
ומנהיג כמהר״ר יוזל נר״ו יאיר.

בזו הרגע אום יוד אויער בלילה קומי איך מההצר מלאקסנבורג.
אונ׳ לאזט זיך ניגש שרייבן עד אחר חג השבועו׳ אי״ה. רק תקבל
העקסטראקט פעם שנית׳. מרייקש הוף ראט כדי שתראה שעשיתי את
שלי, והלא כתבתי דש הפירש הראשון אלזא איזט גוועזין. רק כדי שלא
יהי׳ משתמ׳ דורשין׳ ומקום לבעל דין לחלוק׳ ווידרום איין קומן . . הבי
בעיע בחפזון ואלכען אן הנמן יר״ה לברעסל׳ גשיקט. מסתמ׳ אויף טיין

פֿאָריגן כתב ער שוהן אן רגירונג גשריבן האבן׳ קיין עקסאקוציאן אן צו לינן.

והי׳ זה לשלו׳ מאהו׳ ומנאי הק׳ בנו שמשן ווערטהיי׳ ושלו׳ לאחי ר׳ מאיר ובנו וכב״ב.

ושלו׳ להאלופי׳ וראשי׳ וקציני פרנסי העדה יצ״ו. אחר החג שרייבי איך ר״ה באריכו׳. החצר יר״ה מיך ביותר מטריד ממש כל יום אנוכי אויף לאקסנבורג און׳ גונטרמאנשטורף נהולם ווארט, קאן קיין באשט מג הלטן.

האב״ד מהור״ר מאיר שידלאפצקא איזם שבועה העברה בשלו׳ בק׳ פרוסטיץ עם כב״ב אן קומן ונתקבל בכבוד ביותר ויותר, בריך מתי׳ לשלו׳.
Adresse:

H^r Joseph Wertheimber
dem alten Paumeister
vnd Juden vorsteher zu

Wormbs.

Links oben auf der
Siegelseite: 1675
89

IV.
Wertheimers Einladung der Gemeinde Worms.

ווינא ט״ז אב תל״ז לפ״ק

ברכת ה׳ אליכם אישים אקרא בקהל גדול הרימי בכח קולך קול ששון וקול שמחה׳ קול חתן וקול כלה קול אומר הודו וברכו למי שברא את האדם בצלמו ולשבת יצרה כבוד ותפארת לאדם בנן של קדושים׳ אספו עם קדשו קהל לחיבר בקודש למקיום קודש יתהלכו מקום שיפה כחו בכניסתו לחופה העשוים לצל בצלו נחי׳ שישו ושמחו הנה שכרו אתו ופעולתו לבניו יראה זרע

יאריך ימים הה׳ אלופי הקהיל׳ מנהיגים קציני ׳וראשים ואחריה׳ עיני העדה ישרי לב כולם יעמדו על הברכה אנשים טף ונשי׳ אמן. ועל ראשם ראשון שבראשון אין למעלה ממנו יצאו דברי׳ כבושי׳ כבושנו של עולם. ה״ה המאור הגדול אב״ד ור״מ דמיתב׳

דעתו של אדם ופותח לבו בפתחו של אולם כמוהר״ר הירש סג״ל נר״ו.
להגיד לאדם ישרי לב שכחה ובין ישרים רצון וישר ובין דרכיו דריחים רבנן ישמחו ויסמכו ויתמכו תומך לגורלי אשר נפל לי בנעימים לב ונפש ודעתו של אדם דאית לי׳ מולא מזל הקשור בעבותו׳

האהבה אבות מכלל דאיכא תולדות, תולדותיה' [בר]אבהן צאציו כמותו
כולו זכאי דו"ר שבן דוד בא בימים אשר בהם חפץ ה' ובידו מצלית
היה הבחור יניק וחכי' כוחיא, עדות ביהוסף שמו ר' יוסף ה' יאריך
ימיו ושנותיו, בן מחותני הגאון תפארת ישראל [מאור] הגולה המפורסם

מוהריר דוד נר"ו אופנהיי' היושב בק' פראג על כסא דין אמת ושלו',
ומצודתו פרוסה בא . . ישלם להם גמולם [ע]תה הגיע העת לזמר
שירה שיר ושבח והלל וזמרה ותפארת לאדם לשבת בית בתי"ם מיוחסה
. . . . . כי ביה שבחר בזרעי לאמר אותה קח לי כי היא בעיני
ישרה, וישר הדבר בעיני דוד . . . . בעיני כל העם והכינותי בית
ועד לחכמי' ונגלה כבוד ה' וראה כל בשר . . . .
ואשה אל אחותה ואל רעותה אחת אל אחת, ואז תשמח בתולה
במחול בחורי' וזקני' . . . .
אלול הסמוך פה עיר וינא ע"כ תנו כבוד לתורה התכבדו מכובדי'
בואו ברוך ה' . . . . . עם ריעים אהובים ולהם נאה לפתוח
בתהילה לדוד פותחין בכבוד רבו, ובנו ילד ובכבוד . . . . . כבוד
המקום ואני טפל למקומי להיות יושב ומצפה מתי יבא לידי לעשות
וכן לעניו' עקב מצוה קלה שאדם דש בהם
לאהבה את ד' ללכת בכל דרכיו ולדבקה בו לגמול חסד . . . [חטיבה]
מול חטיבה,

הק' שמשון ווערטהיי'.

Die Punkte entsprechen der fehlenden Wortzahl. Die
Zeilenanfänge am rechten Rande des eigentlichen Briefes
und an der linken unteren Ecke sind durch Wasser zerstört.

V.

v. Edelack's Protokoll, d. $\frac{25}{15}$ Sept. 1697.

Den 7. 8 bris 1696 am Sontag Abent bin aus Brabant
zu Wesel bey meiner Familie ankommen, wie ich nun nach Berlin
ben 8:t bito abreyßen wollen, und die dazu nöthige Reyße geld von
meinem Schw: (=Schwager) dem von Anackenbrüggen geforbt, kam
derselbe zu mir und sagte aus, wie daß der hiesige Jubt Rueben
Elias Gompertz vor ohngefehr 6. Wochen bey ihm gekommen und
gefragt, wo ist der H: Major Edelack anietzo, wie ihm mein
Schw: barauff zur antwort gegeben, in Brabant, sagt Gompertz,
ich gäbe 100 Specie Ducaten, daß er hie wehr, mein Schw:
aestimirte solche frage nichts und gebenkt auch nicht weiter baran,
wie aber der R. Gompertz ben 5:t 8 bris st. n. von Wesel ab

nach Hannover verreyßen wollen, kombt er den tag zuvor als den
4:t 8bris am Donnerstag wid an meines Schwl: Behaußung, und
fragt abermahl, wo ist der H: Major Edelack, wie ihm mein
Schw: die obige antwort darauff gab, bricht er heraus, und fragte,
ist er geschwind und fertig mit dem Degen oder mit dem gewehr,
wie mein Schw: sagt, so guth als seines gleich, nun sagt er Mons:
von Anacken brüggen, so bald euer Schw: aus Brabant aus der
Campagne kombt, so sagt ihm, oder schreibt ihm gleich, daß er
hier kombt und daß er mir folgen soll auf Dresden, und mich er-
fragen bey H: Haußwalt, ich werd ihm zu solch Mann machen,
daß er mir mit seiner ganzen Familie sein Lebtag dancken soll, ich
weiß, daß er meine blossn Worth nicht glauben wird, und auch
die Reyßkosten nicht hasarbiren wirbt, drumb laß ihm bey meiner
Frau gehen, die hoet ordre von mir, an den H: Major zweyhun-
bert Reichstahler zur Reiß Kosten zahlen". Edelack erhielt am
8. Oct. von Frau Gompertz die 200 Thl. gegen Schein, dieselben in 8 Wochen zurückzuzahlen und reiste am 9. Oct.
nach Berlin. Nach fruchtlosen Briefwechsel mit Gompertz
(nach Wien) fragte er diesen nach dessen und seiner eigenen Rückkehr in Wesel, am 10. März 1697 nach seinem
Vorhaben und erhielt die Antwort: „H: Major, ich habe ein
großes und sehr geheimes Werth mit ihm vor, allein ich werde
ihm nichts davon sagen, biß wir zusamben auf dem Felde gegangen, einer dem andern einen Eybt gethan, alsdan werde alles ausführlich ihm offenbahren ... es ist uns noch ein Mann in dem
Wege, den müssen wir aus dem Wege haben, ehe der H: Major
zum Regiment, und ich zu meinem Vorhaben kommen kan." Am
Donnerstag, d. 14. März 1697 erklärte Gompertz dem Edelack, nachdem er einen Eid geschworen und auch von Edelack verlangt, der ihn verweigerte: „Es wehr ein Mann, der zwarn
ein Jud aber ein großer Schelm, der sein Lebtag vill Schelmstück aus-
gerichtet, denselben müßte ich sehen aus dem Wege zu räumen, es
wehr ein großer H: und mehr als ein Graff, der hätte des Kaysers Hertz in Händen, der ließ solches thun, und mir zum recom-
pens zehen tausent Reichsthlr. ob das beste Regiment, so in des
Kaysers Dienste wehre dafür verehren, es versirte seine interesse
bergestalt barunter, so bald solches geschehen, würde er Tresorier
General vom Kayser werden, wan ich ihn aber gedächte zu verrathen oder nicht getreu zu seyn, so wolte er dieses mich heißen

lügen, was er gesagt hatte, darumb sagte er es mir unter vier
augen, wan ich ihm aber getreu wehre, und daß er zu seinem Vor=
haben kommen würde umb General Tresorier zu werden, so solte
es mein aufkommen sein und wolte alßdan schon machen, daß ich
die obgemeldete Summa mit dem Regiment bekommen solle, zu dem
ende dan hatte er mir 200 Rthl. im Monath octobr. durch seine
Frau lassen zahlen, und wan ich damahlen nach ihme auf Dresden gekommen, so wehren wir zugleich auf Wien gegangen: alwo
der H: wohnte, der es thun ließ, und auch dem es gelten solle:
und hatten also lengst das Werkh schon ausrichten können, er hatte
anietzo wied hin geschrieben, daß er mir alhie angetroffen, sobald
er antworth bekhome würde er mir 300 Rthlr: auszahlen, massen
er 500. schon empfangen von seinem Principalen, noch mehr
H: Major, kan er mir die geringste garante geben, so will ich
ihm die halbscheid ad 5000 Rthr. gleich vorauszahlen, und die
ganze sache was dabey zu thun und wie sie aufs beste auszurich-
ten, aufgeben, noch will ihm ihme sagen, was es für ein Mann
ist, den der H: Major hinrichten soll." Als Edelack am selben
Tage diese Unterredung dem Jacob Gompertz und seinem
Sohne Salomon erzählte (beide zu Wesel wohnhaft), „that
ihm obgemelter Jud Salomon Jacob Gompertz einige beÿ sich
habende praesumptiones kundt, worauf der Jud Rueben Elias
etwa ziehlen möchte, nemblich es wehr der reiche Jud Oppenheimer
zu Wien mit einem seiner Bedienten nahmens Samson in streittig=
keit gerathen, die uhrsach wehr, daß der Samson dem Oppenheimer
zu weith in die Cartte gesehen, und anietzo dem Oppenheimer den
Kopf einmalen thät biethen, auch so gahr, daß sich d. Oppen=
heimer vor einiger Zeit resolviren müssen dem Samson ein ge=
wisses jährlich vor seine profiten zu geben, damit er ihme die li-
verans gahr nicht aus Händen brachte, ia wo ihme recht wehre, so
hatte der Oppenheimer 25000 Rthlr. dem Samson jährlich müssen
versprechen, und das möchte dem Oppenheimer anietzo verdrießen,
und also durch Rueben Elias so etwas vorgenommen haben, dabeÿ
sagte er mir (Salomon Jacob Gompertz dem Edelack) ich müßte
von allem dem, was zwischen mir und dem Juden passiret und
noch etwa weiter passiren möchte, ein richtiges Protocoll halten,
welches denn auch gethan." Als Edelack am Mittwoch den 20.
März den Gompertz fragte, ob er ihn auch vor den Folgen
der Mordthat würde schützen können, erklärte Gompertz:

„Ach wofür ist dem H: Major bang, ich hab das schon mit dem
H: der es thun läßt, abgeredet, der mir dan zur Antworth gabe,
sorget nicht, alhie zu Hoff ist in bergleich affairen mit 2 ad 3000
Rthlr viell außzurichten" Edelack fragte dann den Gompertz:
„Was es dan eigentlich vor ein Mann wehre, den ich aus dem
wege räumen solle, ob er auch etwa ein H: wehre, der viell Diener hette, darauff sagt er nein, es ist ein Mann, der ein Kutsch
hat, mit Kutscher und 2 Diner. Es wehren aber alle Juden, wan
die einen bloßen Degen sehen, so gingen sie alle lauffen, hatte
also deßwegen nicht groß weesen zu machen, ich könte ihm wohl
aufpassen, er gieng auch öffters zu fuß, ich stelte mich, als wan ich
sehr eyfrig darauf wehr, und wünschete, daß ich nur bald an die
arbeith kommen möchte, darauf sagte er, ich solte geduldt haben,
bis er antworth auf sein schreiben empfangen, ich konte unterdessen
von meinem Generallieut: dem Freyherrn von Hayden sehen einen Reysepaß zu bekommen, als wan ich nach einen andern orth
auf einige Monath uhrlaub begehrete, darauf sagte ich, daß ich zu-
sehen wolte einen Paß auf Copenhagen zu bekommen, da sagte
er, daß ist sehr gut, wie ihm nun ferner zu verstehen gabe, daß
ich gahr nicht an seinem Worthe zweiffelte, allein er möchte mir
doch die rechte Wahrheit sagen, ob der Herr, der diese That verrichten ließ, auch gewalt genung hette, mich mit solcher herrlich Be-
lohnung als nemblich 10000 Rthlr. und einem Regiment zu versehen, Ja freylich sagte er, es ist ein H: der dem Kayser offt
zehen bis zwölf Tonnen goldes vorschießt, warumb er dan nicht
Macht solte haben, solches beym Kayser zu wege zu bringen." Am
26/16 März 1697 fragte Edelack den Gompertz: „Wirdt meine
Reyß bald angehen, darauf antworttet er mir erst künfftigen Sonn-
abent acht tage, so werde ich gewiß Brieffe haben, alsdan kan er
den Montag darauf reyßen, ich will ihm dan noch die dreyhundert
Reichsthaler geben, ich werde ihm aber, Herr Major solches gelt
nicht in meinem Hause geben oder zahlen, sondern wir müssen allein auf dem Felde gehen, einer dem andern noch einen Eydt thun,
alsdan will ich ihme seine Handt, so er meiner Frauen über die
200. Rthlr. im Monath 8 bris jüngst verwichen gegeben, wid zu-
stellen nebens den 300. Rthlr., dan soll der Herr Major mir
meine Brieffe, so aus Dresden und Wien an ihn geschrieben, auch
wid geben, darnach will ihm aufgeben, wo der Mann wohnet, wie
er gekleidet, wie er heißt und wie er aussiehet, dan kan der Herr

Major reyßen in Gottes Nahmen, so bald er die That verrichtet
oder verrichten laßen, so schreibe er mir nur unter dem Nahmen
von einer Englischen Reyße, daß er dan auf solchen Tag wirdt
wid von Wien ausgehen, so wollen wir zusamben in Amsterdam
kommen, allda werde ihm die versprochene zehen Tausent Reichs=
thaler banco auszahlen." Gompertz verlangte von Edelack als-
dann die Versicherung, dass er ihn nicht verrathen und
nichts bekennen solle, falls er ertappt und inquiriert würde.
Um Edelack über den Auftraggeber zu beruhigen, zeigte
Gompertz ihm aus dem Buche eine Rechnung, auf 32000
Rthlr. lautend und erklärte: „Die hab ich von dem Herrn in
Handen, undt wan er mir kein Wort hielte, so soll ihn der teuffel
hohlen, Ich wolte Ihn so thun, nahm die Hand, wies mir so, als
wan man einen durchstechen will." Edelack frug den Gompertz:
„Ob der Herr, welchen ich aus dem Weg räumben solte, stets in
Wien, ob er auch viel darauß? ja sagte Er, Wan der Kayßer zu
Eberstorff ist, dan kömbt Er auch offt hinaus." Nachdem Gom-
pertz ihm noch einen Eid abverlangt, erzählte er: „Der
Herr, so Ihm dieses sein Vorhaben, aufgetragen, schos dem
Kayßer zehn Tonnen goltes vor, der Kayßer aber wußte nicht
anders, als daß die Herren Staaden von Holland solchen Vorschuß thäten auff den Salpeter, so in des Kayßers Landen gegraben würde, und hatte es den Nahmen, als wan er solche
Vorschuß gelder von den Hhn. Staaden zu weg gebracht, davor
wurde Ihm von dem Kayßer auff Vorsprach seines Principalen
dan, der sein Vorhaben thun ließ, die Charge als Tresorier General allergnädigst aufftragen. Ich solte nur meine sache so anstel-
len, daß ich alletag fertig werr, umb meine Reyße anzutreten, doch
zum längsten den Montag nach Ostern, Ich solte versichert seyn,
daß er mir nebst den versprochenen zehntausend Rhtr. schon zum
besten Regiment unter dem Kayßer dabei verhelffen wolte." Den
10. Apr. st. n. sagte zu Gompertz, [der erklärte: „Ich hab
meinem Principalen solchen harten eyßt thun müssen, daß ich mir
ehender Glied von Glied (wollte) laßen reißen, ehe ich Ihn verrathen wolte",] von Edelack: „Es ist nicht ein geringes, einen
menschen, der Mir niemahlen böses gethan, so auß dem Weg zu
räumben" Da fing Gompertz an: „Was Herr Major, der Kerl
hat wohl zehenmahl verdient, daß er gerädert werr. Ich sagte Wie
ist es möglich, daß ein so böser Mensch nicht durch ordentliche justitz

titz abgestrafft wird, ja sagte Er, der Böß wicht hat gelt, und was er nicht hat, das thut er mit großen Patronen hülfe." —
Als d. 14/4 April Edelack den Gompertz nach dem Namen des zu Ermordenden fragte, erklärte er: „Den Nahmen geb ich ihm nicht, ehe der H: Major reisen soll" und dann auf Drängen Edelacks: „Herr Major, es ist ein Judt, auch noch selbst ein Diener, aber ein großer Verräther, ein böser Verklecker, der schon unter Uns Juden längst condemnirt, und verbandt worden, wen Wir Juden noch ein weltlich Recht häten, oder Macht umb Justiz zu thun, so werr er schon längst gewürget worden, allein er ist ein großer Schelm, er hat den Cardinal Collonitsch auf seiner seithe, auch den jetzigen Tresorier Bartollottie und noch mehr Ministri, die halten ihm die Handt, ich frug ihm, ist Bartolotti Tresorier, ja sagt er /:ich wußte aber wohl besser:/ er redete weither, und sagt, so lang d. Bonge? nicht aus dem Weg ist, so kan mein Principal nicht Ober Cammer Praesident, und ich Tresorier General werden, da H: Major, da hat er der ganzen Sache Beschaffenheit". Auf Edelacks Frage nach dem Namen des zu Ermordenden erklärte Gompertz: „Das sag ich ihm nicht, biß er von hier reist, wie alt ist er dan wohl, das kont er so eben nicht wissen, glaubt aber wohl in die 40. jahr, batt mir, daß ich ihm doch mit so vielen frag verschonen möchte, er würd mir doch nichts sagen, ehe ich von hier reisete." — Am 14/4 Apr. 1697 äusserte sich Gompertz zu Edelack, er hätte für gut befunden, dass er (G.) mit Edelack nach Wien reiste, doch er wäre dort erst im vorigen Dezember gewesen; wenn er nun wieder dahin käme, möchte man üble Gedanken fassen. Doch er hätte einen Anschlag vor. Der Hofjude zu Berlin, Jobst Lipman hätte eine Perlenschnur mit einem grossen Stein. Wenn er diese bekommen könnte, so wollte er schon einen Pass von Oppenheimer, als wenn er ein Bedienter von ihm wäre, sehen zu bekommen, unter dem Vorwande, dass er den Stein und die Perlen zum Kaiser bringen sollte. Dann könnte es angehen, dass er (Gompertz) und Edelack „zusammen giengen, umb alles aufs beste anzustellen, damit der böse Verkhleckher mit dem fürderlichsten aus dem Wege geräuhmt würdte. Ja, fing er an, er wolte vieles darumb geben, daß Edelack verwichenen Herbst auf Dresden gefolget werr, wie ich mit seinem Schwager, den von Anakenbrüggen abge=

redt, dan soll anitzo schon alles geschehen und in einem bessern Stande
sein." — Edelack führt (als Beilage Nr. 8) ein Schreiben aus
Wien, vom 23. März St. nov. an, in dem über die Oppenheimer zugefallene Proviantlieferung berichtet wird und
von dem Nachlass von 130.000 R., mit dem sich Oppenheimer dabei einverstanden erklärte. — Am 25./15. April erklärte Benedic Gumpertz dem Edelack in Betreff seines
Sohnes: „Der ist bey einem Herren, so auch ein Judt, der
verdient 1000 römische Gl. jährlich, was ist dann das für ein
Jude frug ich weither, das ist des Khaysers Factor, Nahmens
Oppenheimer, der dem Khayser offt 10 bis 15 Thonnen goldt vor-
schoß, Ja saget Er, ich weiß, daß der Khayser vor kurtzer Zeit
eine Rechnung mit ihm geschlossen und selben Oppenheimer 15 Millionen schuldig verblieben ist, anietzo aber ist Er abgezahlt worden
bis auff 6. Millionen noch, die ist ihm der Khayser noch schuldig,
und diesen Winter ist ein sicher Cardinal Nahmens Collonitz hinter dem Oppenheimer her gewesen, und hat die Lifferans thun
wollen, hat es auch schon so weit gehabt, daß der Khayser es ihm
placitirt, der Oppenheimer aber hat es doch wid bekhommen, doch
mit Schaden über 100000 R.; ich frag ihm, ob der Cardinal
solche arbeith verstunde:/ Nein sagt er, es war ein Judt, ein
Schelmb da, der hielt es mit dem Cardinal, mit selbem hat er es
wollen thun." — Am 8. Mai 1697 erklärte Edelack dem R.
E. Gompertz, er wüsste, wen er hinrichten solle, und auch,
wer es thun liesse, und zog darauf die Beilage Nr. 8 hervor, las sie ihm vor und sprach: „Monsieur Gompert, Ich
müßte wohl ein einfältiger Tropf sein, wenn Ich eure Rede betracht, und dieses wieder durchlese, daß Ich daraus nicht merkhen
könte, wehm es gelten soll, und wer es thun ließ; wehr es dann
wehr, fragte Er mich weither, ich sagte, der Jud, so es mit dem
Cardinal Kollonitz halte, wie mir Euer Bruder Benedic auch mit
mehreren gesagt; Ja, sagt er, der Samson, der Schelm ist es, das
hab ich, sagt ich, alle Zeit genung gedenckhen können, und der es
thun ließ, kan man ja auch nun genugsam abnehmen. Wen ich den
meinte, sagt er, wehr es thun ließ, ich sagte der Oppenheimer, das
hat Euch der Teuffel gesagt, sprach Er und drehet sich umb und
kratzet sich am linkhen arm, gelt, sagt ich, die Beyden sind es, Ja,
ja, sprach er, sie sindts, und gung von mir nach der Thür zu von
seinem Garten, kehrte sich wieder umb und batt mir, ich möchte sei-

nen Bruder Benedic einmahl ansprechen, derselbe hätte von Hause
aus Lipstadt Zeittung bekommen, daß seine Tochter gestorben, drumb
konte Er nicht ausgehen, denn Er müßte Sieben tage Trauer
halten." — Am 11./1. Mai erklärte auf die Frage Edelacks:
"Wie lang ist es wohl, daß ihr die Commission von euern Principal gehabt" Gumpertz: "Ungefehr 9 Monath." — Nach Rück-
sprache mit dem General-Lieutenant von Heÿden am 16.
Juni, "da ich dan mit allen umbständen erfuhr, wie und welcher
gestalt d. Judt Reuben Elias wid mich geklagt", trat Edelack
mit einem Schreiben an den Card. Collonitz seine Reise nach
Wien an, um seinen "Contrabericht gegen Reuben Elias zu
thuen."

VI.
Durchlauchtigster, Großmächtigster Churfürst,
Gnädigster Herr,

Ew. Churfürstl. Durchl. ist Leider! mehr als zu viel gndst. bekandt, welchergestalt einer Edelack genant vulgo Peters, nachdem
derselbe mich umb 3000 Rthlr. hollb. zu bringen gesuchet, sich nach
Wien erhoben, und beÿ dem Kaÿserl. Hoffe auff ein falsches und
ertichtetes angeben so viel zu wege gebracht, daß ich nun zum
zweÿtenmahl in hafft gezogen worden, wann nun dieser gottlose
denunciant seine Helffershelffer hatt und unter andern in dieser
Ew. Churf. Dchl. Residentz Stadt einen Schmidt genant, so unter des H: General Lieut. Freÿh. von Heÿden Regiment zu
Pferde Auditeur gewessen unterm praetext einer obhandenen Heÿ-
rat das praedicat vom Commissario erschlichen, gefunden wirdt,
welcher nicht mit zu Felde gewessen, sondern im anfang der Campagne sich in einer Herberge zu Wesel, die Weinberg geheißen, fast
über 2 Monath heimblich und in aller stille auffgehalten, beÿ tage
sich nicht sehen lassen, sondern mit denen andern Complicen des
Nachts immer Rath gehalten und nicht allein das von dem Erzbe-
trüger Peters zu Wien übergebene angemaßte protocollum mit
einrichten helffen, sondern auch selber nach Wien und von dannen
nach Wesel, von daraus aber wieder nach Berlin geritten und so
wohl beÿ dem Kaÿser, absonderlich des H: Cardinal von Colo-
nitz Eminentz als hiesigem Ew. hohe Ministris sich angegeben,
zu großen und ansehnl. praesenten große hoffnung gegeben, und
das denuncijrte unwahre und ertichtete delictum attestiren helffen,

9*

auch mich faſt in allen Geſellſchafften verläumberiſcher Wehſe diffa-
mirt, daß Ich an dem denuncijrten Crimine assassinij ſchulbig,
und Er ſolches beweiſen ober ſeinen Kopf verliehren wolle, ver-
folglich berſelbe tam verbis quam factis litem suam und ſich an
bieſer gottloſen und unwahren denunciation mit ſchulbig machet,
und ſo wohl wegen erlittenem Schimpff Schaden und Unkoſten mir
geziemende satisfaction zu leiſten ſchulbig, als wegen einer ſo falſchen und aus der Luft her gerafften denunciation pro interesse
Fisci andern zum Exempel billig criminaliter abzuſtraffen iſt,
So bitte unterthgſt. obgd. Schmidt über behkommende articulos
Ehdtl. gudſt. abhören und dem Vorgangen dem Befinden nach in
Corperl Arrest nehmen und zur refusion und Erſetzung der mier
Vor aller welbt angethanen ſchmach, ſchaden Und Unkoſten nicht
allein anhalten, ſondern auch pro interesse Fisci gebührendt an-
ſehen zu laſſen, ut supra

    Ew. Churfürſtl. Durchl.

      Unterthänigſt„ treu
        gehorſambter
          Diener
    Ruben Elias Gumpert.

          (Die 31 Artikel).

    1) Ob und wie weith Er an dem Ruben Gumperts in We-
ſel Kundſchaft hat.

    2) Ob Er von demſelben einige übel begangene Stücke weiß.

    3) Ob und wie weith Er einen Peters, ſo ſich Edelack nen-
nen läßt, kennet

    4) Ob Er von demſelben keine betrugſtücke, die Er begangen
habe, weiß,

    5) Ob Ihme nicht Bekandt, was beſagter Peters wieder
Ruben Gumperts wegen eines demſelben abgeſtohlenen Wechſels
von 3000 rthlr ſo wohl als wegen eines falſchen delicti und ſonſten
in Wien angegeben

    6) Den Verlauf bieſer Sache, was Ihm davon bekandt zu
offenbahren.

    7) Ob Er nicht vor Peters nach Wien gereiſet, ihm in allen
mit Rath und that an Handt gangen, ja ſein gemachtes Buch ſo
derſelbe in Wien überreichet, welchem Er den Nahmen eines Pro-
tocolli gegeben, nicht hatt helffen einrichten

8) Ob Er sich nicht über 3 Monath in Wesel in aller stille aufgehalten, des tages nicht ausgangen, sondern des Nachts mit denen Juden Gumperts undt dessen Sohn Salomon auch dessen Schwieger Sohn Veit? immerhin conferiret habe

9) Ob Ihm nicht Bekandt, daß diese 3 Juden des Ruben Gumperts abgesagte Feinde seÿndt.

10) Ob Er nicht alle seine Schreiben so Er von Peters damahls zu Wesel bekommen unter einem frembden verdeckten Nahmen bekommen hatt, und warum solches geschehen.

11) Ob auch nicht seine Schreiben offtmahls durch den Juden Gumperts bestellet seÿn

12) Ob nicht in specie der Judt Salomon Gumperts zum öffteren Beÿ einrichtung des Protocolls sich auch hatt finden lassen

13) Ob nicht diese Juden dem Peters als Er dieselbe gefraget, was doch der Jude Gumperts mit Ihme im sinne hätte, daß Er Ihn nach draußen verschicket, darauff geantwortet, daß solches auf ein assassinium angesehen seÿ.

14. Ob Er nicht unterm Vorwandt, als wann eine mariage, durch das praedicat eines Patents, als Kriegeß Commissarÿ sich beÿ Sr. Churfürstl. Dchl auszubringen gewußt.

15) Ob nicht mehrentheils zu fingirung dieser sachen und vorgehabter reise nach Wien angesehen gewehsen.

16) Ob Er nicht wie Ruben Gumperts das Erste mahl auf falsches angeben des Peters auf die Citadelle gesetzet, gegen dessen Bruder Jacob Elias Gumperts von Cleve, welcher die geringste Uhrsache nicht wußte, diese gantze Sache erzählet, welcher gestalt der Peters ein Protocoll von 13 Bogen groß aufgestellt nach Wien gegangen und Creditif des H: Genr. Lieut. beÿ sich gehabt, beÿ dem Cardinal Collnitz access gehabt und alle Ehre von demselben genossen, ja zum offteren mit Ihm speisete und sein übergebenes Protocoll von Kaÿserl. Maÿtt. selbsten überlehsen sehe, und daß diie procedur dergestalt eingerichtet sehe, daß Er Ruben Gumperts auch andere in Wien, der Kaÿserl. Factor Oppenheimer ruiniert werden mußte mit vielen umbständen.

16½) Ob nicht gesaget, daß als der Cardinal von Collonitz anfangs nicht zu Hause gewehsen, Er beÿ dem Juden Wertheimer gegangen, demselben die sach erzehlet, welcher Ihm freundtlich empfangen und beÿ dem Fürsten von Dietrichstein die sache angebracht habe.

17) Ob nicht gesagt, er mußte die sache gleichwohl noch zu heben, wann man Ihm ein Stück Geldt davor zulegen würde, wolte Er sich nach Wien begeben, und den Peters, dessen viele betriebene Schelmstücke Ihm bekant, so ängstich machen, daß Er sich selbsten confundiren, und die sache dadurch zu nichte gemacht werden solte, aber Ihm versichern, daß man dem Peters desfals keinen Process machen wolte.

18) Ob Er nicht bey Jacob Gumperts gesagt, daß Er Ihm noch ferner was in dieser sache vorfält und passiret treulich communiciren wolte.

19) Ob nicht aber 8 tage hernach dem Jacob Gumperts geschrieben, daß Er zwar versprochen habe, auff Cleve alles zu berichten, daß aber Er Jacob sein von Ihm anvertrautes nicht bey sich behalten habe, und dadurch bey des Peters seine Freunde verdächtig gemacht, daß Sie mit Ihm gar nichts mehr communiciren oder etwas anvertrauen.

20) Ob Er nicht keine 8 tagen hernach wegen dieser Sache zu dem Peters nach Wien gereiset, alda demselben alle Rath und That gegeben, auch bey unterschieblichen ministren in specie tit. H. Cardinal v. Collonitz zum offteren gewehsen.

21) Ob Er nicht einige Schreiben mit sich gehabt, wie Er nach Wien gegangen und von wem.

22) Ob Er nicht von Wien wieder auff Wesel kommen und alda allenthalben des Peters übergebenes falsch protocoll ausgestreuet, auch zu folge seiner Commission, es dahin gebracht, daß Ruben Gumperts 2 mahl inhaftiert ist, undt Er angehalten ihn nach Wien überliefern zu lassen.

23) Wehr Ihm alle diese Reisekosten bezahlet und entrichtet, wie viel Er bereits davon bekommen.

24) Wie viel Ihme von dieser Sache ferner zugesagt seyn.

25) Ob Er dieses falsch übergebenes factum nicht mit alle Kräffte zu behaupten suchet, und allenthalben divulgiret und spargiret, daß es gantz gewiß und wahr seye, ja dergestalt Er wolte sich darauff niedersetzen und gar den Kopf abschlagen lassen.

26) Was Ihme zu solchem glauben und vermessenheit bringet.

27) Ob Ihm dann nicht bekant, sey von anders mehr Betrug und Schelmstücken, so dieser Peters oder Ebelack sein Leblag Betrieben habe.

28) Ob Er nicht weiß, welche Leuthe Er im Landt von
Cleve, Cölln, Franckfurth, Berlin und ferner in Savoyen Betrogen
und beschwätzt habe und wie und welchergestalt,

29) Ob nicht Peters wo Er kommen ist, zum offteren, ob
Er schon verheyrathet, sich als einen unverheyratheten vorgegeben,
und einige Frau Leuthe verleitet, dieselben trauen wollen, auch
Geldt noch ausgeschwätzt habe.

30) Wie Ihme bekant, daß ein solches geschehen seye.

31) Was Ihme ferner von Edelack in sachen Ruben Gumperts als sonsten bekant, treulich zu offenbahren.

VII.

Durchlauchtigster, Großmächtigster Churfürst
Gnädigster Churfürst und Herr

Nachdem ich nun zum andern mahl alhie zu Wesel in corporalen arrest genohmen worden auch außerlich erfahren, als wen
gar nacher Wien und also bey die anderthalb hundert Meilen weges von hier gebracht werden solte, So werden Ew. Churfürstl.
Durchl. in ungnaden nicht vermercken, wan mit diesem meinen un-
terthänigsten Supplicato mich hiemit abermahlen wehmütigst an-
gebe, und gantz flehentlichst remonstrive, welcher gestalt Ich Meiner Frau und Kinder auf solche Weise total ruinirt werden solten,
wen dergestalt außer Landes hinweggeführt, aus meine nahrung
und handelung gesetzet und umb allen Credit gebracht würde, und
solches auf falsche denunciation eines liderlichen zu Wien anietzo
sich aufhaltenden Menschen, als einen Ehrvergessenen, Gott- und
Gewissen Bösewichts und Welt kundigen Betrügers, Peters oder
Edelack genannt; Allermaßen alhir stattkundig und sonsten in
meinen vorig Supplicatis klährlich remonstriret und bewiesen ist,
daß dieser Peters oder Edelack Nachdehm Er in dero Stadt Wesel, als woselbsten dieser Mensch wohnung und haushaltung hat,
auch noch de praesenti seine Frau und Kinder alda sich häuslich
aufhalten, mir drey Wechselen sich zu 3000 rhllr. holländisch be-
tragend, öffentlich abgestohlen hatte, sich heimblich davon gemachet,
auf die Flucht sich begeben, und wie ich fernerst vernohmen, außer
Landes nacher Wien sich hingewendet und alda zu ausübung seines
gegen mich getragenen feindseelig- und rachgierigen gemühts Gott-
loser weyse erdichtet und fälschlich denunciiret hatt, als wen ich ein
assassinator werr, und denselben vor einiger Zeit alhir in Wesel

erkauffen wollen, umb einen zu Wien wohnenden Juden Wartheimer zu ermorden und dieses soll seiner denunciation nach, schon für jahr und tag in Wesel passiert sein, Wan nun an diesen allen ein wahr wohrt fürhanden gewesen werr, wie nicht, so hätte ja dieser falscher denunciant als Ew. Churfürstl. Durchl. unterthan und gewesenen Krieges Bedienter solches dero hohen Persohn oder hochlöbl. Regierung hieselbsten zu erkennen geben, nicht aber jahr und tag warten, mich vorher die Wechselen von 3000 rhllr. hinwegstehlen, darauff die Flucht nehmen, und an Kahserl. Hoffe solche falschheiten antragen sollen. Wie aber an allen dem, was dieser denunciant zu Wien fälschlich angebracht nicht ein Wahres worth fürhanden ist, so kan ich auch nicht sehen warumb ich als in Ew. Churfürstl. Durchl. gedachten Schutz= und Gleid stehender Jud diesertwegen so viel Mehlen weges, aus Ew. Churfürstlichen Durchl. Ländern anderwerts ausgefolget werden solte. Dan wan Gegentheiliger wiewoll falscher denunciation nach, ich ein assassinator, und er der assassinus werr, So competirte Ew. Churfürstl. Durchlaucht darüber die cognition, allermaßen wir Beyde Ew. Churfürstl. Durchl. unterthanen sein und des Gegners falscher denunciation nach das delictum assassinii in Ew. Churfürstl. Durchl. Landen und Statt Wesel contrahiret, und per consequens dieser denunciant anhero auszufolgen alhir für dero hochlöbl. Regierung oder von Ew. Churfürstl. Durchl. dazu in spec. anordnenden commissarien darüber zu inquiriren und nach Befinden darin zu erkennen sein solte: den obwoll der Jud Wertheimer welcher ex o. geschehenen falschen denunciation nach entleibt werden solte, zu Wien wohnet, so kan dahero die Ausfolgung meiner Persohn nacher Wien nicht geschehen, allermaßen dieser Jude Wertheimer nicht entleibet, noch auch, wie der falscher denunciant selbsten gestehet, einiges ad casum proximum et immediatum ipsi malefico /:welches doch juxta Doct. Carpzovij p. 1. qv. 19 mom. 55. et Menoch, de art. jud. quaest. lib. 2. cas. 360. num 44. austrücklich requiriret und sonsten nicht für capital gehalten wirdt:/ gekommen, sondern dieser Wartheimer noch im Leben ist; Weilen nun wie auch aus behgehender anlage sub. Lit. A. mit mehrem erhellet, bis die Eintzigste ursache sein soll, warumb ich nacher Wien gefordert werden will, besagtes adjunctum aber auch ausweiset, wie daß Jhro Kahserl. Mahst die Behden Juden Oppenheimer, als Vattern und Sohn, so doch eben

bifes /:wie woll fälfchlich angegebenen:/ delicti befchuldiget werden
wollen, auff freyen fuß geftellet und relaxiret feind, welches fonften
wen es für Capital gehalten werr nicht gefchehen können, So lebe
auch der unterthänigften Hoffnung, Ew. Churf. Durchl. gnadigft
nicht zugeben werden, daß ich ferners da ohn dem fufficientem
cautionem präftiret, dergeftalt in corporalen arreft gehalten, und
gahr nacher Wien ausgefolget werden folte: Zwaren drage keinen
fcheu mit freudigem gemüth und gewiffen diefen falfchen denunci-
anten unter die Augen zu fehen, und für aller Weld deffen gott-
lofes beginnen fürzuhalten. Aber bey die anderthalb hundert Meilen
weges darüber zu reifen, und mich und die meinige außer alle
Nahrung und Credit zu fetzen, ja total zu ruiniren, folches werden
Ew. Churfürftl. Durchl. umb defto mehr nicht concediren, Weilen
Ew. Churfürftl. Durchl. in diefer Sache die cognition aus voran-
geregten rechtlichen urfachen gebühret, und alfo nicht ich nach Wien,
fondern diefer ob commiffum crimen furti flüchtiger Peters oder
Edelack, von Wien anhero auszufolgen, in fpec. über diefe wie
woll falfche denunciation in pcto. criminis affafinij da es zu
Wefel dem falfchen angeben nach contrahirt fein foll, alhir zu
inquiriren folches in loco praetenfi delicti zu unterfuchen, und
von Sr. Churfürftl. Durchl. darinnen zu erkennen per confequens
Ew. Churfürftl. Durchl. ratione jurisdictionis et juris territo-
rialis dabey mit intereffiret fein folten, da im gegentheil es res
mali exempli werr, wen einer Ew. Churfürftl. Durchl. Unterthan
fo alhir ein delictum verübet hat, und desswegen flüchtig worden,
fich außer Landes an anderen Potentaten und Herren Höffe angeben alda Patronen fich erwerben, gegen einen anderen dero unterthanen ein falfches delictum, fo auch in Ew. Churfürftl. Durchl.
Landen contrahirt fein folte, erdichten, folches anderwerts denunciren und auff diefe weife machen können, daß ein folcher dorthin
ausgefolget, und dadurch gahr ruiniret würde, So daß Keiner für
folche Betrügerr wie diefer Edelack ift, ficher fein könte. Weilen
aber Gnädigfter Churfürft und Herr ohne Ruhm zu melden iederzeit
und fo lang in Ew. Churfürftl. Durchl. gleid und Schutz geftanden
mich dergeftalt verhalten habe, daß Keiner des allergeringften ohn-
gebührlichen verfahrens halber mich befchuldigen weder ichtwas auf
was auff mich bringen können, Meine Eltern, Voreltern und gantze
Gumpertfche Familie auch von andencklichen jahren hero alhie in
dero Herzogthumb Cleve und Graffschaft Marck Gnädigft begleitet

gewesen, und sich auch ohne Ruhm zu melden ehr und redlich ver=
halten auch dem Lande viele nützliche Dienste geleistet haben: So
nehme zu Ew. Churfürstl. Durchl. als Meinem Gnädigsten Schutz=
und Landesherrn meine abermahlige unterthänigste Zuflucht und
Bitte wehmütigst und gantz flehentlichst Ew. Churfürstl. Durchl.
Gnädigst geruhen wollen nicht zu verstatten, daß ich dergestalt beÿ
die anderthalb hundert Meiln weges beÿ meiner höchsten unschuld
von hier außer Landes gebracht, und mit Frau und Kindern tota-
liter ruinirt, sondern an Jhro Kaÿserl. Maÿt. die Sachen noch=
mahlen ausführlich und zwarn dahin fürgestellet werden mögen,
damit der zu Wien sich aufhaltender Peters oder Edelack sowoll ob
commissum crimen furti wegen der dreÿ wechseln als auch daß
Er selbsten angegeben, als wen ein crimen assassinii zwischen mich
und ihn alhie in Wesel contrahiret sein soll, anhero utpote ad
locum domicilij et delicti ausgefolget werden möge.   .

VIII.
(Zu p. 50).

26. April 1698.
    An den Commissarium Schmidt nach Wien.
            Concept, gez. Barfus.
    Friedrich der III. Chfst. p.
    Aus deinen utgsten berichten, wie auch demjenigen, was des
H. Cardinals von Collonitsch Ld. nachhero an Unsern p. den von
Barfuß geschrieben und der ohnlängst zu Berlin angelangte Major
Edelak solchem allein mündtlich beÿgefüget, haben Wir Unß aus=
führlich vortragen laßen, wasgestalt man am am Kaÿserl. Hoffe
von der extradirung des juden Gumperts nicht mehr so viel, wol
aber von deßen confrontation mit dem Major Edelak und andern,
in Unserm Lande, spricht, und des von Unß vorgeschlagenen Gegen
praestandi nur in generalibus erwehnung thut, selbiges auch gantz
und gar biß dahin außetzen will, biß die Confrontation geschehen
und man würde gesehen haben, wie weit solches dortiger intention
zu statten kommen könne. Wann Wir aber dergestalt der bereits
in Händen habenden Avantagen wie nicht weniger des beÿ Jhro
Kaÿserl. Maÿt. durch Unsere willfährigkeit intendirenden Meriti
zugleich gantz und gar verfehlen könten, So haben Wir Unß lieber
Unserseits, auff eine andere weise näher zum ziel legen und Jhro
Kaÿserl. Maÿt. die extradirung des juden Gumperts zu dero

freyen Disposition, auch was Wir sonsten durch fernere untersu=
chungen und confrontationes anderer in Unsern Landen etwan seß=
hafter helffershelffern zu Jh. Maht. Dienst hierunter beytragen
können, aus unterthänigstem respect nochmahlen offeriren, dabey
auch auff die Unß vertröstete Tertiam und alle andere Vortheile
aus dieser sachen renunciren und Unß eins vor alles und gleich=
sahm im Pausch, es wachße dem Kayßerl. Hoffe daraus so viel oder
so wenig zu alß es wolle, damit begnügen wollen, wann Unß bey
der ausliefferung des juden der Schwybußische Creiß zugleich wieder
in perpetuum, wie Wir denselben gehabt, abgetreten wirdt. Wir
können nicht anders urtheilen, alß, daß nach denen dem Kayßerl.
Hoffe aus dieser sachen anscheinenden und Unß zu Unserm antheil
hoffen gemachten sehr großen Vortheilen, dieser unser Vorschlag und
einiger Vorbehalt, gar moderat werde gefunden werden und also
desto leichteren ingress haben. Du hast demnach mit dem Major
Edelak dich ferner hierüber zusammen zu thun, und beyderseits
dieses Unser Oblatum bey des H. Cardinals Lb. bestens anzu=
bringen und gelten zu machen. So baldt Wir nun einige zuver=
läßige nachricht und sicherheit, daß man darauff schließen wolle, von
dir erhalten, welche du so wol Unß anhero, alß Unsern p. dem Jh.
von Swerin und von Heyden, nach Berlin, auffs schleunigste zu
geben, werden Wir das werck unverzüglich zur endtschafft und zu
Jh. Kayß. Maht. verhoffenden satisfaction, auff alle weise beför=
dern. Im übrigen hastu des H. Cardinals Lb. auch absonderlich zu
contestiren, wie hoch Wir ihm obligat währen, daß von Jh.
Kayßerl. Mayt. er durch seinen Credit Unß so eine allergnädigste
Eigenhändige Antwort auff Unser neuliches schreiben zuwege gebracht
hätte, und empfföhlen Unß und Unsere angelegenheiten seiner be=
ständigen affection ferner auffs beste. Seindt p. Geben Königsberg
d. 26. April. 1698.   J. v. B.

IX.

Das Rabbinatsdiplom von Krakau.

במזל טוב   ובשעה

ברוכה

ומוצלחה קבלנו אנחנו

החי״ם מנהיגי הקהלה ק״ק קראקא ומנהיני ה

המדינה דגליל לאב״ד לקהלתנו ק״ק קראקא ולהגליל את

כבוד מעלת הגאון מופת הדור נשיא הוא בישראל ראש גול׳ אריאל

אחר מע^{לשה} השריני' אי מנן ואי מנהו הוא חד כרבנא עוקבא וכרבנא
נחמ'

לו הכבוד וההדר מפואר בשמו ובמעשיו ובמקומו ברוב צדקת פרזונתיו
ותורתיו

נ"י פ"ה כמהור"ר שמשון סווינא שמש ומגן נתנו אלהים להאיר על
הארץ ולדרים דרו

ראו ושמחו הקים ה' אותו לשופט ומושיע למלט ולפלט לוחם מלחמת
ה' נהמא דקרבא

ואוכל בורר ומסלת קב וקבים לסאה גדושה ומלאה לו אמיר אמרים
אמרות טהורות צרופ'

ומזוקקות אין הדור יתום ממנו יתד ופינת יקרת שפעת טל אורות קדשים
הנאתן לבעלי צ

צמרת אדרת ממלכה אדר היקר אשר יקרנו אתייקורי נתייקרנו בו
נגילה ונשמחה שמן

שטון מחברו מינה עליו הזייתו לקדש טימיו מן המקדש יצאו מסקור
התכמה שאול כעני'

ומשיב ומפרק הרים קודר במארופית רמי [וזקף?] דקלי דקל טב ותצב
מקטע רגלי דרשיע'

רגלי חסידיו ישמור מתלולי' הקרובים לעיר דרך מרים מכשול מדרך
עמו בעצה ישאל

כאשר בדבר אלקים אמתי והוכן בחסד כסאו ממלכתו ממלכו של עולם
תיכון לעד.

אתה ה' תחייהו ימים אורך תחדדהו בשמחה את פניו נעימות בימינו
נצח יאריך ימים על

ממלכתו הוא והתאצאי' והתצפיעי' ומשפטי נימוסי המלוכה הרבנות דק"ק
קראקא מבואר

כתוב וחרות בפנקם הקהלה מאז ומשנים קדמוניות בהיות כל אדירי
חפץ כל הגאונים

הקודמים אשר נהגו נשיאותם ברמה בק"ק קראקא והגליל ומשפטי
ניכוסי המלוכה

התנהגות הרבנות על הגליל גם הוא רשום בכתב אמת בפנקם הגליל
לראיי' באו כלם יחד

בברית חתום בתי"י ממש מנהיגי הקהלה והגליל יום ג' ר"ח אדר שני
לסדר ויעשו על החשן

מעשי עבת זהב טהור לפ"ק.

הק' זכרי' מענדל בן החסיד מוהר"ר יעקב זלה"ה.

נא' הק' יששכר בער במהורר אלי' ווינר סגל טקראקא
נא' יוסף אליעזר בן מהורר נתן ז"ל

נא׳ משה בלא״א מוהר״ר שלום הלוי ז״ל מלובלין

נא׳ הק׳ שמואל במהורר נפתלי יאלש סגל ז״ל

נא׳ אהרן בן הרב זעליג מרגליות זצ״ל

נא׳ הק׳ דוד בהרר יוסף יוזל זצ״ל

נא׳ הק׳ מרדכי בהר״ר צבי הירש יאלש זצ״ל

נא׳ אברהם בהרר יהודא ליב קויפמנש זצ״ל

נא׳ הק׳ משה בהרר שלום ז״ל

נא׳ הק׳ מענקי בלא״א הרב משה בר׳ יהודא ליב ז״ל

X.

Brief der Agenten Speier und Drach an die Gemeinde Frankfurt a. M. nach dem Brande von 1721.

שילת יו׳ ד׳ ח׳ שבט תפא׳ בווינא

לאחינו שבגולה הגולים מנויהם׳ ומשלחן אביהם׳ ומטולטלי׳ בטלטולא
דגברי׳ הקשה עליהם׳ ה״ה האלופי׳ ראשים וקציני׳ פרנסי׳ ומנהיגי׳
דקהלתינו יצ״ו

גי״ה ע״י שטאפעט אשר כתב בשמם ר׳ שמעון סופר קבלנו
וראינו את המראה׳ וחרדה גדולה נפלה עלינו. על השמועה כי באה
ונמס לבבינו. ורפו ידינו. ונשברו . . . והרצי׳ יצאו דחופי׳ ומבוהלי׳
ומופחדי׳. פהד ותלחלה ורעה׳ ורעה זו כרעה זו כבר נכתב מהדיין מוהר״ר
משה קן לחמיו הגאון מוהרש נרו כמו כן ע״י שטאפעט. וועלכה איזה
שעו׳ מקודם לכן כאן גויעין. והגאון הנ״ל הוט אונש הכתב תיכף
גשיקט. לקרוא את המגילת קינר. על זאת הילולו הרועי׳ ישבו לארץ
ידמו זקני בת ציון על שבר בת עמי אשא נהי ובכי תמרורי׳ שאוג
נשאג על ניונו וארמונינו ומחמד עינינו הביטו וראו אם יש מכאוב
כמכאובינו כי מלאה צבאה ונתבע עוונינו ובכפלי׳ לקינוי לקרוא המקום
ההוא תבערה וכל בני ישראל יבכו את השריפה אשר שרף ה׳. אוי כי
גדול היום ההוא אשר אלקי׳ מצא עוונינו ופרי מעללינו וכן נדרשו את
השלום העירי ונתקנו את דרבינו המקולקלי׳ כי בשלומה יהי׳ שלום לנו
וישבו שקט ושאנן ואין מחריד בני׳ ולציון נעלה ברינה.

הכתב להגאון מוהר״ר שמשון נר״ו מסרנו בעצמנו לידו ממש.
אונד אויך וואש זונשטין מן הצורך ער אכטים פא״ם פור גשטעלט.
ולדעת אחת נתכוונה. דש מן לפי שעה ניקש טוהן קענין ,עד מיר אויש-
פיהרליך ממעלת׳ פור נעמן. וואש אונש בהדרך לינגט. בשביל זה פאשט
הסמוכה לטובה אב וואָרטין וואלין. מעלת׳ ווערדן זיך קצת יותר עקס-
פליצירין. וואש בימי׳ שלאחריו ווערט לטובתינו פאסירט זיין. מיטלשט.

— 142 —

איזט אים טישקורש עם הגאון מוהרש נרו פאר קומן. דש אפשר דיזה
מכה גדולה קצת רפואה אודת קראן שטייאר וא"פ זיין מאג. הגאון
הנל איזט אויך דעם אן זעהן נאך צימליך קונסטרנירט. והבטיח אותנו
לעמוד על ימין צדקינו בכל מה דאפשר לי' למיעבד. אויך ניט ער
מאנגלט דש יעניגה מעטריאל כה"ג דש הירויף ער גאנגניש רעשקריפט.
וועלכש בחורבן ראשון לפני יו"ד שני' ער גאנגין איזט. ביא האנדין צו
שאפין. אום ביא ניטיגין פאלש בדיהנן צו קענין. השיבה ובשיה יתן לנו
חסד וחנינא. לראות קהלתינו על מכונה ותילה בבנינה אמן. כה דברי
אהו' חבריכם השרוי בצער גדול עד מאוד הקטן איצק שפיאר.

הקטן השרוי בצער גדול עד מאוד וויא בקלות צו ערמעסין
מענדלה טראך.

VERLAG VON CARL KONEGEN IN WIEN.

Audrian, Ferd. Freiherr von, Der Höhencultus asiatischer und
europäischer Völker. Eine ethnologische Studie.
Preis fl. 5.— = M. 10.—.

Aumale, Heinr. Herzog von, Die Geschichte der Prinzen aus
dem Hause Condé. Autorisirte Uebersetzung von J. Singer. Erster
Band. Preis fl. 4.— = M. 8.—.

Beer, Dr. Rudolph, Heilige Höhen der alten Griechen und Römer.
Eine Ergänzung zu Baron Audrian's Schrift »Höhencultus«.
Preis fl. 1.— = M. 2.—.

Berger, Alfred Freiherr von, Dramaturgische Vorträge. Zweite
Auflage. Preis fl. 2.— = M. 4.—.

Foucher de Careil, Graf Alex., Hegel und Schopenhauer. Ihr Leben und Wirken. Autorisirte Uebersetzung. Mit einer Vorrede von Robert
Zimmermann. Preis fl. 4.— = M. 8.—.

Gelber, Adolf, Shakespeare'sche Probleme. Plan und Einheit im
Hamlet. Preis fl. 3.— = M. 6.—.

Hausegger, Dr. Friedr. von, Die Musik als Ausdruck. Zweite ver-
besserte und vermehrte Auflage. Preis fl. 1.50 = M. 3.—.

Jahrbuch der Grillparzer-Gesellschaft, mit dem Portrait Grillparzers. Erster
Jahrgang 1890. Preis fl. 5.— = M. 10.—.

Kaufmann, Prof. Dr. D., Die letzte Vertreibung der Juden aus
Wien und Niederösterreich, ihre Vorgeschichte (1625—1670)
und ihre Opfer. Preis fl. 1.80 = M. 3.60 Pf.

Krones, Dr. F. Ritter von, Handbuch der Geschichte Oesterreichs
von der ältesten bis zur neuesten Zeit. Mit besonderer Rücksicht auf Länder- und Völkerkunde und Culturgeschichte. 5 Bände.
Preis fl. 25.— = M. 50.—.

— Geschichte der Neuzeit Oesterreichs vom 18. Jahrhundert bis auf die Gegenwart. Preis fl. 6.— = M. 12.—.

Wien 1848—1888. Denkschrift zum 2. December 1888, herausge-
geben vom Gemeinderathe der Stadt Wien. Zwei Bände.
Preis fl. 2.— = M. 4.—.

Wimpffen, Dr. M. Freiherr von, Kritische Worte über den Budd-
hismus. Preis fl. —.50 = M. 1.—.

Wöber, Fr. X., Die Skiren und die deutsche Heldensage. Eine
genealogische Studie über den Ursprung des Hauses Traun.
Preis fl. 3.— = M. 6.—.

Kaufmann, Prof. Dr. D., Zur Geschichte jüdischer Familien I.
Samson Wertheimer, der Oberhoffactor und Landesrabbiner (1684—1724) und
seine Kinder. Wien, Friedrich Beck 1888. Preis fl. 2.— = M. 4.—.

Druck von Adolf Holzel, Wernberg